A. Papageorgiou-Venetas

IN FOCUS: ATHENS
PAPERS PUBLISHED IN THE YEAR-BOOK "THETIS" 1997-2007 ON ARCHAEOLOGY AND URBAN HISTORY OF ATHENS

IM BRENNPUNKT: ATHEN
BEITRÄGE IN DER ZEITSCHRIFT "THETIS" 1997-2007 ZUR ARCHÄOLOGIE UND STADTBAUGESCHICHTE ATHENS

Peleus

Studien zur Archäologie und Geschichte Griechenlands und Zyperns

Band 56

IN KOMMISSION BEI
HARRASSOWITZ VERLAG
WIESBADEN

Alexander Papageorgiou-Venetas

In Focus: Athens

Papers Published in the Yearbook "Thetis" 1997-2007 on Archaeology and Urban History of Athens

Im Brennpunkt: Athen

Beiträge in der Zeitschrift "Thetis" 1997-2007 zur Archäologie und Stadtbaugeschichte Athens

Peleus
Studien zur Archäologie und Geschichte Griechenlands und Zyperns
Herausgegeben von Reinhard Stupperich und Heinz A. Richter
Band 56

Bibliographische Information der Deutschen Nationalbibliothek
Die Deutsche Nationalbibliothek verzeichnet diese Publikation in der Deutschen Nationalbibliografie; detaillierte bibliographische Daten sind im Internet über http://dnb.d-nb.de abrufbar

Bibliographic information published by the Deutsche Naionalbibliothek
The Deutsche Nationalbibliothek lists this publication in the Deutsche Nationalbibliografie; detailed bibliographic data are available on the internet at http:// dnb.d-nb.de

Titelvignetten:
Umschlagbild: Zeichnung des Autors
Innentitel: Schale des Peithinosmalers, Berlin, Pergamonmuseum (CVA Berlin 2, Taf. 61).

Printed in Germany on fade resistant and archival quality paper (PH 7 neutral)
Gesamtherstellung: Beltz Druckpartner GmbH & Co. KG, Carl-Benz-Str. 2a, 69502 Hemsbach

Verlag Franz Philipp Rutzen
D - 83324 Ruhpolding, Am Zellerberg 21
Tel. 08663/883386, Fax 08663/883389, e-mail: franz-rutzen@t-online.de
In Kommission bei Harrassowitz Verlag • Wiesbaden, www.harrassowitz-verlag.de

ISSN 1868-1476
ISBN 978-3-447-06721-8
EAN: 978-3-447-06721-8

Table of Contents

Inhaltsverzeichnis

Preface of the Editor

The present volume in the *Peleus* series deals – as its title indicates – exclusively with the modern city of Athens. It is a collection of articles referring to this subject, written by the architect, urban planner and historian of urban planning Alexander Papageorgiou-Venetas and published originally in the interdisciplinary periodical *Thetis* from 1997 onwards.

The author and I met for the first time in 1997, in the Greek capital, when we co-chaired a session of a conference organized jointly by the Winckelmanngesellschaft / Stendal and the University of Athens. We got on famously from the outset and successfully coordinated the discussion. At that time I was fascinated by his then most recent book *Athens: The Ancient Heritage and the Historic Cityscape in a Modern Metropolis*, which had been included in the publications series of the Archaeological Society at Athens and negotiates the development of archaeological research in the field, in the framework of the urban planning of Athens. With brief lapses, we have kept in contact ever since. We soon discovered subjects of common interest: the history of the city of Athens in antiquity as well as in modern times, the history of archaeological research, and the conservation of the monuments in this city and in Greece in general. Since then, Alexander Papageorgiou-Venetas has repeatedly contributed articles relating to these issues to the periodical *Thetis*, which was published initially in Mannheim and subsequently in Heidelberg, both in German, which language he handles as his second mother tongue, as well as in English, which he uses with almost the same facility.

A native Athenian, Alexander Papageorgiou-Venetas is totally familiar with the structure and development of the city of his birth. It was in Athens that he studied architecture and urban planning, and it is with Athens that he is identified more and more, through his works. He has explored from all standpoints the re-founding of Athens after the War of Independence and its enhancement as Greek capital, in accordance with the master plan of the architects Kleanthis and Schaubert, which remained decisive despite the diverse objections and reactions to it. He is acknowledged today as one of the foremost cognoscenti of Athenian destinies. He has published a host of articles and essays on the history of modern Athens, among them two monographs included in our publications series entitled *Peleus*.

After completing his studies and having begun his professional activity in Athens, Alexander Papageorgiou-Venetas took his doctorate from the Technical University of Berlin. For ten years he was professor of the history of urban planning in the post-graduate Center for the Conservation of Historic Towns and Buildings of the University of Louvain. After the fall of the colonels' regime in Greece, he returned to Athens as adviser to the Minister of Culture and was instrumental in establishing the project for the preservation of the Acropolis monuments. He has served as an expert consultant of UNESCO, ICOMOS and other international organizations.

Alexander Papageorgiou-Venetas taught as visiting professor in various universities in Germany and directed numerous research projects in the sectors of architecture and urban planning. Later, he taught as visiting professor in the Institute of Archaeology of the University of Heidelberg, where we organized jointly a seminar. During one of our educational trips to Greece he guided us along the recently arranged new accesses to the Acropolis, the *Athenian Walk*, as he dubbed it in his recent monograph. He contributed over many years and with great patience and persistence to bringing this project to fruition.

Particularly distinctive feature of our collaboration was the interdisciplinary common approach of architect and archaeologist who met here, but not in their usual common space of research on monuments. On the contrary, our collaboration has concerned the conservation of monuments as well as the history of archaeology and of civilization in general. Specifically, the Acropolis of Athens and its surrounding historical space are an outstanding exemplar that highlights all the preservation problems concerning other important historical monuments and landscapes.

The contents of the present volume constitute a cohesive ensemble. The subject here is the city of Athens, which was confronted from the outset and conceived as capital of the country, as well as its subsequent development from the early nineteenth to the early twenty-first century. Principal problem here was the fact that the humble pre-revolutionary settlement ravaged by the War of Independence had been built on the nucleus of the most important ancient Greek polis, which fact was at once a danger and a creative challenge. Nonetheless, the decision-makers turned their attention only to the Acropolis. This attitude defined also the choices of the plan for the capital, the subsequent evolution of which became increasingly complicated under the influence of diverse aims of urban planning.

The sequence of articles follows chronologically that of their original publication. The language in each case – German or English – has been kept unchanged. Given that the subjects vary, I shall try here to sketch them briefly in the framework of their affined content. The numbers in parenthesis refer to the numbering of the articles in the volume.

One of the earliest articles (no. 2) does not concern Athens directly and does not belong in modern but in ancient history. Nonetheless, this article was included in the present collection because it expresses the interesting perspective of the urban planner on archaeological issues (which is not always familiar to the archaeologist) and in this respect is related to the rest of the articles. It is an urban-planning review of the Hellenistic emporium (harbour) of Delos, which, consequent upon the political decision of Rome and under Athenian domination, developed around the sanctuary of Apollo as a centre of transit trade and declined rapidly after the loss of the favourable preconditions for its heyday. The problems of the urban planning of a city that grew fortuitously, such as Delos (and not as a settlement with regular grid system of streets), inevitably affected also the development of the locus sanctus of Apollo itself. But the waves of tourists in Athens now are absolutely comparable to the human masses of pilgrims and merchants which converged on Delos then.

The volume begins with the presentation of the alternative architectural proposals for the palace of the King of the Hellenes (no. 1), the building of which was given immediate priority after the founding of the Greek State in the early 1830s. K.F. Schinkel's students Eduard Schaubert and Stamatios Kleanthis, on their own initiative and prior to the official decisions of the Greek government, submitted their plan for the future capital. Their initial plan, the subsequent revisions of this and the other alternative proposals for the city (cf. also no. 3) have been presented critically by Alexander Papageorgiou-Venetas in his fundamental monograph *Hauptstadt Athen; ein Stadtgedanke des Klassizismus*, in German. His comparative assessment sheds light particularly on the various proposals for King Othon's palace, that is the plans by Kleanthis – Schaubert, Klenze and Schinkel, as well as of Klenze's rival, F. von Gaertner, which were implemented in the end.

The author examines in the context of Klenze's journey to Greece (no. 5), and taking into account his steadfast interest in the ancient as well as the recent history of the land and its cultural heritage, the court architect's revision of the original plan for Athens, at the command of King Ludwig I of Bavaria. Result of this revision was the preservation of a relatively large part of the old town (today's 'Plaka' neighbourhood) and the significant limitation of the space for excavation at the centre of the ancient city.

The architect of the Municipality of Athens, Friedrich Stauffert (no. 4), gives us a synoptic review of the first decade of modern Athens, during which the first plan was applied along with its modifications. Alexander Papageorgiou-Venetas published Stauffert's very interesting report, with extensive commentary, in his relevant monograph in 2008. Stauffert's text – a kind of travelogue of the Othonian period, *mutatis mutandis* equivalent to Pausanias' *Travels in Greece* – is tantamount to a handbook on matters of architecture and urban planning in Greece at the time, and projects also the problems of the other Greek cities, which too had to cope with the conservation and enhancement of their ancient remains.

The watercolours of the heretofore sadly-neglected architect and painter Ludwig Lange (no. 5), who came to Greece in 1834 with the well-known painter Carl Rottman and stayed for several years in the post of teacher of sketching in the first Greek high school, offer us an eloquent illustration of the early years of Othon's reign. His miscellanea include superb depictions both of Athens and of other historical cities and landscapes of Greece.

The enhancement of archaeological sites through turning them into archaeological parks is a welcome way of making them accessible and comprehensible for visitors. The systematic planting of the site of the ancient Agora of Athens by the American School of Classical Studies was a model for the laying out of other excavation sites in Athens. The gradual unification of the archaeological sites (no.

3), first randomly and later systematically, has achieved recently its first partial integration with the creation of the „*Athenian Walk*“ (no. 11), the new pedestrian route running south of the Acropolis and giving access to it.

The rapid growth of tourism (no. 6), which has already turned into a mass movement, is particularly apparent over the last two hundred years in the centre of Athens. Worthy of attention here are the streams of visitors, the study of their needs and desires, as well as the awareness of the negative consequences of their presence for the conservation of the city's cultural heritage.

The Acropolis of Athens (no. 10) can be considered as a particularly indicative example of the way of managing and protecting the monuments of the cultural heritage. The special impact of this unique historical ensemble is examined in one other text (no. 7). Concurrently, stressed here is the great importance of unimpeded accessibility to the monument, which is at the same time a particular threat to it.

Outstanding example of a creatively imaginative and at the same time morphologically exemplary approach to the ancient remains and the historical landscape by a modern architect is the layout of the immediate environs of the Acropolis by the author's mentor, Dimitrios Pikionis (no. 12), in the 1950s. Over the past fifty years, the barren rocky terrain known to us from the nineteenth century has been experienced by the hordes of visitors as a 'heroic' densely-vegetated landscape.

Urban green areas in the Athens Basin (no. 13), essential for life in the megalopolis, are limited to say the least, with the exception of the historical hills west of the Acropolis, which have been formed as urban woodland. Most are chance phenomena and few were designed consciously. Their incorporation in a cohesive whole is more and more imperative.

Just one text is not related directly to Athens: this is a brief analysis of the stoic poem *The cats of St Nicholas* by the Greek poet and Nobel laureate George Seferis (no. 8). This article pays homage to the author of *Six Nights on the Acropolis* and can be considered as a short philosophical commentary concluding the volume.

Heidelberg 2012 Reinhard Stupperich

Vorwort des Herausgebers

Der vorliegende Band der Reihe *Peleus* ist – wie bereits der Titel andeutet – ausschließlich der neuzeitlichen Stadt Athen gewidmet und vereint die Beiträge des Architekten, Stadtplaners und Stadtbauhistorikers Alexander Papageorgiou-Venetas zu diesem Thema, die in der interdiszplinären Zeitschrift *Thetis* seit 1997 erschienen sind.

Meine Bekanntschaft mit dem Autor geht auf eine Konferenz zurück, die 1997 von der Winckelmanngesellschaft Stendal und der Universität Athen in der griechischen Haupstadt veranstaltet wurde, und bei der wir gemeinsam eine Sitzung leiteten. Von Anfang an verstanden wir uns sehr gut und konnten uns bei der Diskussion die Bälle zuspielen. Ich war von seinem damals kürzlich von der Athener Archäologischen Gesellschaft herausgegebenen Werk *Athens; the Ancient Heritage and the Historic Cityshape in a Modern Metropolis* fasziniert, in dem die Entwicklung der Archäologischen Feldforschung im Kontext der städtebaulichen Planung beleuchtet wird. Von kurzen Unterbrechungen abgesehen sind wir von nun an in Kontakt geblieben. Wir fanden rasch die gemeinsamen Bereiche unserer Interessen: die Geschichte der Stadt Athen in der Antike und in der Neuzeit, die Wissenschaftsgeschichte der Archäologie und die Denkmalpflege im neugriechischen Staat. In der *Thetis*, die zunächst noch in Mannheim, später in Heidelberg redigiert wurde, publizierte er seitdem immer wieder Aufsätze zu diesen Fragen auf Deutsch, das er wie eine zweite Muttersprache beherrscht, oder auch auf Englisch, das ihm ebenfalls leicht fällt.

Als gebürtiger Athener ist Alexander Papageorgiou-Venetas mit dem Gefüge und der Entwicklung seiner Heimatstadt bestens vertraut. Hier hatte er Architektur und Stadtplanung studiert und sich durch seine Arbeiten immer mehr mit der Stadt identifiziert. Ihre Wiedergeburt nach dem griechischen Freiheitskrieg und ihren Ausbau als neue griechische Hauptstadt hat er, – ausgehend vom ersten und trotz aller Widerstände maßgeblich gebliebenen Stadtplanungskonzept, dem Entwurf von Schaubert und Kleanthes, – immer wieder unter den verschiedensten Aspekten untersucht. Er genießt heute den Ruf eines der prominentesten Athen-Kenner. Neben zahlreichen Aufsätzen hat er mehrere Abhandlungen zur Geschichte Athens in der Neuzeit vorgelegt, darunter zwei in unserer Monographienreihe *Peleus*.

Nach seinem Architekturstudium und erster Berufstätigkeit in Athen wurde Alexander Papageorgiou-Venetas an der Technischen Universität Berlin promoviert. Danach war er zehn Jahre lang Professor für Stadtbaugeschichte am „Center for the Conservation of Historic Towns and Buildings" der Universität Löwen, um dann, nach dem Sturz der Obristenherrschaft in Griechenland, in Athen als Berater des griechischen Kultusministers das große Restaurierungsprojekt der Akropolis mit in die Wege zu leiten. Außerdem wirkte er als Sachverständiger bei der UNESCO, ICOMOS und anderen internationalen Organisationen mit.

Mehrfach lehrte er an verschiedenen deutschen Universitäten im Bereich der Architektur und Stadtplanung, als Gastdozent leitete er diesbezügliche Forschungsprojekte. Später war er am Archäologischen Institut der Universität Heidelberg ein Jahr lang als Gastprofessor tätig. Dabei hielten wir gemeinsam ein Seminar ab. Auf einer Griechenland-Exkursion führte er uns durch die neugestalteten Areale südlich der Akropolis, auf dem – wie auch seine Monographie über dieses Gelände es nennt – *Athenian Walk*. Für dessen Einrichtung hatte er sich lange und intensiv eingesetzt.

Das Besondere an unserer Zusammenarbeit war die interdisziplinäre Kooperation von Architekt und Archäologe, die sich hier auf einem anderen Feld als üblich trafen, nämlich nicht dem der praktischen Bauforschung. Vielmehr kam es zur Zusammenarbeit im Bereich der Denkmalpflege, Wissenschaftsgeschichte und Kulturgeschichte. Gerade die Akropolis von Athen und ihr Umfeld sind ein hervorragendes Beispiel, an dem sich paradigmatisch alle Probleme der Denkmalpflege aufzeigen und mit denen anderer großer Denkmäler und Areale des Kulturerbes vergleichen lassen.

Der Inhalt des vorliegenden Bandes bildet ein geschlossenes Ganzes. Es geht um die Stadt Athen, die, seit der Konkretisierung der Perspektive auf einen neuen griechischen Staat in den 1820er Jahren, als die unangefochtene neue Hauptstadt des Landes gesehen und dann auch so konzipiert wurde, und um die weitere Entwicklung und Geschichte Athens vom frühen 19. bis zu Beginn des 21. Jahrhunderts. Dabei war das eigentliche Problem, daß die bescheidene, im Freiheitskampf zerstörte Siedlung über dem Zentrum einer der bedeutendsten antiken Poleis lag – für diese Chance und Bedrohung zugleich; die meisten beteiligten Entscheidungsträger sahen aber nur noch die darüber aufragende Akropolis. Auf dem Boden derartiger Betrachtungsweisen entwickelte sich die Grundproblematik der Hauptstadt-Konzeption, die allerdings im Lauf der Zeit aufgrund weiterer Planungsaspekte immer komplexer geworden ist.

Die Abfolge der Artikel im Band richtet sich nach ihrem ursprünglichen Erscheinungsdatum; die jeweilige Sprache, Deutsch oder Englisch, wurde beibehalten. Da die Themen verständlicherweise wechseln, will ich sie hier kurz in ihrem inhaltlichen Zusammenhang skizzieren. Die Nummern in Klammern verweisen jeweils auf die Reihenfolge der Beiträge im Band.

Obwohl ein früher Beitrag (2) nicht Athen selbst behandelt, und auch zeitlich nicht in die Neuzeit, sondern in die Antike gehört, haben wir ihn trotzdem hier aufgenommen. Denn er ist, in der interessanten, den Archäologen zunächst noch fremden Sicht des Stadtplaners auf seinen Forschungsgegenstand, den anderen Beiträgen verwandt: es geht um die urbanistische Beurteilung der späthellenistischen Handelsstadt am Apollon-Heiligtum von Delos, die auf ein Machtwort Roms hin unter Athens Ägide als Drehpunkt des Fernhandels aufblühte, um nach dem Ende der günstigen Voraussetzungen ebenso schnell wieder zu verschwinden. Die Probleme der Stadtgestaltung in der Antike, die bereits damals – anders als in den typischen antiken Planstädten – mit der gewachsenen Siedlungsform von Delos verbunden waren, berühren auch das alte Apollon-Heiligtum selbst. Die Touristenströme im heutigen Athen dürften durchaus mit jenen Menschenmengen vergleichbar sein, die Pilger-Tourismus und Fernhandel schubartig nach Delos gebracht haben müssen.

Der Band beginnt mit der Darstellung der alternativen Planungen für die Stadtresidenz des neuen griechischen Königs (1), deren Errichtung man direkt nach der Staatsgründung in den 1830er Jahren für vorrangig hielt. Die Schinkel-Schüler Schaubert und Kleanthes entwarfen – allen offiziellen Beschlüssen der griechischen Regierung zuvorkommend – auf eigene Initiative das dann erst später eingereichte Stadtkonzept für die künftige Hauptstadt Athen. Ihre originalen Pläne und die Phasen der folgenden Planänderungen und Gegenvorstellungen (dazu auch in 3) hat Papageorgiou-Venetas auch in einem Schlüsselwerk *Hauptstadt Athen; ein Stadtgedanke des Klassizismus* in deutscher Sprache publiziert. Der vergleichende Blick auf die alternativen Planungen für das Stadtschloß König Otto's von Schaubert/Kleanthes und von Klenze sowie Schinkels Plan eines Königsschloßes auf der Akropolis selbst und andererseits auf den von Klenzes Konkurrenten F. von Gärtner ausgeführten Bau ist hier besonders erhellend.

Der wichtigste Einschnitt in dieser frühen Phase der Stadtplanung, die Reduzierung des ursprünglichen Plans von Schaubert und Kleanthes durch die vom Königsvater, Ludwig I. von Bayern, in Auftrag gegebene Planrevision seines Hofarchitekten Leo von Klenze (5) , die die Beibehaltung eines viel größeren Teils der Altstadt (die heutige Plaka) vorschlug und dadurch das vorgesehene archäologische Grabungsareal im wichtigsten Bereich des antiken Stadtzentrums entscheidend beschnitt, wird von Papageorgiou-Venetas nicht nur im Rahmen von Klenzes Griechenlandreise, sondern auch dessen lebenslangen Auseinandersetzungen mit dem antiken und modernen Griechenland und dessen künstlerischem Erbe betrachtet.

Einen eigenen guten Überblick über dieses erste Jahrzehnt der praktischen Umsetzung des Urplans und über dessen Revisionen, gibt der damalige deutsche Stadtarchitekt Athens Friedrich Stauffert (4), dessen sehr instruktiver Bericht von Papageorgiou-Venetas in Buchform als Band 21 der *Peleus*-Reihe mit umfassendem Kommentar publiziert worden war. Staufferts Text behandelt darüber hinaus – als modernes Gegenstück zu Pausanias und zugleich als eine Art Handbuch für alle Fragen des damaligen Bauwesens in Griechenland – die entsprechende Problematik des Bauens und der Stadtplanung gerade auch in den anderen griechischen Städten, die ja fast alle über berühmten antiken Stätten lagen und mit deren monumentalen Überresten zurechtkommen mußten.

Wie eine komplementäre Illustration dazu wirken die Aquarelle des bisher weitgehend verkannten Architekten und Malers Ludwig Lange (9), der mit Carl Rottmann 1834 nach Griechenland kam und danach mehrere Jahre als Zeichenlehrer am Athener Gymnasium tätig war; wir verdanken ihm eine Reihe ausgezeichneter Ansichten von Athen und anderen griechischen Städten und Landschaften.

Ausgrabungen in parkähnlichen Anlagen zu konservieren, ist ein erwünschtes Mittel, sie Besuchern nahe zu bringen und eingängig zu präsentieren. Hier war nach dem vorläufigen Abschluß der amerikanischen Grabungen die planmäßige Bepflanzung des zentralen Agora-Geländes ein vorbildliches Beispiel, von dem sich die Gestaltung benachbarter archäologischer Areale inspirieren ließ. Das langsame, erst vom Zufall, dann von Planungen beförderte Zusammenwachsen archäologischer Stätte (3) wurde zu einem vorläufigen Ergebnis gebracht, als innerhalb des archäologischen Zonenrings um die Akropolis der schon genannte „*Athenian Walk*" (11), die neu gestaltete Fußgängerzone im südlichen Randbereich der Akropolis entstand.

Die Entwicklung des Fremdenverkehrs, der sich längst zum Massentourismus entwickelt hat, läßt sich gerade im Zentrum Athens schon über zwei Jahrhunderte beobachten (6). Wichtig ist die Ströme der Touristen, deren Bedürfnisse und Wünsche in diesem Zusammenhang zu berücksichtigen, aber auch deren negative Auswirkungen auf die Erhaltung des Athener Kulturerbes streng im Auge zu behalten.

Die Akropolis von Athen (10) kann als besonders empfindlicher und aussagekräftiger Indikator für die Aufbereitung und Bewahrung der Monumente des kulturellen Erbes betrachtet werden. Die besondere Aussagekraft dieses einmaligen historischen Ensembles wird in einem weiteren Beitrag (7) beleuchtet, der zugleich den hohen Wert der öffentlichen Erreichbarkeit dieser eben gerade dadurch bedrohten Akropolis betont.

Ein Paradebeispiel für den kreativen und doch denkmalpflegerisch vorbildlichen Umgang des modernen Architekten mit wichtigen antiken Überresten sowie der historischen Stadtlandschaft stellt die Gestaltung der Akropolis-Umgebung durch Papageorgiou-Venetas' eigenen Lehrer Dimitris Pikionis (12) in den 1950er Jahren dar. Was im 19. Jahrhundert kahle Felsen waren, nehmen seit einem halben Jahrhundert Besucherscharen ganz selbstverständlich als antike ‚heroische' Parklandschaft wahr.

Aber nicht nur im unmittelbaren Umfeld der Akropolis, das sich dem Besucher heute als Parkareal darbietet, auch im weiteren Großraum Athen gibt es – allerdings deutlich weniger – Grünflächen (13), die für das Leben in einer Millionenstadt von vitalem Wert wären. Nur teilweise sind sie im planerischen Überblick, oft jedoch auch nur zufällig entstanden; immer bedeutsamer ist es daher sie in ein Gesamtkonzept zu integrieren.

Als einziger Beitrag, der wirklich nichts mit Athen zu tun hat, steht eine kurze Erläuterung über das stoisch zu nennende Gedicht von Giorgios Seferis *Die Katzen des Sankt Nikolaus* (8). Sie stellt eine Reverenz an den ersten griechischen Nobelpreisträger für Literatur, den Verfasser von *Six Nights on the Acropolis* dar, und bildet eine Art philosophische Schlußvignette des Bandes.

Heidelberg 2012 Reinhard Stupperich

1.

Bauen in Athen: Neue Wege des Klassizismus. Gestaltungsprinzipien deutscher Baumeister am Beispiel der Entwürfe für die Athener Residenz (1833-1836)[1]

Der Entwurf einer neuen Hauptstadt auf klassischem Boden, die Neugeburt Athens, kann als die exemplarische Verwirklichung der Ideale der in Deutschland im Zeitalter des Klassizismus (1780-1840) allgegenwärtigen Griechenlandbegeisterung verstanden werden.

Die Europa inspirierende Ausstrahlung war zuerst von den Ruinen des alten Griechenland ausgegangen. Sie wurde zum Motor für die Entwicklung einer klassizistischen Weltsicht, des „Greek Revival", die anders als die von der Römischen Antike getragene Renaissance, ein ideales, dabei jedoch oft steriles Nacheifern der Errungenschaften des klassischen Griechentums zum Inhalt hatte.

Antikenverehrung als die das Leben adelnde ästhetisch-humanistische Grundhaltung des Westens hielt nun auch als importierte Gegengabe in das wiedererstandene Land ihrer Sehnsucht Einzug.

Klassizismus, in Deutschland eine Wendung zur altgriechischen Lebensauffassung, als bürgerliche Freiheitsliebe, anthropozentrisches Weltverständnis und ästhetische Ausrichtung gedacht, wird im neuen Griechenland hauptsächlich zum Träger einer verspäteten nationalen Identifikation, eines zugespitzten patriotischen Ahnenkultes. Dieser äußert sich zuallererst im neuen Bauen im Lande, um dann durch ein erneutes Studium der alten Sprache und Geschichte die Neoklassische Ära des 19. Jh. in Hellas einzuleiten.

Oft wurden bis heute auf unerlaubt vereinfachende Weise die ins Land ihrer Herkunft zurückgeführten antikisierenden Bauformen als ein formalistisch-repräsentatives Formenrepertoire denunziert, das dem neuen Griechentum angeblich aufgezwungen wurde. So wettert der im Jahre 1994 verstorbene namhafte griechische Architekt Aris Konstantinidis mit pathetischen und diffusen Argumenten gegen den fremden 'Import' stadtplanerischer aber auch lebensweltlicher Vorbilder: *„Beabsichtigt war also, mittels der nicht sehr glücklichen Phantasie von Kleanthes und Schaubert und durch ihren Plan für die Hauptstadt, all jenes auch ins neue Griechenland zu übertragen, was zu jener Zeit die westeuropäische 'Zivilisation' ausmachte, erlebte (und auch ... tanzte). Damit das neugriechische Land europäisiert werde, damit es das eigene Versailles bekäme, das es eigentlich überhaupt nicht nötig hatte; so wie es übrigens auch die Luxuskleidung, die mit der Armut der meisten nicht in Einklang stand, oder das begrabene unnütze Kapital nicht gebrauchen konnte. (...) Der Plan suchte den Ursprung seiner Gestaltung in der lautstarken Effekthascherei eines Europa, dessen Leben – aber auch Kunst – sich in romantischen Träumereien und inszenierten Bildern verfing, das von den ständigen Reizen modischer Erfindungen lebte und sich sonst kein Leben vorstellen konnte. Das griechische Land aber duldet naturgemäß all dieses europäische Gebaren nicht, betrachtet es sogar als häßlich, da es eine Welt ist, die keineswegs solche Machenschaften duldet."*[2]

Ob nun heute von den Hütern eines mißverstandenen Hellenozentrismus geduldet oder nicht, Tatsache ist, daß im Lande der Hellenen ein Klassizismus besonderer Prägung nach der Unabhängigkeit erblühte, der in seinen Bauformen und Gebäudetypen eine kreative Verschmelzung der altgriechischen Vorbilder mit den tradierten Wohnformen und Bautechniken der im Lande lebendig vorhandenen Volksarchitektur erreichte.

Diese Osmose, die zu einem den klimatischen Verhältnissen und der Landschaft ideal angepaßten 'volkstümlichen Klassizismus', insbesondere beim Entwurf der bescheidenen Bürgerhäuser, führte, ist sozial wie auch kunsthistorisch betrachtet eine griechische Besonderheit, die nicht hoch genug zu schätzen ist.

---

1 Eine detaillierte Beschreibung der in diesem Beitrag besprochenen Bauten findet sich in folgenden Veröffentlichungen: Zum Akropolisentwurf K F. Schinkels: Margarete Kühn (Hrsg.), *K.F. Schinkel: Ausland. Bauten und Entwürfe* (München, 1989). – Zum Residenzentwurf Leo von Klenzes: Leo v. Klenze, *Aphoristische Bemerkungen gesammelt auf seiner Reise nach Griechenland* (Berlin, 1838). – Zum Residenzbau F. von Gärtners: A. Demenegi-Viriraki, *Das Alte Schloß in Athen, 1836-1986* (in griechischer Sprache) (Athen. 1994).

2 Aris Konstantinidis, *Prolegomena* (Athen, 1989) (in griechischer Sprache. Hier deutsche Übersetzung des Autors dieses Beitrages).

Aber auch die genaue Nachahmung und die detailtreue bautechnische Ausführung von Architekturgliedern der in Athen noch vorhandenen antiken Monumente und ihre Anwendung im Formenrepertoire der wichtigsten öffentlichen Bauten in Athen[3] ist kennzeichnend für den Athener Klassizismus.

Abb. 1 Das Zentrum des Athener Beckens. Rechts oben die Anhöhe des Lykabettus, links unten die Akropolis. Höhenlinien je 10 m Zeichnerische Montage mit Eintragung der Residenzkomplexe (mit königlichem Garten) nach den drei Konzepten (oben Kleanthes/Schaubert; links Klenze; rechts Gärtner) zum Vergleich der Standortwahl, Orientierung und Konfiguration der jeweiligen Lösungen.

Diese Übertragung einzelner antiker Baudetails paarte sich übrigens mit einer erfindungsreichen Konzeption der neuen Staatsbauten selbst, die fast nie in ihrer Gliederung altgriechische Gebäudeformen (z.B. Tempel, Tholoi, Stoen) sklavisch nachahmten. So beschritt auch die 'offizielle' Architektur in Athen einen eigenen kreativen Weg.

Es ist also offenkundig, daß die junge griechische Gesellschaft mit ihrem fachlich-technisch geringen Können einerseits und dem nach nationaler Palingenesie[4] hoch trachtenden Wollen andererseits den importierten Klassizismus kreativ assimilierte und ortsgemäß weiterentwickelte.

Was jedoch bis heute kaum untersucht worden ist[5], ist die Begegnung der in der Tradition des akademischen Klassizismus wirkenden deutschen Baukünstler mit dem griechischen Raum und deren Einstellung zu den hier zu bewältigenden baulichen und städtebaulichen Aufgaben. Diese Begegnung bewirkte bei etlichen Architekten eine Änderung der künstlerischen Gesinnung, eine Abwendung von

3 Siehe Hermann Kienast, „Athener Trilogie. Klassizistische Architektur und ihre Vorbilder in der Hauptstadt Griechenlands", *Antike Welt*, 3 (1995).

4 Die griechische Bezeichnung für „Nationale Wiedergeburt".

5 Eine Ausnahme bildet die in diesem Beitrag öfters zitierte Arbeit von Elpiniki Demosthenopoulou, *Öffentliche Bauten unter König Otto in Athen* (München, 1970).

den zu jener Zeit in Europa noch immer gültigen Entwurfprinzipien und Konventionen des Barocks und des Klassizismus und eine Neuorientierung zu landschaftsbezogenen, freien Kompositionen in einem – wie Klenze es ausgedrückt hätte – *„ächt altgriechischen Sinn“*. Die griechische und insbesondere die attische Landschaft wird zum alles überragenden Erlebnis:

„Man muß die griechische Luft, die griechische Sonne und den Charakter der griechischen Landschaft, welcher sich in seinem ganzen Reize nur in der Ferne entwickelt, kennen, um sich einen Begriff von der Schönheit dieses Anblickes machen zu können. Selbst Süditalien, Kalabrien, Apulien und Sicilien geben keinen Begriff von diesen griechischen Fernen, worin die reinsten Gebirgsformen deutlich und plastisch wie Statuen des Pheidias und Praxiteles modelliert und in einem Farbenreichtum erscheinen, welchem sich nichts an Harmonie, Freiheit und Abwechslung der Töne, Übergänge und Lichteffekte vergleichen läßt. Jene Länder haben in landschaftlicher Hinsicht in den Vor- und Mittelgründen über Griechenland den großen Vorteil der Kultur, schöner und üppiger Vegetation und malerischer Architektur. Aber Fernen, Gebirge und Felsengruppen gibt es nur in Griechenland, und der italienische Himmel hat nie den unendlichen Reiz des griechischen, so schön durch das Wort λαμπρότατος Αἰθήρ bezeichneten Lichtraums.“[6]

Die Entwürfe für die königliche Residenz in Athen, ein Bau, dem als dem wichtigsten Profanbau des neuen Staates eine Schlüsselfunktion zukam, wirkten wegweisend für die weitere Entwicklung der architektonischen Gesinnung im Griechenland des 19. Jahrhunderts (Abb. 1).

Besonders die zwei unausgeführten Vorschläge, d.h. die Vision Karl Friedrich Schinkels[7] für einen königlichen Palast auf der Akropolis zu Athen sowie der Entwurf Leo von Klenzes[8] für eine Residenz auf den Westhängen des Nymphenhügels, besitzen Vorbildcharakter und legen beredtes Zeugnis über die kreative Weiterentwicklung ihrer Schöpfer in deren direkter Auseinandersetzung mit dem griechischen Raum und den erhabenen Vorbildern der Antike ab.

Aber auch der viel nüchternere und letztendlich ausgeführte Entwurf Friedrich von Gärtners[9] ver-

---

6 Leo von Klenze, *Aphoristische Bemerkungen gesammelt auf seiner Reise nach Griechenland* (Berlin, 1838), S. 173f.

7 Karl Friedrich Schinkel (1781-1841), Architekt und Maler, ist der wichtigste Repräsentant des norddeutschen Klassizismus. Geboren 1781 in Neuruppin in der Mark Brandenburg, gestorben in Berlin in seiner Wohnung in der Bauakademie. Schüler von David und Friedrich Gilly. 1803-1805 erste Italienreise (Rom, Neapel, Sizilien). 1810 Berufung zum Professor an der Bauakademie. 1822 Planung zum Museum am Lustgarten. 1824 (Juni bis Dezember) zweite Italienreise. 1824/25 Arbeit am Gemälde „Blick in Griechenlands Blüte“. 1826 (April bis August) Englandreise. Besuch der Industriezonen Mittelenglands, Londons und Edinburghs. 1831-35 Entwürfe und Ausführung der Bauakademie. 1834 Entwurf zum Königspalast auf der Akropolis zu Athen. 1835 Rekonstruktion der Villa Laurentina des Plinius. Am Ende einer langen Laufbahn als preußischer Staatsbeamter, während der sich Schinkel hauptsächlich der monumentalen Verschönerung Berlins verschrieb, wurde er 1838 zum Oberlandesbaudirektor befördert. Er leitete seither das gesamte preußische Bauwesen und prägte es bis zu seinem Tode. Neben seinem Wirken als Architekt und Stadtbaumeister hinterließ Schinkel auch ein bedeutendes malerisches Werk.

8 Leo von Klenze, Architekt und Maler, geboren 1784 in Bockenem bei Hildesheim, gestorben 1864 in München, aus norddeutscher Beamtenfamilie stammend, humanistisch in Braunschweig gebildet, zuerst in Berlin bei Hirt und Gilly, dann entscheidend in Paris (Durand) beruflich geschult. Von 1808 bis 1813 Hofarchitekt König Jerômes in Kassel, von 1816 bis 1864 Hofarchitekt Ludwigs I. in München. Klenze ist der bedeutendste Vertreter des süddeutschen Klassizismus. Trotz seiner enormen Produktivität in der Baukunst fand der Vielbeschäftigte noch Muße, zahlreiche Ölgemälde, Aquarelle und Zeichnungen anzufertigen, sich in ästhetische, archäologische und religionsgeschichtliche Studien zu vertiefen, ja sogar noch die griechische Sprache zu erlernen.
König Ludwig schätzte in ihm nicht nur den genialen Architekten, sondern auch den Gelehrten und vollendeten Hofmann. Er berief ihn in leitende Stellungen (Leiter der Hofbauintendanz und der Obersten Baubehörde) und erteilte ihm eine Fülle von Aufträgen: er ehrte ihn durch Orden und Titel und durch den erblichen Adel. Eine Abkühlung der Beziehungen Klenzes zum König war nur vorübergehend. Später gestaltete sich das Verhältnis um so herzlicher. Neben seiner Tätigkeit für König Ludwig arbeitete Klenze auch für fremde Höfe und unterhielt einen regen Briefwechsel mit zahlreichen Mitgliedern der Aristokratie der Geburt und des Geistes. Auch von ausländischen Fürsten und vielen gelehrten Gesellschaften wurden ihm Auszeichnungen zuteil. Im Gegensatz zum älteren, noch stark barock gebundenen Klassizismus eines Weinbrenner und Karl von Fischer vertritt Klenze wie K.F. Schinkel und Gottfried Semper einen romantischen Klassizismus.
1834 fuhr Klenze als Sonderbeauftragter Ludwig I. nach Griechenland, um die Abberufung der Regentschaftsmitglieder Abel und Maurer durchzusetzen. Er revidierte an Ort und Stelle den von Kleanthes und Schaubert entworfenen Urplan für Neu-Athen und entwarf später in München die Pläne für die Residenz und das Pantechnion, die unausgeführt blieben. Bleibendes Verdienst erwarb sich Klenze durch seine denkmalpflegerischen Maßnahmen zur Rettung der Akropolis von Athen. Klenze errichtete 86 Bauten (hauptsächlich in München und Bayern, aber auch im Ausland, wie die Eremitage in St. Petersburg oder die Dionysius-Kirche in Athen). Seine wichtigsten Werke in München sind die Glyptothek, der Festsaalbau der Residenz, die alte Pinakothek, die Ruhmeshalle und die Propyläen.

9 Johann Friedrich von Gärtner wurde am 10.12.1791 in Koblenz als Sohn des Architekten Johann Andreas Gärtner d. J. geboren. Architekt, Schüler der Münchner Akademie und Karl von Fischers sowie Weinbrenners in Karlsruhe und ab 1814 von Percier und Fontaine in Paris. Nach einer Tätigkeit in London wirkte Gärtner ab 1820 als Nachfolger Fischers an der Akademie, daneben auch als Direktor der Nymphenburger Porzellanmanufaktur. 1829 erhielt Gärtner den Auftrag für den Bau der Ludwigskirche. Es folgten weitere Bauaufgaben an der Ludwigstraße: Staatsbibliothek (1831-43), Max-Joseph-Stift (1835-40), Feldherrnhalle (1841-44), Siegestor (1843-52). In den Jahren 1836-43 gestaltete er den Residenzbau für das griechische Königshaus in Athen. Als Nachfolger von Cornelius wurde Gärtner 1841 Direktor der Akademie. Er ist neben Klenze der bedeutendste Architekt Ludwigs I. Gärtner starb am 21.4.1847 in München.

ändert die spätbarocke Konzeption der Schlösser und Residenzen als kompakte mehrgeschossige, symmetrische Flügelbauten, indem er eine äußerste Schlichtheit sowohl im Aufbau des Gesamtvolumens als auch in der Ausgestaltung der Außenhaut und der Fassadendetails des Baues einführt.

Ob freie Entfaltung der Baukörper und Vielfalt der Einfalle in den nicht ausgeführten Visionen oder schlichte Strenge und Enthaltsamkeit im realisierten Bau – was bei allen Entwürfen für die Athener Residenz auffällt, ist das Verlassen der baulichen Konvention und das Betreten neuer Wege; und dies kann nur dem genius loci und seinen die Baukünstler inspirierenden Eigenschaften zugeschrieben werden.

Eine kritische Betrachtung der Entwürfe selbst und ihre Gegenüberstellung mit den theoretischen Äußerungen ihrer Urheber soll die gewandelte Gesinnung deutscher Baumeister bei ihrem Schaffen in Hellas erkennen lassen.

Die Königliche Residenz im Stadtentwurf für Athen von S. Kleanthes und E. Schaubert (1833): Bauen im Geiste des Absolutismus

Während des ersten Jahrzehnts (1833-1843) der Regierungszeit König Ottos wurden mehrere Stadtentwürfe für Neu-Athen erwogen; einige von ihnen wurden teilweise berücksichtigt (so diejenigen von Kleanthes- Schaubert und Klenze), andere sind als reine künstlerische Spekulation zu betrachten, die keine Folgen zeitigten (Schinkel, Quast, Kaftanzoglou, Traxel). Die Konzepte unterschieden sich nicht nur in ihrer grundsätzlichen Auffassung der neuen Stadtanlage, sondern behandelten auch die Frage der räumlichen Beziehung zwischen 'Alt' und 'Neu', zwischen bebauten und unbebaubaren Flächen auf unterschiedliche Art.

Der poetischen, jedoch wenig realistischen Vorstellung von Athen als Hügelstadt um seine wiederbelebte Burg, die eine räumliche Überlagerung von 'Alt' und 'Neu' bezweckte und von Schinkel und

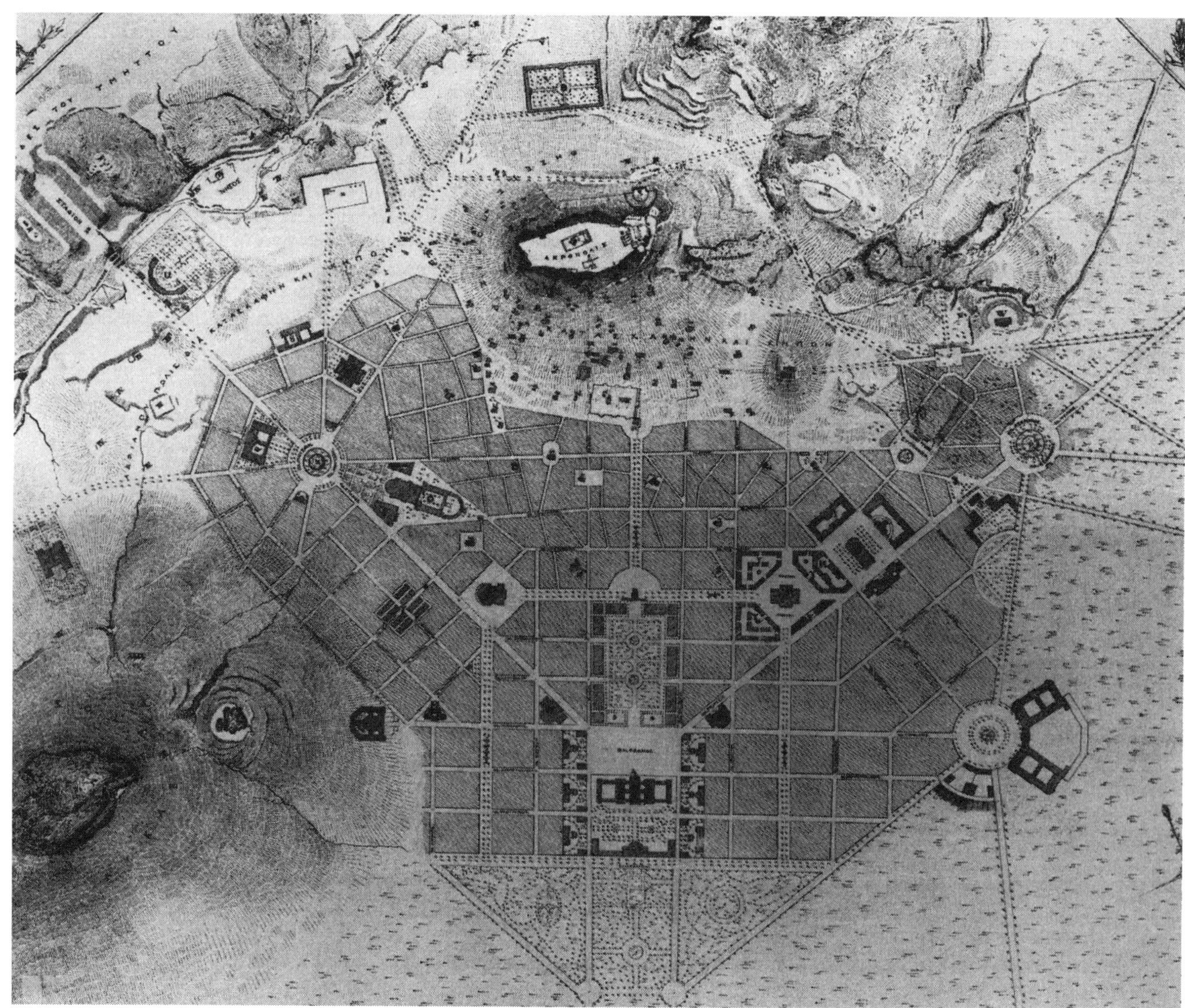

Abb. 2 Die in München und Athen veröffentlichte Version des Kleanthes-Schaubert-Planes (1833). Lithographie; griechisch beschriftet. Dekorative Einrahmung mit einzelnen Veduten von Monumenten (hier nicht abgebildet). Nordung nach unten (Staatl. Graphische Sammlung, München).

von Quast verfochten wurde, stellten Kleanthes und Schaubert den Gedanken einer Stadterweiterung in der Ebene gegen Norden, im Sinn einer räumlichen Nebeneinanderstellung von Neustadt und Ausgrabungsareal entgegen. Klenze und Kaftanzoglou waren – jeder auf seine Art – für eine selbständige räumliche Gegenüberstellung von 'Alt' und 'Neu'. So war für Klenze der ideale Standort für die Neustadt der Südhang des Museionhügels, während Kaftanzoglou die östliche Talebene zwischen Lykabettos und Ilissos bevorzugte.

Die Schinkel-Schüler Stamatios Kleanthes[10] (1802-1862) und Eduard Schaubert[11] (1804-1860) hatten schon in den Jahren 1831/32 eine detaillierte topographische Vermessung der Stadt unternommen, die ihrem Stadtentwurf als Zeichenunterlage diente. Im Juli des Jahres 1833 wurde ihr Plan für die neue Stadt von König Otto genehmigt (Abb. 2). Der Entwurf zeigt, mit welch großer Sorgfalt in Hinsicht auf die antiken Überreste die beiden Architekten den zukünftigen Plan von Athen aufzeichneten.

Der Kleanthes-Schaubert-Plan muß als ein einfallsreicher Entwurf einer stark begrünten klassizistischen Stadt, als ein Gebilde 'sui generis' angesehen werden. Der Entwurf ist weitgehend dem südli-

---

10 Kleanthes, Stamatios, (1802-1862) stammte aus Velvendos in Mazedonien, ging in Bukarest zur Schule und schloß sich 1821 der von Fürst Alexander Ypsilantis gegründeten, etwa 400 griechischen Freiwillige zählenden 'Heiligen Schar' (Ieros Lochos) an, die am 7.6.1821 in der Schlacht bei Dragatsani fast gänzlich aufgerieben wurde. Kleanthes gehörte zu den wenigen Überlebenden, geriet in türkische Gefangenschaft und sollte mit 45 Leidensgenossen nach Istanbul zur öffentlichen Hinrichtung gebracht werden. Es gelang ihm zu fliehen und sich nach Wien durchzuschlagen. Da er sich dort vor der österreichischen Geheimpolizei nicht sicher fühlte, ging er nach Leipzig, wo er mit dem Architekturstudium begann. Spätestens seit 1827 studierte er an der Berliner Bauakademie bei Karl Friedrich Schinkel. 1828 nahm er an den Monatskonkurrenzen des Architekten-Vereins zu Berlin teil und gewann die Preisaufgabe 'Jagdschloß'. Wie aus einem Empfehlungsschreiben hervorgeht, hat Schinkel seinen Schüler hochgeschätzt. In Berlin lernte Kleanthes Eduard Schaubert kennen, mit dem ihn dann eine jahrelange Freundschaft und Arbeitsgemeinschaft verband, die zum gemeinsamen Entwurf des Athener Stadtplans sowie anderer Stadtpläne führte. Nach der Trennung von Schaubert 1834/35 betätigte sich Kleanthes als freier Architekt und Unternehmer. Von seinen Entwürfen für öffentliche Bauten (so z.B. Zivil-Hospital und orthodoxe Kirche in Piräus, Universität und Arsakeionschule in Athen) wurde keiner ausgeführt, was zum Teil auf den ihm inzwischen entfremdeten Schaubert zurückzuführen ist, der sich als Baudirektor gegen seine Entwürfe aussprach. Kleanthes schuf jedoch zahlreiche Häuser für private Auftraggeber, darunter auch die Villa für die Herzogin von Plaisance, in der heute das Byzantinische Museum untergebracht ist. Das ebenfalls für die Herzogin entworfene Schloß Rododaphni auf dem Pentelikon wurde nicht vollendet. Kleanthes versuchte in späteren Jahren, griechischen Marmor nach Europa zu exportieren und sicherte sich zu diesem Zweck Abbaurechte auf Paros, Tinos und dem Pentelikon. Das Unternehmen brachte jedoch nicht den erhofften Gewinn und kostete Kleanthes den größten Teil seines Vermögens. Wenigstens konnte er einige Prestige-Erfolge für sich verbuchen: Parischer Marmor wurde für die Erweiterung des Louvre verwendet, pentelischer für das Treppenhaus des Schlosses in Athen, und für den grünen Marmor aus Tinos erhielt er 1851 bei der Weltausstellung in London eine Goldmedaille. Schließlich brachte ihm der Marmorhandel den Tod. Kleanthes, der die Arbeiten selbst überwachte, wurde im März 1862 bei einem Unfall auf Paros schwer verletzt und konnte nicht mehr gerettet werden. Er starb am 19. April 1862 in Athen. Olga Fountoulaki hat sich in ihrer Dissertation *Stamatios Kleanthes, ein griechischer Architekt aus der Schule Schinkels*, (Karlsruhe, 1979), ausführlich mit Leben und Werk Kleanthes auseinandergesetzt.

11 Schaubert, Gustav Eduard (1804-1860), stammte aus Breslau und studierte seit 1825 an der königlichen Bauakademie in Berlin als Schüler Schinkels Architektur. Er lernte in diesem Kreis Stamatios Kleanthes kennen, mit dem ihn eine jahrelange Freundschaft und Arbeitsgemeinschaft verbinden sollte. Im Frühjahr 1829 unternahmen sie eine Studienreise nach Rom, wo sie in dem dortigen Künstlerkreis neben anderen auch General Heideck, den späteren Mitregenten Griechenlands kennenlernten, der ihnen ein Empfehlungsschreiben an den damaligen griechischen Präsidenten Kapodistrias mitgab. Kapodistrias verschaffte den jungen Architekten, die auch von Schinkel wärmstens empfohlen wurden, eine Anstellung und erste Aufträge auf Ägina, der damaligen griechischen Hauptstadt. Im November 1831 ließen sie sich nach Athen beurlauben, wo sie am Nordabhang der Akropolis ein verfallenes Haus kauften, das sie ausbauten und zu ihrem Atelier machten. In diesem Haus (heutiges Universitäts-Museum) war in ihren Anfangsjahren 1837-1842 die neueröffnete Athener Universität untergebracht. Obwohl noch nicht entschieden war. ob Athen die Hauptstadt des neuen Königreiches werden sollte (Otto landete erst im Februar 1833 in Nauplia), beschäftigten sich Schaubert und Kleanthes seit 1831 ohne Auftrag mit einer Planaufnahme von Athen und Umgebung. Im Mai 1832 erhielten sie den Auftrag zum Entwurf des Stadtplanes von Athen. Da dieser Entwurf (1833) sehr großzügig ausfiel und beträchtliche Entschädigungssummen erfordert hätte, warf man den beiden unzweckmäßiges Denken und Bauspekulation vor, so daß die Regentschaft ihre Zustimmung versagte und König Ludwig um die Entsendung Klenzes bat, der den Plan revidieren sollte. Da Schaubert und Kleanthes die Planänderungen Klenzes nicht akzeptierten, reichten sie im Oktober 1834 ihren Rücktritt als Regierungsarchitekten ein, führten jedoch ihre Arbeiten als Beauftragte für die Restaurierung der Akropolis weiter. Kleanthes scheint sich von dieser Aufgabe jedoch bald zurückgezogen zu haben, denn kurz darauf werden nur Roß, Schaubert und Christian Hansen als verantwortlich genannt. Ihre entscheidende Leistung ist der Wiederaufbau des Nike-Tempels, beschrieben in dem Tafelwerk *Die Akropolis von Athen nach den neuesten Ausgrabungen* (Berlin, 1839). Schaubert trennte sich wegen finanzieller Auseinandersetzungen Ende 1834 von Kleanthes, wurde Oberarchitekt, Baudirektor des ganzen Landes und Ministerialrat. Neben seiner Bautätigkeit war er weiterhin als Archäologe tätig und machte auch als einer der ersten auf die Polychromie der antiken Tempel und Skulpturen aufmerksam. Seit der Septemberrevolution des Jahres 1843 gleich allen anderen Deutschen seiner Stellung enthoben und nach Abwicklung seiner persönlichen Angelegenheiten im Begriff, in die Heimat zurückzukehren, war er im Jahr 1845 durch Aufträge der Museumsverwaltung in Berlin in Athen zurückgehalten worden und bis gegen Ende des Jahres 1848 hauptsächlich mit der Beschaffung von Gipsabgüssen beschäftigt, stets in der Hoffnung, in Griechenland verbleiben zu können, die trotz des wohlwollenden Entgegenkommens des Generaldirektors von Olfers und des energischen Eintretens des preußischen Gesandten von Werther drei Jahre lang unerfüllt blieb und nach den Ereignissen des Jahres 1848 endgültig aufgegeben werden mußte. Nach seiner Rückkehr nach Breslau lebte er zurückgezogen und beschäftige sich bis zu seinem Tode mit eigenen Entwürfen und mit dem Studium des griechischen Altertums.

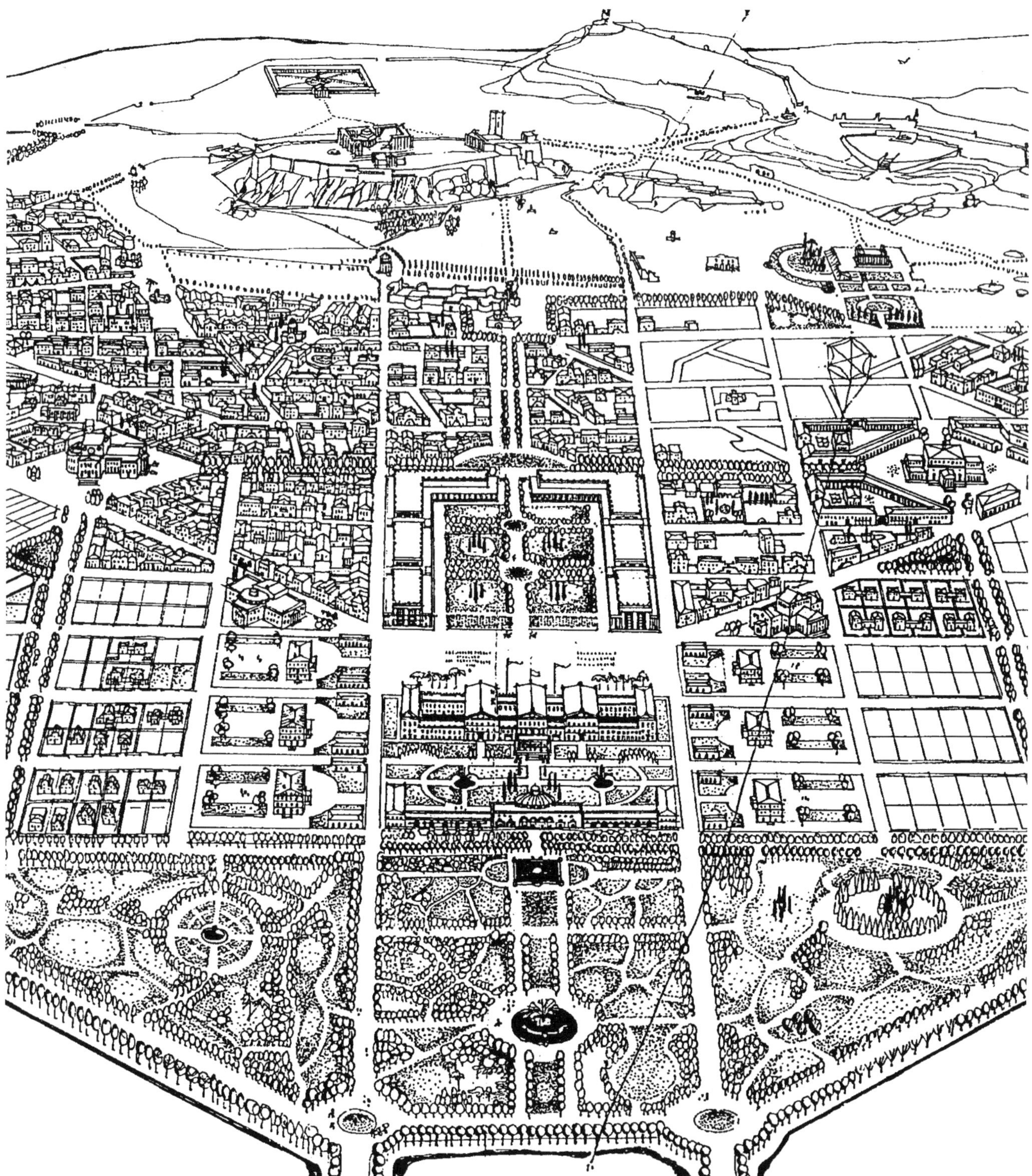

Abb. 3 Auszug aus dem Stadtpanorama Athens (Plan Kleanthes-Schaubert) vom Verfasser im Jahre 1992 gezeichnet. Blick nach Süden. Im Vordergrund der königliche Garten, dahinter die Residenz und die Ministerien. In der Mitte der Bazar mit Volksgarten. Im Hintergrund die Altstadt und die Akropolis.

chen Klima angepaßt und versucht, zentraleuropäische geometrische Straßenmuster, Sichtfluchten und Bebauungsarten mit herkömmlichen Lebensformen des Südens (wie freistehende Einfamilienhäuser mit Gärten und überdeckte Säulengänge um öffentliche Plätze) zu verbinden. Die Grundoption des Planes war die direkte Nebeneinanderstellung von Neu- und Altstadt in Form einer Stadterweiterung in Richtung Norden.

Der Plan weist einen typischen dreieckig-strahlenförmigen Stadtgrundriß im Sinne der absolutistischen Stadt des 18. Jahrhunderts auf (Vorbilder: St. Petersburg, Versailles, Karlsruhe): Die wichtigsten Straßenachsen strahlen vom Sitz der königlichen Macht (Residenz) in Form einer 'patte d'oie' aus. Direkte Sichtbezüge von den Kulminationspunkten der Neustadt zu den antiken Denkmälern auf der

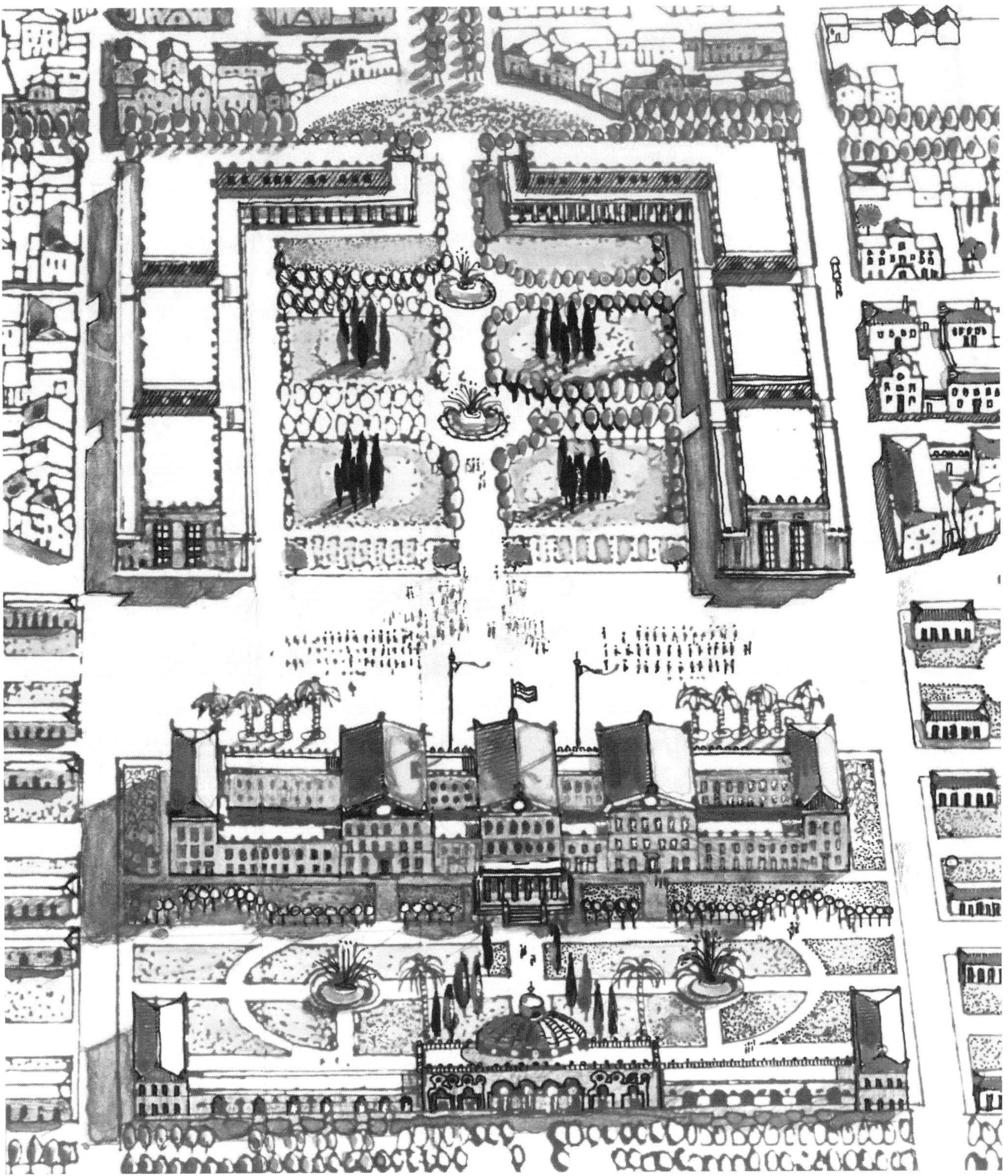

Abb. 4 Detail der Abb. 3: Residenz, Bazar und Volksgarten

Akropolis werden hergestellt, so z.B. die Athena-Straße als Achse, die visuell die Residenz mit den Propyläen verbindet. Die streng geometrische Achsenführung, die wesentliche Brennpunkte des Gesamtgefüges verbindet, ist im Falle Athens sicher nicht als abstrahierendes Ordnungsmuster gedacht. Die Athener 'patte d'oie' ist kein dekorativer Grundriß, der im Konflikt mit dem Gelände steht und nur als Ausstrahlung der Staatsmacht zu verstehen ist. Sie schafft vielmehr ein Hauptgerüst für die visuelle Hierarchie der Straßen, eine sinnlich wahrnehmbare Betonung der wichtigsten Verbindungslinien des Gesamtgefüges. Dennoch wurde sie von Klenze – wie wir sehen werden – als starr, monoton und ortsfremd kritisiert. Die zwei Schinkel-Schüler haben keinen eigentlichen Entwurf für die königliche Residenz geliefert. Lediglich ein Vorentwurf ist auf ihrem Plan angedeutet. Dieser erlaubt zwar nicht Schlüsse bezüglich der detaillierten baulichen Gestaltung der Residenz, läßt aber klar die städtebauliche Disposition und die Einbindung des Baues in das Stadtgefüge erkennen. Der Königssitz ist in diesem Plan als imposanter, kompakter, langgestreckter, freistehender Bau mit einer 200 m langen Front der Stadt gegenübergestellt. Er ist zwar würdig, aber bürgernahe inmitten der Wohnblöcke vorgesehen, unübersehbar ist jedoch die strenge Symmetrie der Anlage selbst und die starr-axiale Ausrichtung des Baues zur Altstadt und zur Akropolis hin. Die Gesamtlage hat der Autor dieses Beitrages versucht, auf eine von ihm gezeichnete Vogelperspektive des Urplans von Kleanthes-Schaubert zu veranschaulichen (Abb. 3 und 4).

Sicher waren die Entwerfer des Planes Kinder ihrer Zeit und bei ihrem jugendlich-empfänglichen Alter von bewährten Vorbildern geprägt, ja ihnen verhaftet. Dies gilt besonders für ihre Auffassung einer königlichen Residenz, die sie nur in den überlieferten Mustern der Herrschersitze des 18. Jh. in Zentraleuropa zu erkennen glaubten. Neue stadträumliche Anordnungen bzw. bauliche Lösungen sind hier nicht erkennbar.

Über die wichtige Frage der stilistischen Ausgestaltung der zu erbauenden Residenz äußern sich die Architekten überhaupt nicht. Zwar deutet die strenge Symmetrie der auf ihrem Plan eingezeichneten Grundrisse der öffentlichen Gebäude auf eine Vorliebe für das zeitgemäße klassizistische Formenarsenal hin; wohlweislich enthalten sich jedoch die Entwerfer des Plans, und dies im Sinne einer echten stadtplanerischen Einstellung, jeder weiteren Spezifizierung oder Gestaltungsanweisung, die für das künftige Gesicht der Hauptstadt bindend hätte sein können.

Karl Friedrich Schinkels Entwurf (1834) für einen Königspalast auf der Akropolis zu Athen: Bauen in direkter Gegenüberstellung zur Antike

Abb. 5 Portrait Schinkels von Franz Krüger (1836)

Einige Monate vor Klenzes Griechenlandreise entwarf Karl Friedrich Schinkel (1781-1841), der große Meister des norddeutschen Klassizismus (Abb. 5), im Sommer des Jahres 1834, auf Einladung Maximilians, des Kronprinzen von Bayern (und Bruders König Ottos von Griechenland), sein eigenwillig-geniales Projekt für einen Königspalast auf der Akropolis. Schinkel war nie in Griechenland gewesen; wie ein anderer großer Deutscher, Johann Wolfgang von Goethe, praktizierte er das, was man später ironisch als 'Griechenland-Abstinenz' bezeichnete (d. h. die wirkliche Konfrontation mit Griechenland zu vermeiden und es statt dessen zu einem idealistischen Schema zu abstrahieren). Seine Pläne sind weit davon entfernt, ein Vorschlag für die künftige Entwicklung der neuen Stadt Athen zu sein und beschränken sich auf den monumentalen Entwurf eines Königspalastes auf dem Akropolis-Plateau.

Schinkels Projekt ist von hohem Interesse, weil es: a) die extreme Position einer romantisch-kreativen Einstellung zum Ausdruck bringt, die auf eine dialektische Symbiose der klassizistischen Architektur mit dem antiken Erbe abzielt – in äußerstem Gegensatz zu der akademisch-musealen Erhaltungspolitik, die sich in Athen von Anfang an durchsetzte[12] und b) als der Kerngedanke einer alternativen Entwicklung für Athen zu betrachten ist, d. h. des 'Hügelstadtmodells' im Gegensatz zu der 'Stadt in der Ebene'.

Tatsächlich war das Konzept, das Leo von Klenze im Prinzip befürwortete, jedoch aus pragmatischen Gründen nicht durchzusetzen vermochte, in Schinkels Vorschlag impliziert: Eine Stadt auf hügeligem Gelände mit der Akropolis als geschichtsträchtiger und 'wiederbelebter' Krönung Athens. In einem Brief an Maximilian von Bayern aus dem Jahr 1834, in dem Schinkel seinen Entwurf erläutert, kommt die Idee einer Wiederbelebung der Akropolis klar zum Ausdruck: *„Die Akropolis bildet einen leuchtenden Punkt in der Weltgeschichte, an welchen sich unendliche Gedanken Reihen knüpfen, die dem ganzen Geschlecht fortwährend wichtig seyn und theuer bleiben werden. Schon deshalb verdient dieser Ort die Wiederbelebung für die Geschichte der folgenden Zeit und wie könnte dies beim jetzigen Zustande Griechenlands besser geschehen als durch die Einrichtung der neuen Residenz auf demselben."* (Abb. 6 und 7)

12 Ludwig I. als überzeugter Purist und Anhänger eines akademischen Klassizismus spielte eine entscheidende Rolle bei der Ablehnung der Schinkel'schen Vision. So schrieb er auch imperativ seinem Sohn: *„Daß Du das ungesunde Nauplia vor der kalten Jahreszeit verlassen, Athen zu Deiner Residenzstadt wählen möchtest, darum beschwöre ich Dich. Aber nicht auf der Akropolis erbaue Deinen Palast, auf ihr soll meines Dafürhaltens nichts Neues gebaut, wie denn überhaupt der Vorzeit ehrwürdige Denkmale nicht vermischt mit neuen Gebäuden werden, was für diese wie für jene nur von Nachteil sein kann".* (Geheimes Hausarchiv, München: Nachlaß König Otto von Griechenland, 43/I/29a Nr. 27).

Abb. 6 Die Akropolis von Athen, abgebildet auf dem Stadtpanorama Ferdinad Stademanns (1841). Die Burg wird noch vor dem Abbruch der mittelalterlichen Befestigungen gezeigt, der zur Zeit der Aufnahme (1836) schon in vollem Gange war.

Schinkels Palastentwurf ist von seltener Schönheit und Harmonie[13]; er ist von einer ausgeprägten Einfühlung in die südliche Landschaft und das hier obwaltende Klima getragen. Es wird der Versuch unternommen, ein relativ niedriges, asymmetrisches, pavillonartiges Ensemble – nach pompejanischem Vorbild – zu schaffen, das dem Klima und den Lebensbedingungen des Südens entspricht. Dazu Schinkel: *„(...) Übrigens ist eine große Hülfe und ein ganz wesentliches Mittel, zum Zwecke zu gelangen: das Entwerfen einer auf die Sitte und das Bedürfnis des Landes basierten Lebensweise des Fürsten und dann die Auswahl einer recht characteristischen und schönen Localität für einen Bau dieser Art, und meiner Ansicht zufolge würde dies der erste Schritt zu diesem Werke werden müssen, und der Architekt würde sich in die Natur dieser Localität vertiefen und ihr mannigfach Gegebenes schön für sein Werk benutzen müssen. Schwerlich dürfte dann ein Werk nach den lang abgenutzten neuitalienischen und neufranzösischen Maximen hervorgehen, worin besonders ein Mißverstand in dem Begriff von Symmetrie soviel Heuchelei und Langeweile erzeugt hat und eine ertödende Herrschaft errang ...)“.*[14]

Wahrlich ein entscheidender Satz, der die Überzeugungen Schinkels für das Schaffen auf klassischem Boden aufs knappste zum Ausdruck bringt: Weg von der abgenutzten Symmetrie! Aufruf zu einem freien und landschaftsbezogenen Bauen. Die *„Vertiefung in die Lokalität“*, die Vergegenwärtigung des Klimas und eines Ortes, die der Künstler nie selbst erlebt hatte, bestimmen in erstaunlichem Maße seine Schöpfung. Kreative Einfühlung in die Aufgabe und ein zweckgebundener Entwurf hat für Schinkel absoluten Vorrang. Folgt man ihm, so ist das Ideal in der Baukunst *„nur dann völlig erreicht, wenn ein Gebäude seinem Zwecke in allen Theilen und im Ganzen in geistiger und physischer Rücksicht vollkommen entspricht.“* Da sich aber die jeweils vorherrschenden funktionalen Anforderungen des Lebens ändern, so müssen sowohl die älteren Errungenschaften der Baukunst *„mannigfach modifiziert“* als auch *„neue Erfindungen“* entwickelt werden. Nur durch einen solchen kreativen Anpassungsprozeß kann – wie Schinkel glaubt – ein *„wahrhaft historisches Werk“*, das heißt ein Bau von bleibender Gültigkeit entstehen.

13 Die Originale, aquarellierte Federzeichnungen des Schinkelschen Akropolisentwurfs, werden in der Graphischen Sammlung in München aufbewahrt. Das Projekt wurde in den Jahren 1840-1843 in Folioform und unter dem Titel *Werke der Höheren Baukunst, für die Ausführung bestimmt* veröffentlicht.

14 In: H. Mackowsky, *K.F. Schinkel, Briefe, Tagebücher, Gedanken* (Berlin, 1922), S. 181.

„Abgeschlossenes Historisches zu wiederholen", erzeuge keine Geschichte. Unsere Pflicht ist es, solche Neuschöpfungen anzustreben, die dazu geeignet sind, *„wirkliche Fortsetzung der Geschichte zuzulassen."* Dazu gehört aber nicht nur eine breite Kenntnis des baugeschichtlichen Formenrepertoires, sondern besonders *„Phantasie und Divinationsvermögen"*, d.h. die Fähigkeit, bevorstehende Lebensentwicklungen vorwegzunehmen.

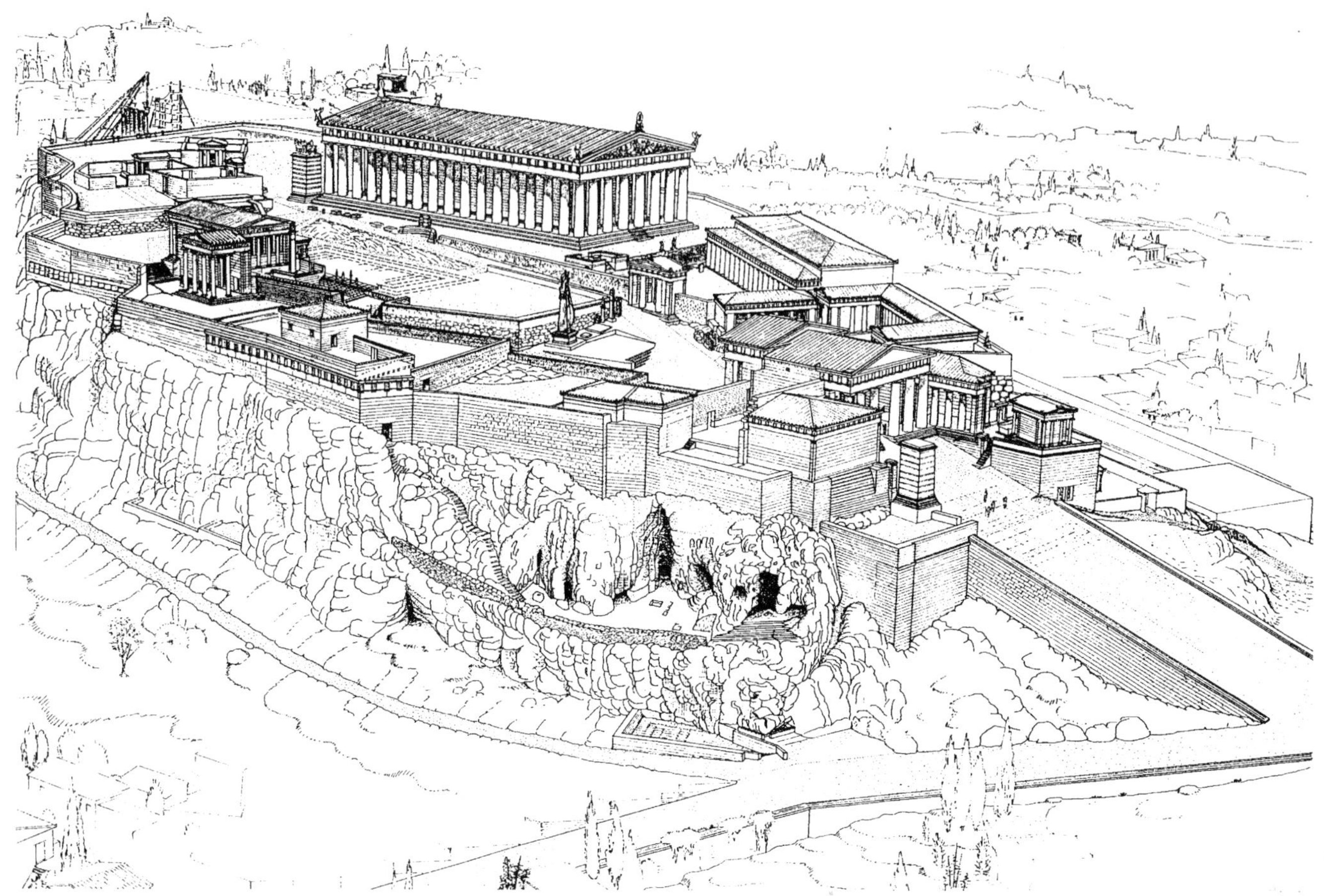

Abb. 7 Perspektivische Ansicht der Akropolis von NW im 2. Jh. n. Chr. Zeichnung von Manolis Korres.

Noch viel später, in der Schinkel-Festrede des Jahres 1872 im Architekten-Verein zu Berlin, sprach Ferdinand von Quast[15] über *„Schinkel und die Gegenwart"* und wies besonders auf die kreative Fähigkeit Schinkels hin, die antike Formensprache neu zu interpretieren: *„Auch hier, wie bei den griechischen Architekturen wurde, neben vollkommener Erfüllung des äußeren Zweckes, derselbe durch die Schönheit der ganzen Erscheinung verklärt, und so das Volk selbst zu einer geistigeren Anschauung emporgehoben. Auch erkennen wir sogleich, daß, wenn auch die angewandten Formen im wesentlichen den edelsten griechischen Vorbildern entsprechen, sie hier doch in eigenthümlichen neuen Verbindungen und Fortbildungen erscheinen, wodurch der Charakter der Kopie fortfällt und alles den Stempel einer selbständigen Neubildung erhält. (...) So wenig fühlte er sich gebunden, sklavisch nur die ihm vorliegenden Vorbilder zu kopieren, daß sich die Formen schon unter seinen Händen fortwährend um- und weiterbildeten. (...)"*

Die Aufgabe, *„einen Regierungspalast für den Herrscher des aufkeimenden Griechenlands"* zu erbauen, sieht Schinkel als so anspruchsvoll an, daß auch der *„talentvollste (...) erst bei sich selbst die schwere Schule machen müsse."* Zur Verwirklichung eines solchen Projektes müßte man – und dies ist Schinkels Grundüberzeugung für ein Wirken im griechischen Raum – *„altgriechische Baukunst in ihrem geistigen Prinzip festhaltend sie auf die Bedingungen unserer neuen Weltperiode erweitern..."*

15 Alexander Ferdinand von Quast (1807-1876), Architekt und Bauhistoriker, ist 1807 in Radensieben bei Ruppin geboren und fast siebzigjährig ebendort 1876 gestorben. Er war Schüler Schinkels, seit 1829 sein Mitarbeiter am Packhof in Berlin und begeisterter Verehrer seines Meisters. Schinkel hatte schon in einem Bericht vom 17.8.1815 an den Innenminister Preußens umfassende Vorschläge zur Organisation des Denkmalschutzes vorgelegt, die jedoch während seiner Lebenszeit nicht zu einem entscheidenden Durchbruch gelangten. Erst zwei Jahre nach seinem Tode wurde von Quast durch allerhöchste Kabinettsorder vom 1.7.1843 als erster Landeskonservator in Preußen eingesetzt. Quasts Grundsatz bei Restaurierungen war, *„das historisch gewordene Bauwerk als solches zu erhalten, einzelne Teile nur dann zu beseitigen, wenn sie ältere und bessere verdecken"*. Zu seinen Restaurierungen gehören u.a. die Basilika und die Liebfrauenkirche in Trier, das Münster in Aachen und St. Maria im Kapital in Köln. Von 1856-1858 leitete er mit O. Otte die *„Zeitschrift für christliche Kunst und Archäologie"*. Seine wichtigsten Veröffentlichungen: *Die altchristlichen Bauwerke von Ravenna* (1842), *Die romanischen Dome des Mittelrheins* (1853), *Denkmale der Baukunst in Preußen* (1861-64).

Die Leitvorstellungen Schinkels für eine bauliche Neuschöpfung monumentalen Ausmaßes in Athen lassen sich in wenigen Punkten zusammenfassen: Zweckmäßigkeit des Entwurfs; erfinderische Neuschöpfung, von einem geschichtlichen Bewußtsein getragen; Wahl eines schönen und symbolträchtigen Standortes; Anpassung der Anlage an Klima und Wohnsitten des Landes; Vermeidung jeglicher Steifheit und pseudomonumentaler Symmetrie bei der Gesamtkomposition.

Der geplante Palastbau rahmt die bestehenden antiken Monumente sinnvoll ein (Abb. 8). Um dies zu erreichen, sah Schinkel die Errichtung des ausgedehnten klassizistischen Ensembles auf dem unbebauten östlichen Teil des Burgplateaus vor; ein zeremonieller Vorhof, als 'Hippodrom' bezeichnet, führt zum Haupteingang des Palastes zwischen Parthenon und Erechtheion. Das überraschendste Merkmal des Entwurfes ist die Nachbildung der kolossalen Statue der Athena Promachos (Abb. 10). Diese sollte mit ihrer symbolischen Ausstrahlung ein sichtbares Wahrzeichen Athens sein. Mit Ausnahme dieses einzigen überdimensionalen Elements ordnet sich ansonsten der moderne Palast völlig den erhabenen Ruinen des Parthenon unter (Abb. 8, 9 und 10).

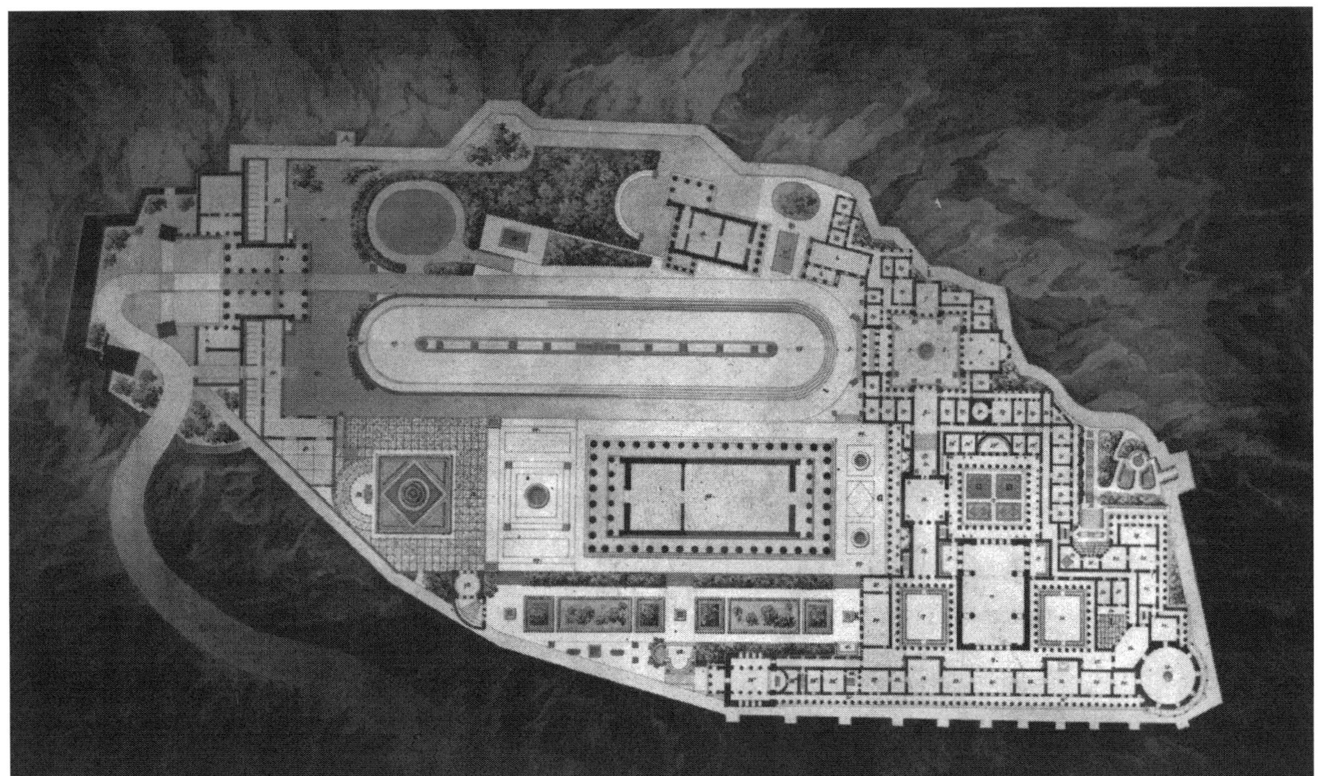

Abb. 8 Grundriß des Akropolisprojektes von K.F. Schinkel. Aquarelliert. Staatl. Graph. Slg., München, Inv. Nr. 25071

Das gesamte Projekt ist ebenerdig konzipiert; eine üppige Bepflanzung des Plateaus sollte den Kontrast zwischen den Teilen mildern und diese zu einer Einheit zusammenfügen. Schinkel war zwar der Ansicht, daß die Vorteile der Standortwahl ihre Nachteile aufwogen, dennoch war er sich der damit verbundenen Schwierigkeiten bewußt: Unterirdische Rohrleitungen sollten das Wasser von den nahen Bergen herbeibringen; Dampfmaschinen sollten es auf das Burgplateau hinaufpumpen; eine praktische Zufahrt für Fuhrwerke könnte durch eine ansteigende gepflastere Straße mit einladender, schattenspendender Bepflanzung gesichert werden.

Mit Bescheidenheit und Verantwortungsgefühl spricht Schinkel von „*Resignation*", d.h. der Zurückhaltung bei seiner Entwurfsarbeit und seiner Unterordnung aus Gründen der „*Pietät*" vor dem Primat der erhabenen Denkmäler der Antike. Kein Teil der geplanten Anlage würde den Parthenon überragen und diejenigen Teile, die die gleiche Höhe erreichen, wären hinreichend von diesem entfernt.

Es folgt der Hinweis auf ein wichtiges Detail des Entwurfs, nämlich auf die Anordnung des Hauptsaales, bei dem Schinkel durch die Ausgestaltung eines offenen Dachstuhles ein Beispiel dafür geben will, *„wie ein klassisches Prinzip in der Architektur, keine Construction zu maskieren"* hier angewandt wird.

Der Entwurf sei in *„pompejanischen Verhältnissen gehalten"*, von mäßigem Umfang, und entwickelt seine verschiedenen Flügel und Atrien nur ebenerdig. Ein Souterrain ist im südlichen Trakt für Dienstzimmer vorgesehen. *„Begehbare Höfe und Gartenanlagen"* sowie eine freie Anordnung der Gebäudeteile lassen den Neubau sich malerisch den antiken Bauresten und *„den unregelmäßigen For-*

Abb. 9-10 Westliche und südliche Gesamtansicht des Akropolisprojektes von K.F. Schinkel. Aquarelliert. Staatl. Graphische Sammlung, München, Inv. Nr. 25072

men der alten Burg" anpassen.[16] Jeglicher *„prätenziöse Contrast"* mit den Altertümern wird gemieden und das ganze Projekt *„entspricht den geringsten Forderungen der königlichen Hofhaltung"*.

Technische Schwierigkeiten und die zu erwartenden beträchtlichen Mehrkosten bei der Ausführung waren der Anlaß, das Projekt als einen *„Mittsommernachtstraum eines großen Architekten"* (wie sich Klenze einige Zeit später mit Herablassung äußerte) abzuqualifizieren.[17] Über diese Vorbehalte hinaus waren jedoch die respektvolle Distanz zu den Altertümern sowie der Wunsch ihrer herrlichen Isolierung die wahren Gründe für die Ablehnung des Entwurfs. Die direkte Konfrontation von antiken und neueren Bauwerken und ihre Vertretbarkeit in Hinsicht auf denkmalpflegerische Ethik bleibt bekanntlicherweise bis heute ein stark umstrittenes Thema.

Der 'Wiederbelebungsgedanke' für die Akropolis beruht auf der als selbstverständlich betrachteten, souveränen Auffassung der gleichberechtigten Verflechtung von 'Alt' und 'Neu'. Der Entwurf

16 *„Steife Regelmäßigkeit der Anlage, nach modernen Begriffen, wäre hier durchaus verwerflich gewesen: große imposante Massen würden die herrlichen Reste des Altertums, welche nicht absolute Größe, sondern das Ebenmaß ihrer Form auszeichnet, niedergedrückt haben. Schinkel sucht die Werke des Iktinos und Kallikrates in ihrer ganzen Auszeichnung hervorzuheben, und dennoch dürfen sich seine Königshallen den hohen Vorbildern anschließen: ihre Schönheit wird darum nicht geringer sein, weil sie jenen den Vorrang freiwillig überlassen."* (v. Quast: Vorstellung des Schinkelschen Entwurfs in Teil II des Aufsatzes *„Neubau der Stadt Athen und des königlichen Schlosses auf seiner Burg"*, (Berlin, 1834), S. 36).

17 In seinen *Aphoristischen Bemerkungen*, S. 484f. zollt Klenze vom künstlerischen Standpunkt her Schinkels Entwurf uneingeschränkten Tribut, um gleich Bedenken über seine Durchführbarkeit anzumelden: *„Ein vollendetes Muster geistreicher Behandlung dieses Gegenstandes in ächtgriechischem Sinne hat mein trefflicher Freund Schinkel in einem Entwurf zu einem Schlosse aufgestellt, welchen derselbe Sr. Majestät dem König von Griechenland übersendete. Wenn dieser Entwurf nicht ohne erhaltene Angabe der Bedürfhisse und ohne Anschauung der Örtlichkeit, bloß nach allgemeinen Begriffen der Schönheit und althellenischer Lebensverhältnisse gemacht worden wäre, so würde ich es wohl nie unternommen haben, einen anderen Plan zu entwerfen. Aber leider konnte die ganze antike Auffassung des Planes den Bedürfhissen eines nur nach neu-europäischen Begriffen eingerichteten Hofes nicht genügen, und man wollte auch nicht ohne Grund den auf dem Felsen der Akropolis gewählten Bauplatz unzuläßig finden. Möge es mir vergönnt sein, bei dieser Veranlassung dem großen Künstler, welcher jenen Entwurf machte, den Tribut uneingeschränkter Bewunderung zu zollen"*.

Schinkels hatte einen ideellen Vorgänger im unausgeführten Projekt von S. Perosini für einen Kaiserpalast Napoleons auf dem Kapitolshügel in Rom (1810). Anders jedoch als der Schinkel'sche Entwurf war diese megalomanische Planung von Maßstablosigkeit und dem rücksichtslosen Abriß bestehender Monumente (der Palazzi Michelangelos und der Kirche Ara Coeli) gekennzeichnet.

Die inhärente Zwiespältigkeit und Widersprüchlichkeit, die im Kern der altertumsbewußten Planung für Athen zu finden ist, schildert übrigens sehr treffend Margarete Kühn. *„So ließ die Verehrung der Antike es einerseits für geboten erscheinen, das neue Leben sich nicht in ihrer weihevollen Nähe entfalten zu lassen, zum anderen rief sie gerade den Wunsch hervor, an sie anzuknüpfen und sich selbst durch sie zu erhöhen."*[18]

Obwohl die Verwirklichung des Schinkelschen Projekts – in Verbindung mit der Hügelstadt-Idee von v. Quast – sich als verhängnisvoll für die Erhaltung der Altertümer und für die spätere Förderung archäologischer Forschungen vor Ort erwiesen hätte (und es deshalb von unserem heutigen Standpunkt aus begrüßenswert erscheint, daß sie zu jener Zeit nicht ausgeführt wurden), kann man doch die meisterhafte Handhabung der Aufgabe durch Schinkel nicht genug würdigen, der eine zwar romantisch-kühne, jedoch künstlerisch vollkommene Lösung für das die Architekten noch heute herausfordernde Problem des Neuen Bauens in historischer Umgebung fand.

Die Hügelstadt-Idee für Athen sowie der Palastbau auf der Akropolis war eine interessante, jedoch rein hypothetische Alternative: Sie verblieb im Bereich künstlerischer Spekulation. Die Stadt entwikkelte sich in der Ebene zwischen der Akropolis und dem Lykabettoshügel im Norden, und dadurch entstanden Gegebenheiten, die für die spätere Entwicklung eines einheitlichen archäologischen Kulturareals reale Voraussetzungen schufen.

Leo von Klenzes Entwurf (1834) zu einer Königlichen Residenz (mit Ministerialgebäuden, Nebenbauten und Königlichem Garten) auf den westlichen Hängen des Nymphenhügels; seine stadträumlich-ästhetischen Überzeugungen: Bauen im Kontext des Genius Loci

Im Laufe des gleichen Sommers 1834 entsprach König Ludwig einem Begehren der griechischen Regentschaft, den Urplan von Kleanthes und Schaubert für Athen einer Revision zu unterwerfen. Der Aufforderung des Königs folgend besuchte der königliche Baurat Leo von Klenze (1784-1864, Abb. 11) Griechenland für drei Monate (Juli bis September 1834). Er war mit umfangreichen Vollmachten ausgestattet, um in den politischen und künstlerischen Angelegenheiten des Landes zu wirken. Sein überarbeiteter Plan für Athen ist eine Kompromißlösung, die den großzügigen ursprünglichen Plan an die politischen und finanziellen Realitäten des jungen Staates anzupassen versucht und damit verkümmern läßt. Klenze übernahm die Hauptlinien des Urplanes und verminderte das Ausmaß der öffentlichen Flächen sowie des ganzen bebauten Gebietes. Auch änderte er die Gebäudedichten und die Art der Bebauung: Anstatt einer offenen Bauweise wurde nun für den größten Teil der Neustadt eine geschlossene vorgesehen. Dies entsprach Klenzes Auffassung von einer 'mediterranen' Stadt.

Aphoristische

Bemerkungen

gesammelt

auf seiner

Reise nach Griechenland

von

Leo von Klenze,

Abb. 11 Links: Portrait Leo von Klenzes. Mitte: Titelblatt der „Aphoristischen Bemerkungen". Rechts: Portrait König Ludwigs I.

Man kann sich wohl denken, daß Klenze mit einem beträchtlichen Maß an Frustration an diese Aufgabe ging, die er als eine Anpassung an die gegebenen Notwendigkeiten betrachten mußte. Es wäre ungerecht, Klenzes Talent an diesem Plan (Abb. 12) zu messen! Andere Leistungen Klenzes in Bezug auf Athen sind künstlerisch zweifellos wertvoller: Sein Glaube an 'malerische Effekte' führte ihn zum

18 Margarete Kühn, „Als die Akropolis aufhörte, Festung zu sein", in: *Festschrift Sperlich* (Berlin, 1979), S. 84.

Entwurf von öffentlichen Gebäuden in direktem Kontakt mit dem historisch-archäologischen Gebiet. Dies gilt besonders für seinen Plan für die königliche Residenz, die er auf verschiedenen Ebenen an den nordwestlichen Hängen des Nymphenhügels ansiedelte. Weite Gärten, die sich über das hügelige Terrain erstreckten und das 'Theseion' als authentisches, antikes 'objet trouvé' einbezogen, verliehen dem Entwurf einen besonderen Reiz. Die Grünanlage war ein typischer Landschaftsgarten auf unebenem Gelände, mit weitflächigem Rasen und wenigen großen Parterres gedacht. Ein romantischer Hang zur Natur, der Wunsch, in einem malerischen Kontext zu bauen, und der Wille, Kontinuität von antiker und moderner (d.h. klassizistischer) griechischer Architektur zu demonstrieren, stehen hinter Klenzes Palastentwurf (Abb. 13 und 14). Das gleiche gilt für seine Vorstellung, das Akropolisplateau durch geeignete Bepflanzungen zu verschönern.

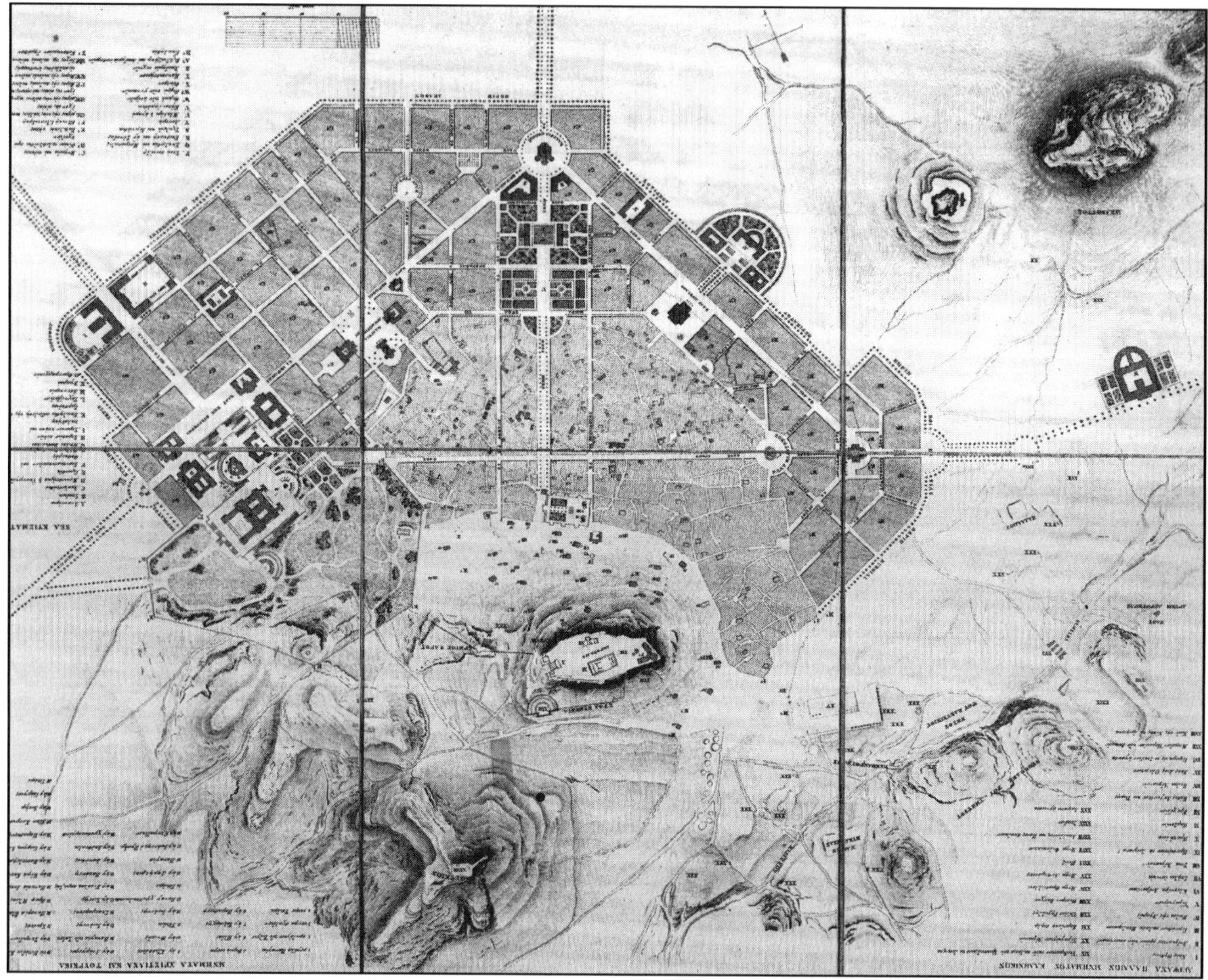

Abb. 12 Die in München veröffentlichte Lithographie des Klenze-Planes mit topographischer Unterlage. Nordnung nach oben. Maßstab des Originals 1:6250, aus: „Sechs Lithographien zu Leo von Klenzes Griechischer Reise", Berlin 1838

Wie im Falle von Schinkels Projekt für einen königlichen Palast auf der Akropolis widerspricht Klenzes Vision von neuen Gebäuden in unmittelbarer Nähe zu historischen Stätten allen Auffassungen heutiger Erhaltungsethik. Die direkte Konfrontation des antiken Kulturerbes mit klassizistischen, d.h. 'modernen' Leistungen weist zwar wenig musealen Respekt für die überlieferten Baukunstwerke auf, entspricht jedoch einem Sinn für bauliche Kontinuität, der heutzutage nicht mehr vorhanden ist. Es ist nicht wegzuleugnen, daß Klenze den königlichen Palast und die Ministerien in einem Gebiet ansiedeln wollte, das bereits wegen seines archäologischen Wertes bekannt war (das Kerameikosgelände des antiken Friedhofs). Sein starkes Interesse an archäologischen Fragen tritt anscheinend in diesem Fall in den Hintergrund. Der Architekt Klenze konnte der Attraktivität des Geländes an den westlichen Hängen des Nymphenhügels nicht widerstehen: *„Der Platz für dieses Schloß ist, wie es der Stadtplan zeigt, so gewählt, daß dem Gebäude schöne Aussicht und Ansicht von und nach allen Seiten gewährt wird (...) Auch der doppelte Vortheil, daß dem Gebäude von zwei Seiten die Lage der Stadt, von zwei anderen aber die Annehmlichkeit einer Gartenumgebung gewährt ist, möchte nicht günstiger gefunden werden können (...) Dem ausdrücklichen Willen seiner Majestät des Königs von Griechenland gemäß* *sind die drei Hügelabsätze, über welche sich diese ganze Anlage erstreckt, als Terrassen gestaltet worden, wie dieses auch im Geiste des klassischen Alterthums begründet ist.“*[19]

Für die künftigen Chancen archäologischer Forschung hätten sich solche Eingriffe des 19. Jahrhunderts – angenommen, sie wären ausgeführt worden – als sehr hinderlich erwiesen; erfreulicherweise wurde keines dieser Projekte – trotz ihres hohen künstlerischen Wertes – verwirklicht.

Klenze spricht in seinen Schriften offen seine Vorbehalte gegen die räumlichen Auffassungen von Kleanthes und Schaubert aus: *„Während sie eine große Vorliebe für geometrische Regelmäßigkeit eines solchen Planes auf dem Papiere, auf sogenannte ‘points de vue’, auf sehr breite Straßen und große Plätze und auf dreieckige Gestaltung und Diagonalstellung der Gebäude auf viereckigen Plätzen zu haben schienen, glaube ich, daß eine geometrische Regelmäßigkeit und Wiederholung, welche in der Ausführung nicht gesehen werden kann, eher ein Fehler der Monotonie als eine Schönheit zu nennen ist. Eben so glaube ich, daß die sogenannten ‘points de vue’, wenn sie nicht malerisch und sehr großartig sind, wenig Reiz gewähren; daß ein spitzer Winkel der Fluch architektonischer Formen, die diagonale Stellung ein zwar vollkommen neuer, jedoch durchaus nicht günstiger Gedanke ist, und daß sich für den Süden und für Städte, wo selbst sehr hohe Häuser weder üblich noch klimatisch sind, eher etwas beschränkte als sehr breite Straßen und Plätze schicken.“*[20]

Abb. 13 Leo von Klenze: Gesamtansicht der Residenz mit Ministerien von NW

Faßt man nun die Kritik Klenzes zusammen, so ergibt sich folgendes Bild seiner Bedenken und Einwände: Für eine südliche Stadt, die sogar auf klassischem Boden entstehen soll, sind seiner Ansicht nach,

- übermäßig breite Straßen und große Plätze,
- große Bauanlagen,
- geometrische Regelmäßigkeit und Wiederholungen beim Entwurf des Stadtgrundrisses,
- die Ausrichtung der Hauptstraßen nach wichtigen Sichtbezügen (points de vue) sowie
- die Errichtung der Stadt auf ebenem Gelände

nicht angebracht.

Die vorerwähnten Merkmale verbindet Klenze par excellence mit der Gestalt nordischer Stadtanlagen. Bedenkt man nun, daß er in seinem städtebaulichen Wirken in Deutschland eben diese Struktur- und Gestaltungsprinzipien befolgte, wird seine Neuorientierung in Hellas umso sichtbarer. Die an mehreren Stellen seiner *„Aphoristischen Bemerkungen“* geforderten ‘malerischen’[21] Eigenschaften einer zu planenden südlichen Stadt (d.h. Staffelung der Bauten auf hügeligem Gelände, freie Gruppierung derselben, enge, dem Terrain angepaßte Straßenzüge, geschlossene Bauweise) stammen sicher aus einem Gedankengut, in dem die Gestalt der italienischen Hügelstadt als die für den Süden maßgebliche verankert war. Erst die wirkliche Konfrontation mit der griechischen Landschaft jedoch, mit den hier obwaltenden klimatischen Verhältnissen und dem Bauerbe der Antike bekräftigte Klenze in seiner Absage an die stadtgestalterischen Ordnungsprinzipien des Spätabsolutismus als für diese Breitengrade untauglich. Eine unüberbrückbare Meinungsverschiedenheit, die Gegenüberstellung des ‘malerischen’ (Klenze) und des ‘geometrisch geordneten’ (Kleanthes-Schaubert) Prinzips, lastet so auf seiner gesamten Beurteilung des Urplanes.

Einige wenige Passagen aus den Schriften Klenzes[22] geben Auskunft über seine ästhetisch-städtebaulichen Ansichten zur Frage einer Stadtgründung auf klassischem Boden und lassen erkennen,

19 Klenze, *op. cit.*, S. 481.

20 Klenze, *op. cit.*, S. 73 ff. Hier Auszug Brief Klenzes an König Otto, vom 9. / 21. Sept. 1834. „Die Verbesserung des Stadtplanes von Athen betreffend“.

21 E. Demosthenopoulou versucht in ihrer Arbeit *Öffentliche Bauten unter König Otto in Athen* (München, 1970), den Begriff ‘malerisch’ im Sinne Klenzes zu definieren: *„So bedeutet ‘malerisch’ für Klenze einerseits eine Kompositionsmöglichkeit, die nicht das Gebäude in ein Achsenschema einkeilt, sondern in schöpferischer Phantasie konzipiert und in der Landschaft vergegenwärtigt und andererseits die Lebendigkeit, die das Werk an Ort und Stelle vermittelt. Deshalb wird ‘malerisch’ auch einmal den ‘trockenen Gebäuden’ gegenüber, einmal den ‘langweiligen Städten’ gegenüber verwendet“.*

22 Siehe hierzu Klenze, *op. cit.*, S. 416-20.

zu welchem Stadtentwurf er ohne die Bindung durch wichtige Sachzwänge geneigt hätte. Hier die Zusammenfassung dieser Erkenntnisse:

- In neuerer Zeit suchte man immer wieder den Stadtanlagen eine Anordnung zu geben, die auf einen äußeren Augenreiz ausgerichtet war. Man entwarf dementsprechend Stadtgrundrisse mit regelmäßigen *„mehr oder weniger verwickelten geometrischen Figuren"*, ohne in Betracht zu ziehen, daß sich diese abstrakten Schemata nach der Ausführung auf dem Terrain *„gar nicht sehen ließ(en)"*. In diesem Zusammenhang weist er auf die Beispiele der Straßenmuster von Turin, Nancy, St. Petersburg, Mannheim und Karlsruhe hin.
- Die antiken Städte (hier werden Pompeji und Rom genannt) scheinen dagegen – gleichgültig, ob sie in der Ebene oder auf hügeligem Gelände erbaut waren – nicht einer solchen *„geradlinigen Regelmäßigkeit"* gefolgt zu sein. Hier wurden *„malerische Baugruppen ohne alle geometrische Regel an- und übereinander"* gesetzt, ja gehäuft. Es entstand ein Reichtum und eine Vielfalt des Stadtbildes, die durch die Monotonie der *„geradlinigen Phalangen grauer Fassaden"*, die starren Sichtbezüge (*'points de vue'*) und die *„architektonischen Prachtstücke"* der modernen Städte (d.h. der Barockzeit und des Klassizismus) nie erreicht wurden.
- Der Aufgang zur Akropolis von Athen zeigt, mit *„welchem den wahren Reiz der Architektur tief herausfühlenden Sinne"* die Griechen, am Höhepunkt ihres Schaffens angelangt, die Baumassenverteilung bei der Gestaltung monumentaler Gebäudegruppen beherrschten.
- In Anbetracht der *„Eigenthümlichkeit"* des Raumes (d.h. der historisch geprägten Topographie), in dem sich der Wiederaufbau Athens vollziehen soll, und dem schon erwähnten 'malerischen Prinzip' folgend, hätte Klenze die neue Stadt auf den Höhen westlich und südlich der Akropolis angeordnet.
- Zu seinem Bedauern sah er sich jedoch an Sachzwänge gebunden, die ihm die freie Entfaltung eines städtebaulichen Konzepts nach seinen künstlerischen Überzeugungen nicht erlaubten: Viele neue Gebäude waren sowohl in der Alt- als auch in der Neustadt auf den Baulinien des im Vorjahr genehmigten Planes erbaut, und ihre Erhaltung war ihm zur Bedingung gemacht worden. Er sah sich also gezwungen, die Neustadt in den flacheren Regionen zu belassen, wo man sie begonnen hatte.

Abb. 14 Stark vergrößerter Ausschnitt aus Abb. 13 um die Gruppierung und Staffelung der Bauten des Projekts hervorzuheben.

Klenze ist in Griechenland in kürzester Zeit zu Einsichten gekommen, die ihn weit von den in Zentraleuropa vorherrschenden Entwurfsprinzipien des Klassizismus entfernten. Diese Wandlung verdankte er seinem starken Einfühlungsvermögen in die Qualitäten der griechischen Landschaft und des griechischen Klimas, die eine andere Stadtauffassung als im Norden hervorbringen, sowie seiner tiefen Kenntnis altgriechischer Geschichte und Kunstgeschichte.

So konnte für Klenze eine griechische Wiedergeburt auf klassischem Boden nicht durch eine sterile Formennachahmung, sondern durch das Befolgen altgriechischer Entwurfsprinzipien bei der Anlage von Städten erreicht werden. Auf die spärlichen schriftlichen Hinweise der antiken Schriftsteller sich berufend und die wenigen zu seiner Zeit bekannten antiken Stätten in Betracht ziehend, erkennt – oder eher erahnt – Klenze das Wesen altgriechischer Stadtbaukunst. Nicht die *„Anwendung theoretischer Systeme und ästhetischer Spitzfindigkeiten"*, d.h. Symmetrie, achsial-zentrale Anordnung der Gebäude, *„Verhältnißziererei"*, d.h. vorgefaßte Proportionierung der Anlagen oder das bewußte *„Drücken und Herausheben"*, d.h. eingeplante dominante Baukörper, bestimmten die altgriechische Stadtbaukunst. Vielmehr wurde *„Natürlichkeit und Zweckmäßigkeit"* durch ein organisches Wachstum angestrebt, das auch im Falle von hippodamisch, also regelmäßig nach dem Schachbrettmuster angelegten Städten nie die Monotonie und Sterilität der modernen – d.h. barocken, aber auch klassizistischen – Stadtanlagen erzeugte.[23]

Sicher hat Klenze noch nicht die wahrnehmungspsychologische Begründung der altgriechischen Stadtgestaltung klar erkennen und formulieren können; dies war dem 20. Jahrhundert und besonders dem griechischen Architekten Konstantin Doxiadis vorbehalten. Mit bemerkenswerter Klarsicht nimmt aber Klenze die von dem bedeutenden Stadtbauforscher des 20. Jahrhunderts, Armin von Gerkan, aufgezeigten Aufbauprinzipien der altgriechischen Stadtanlagen vorweg: Das Fehlen der axialen Ausrichtung der Hauptstraßen auf wichtige Gebäude oder Plätze, die tangentiale Anordnung der Agoren (wichtiger Versammlungsstätten) zu den Hauptstraßen, deren rein auf den Verkehr und nicht auf die Repräsentation gerichteten Charakter, die Staffelung der Bauvolumina vorzugsweise an einem Südhang, die niedrige Bebauungsweise und die angestrebten Sichtbezüge zur freien Landschaft.

Nun postuliert Klenze, zwei Jahrtausende überbrückend, auf Grund der unveränderten klimatischen und landschaftlichen Gegebenheiten Griechenlands die Notwendigkeit einer Konstanz im Planungsverständnis bei der hiesigen Anlage von Städten. Die vorerwähnten altgriechischen Prinzipien gelten für ihn schlechthin, sogar für die neuzeitlichen südlichen Anlagen. Unebenes Gelände, frei-additive Schichtung der Bauten, Gestaltung *„nach Lokalverhältnissen und Zufall"* bleiben für ihn verbindlich. Dabei verdrängt Klenze sowohl die sich schon anbahnenden Erfordernisse des Wagenverkehrs als auch die wünschenswerten räumlichen Entfaltungsmöglichkeiten einer modernen Hauptstadt.

Diese Nichtbeachtung funktionaler Belange der Stadtplanung im Falle Athens und das Beharren auf einem an die Antike angelehnten Wunschbilde bringt Klenze sichtbar in Verlegenheit. So wenig wie von Quast kann er eine ersehnte 'Hügelstadt' entwerfen und ihr dabei die überzeugenden Züge einer neuen Hauptstadt geben; dies nicht zuletzt deshalb, weil er sich der Tatsache bewußt ist, daß eine erwünschte 'gewachsene' Entwicklung einerseits und eine Neuplanung andererseits sich gegenseitig ausschließen. So bleibt ihm nichts anderes übrig als die Anwendung seiner Gestaltungsprinzipien auf einen überschaubaren Teil der Gesamtplanung zu beschränken, d.h. auf seinen Schloßentwurf an den westlichen Abhängen des Nymphenhügels. Im übrigen entzieht er sich unter Hinweis auf Sachzwänge der eigentlichen Aufgabe eines Stadtentwurfes und arbeitet an einer wenig geglückten Revision des Urplanes, die diesen im Grunde verwässert.

Das Schlüsselerlebnis für ein neues Verständnis altgriechischer Raumgestaltung war für Klenze zweifelsohne die Akropolis von Athen. Er skizziert wiederholt ihren Gesamtaufbau, und dies besonders von der Seite des von ihm geplanten Schlosses. Besonders scheint ihn die freie Anordnung der Gebäude sowie die frontale Gesamtansicht von Westen fasziniert zu haben; er stellt diese in einer zwar noch archäologisch ungenauen, jedoch in hohem Maße suggestiven Linearzeichnung in ihrem wiederhergestellten Zustand dar.

Seinen eigenen, am Westhang des Nymphenhügels auf mehreren Terrassen gestaffelten Palastentwurf situiert Klenze vor der Kulisse der antiken Burg, die von ihrer Eingangsseite im Hintergrund sichtbar ist (Abb. 15). Trotz der grundverschiedenen Bauaufgaben der beiden Monumentalensembles (einmal antikes Staatsheiligtum, zum anderen moderner Palastkomplex), begegnen wir hier zwei in erstaunlicher Weise vergleichbaren Baumassendispositionen: Relativ kleinere Baukörper unterschiedlichster Form, mit Treppen und Rampen verbunden, schichten sich stufenartig vor dem im Hintergrund sich profilierenden Hauptgebäude (Abb. 16). Dabei fällt auf, daß bei dieser Anlage das Augenmerk des Architekten nicht nur auf das gewählte Formenrepertoire der altgriechischen Architektur, sondern in hohem Maße auch auf die Standortwahl auf hügeligem Terrain, auf die schönen Aussichten und die direkte Verbindung zur Akropolis gerichtet scheint.

23 Hierzu Klenze: *„Wie ein Jeder nur seine Individualität zu bilden und zu entwickeln trachtete, und der Staat sich wenig darum bekümmerte, wie es ihm damit gelang, so stellten die Architekten des Alterthums, auch wenig bekümmert um höher oder niedriger Drücken oder Heben, ihre Werke in möglichst objektiver Entwicklung und Vollkommenheit hin. Sie waren überzeugt, daß, wenn auch hierdurch das eine dem anderen untergeordnet wurde, dennoch ein Totaleffekt der Gruppen und ganzen Stadtanlagen erreicht ward, welcher gewiß unseren akademisch geregelten, geordneten, meditierten und langweiligen Städten sowohl an Zweckmäßigkeit als an malerischer Natürlichkeit bei weitem vorzuziehen war."* Klenze, *op. cit.*. S. 355f.

Klenze betont besonders, daß er sich bei diesem Entwurf nicht zur Idee einer *„ökonomischen"* Lösung mit hohen Realisierungschancen verleiten ließ, sondern daß er nach seiner Rückkehr nach München und auf besonderen Wunsch König Ottos das in seiner *„Einbildungskraft"* Entstandene in eine Arbeit *„im höheren Sinne der Kunstforderungen"* umgesetzt habe. So erhält der Palastentwurf eine exemplarische Bedeutung: er steht als 'pars pro toto' für den nicht gezeichneten Idealentwurf Klenzes für Athen als Hügelstadt.

Meisterhaft bietet Klenze ein überzeugendes Gesamtbild einer dem genius loci höchst einfühlsam angepaßten Monumentalanlage an, die allmählich wachsen soll.[24] Der Stadtarchitekt Athens Friedrich Stauffert lobt den letztendlich nicht ausgeführten Residenzentwurf *„als dem griechischen Klima ganz anders (...) als das Gärtnersche Palais (angepaßt)."* Auffallig bürgerfern ist die Grundhaltung Klenzes in der Frage der Standortwahl für die zu erbauende Residenz. Diese will er möglichst nicht in die Nähe von Privatgebäuden gebracht wissen, sondern *„deren architektonische Umgebung und Wirkung so viel als möglich selbständig machen."* So kommt er auch zu seiner veränderten Standortwahl für die Residenz (westlicher Hang des Nymphenhügels), um dieser landschaftlichen Reiz, direkten Zugang zur Akropolis und Abschirmung gegen das Treiben in der Stadt zu sichern.

Abb. 15 Leo von Klenze: Schloßentwurf für Athen. Schaubild von der Gartenseite

Über die Natur der Aufgabe, bei der Planung der Residenz, die Wahl der Formensprache, und die angewandten Entwurfsprinzipien gibt Klenze mit seiner gewohnten Beredsamkeit überzeugend Auskunft: *"So wie es (...) die Natur der Sache, der Wille seiner Majestät des Königs und die Erfordernisse der Kunst selbst erheischen, mußte hier die Architektur, nämlich die griechische, gewählt werden, und es kam nur darauf an, die rechte Art zu finden, wie mit diesen reinen, edlen und einfachen Elementen die Erfordernisse der Aufgabe befriedigt werden sollten. (...)*

Es mußte mithin gesucht werden, in dem Pallaste seiner Majestät des Königs von Griechenland das jetzige Bedürfnis auf eine Art zu befriedigen, welche, den eigenthümlichen Reiz und die Erfordernisse des griechischen Südens nicht ausschließend, mit dem reinen Style griechischer Architektur vereinbar war.

Zum Glücke wohnt diesem Prinzip griechischer Architektur aber eine Bildsamkeit inne, welche erlaubt, dasselbe jedem Gegenstande und Bedürfnisse anzupassen, und die Schwierigkeiten, welche von dieser Seite sich vielleicht hätten zeigen können, verliehen der Arbeit des Entwurfs, welchen wir hier erläutern, nur einen neuen Reiz.

Indem aber die einzelnen griechischen Formen der Architektur für die Aufgabe vollkommen genügend sich zeigten, entstand die Frage, inwiefern man dieselben zu einem ganz regelmäßigen oder mehr zu einem malerischen Ganzen vereinigen sollte, und wir haben geglaubt, uns dabei an ein Prinzip halten zu müssen, welches wir schon bei den Erörterungen über den Stadtplan von Athen dargelegt haben.

24 Der Gedanke einer schrittweisen Ausführung der Residenz war zwar durch finanzielle Notwendigkeiten bedingt, entsprach aber auch der Überzeugung Klenzes, daß bauliche Anlagen, wie Städte, allmählich wachsen sollten: *„Es ist begreiflich, daß diese ganze Anlage, wenn sie von Seiner Majestät dem Könige von Griechenland gebilliget, und wenn deren Ausführung beschlossen würde, eine Reihe von Jahren, und wenn auch nicht unverhältnißmäßige und unerschwingliche, doch immer bedeutende Summen in Anspruch nehmen würde. Es ist deshalb bei dem ganzen Entwurfe den ausdrücklich mir mitgetheilten Absichten Seiner Majestät des Königs gemäß darauf gesehen worden, daß selbst eine theilweise Ausführung schon dem jetzigen Bedürfnisse entsprechen würde, und dasselbe, so wie es wächst, durch Hinzufügen eines neuen Theiles des Ganzen stets wieder seine Befriedigung erhalten kann."* Klenze, *op. cit.*, S. 496.

Wir glauben nämlich, daß für südliche Anlagen die große geradlinigte und steife nordische Point de vue- Theorie durchaus nicht paßt, und hier namentlich bei hügligtem Terrain nach Art der Alten verfahren und eine malerische Gruppirung vorgezogen und befolgt werden mußte.

Dieser Behandlungsart zur Seite steht jedoch die Gefahr, architektonische Gruppen und Effekte gewaltsam zu suchen, welche nur der Zufall in glücklichen Fällen gewähren kann, und welche, wenn man sie erreichen will, leicht zu den manierirten Modekompositionen der englischen Garten-Cottages führen. Wir glaubten also (und dieser Gedanke entstand in uns, so wie der ganze Entwurf bei dem so oft wiederholten Nachdenken darüber an Ort und Stelle), daß hier das, was Noth war, durch eine malerische Zusammenstellung der einzelnen Gebäude (welche, ein jedes für sich eine symmetrische Masse bilden) erreicht werden würde."[25]

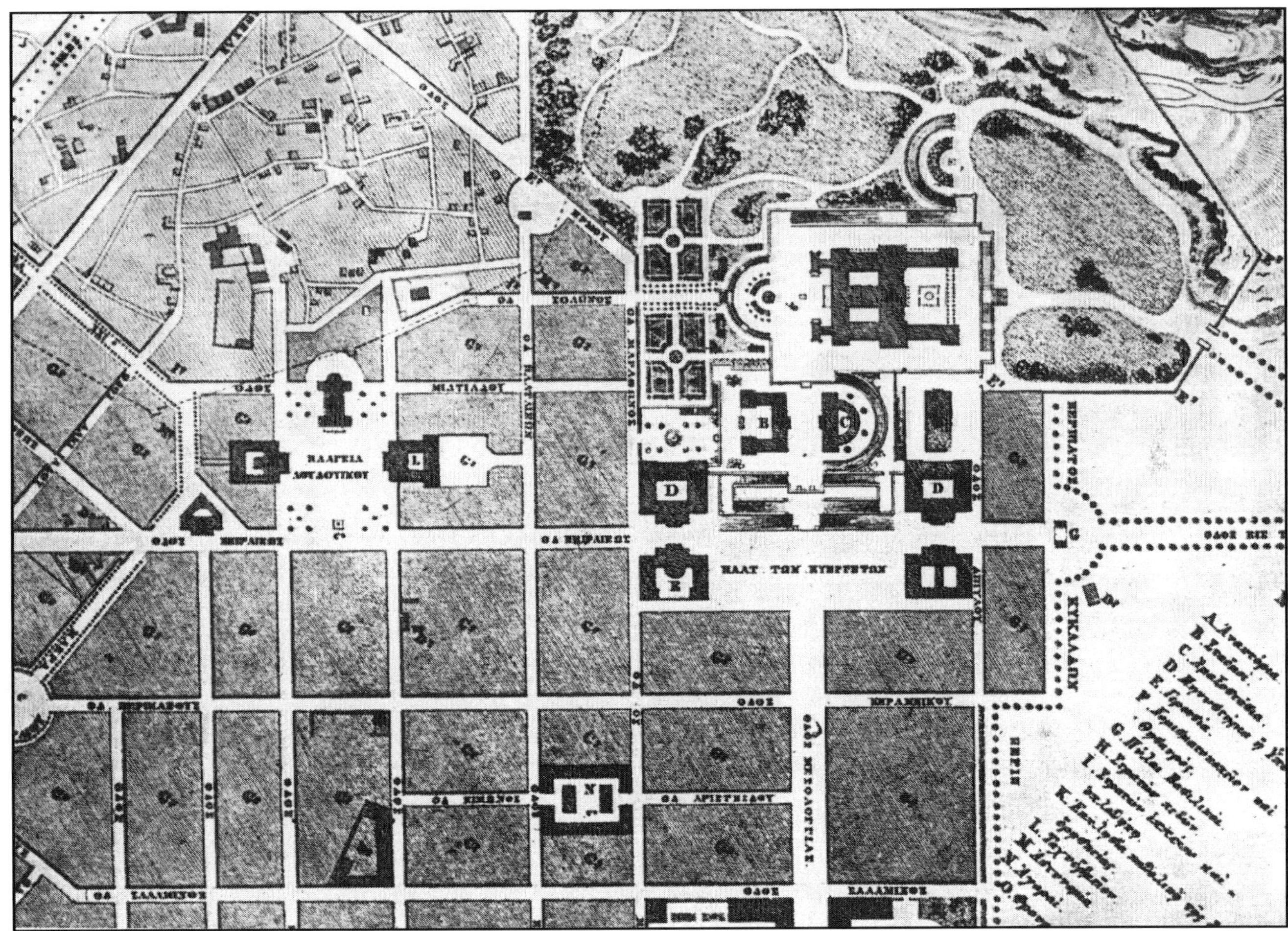

Abb. 16 Leo von Klenze: Schloßentwurf mit Ministerien. Vergrößerung aus dem revidierten Athener Stadtplan

Bekanntlich sind die architektonischen Vorschläge Klenzes für die Residenz, das Pantechneion und das Akropolismuseum nicht befolgt worden; sie hatten auch keine entscheidenden Auswirkungen auf die Zukunft der Stadt. Dennoch stehen sie stellvertretend für eine erneute Sicht des klassizistischen Ideals und eine ungezwungen-poetische Auffassung der Bauaufgabe im neuen Athen.

Friedrich von Gärtners ausgeführter Schlossentwurf (1836-1843): Bauen im 'gereinigten' Stil

Die tatsächliche stadtplanerische Entwicklung der Stadt Athen folgte – wie es oft der Fall ist – ihrem eigenen, unvorhersehbaren Wege. Weder der Urplan von Kleanthes und Schaubert noch seine von Klenze revidierte Fassung wurden letztendlich getreu ausgeführt. Was von dem ursprünglichen Konzept blieb, war das dreieckige Grundmuster der Hauptstraßen, das heute noch die Innenstadt prägt, das direkte Nebeneinander von neuer und alter Stadt und die Idee einiger Hauptdurchbrüche durch die Altstadt (d.h. der Hermes-, Athena- bzw. Aiolou-Straße). Klenzes Eingreifen verlieh dem Plan seinen Kompromißcharakter, seine bescheideneren Gesamtdimensionen, die Verengung der Straßen sowie die geschlossene Bauweise; es bewirkte letztlich auch das fast unveränderte Überleben der alten Stadtviertel 'Plaka' und 'Psiri', die als unentwirrbares Labyrinth im Stadtgefüge noch heute weiterbestehen.

Eine veränderte Lage entstand später durch die endgültige Standortbestimmung für das königliche Schloß und seinen Garten. Mit fadenscheinigen Erklärungen über die angeblich ungesunde Lage der

25 *Ibidem*, S. 484-487.

früher erwogenen Standorte wurden sowohl die Stelle am heutigen Omonia-Platz (Vorschlag Kleanthes-Schaubert) als auch diejenige in der Kerameikos-Gegend (Vorschlag Klenze) aufgegeben. Während seines viermonatigen Aufenthaltes (Dezember 1835 bis März 1836) in Athen wählte Ludwig I., über den Kopf seines zögernden Sohnes Otto hinweg, den endgültigen Standort für die Residenz, und zwar an der östlichen Spitze des dreieckigen Gerüsts der Hauptstraßen, vor dem heutigen Syntagmaplatz. Die Wahl war in verschiedener Hinsicht eine glückliche: Auf einer leichten Anhebung des Terrains errichtet, öffnet sich der Palast einem Panoramablick zum Lykabettos, der Akropolis, dem Olympieion und dem saronischen Golf.

Friedrich von Gärtner (Abb. 17), der den letztendlich ausgeführten Palastbau entwarf, folgte Ludwig I. nach Athen und wurde vom König an Ort und Stelle mit dem Bauauftrag betraut. Mit Rücksicht auf die beschränkten Finanzmittel des jungen Staates zeichnete Gärtner einen strengen und in sich geschlossenen Bau mit ausgewogenen Gesamtproportionen und ohne überflüssigen Dekor. Der Bau beherrscht noch heute das Stadtzentrum Athens. Gärnter, ein Realist, war sich nicht nur der praktischen Beschränkungen, wie der Beschaffung von geeigneten Fachkräften und Baumaterialien am Orte bewußt, sondern war auch besonders zurückhaltend mit seiner Komposition angesichts des antiken Erbes. Nur ein strenger und konventioneller klassizistischer Residenzbau in angemessener Entfernung und in klarer Gegenüberstellung zu den antiken Monumenten war für ihn denkbar.

Abb. 17 Portrait Gärtners. Lithographie von Wölffle (1840) zur Zeit der Erbaung der Athener Residenz

Wie auch bei allen anderen vorgeschlagenen Lösungen war die Residenz nach bewährter mitteleuropäischer spätabsolutistischer Tradition an der Peripherie der Stadt angesiedelt und als selbständiges Gebilde dem Stadtkörper entgegengestellt. Dabei war das einzige Konzept, das den Schloßbau in direkten Bezug auf die Anlage der Neustadt brachte und durch die geplanten Straßenachsen und Sichtbezüge den Residenzbau zum Angelpunkt der Stadtkomposition machte, dasjenige von Kleanthes und Schaubert gewesen. Dagegen hat Gärtner, wie Schinkel und Klenze vor ihm, seinen Standort nur aus der Sicht des Architekten, der für seinen Bauentwurf die vorteilhafteste Lage sucht, gewählt.

Gärtner fertigte in kürzester Zeit (Januar 1836) in Athen erste Skizzen zu seinem Entwurf, aus denen seine Anlehnung an das Klenzesche Projekt klar hervorgeht (Abb. 18, 19). Diese Verwandtschaft jedoch als entscheidend zu betrachten und die Leistung Gärtners als eine einfache Reduzierung der Klenzeschen Vision herunterspielen zu wollen, wäre fehl am Platze. Wie wir noch erläutern wollen, beruht sein Entwurf auf eigenen gestalterischen Überzeugungen, was den Formenkanon des Klassizismus betrifft, als auch auf eine ihm eigene Aufstellung und Gliederung des Bauvolumens. Sicher war diese wichtigste Baustelle des neugeborenen unabhängigen Griechenlands zugleich ein einmaliges Demonstrationsobjekt für die Einführung westeuropäischer Bautechniken und eine praktische Lehrstätte für die Ausbildung griechischer Zimmermannmeister, Stukkateure und Steinmetze. Militär und Zivilleute, Deutsche und Griechen haben beim Bau mitgewirkt. Die Ausführung der Athener Residenz hatte etwa sieben Jahre (1836-1843) in Anspruch genommen, was für die technischen und finanziellen Möglichkeiten des jungen Staates als eine Höchstleistung zu betrachten ist. Sämtliche Pläne wurden in München erarbeitet.

Mit welchem geistigen Rüstzeug ging Friedrich von Gärtner an die Aufgabe der Athener Residenz? Was waren seine Auffassungen für das Bauen auf klassischem Boden und seine stilistischen Überzeugungen für eine dem Lande adäquate Architektur? Anders als im Falle Schinkels und Klenzes, die ausführlich über ihre theoretischen Anschauungen zu diesen Fragen in ihren Texten referierten, fehlen diesbezügliche Äußerungen Gärtners. Seinen Standpunkt müssen wir gezwungenermaßen aus dem Bau der Residenz selber herauslesen. Die Begegnung mit Griechenland führte – wie wir sehen konnten – bei den zwei großen Meistern des deutschen Klassizismus – Schinkel und Klenze – zu einer inneren Umkehr, zu einer Neubewertung ihrer Kompositionsprinzipien und zur Formulierung eines künstlerischen Glaubensbekenntnisses, was das Bauen unter griechischem Himmel betrifft. Im Falle Gärtners dagegen kann man keineswegs von einer Neuorientierung, sondern bloß von einem einfühlsamen Zurückgreifen auf ein antikisierendes Formenrepertoire sprechen.

Bleiben also Schinkel und Klenze – jeder mit der ihm eigenen baulichen Handschrift – dem antiken Formenrepertoire auch und besonders bei ihren Entwürfen für Athen treu, so brechen beide Künstler mit den akademischen Auffassungen über Geschlossenheit und Symmetrie der Bauvolumina in ihrem Wirken im griechischen Raum. Die frei-asymmetrische, ja malerische Aufstellung der antiken Architektur, der es nachzueifern galt, haben beide souverän in ihren bedeutenden Architekturbildern dokumentiert;[26] hier haben wir es mit einer Einübung für die Aufgabe der Rezeption des antiken Kulturerbes und dessen Vergegenwärtigung zu tun.

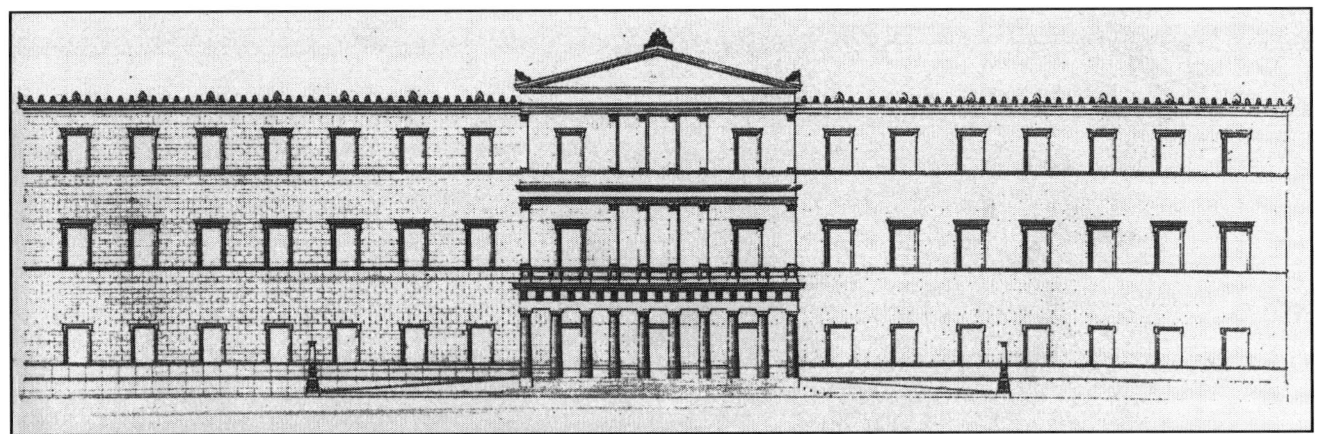

Abb. 18 Hauptfassade (West) der Athener Residenz. Gesamtlänge 96 m. Bauplan von F. Gärtner. Federzeichnung 1836. Architekturmuseum der TU München

Bekanntlich wurde Friedrich von Gärtner nicht von einer ähnlichen Begeisterung für alles Griechische getragen. Sein praktischer und realitätsnaher Geist hat zwar die ästhetische Erhabenheit und technische Perfektion der altgriechischen Tempelarchitektur erkannt und bewundert, ohne sich jedoch in die Wesenszüge des südlichen Raumes und die Lebensart seiner Menschen zu versetzen.

Seinen ausführlichen Briefen aus Athen entnehmen wir oft – neben den Berichten über Begegnungen und das Tagesgeschäft – sachliche Bemerkungen über die Unzulänglichkeiten der Situation im vom Kriege verwüsteten Land. Es fehlen hier die Auseinandersetzung mit dem baulichen Erbe, den Wohnsitten des griechischen Volkes, die Charakterisierung der Landschaft und des Klimas sowie der durch sie bedingten Bauart. Interesse an den gesellschaftlichen Gegebenheiten und Kritik an der Stadtplanung Athens ist aus den Briefen Gärtners auch nicht abzulesen. Wenn man nun bedenkt, daß kurz davor Klenze allen diesen Aspekten leidenschaftlich hunderte von Seiten seiner *„Aphoristischen Bemerkungen“* gewidmet hatte, wird die Nüchternheit und der viel begrenztere Horizont Gärtners offenkundig.

Der antiken Architektur kann Gärtner nur die strenge tektonische Ordnung abgewinnen; eine emotionale Beziehung scheint sich nicht entwickelt zu haben: *„Sonderbar wirkte der Anblick des Denkmals* [d.h. des Parthenon] *auf mich, das von Jugend auf als Basis jeden architektonischen Studiums betrachtet werden muß. Die ernste Form des dorischen Tempels an und für sich ist nicht geeignet Heiterkeit zu verbreiten, besonders wo eine Umgebung wie hier sich vorfindet“*, schreibt er seiner Frau Lambertine aus Athen. Und anderswo: *„Der Theseustempel, muß ich indessen gestehen, konnte mir kein Staunen abgewinnen, außer (daß ich) mit dem Maßstab des kalten Verstandes das Ebenmaß erkenne, was seit einer so langen Zeit als unveränderliche Norm bisher für diese Bauart sich als stättig bewiesen“*.

Man kann sich des Eindrucks nicht erwehren, daß für Gärtner die Begegnung mit Griechenland kein lange ersehntes, umwerfendes Erlebnis war, das in ihm neue Einsichten auslöste, sondern vielmehr eine eher durch die Gunst der Stunde entstandene Erweiterung seines beruflichen Tätigkeitsfeldes, der er nach bestem Können gerecht zu werden versuchte. So äußert er sich auch nirgendwo programmatisch zu den von ihm verfolgten Prinzipien beim Entwurf des Residenzbaues, ja es fehlt sogar jegliche kurze Schilderung des Entwurfsprozesses sowie der verfolgten Ziele bei diesem einzigen von ihm konzipierten Auslandsbau.

Nun kann man die Überlegung vorbringen, daß ein begabter Architekt sein Werk nicht zu kommentieren braucht, sondern es sich selber mitteilen läßt. Dies gilt bedingt für die strukturellen und gestalterischen Qualitäten des Baues selbst. Nichtsdestoweniger wäre jeder Entwerfer eine Erklärung

26 Folgende Ölgemälde sind wichtige Architekturbilder Klenzes zu den Themen griechische Landschaft und griechische Architektur: „Das Löwentor von Mykene“ (72x50 cm) (1837), „Projekt eines Königlichen Residenzschlosses in Athen“ (1838), „Ideale Ansicht der Stadt Athen mit der Akropolis und dem Areopag“ (101x146 cm) (1846), „Der Concordia-Tempel von Agrigento“ (89x131 cm) (1857), „Ansicht auf der Insel Zante“ (78x114 cm) (1860), „Athen im Altertum“ (104,5x131,5 cm) (1862). Von Schinkel haben wir folgende „Griechenlandbilder“ (Ölgemälde): „Griechische Landschaft mit einer Stadt und Aufgang zur Akropolis“ (94x140 cm) (1815), „Arkadische Landschaft“ (33,8x50,6 cm) (1823), „Blick in Griechenlands Blüte“ (94x235 cm) (1825); auch „Antike Stadt an einem Berg“ (Deckfarben auf Papier, 64x98 cm) (1805).

über die Art der städtebaulichen Eingliederung und den Grundcharakter seines Baues schuldig. Und die vermissen wir im Falle des Athener Residenzbaues.

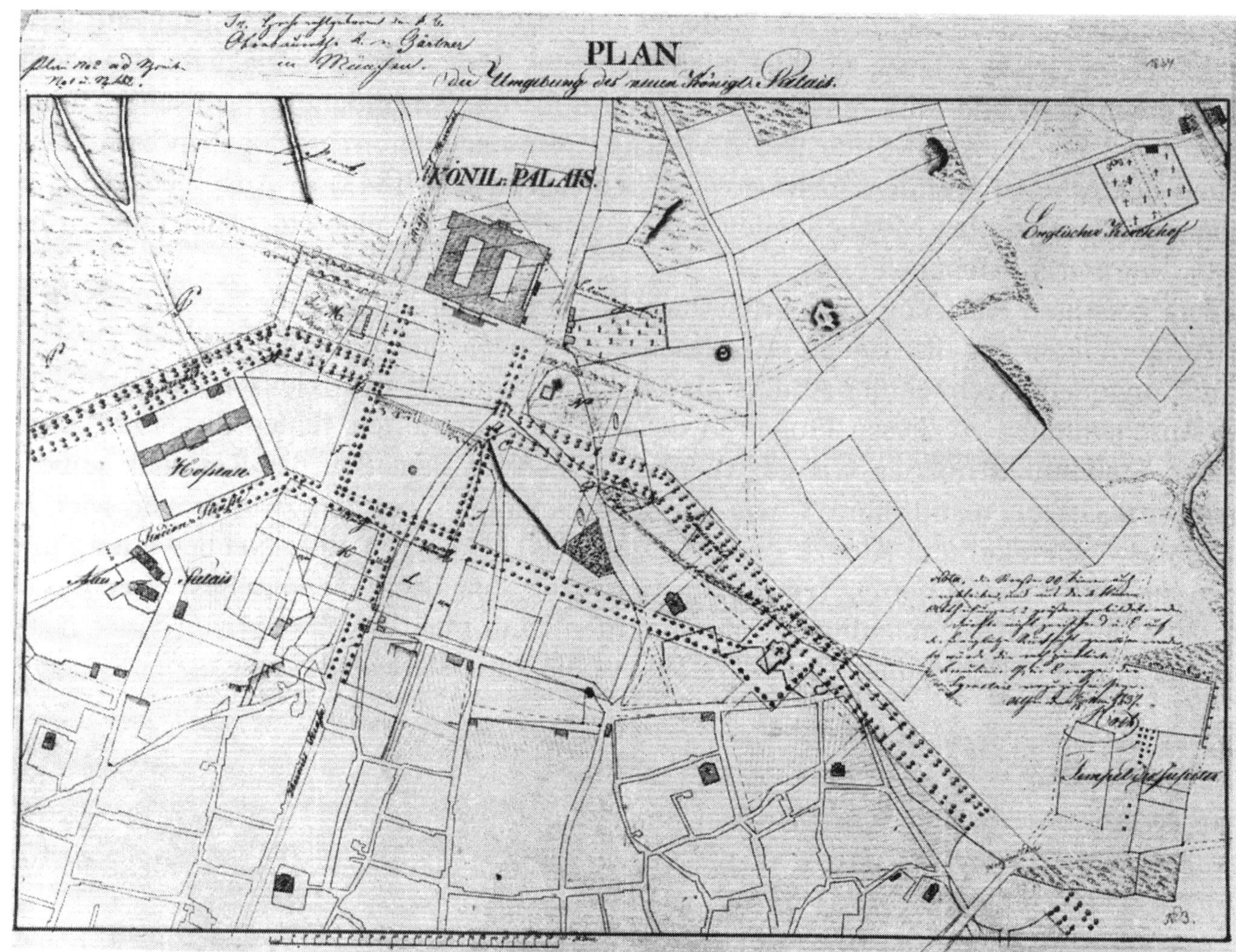

Abb. 19 „Plan der Umgebung des neuen königlichen Palais". Städtebauliche Neuordnung des großen Platzes (später Syntagmaplatz) und der angrenzenden Boulevards vor der Residenz durch Ingenieur-Oberleutnant Hoch, der die Bauleitung bei der Errichtung des Baues hatte. Der Plan, gezeichnet „Athen, den 6/18 Mai 1837", wurde durch königlichen Erlaß am 28. Mai/9. Juni 1837 genehmigt und schuf die endgültige räumliche Ordnung an diesem wichtigsten Kristallisationspunkt des Athener Stadtgefüges. Federzeichnung. Maßstab 1:2500 (Architekturmuseum TU München)

Es bleibt also nichts anderes übrig, als den Bau selber 'reden' zu lassen. Und dieser bekundet hauptsächlich eines: daß Gärtner auch in seiner Athener Schöpfung nicht von seinen in Deutschland praktizierten Entwurfsprinzipien – geschlossenes, kompaktes, mehrstöckiges Bauvolumen, Axialität, Flachdachkrönung, breitgelagerte, horizontale Gliederung der Fassaden mit einem Mindestmaß an Vorsprüngen – Abstand zu nehmen vermochte. Vielmehr hat er seinen 'Gärtnerstil' wie selbstverständlich in einen anderen geographischen Raum transponiert, ohne sich die Frage über seine Gültigkeit und Zweckmäßigkeit in diesem Lande zu stellen.[27] Als einzige Reverenz an die 'klassische Umgebung' hat dabei der genommene Abstand vom Rundbogenstil und seine Rückbesinnung auf das antike Formenrepertoire bei der Gestaltung der Fassadendetails zu gelten: *„Das Palais in 3 Etagen mit Einschluß des Erdgeschosses erbauet, bildet ein Parallelogramm von 96 Meter gegen den Schloßplatz und 74 Meter südlich gegen den königlichen Garten, und hat im Innern 2 Höfe. (...) Die Hauptzierde der 19 Fenster enthaltenden Fassade ist durch ein Pilaster und einem Frontispice geziertes Risalit mit einem von 10 dorischen Säulen getragenen Balkon, unter dem sich die 3 Haupteingänge des Palais befinden, und zu denen man auf beiden Seiten mittelst Rampen und in der Mitte durch eine dem Portikus gleich breite*

27 Schon sehr früh erhoben sich kritische Stimmen gegen den 'geschlossenen' Charakter des Gärtner-Baues und seine Nicht-Anpassung an das griechische Klima: *„Das (Klenzesche) Projekt selbst würde gewiß zweckmäßig und die Einrichtung desselben mit luftigen Höfen, Pavillons, Terrassen und Fontainen dem griechischen Klima ganz anders anpassend gewesen sein als das Gärtner'sche Palais, das mit seinen fest eingeschlossenen Höfen und seinen unheimlichen Korridoren im Innern eher die Residenz eines Fürsten sein könnte, in dessen Land immer Winter herrscht, als die eines Landes, das sich des herrlichen milden Klimas während des ganzen Jahres erfreut."* F. Stauffert, „Die Anlage zu Athen und der jetzige Zustand der Baukunst in Griechenland", in: *Beilage zur Allgemeinen Bauzeitung, 1* (Wien, 1844), S. 6.

Freitreppe hinaufgelangt. Die dem Garten zugewendete Fassade, wo sich die Appartments des Königs und der Königin befinden, hat eine von 18 dorischen Säulen unterstützte Galerie. Durch großartige mit Marmor bekleidete Terrassen und in Marmor ausgeführte Freitreppen steht dieser Theil des Schlosses mit dem Garten in Verbindung.“[28] Diese frühe Beschreibung der Athener Residenz von Friedrich Stauffert gibt in knapper Form die wesentlichsten Züge des Baues wieder (Abb. 20).

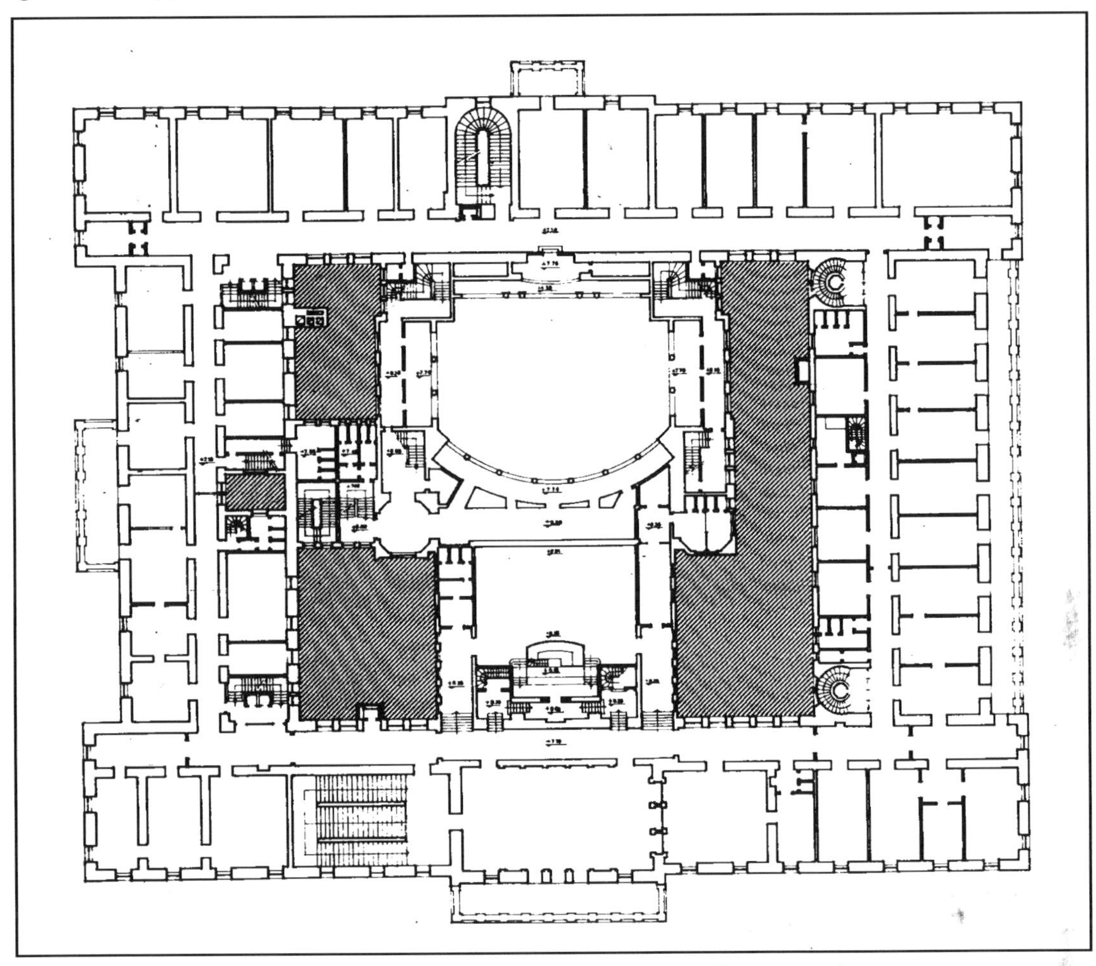

Abb. 20 Grundriß des Erdgeschosses der Athener Residenz. Heutiger Zustand, nach dem Umbau zum Parlamentsgebäude (1929-1934)

Der Athener Residenzbau wurde im Laufe der vergangenen 150 Jahre immer wieder ungerechterweise mit abschätzender Kritik bedacht. Es fielen dabei Bemerkungen wie 'prosaischer Zweckbau', 'unschön' oder 'öde'. Dennoch weist der Bau wichtige gestalterische Qualitäten auf. Die formale Lösung Gärtners im Falle der Athener Residenz, d.h. die Wahl des geschlossenen, schlichten Baukubus, ist nicht nur auf Gründe der Sparsamkeit zurückzuführen. Vielmehr standen hier zwei komplementäre gestalterische Prinzipien Pate:

- Einerseits fungierte die strenge Tektonik des dorischen Tempels in seiner frei aufgestellten plastischen Körperlichkeit als ideales Vorbild, dem es im Geiste – und keineswegs in den Formendetails – nachzueifern galt.
- Andererseits ist die von Gärtner immer wieder praktizierte Läuterung eines historischen Vorbildes auch in diesem Fall angewandt worden, d.h. die Reduzierung auf ein wohlproportioniertes Bauvolumen, auf dem das Ornament als Charakteristik des Baues sparsamst seinen Platz findet. Dies ist die ureigenste Entwurfsmethode Gärtners, deren Ergebnis das, was man den 'gereinigten Stil' genannt hat, ist.[29]

28 *Ibidem*, 2 (April 1844), S. 20.

29 Dazu O. Hederer: *„(...) Der Begriff des 'gereinigten Stils': Mit ihm operierte nun Gärtner. Hier lag die Möglichkeit, historischen Ballast abzuwerfen und die Struktur eines Bauwerkes allein sprechen zu lassen. Zum ersten Mal taucht das Mißtrauen gegen 'das Beiwerk' also das Ornament auf. (...) Mit der Reinigung war es nicht getan. Gärtner spürte das tektonische System auf und entwickelte es zu einem eigenen, das Schule machte. Aus dem Arsenal der Stile hat Gärtner Elemente gewonnen, die sich in immer neuen Zusammensetzungen brauchen ließen. Sie begegneten sich mit Grundformen des Klassizismus: rechteckiger, glatter Block, glatte Wände, flache Dächer, eingeschnittene, umrahmte Fenster, sparsame, rahmende Profile (...).“* Oswald Hederer, *Friedrich von Gärtner, 1792-1847. Leben, Werk, Schüler* (München, 1976), S. 227.

Abb. 21 Die Athener Residenz, in den Jahren 1836-1843 erbaut nach Plänen von Friedrich v. Gärtner. Blick von Südosten. Im Vordergrund der Vorplatz mit dem in den Jahren 1929/1930 errichteten Denkmal des Unbekannten Soldaten (Planungsministerium, Athen)

Nicht nur Breitlagerung, das Fehlen von vertikalen Gliederungselementen wie Pilaster oder Lisenen und die flach behandelte Außenhaut des Gebäudes vermitteln den Eindruck der Ruhe und schlichten Größe. Auch die den Fassaden unterlegte harmonische Unterteilung nach einem System, das sich des Quadrats als der ruhenden geometrischen Form par excellence bedient, trägt latent, aber entschieden zum ausgewogenen Charakter der Fassaden bei (Abb. 21).

Äußerst sparsam wendet Gärtner das klassische Formenrepertoire an, um dem Bauvolumen klassizistische Züge zu verleihen: Dorische Säulenreihen und Gebälke für die Hallen der West-, Ost- und Südseite, dorisches Gesims mit laufender Stirnziegelfolge und die Akrotere als Krönung des Baues, zwei zierliche ionische distyle Vordächer für die Seiteneingänge der Südfront; all dies in pentelischem Marmor. Auch die Gliederung der verputzten Wandflächen durch eingeritzte Fugen – ein Novum des Klassizismus im griechischen Mutterland – die isodome Steinquader nachahmen, sowie das axial aufgesetzte Giebelfeld mit einer Neigung von 1:4 muß als Reverenz an die klassischen Vorbilder verstanden werden.

Die Farbgebung bei der Verputzung der Fassadenwände aus gemauertem Bruchstein kann als besonders gelungen gelten und trägt in hohem Maße zum heiteren Aussehen des imposanten Bauvolumens bei. Es handelt sich hier um eine durch Beimischung von Erdfarben in der Masse der Verputzung gewonnene sehr helle ockerfarbene Tönung, die mit dem attischen Himmel besonders harmoniert, ohne zu blenden. Dieser Anstrich ist *„nicht als Farbe aufzufassen, sondern bildet einen von dem Gebäude nicht wegzudenkenden Stimmungswert. Das ist in den Abendstunden besonders spürbar, wenn die Goldstrahlen der Sonne, vom hellen Mauerwerk aufgesogen, die Masse des riesigen Palastes in eine Licht-Architektur auflösen.“*[30]

30 Demosthenopoulou, *op. cit.*, S. 65.

Abb. 22 Luftbild der Residenz und des Syntagma-Platzes um 1960

Es wäre nun fehl am Platze, die gestalterische Qualität des Gärtnerbaues mit derjenigen der viel landschaftsbezogeneren und aufgegliederten Residenzentwürfe von Schinkel und Klenze zu vergleichen und dadurch zu einer negativen Beurteilung des Baues zu kommen. Vielmehr muß man die Gestaltung der Residenz unter der Prämisse der einmal von Gärtner befolgten Grundoption des geschlossenen Baukubus kritisch betrachten. Dann erst kommen alle vorerwähnten positiven formalen Eigenschaften des Baues zu Bewußtsein, und man kann die äußerste Knappheit und Schlichtheit der angewandten Kompositonsprinzipien und Einzelformen nur bewundern.

Die Leistung Gärtners in Athen ist sicher als Ergebnis seiner ureigensten künstlerischen Überzeugungen zu werten. Sie wirkte auch vorbildhaft für wichtige bürgerliche Patrizierhäuser des frühen griechischen Klassizismus in Athen. Würde und Nüchternheit, ja Strenge des Erscheinungsbildes der Residenz[31] waren besonders dazu geeignet, mit dem schmucklosen, ja kargen Charakter des Stadtbildes Neu-Athens im 19. Jahrhundert zu harmonieren.

War die Standortbestimmung bei der Errichtung des Gärtnerbaus sehr erfolgreich ausgefallen, indem sie diesem eine erhöhte Lage, ein freies Umfeld und optimale Sichtbezüge sicherte, so fällt das Desinteresse Gärtners an einer durchdachten städtebaulichen Einbindung des Baues in das Gefüge von Alt- und Neustadt schmerzhaft auf. Auch seine landschaftliche Einbettung scheint Gärtner kaum ins Auge gefaßt zu haben. Der Bau wird in einer bevorzugten Lage errichtet, die automatisch den Gedanken der Schaffung eines ausgedehnten Grünareals, das sich von den Lykabettoshängen bis zum Iiissosufer ausstrecken könnte, hervorruft.[32]

31 Schon Stauffert hebt diese Strenge des Erscheinungsbildes des Athener Schlosses aus der Ferne gesehen hervor, weist aber zugleich auf den 'großartigen Effekt' hin, den das Bauwerk aus der Nähe erzeugt: *„Von ferne, besonders von der Straße nach Eleusis gesehen. entfacht dieses Gebäude keinen freudigen Eindruck; es ist eine oben gerade abgeschnittene Steinmasse, die isoliert gelegen, wie sie ist, eher den Gedanken aufsteigen läßt, als sei es ein starkes Fort, angelegt, die Stadt zu dominiren. denn eine königliche Wohnung; doch in der Nähe betrachtet muß man es lieber gewinnen, und es würde dies Gebäude in einer Straße liegend, wo man das Ganze nicht mit einem Male übersehen könnte, einen großartigen Effekt erzeugen."* Stauffert, *op. cit.*, S. 20.

32 Diese Vision hatte schon im Jahre 1836 der junge in Athen verweilende Architekt Ludwig Lange klar zum Ausdruck

Tatsächlich ist auch später allmählich der südliche Teil dieses Areals zum Bereich der innerstädtischen Parks Athens zusammengewachsen (königlicher Garten, Zappeion Garten, Olympieion Areal, aufgeforsteter Ardettoshügel); diese Entwicklung wurde allerdings durch die Initiative der jungen griechischen Königin Amalia von Oldenburg initiiert und ist keineswegs in der Gärtnerschen Planung vorgesehen.

Die Beschäftigung Gärtners mit der Gestaltung des Umfeldes der Residenz scheint eine eher oberflächliche, ja formalistische gewesen zu sein. Es hat den Anschein, als ob er sich dieser Aufgabe entziehen wollte. Auf einem exakten Situationsplan markiert er den Pallast und südwestlich desselben den königlichen Hofstall. So ist zwar der schematische Umriß des Entwurfes auf der topographischen Unterlage, auf der alle bestehenden Feldwege und Grenzen der einzelnen Grundstücke markiert sind, eingezeichnet, die Stadt wird jedoch so gut wie nicht berücksichtigt.

Und dennoch bleibt der Gärtnerbau auch heute noch als das bedeutendste Wahrzeichen des neuen Athens im Bewußtsein sowohl der Bewohner der Stadt als auch ihrer Besucher. Bewirkt wird dies durch die Kombination von gereinigtem klassizistischem Gärtnerstil und einer schmucklosen, ja 'normierten' Baustruktur.

Beide Momente vermitteln zusammen jenen besonders heiteren und gleichzeitig monumentalen Eindruck, den dieser Bau ausstrahlt (Abb. 22). In der heutigen von Leben wimmelnden und unter Umweltbelastungen leidenden Millionenstadt scheint er zu ihrem ruhenden Pol gewachsen zu sein. Die Gärtnersche Residenz ist aus dem Stadtbild Athens nicht mehr wegzudenken.

Abb. 23 Gärtner am Zeichentisch in seiner Wohnung in Athen.

gebracht. In einem Brief aus Athen an Gärtner vom 1.5.1836 (Nr. 2083 der Moninger Sammlung der TU München) schreibt er: *„Das Palais des Königs Otto mit Gartenanlagen zu umgeben ist ein so schöner und lohnender Vorschlag als diese Anlagen einem so lange gefühlten Bedürfniß entsprechen und gewiß der Stadt Athen die größte Annehmlichkeit geben werden. Die erste Frage welche hierbei aufzustellen ist, wäre: inwieweit soll und kann man die Gartenanlagen ausdehnen, denn nach diesem bestimmt sich die besondere Eintheilung, die Absicht, die der Künstler unterlegt. Soll es ein Park, ein öffentlicher Garten ein ewig grünes Denkmal werden, das der König sich und den Bewohnern Athens setzt, so muß es wohl sich vom Lykabettos bis zum Ilissos erstrecken, denn weder das eine noch das andere kann man entbehren um diese Aufgabe zu lösen."*

2.

Der Heilige Bezirk des Apoll auf Delos. Versuch einer stadtgestalterischen Betrachtung

Abb. 1 Delos im Morgenlicht

Die Ergebnisse der Ausgrabungen, die seit hundertvierzig Jahren auf Delos durchgeführt werden, erlauben uns heute eine nur lückenhafte Kenntnis des Stadtgefuges in seiner Ganzheit. Dafür wurden der Heilige Bezirk und seine engere Umgebung schon seit Anfang des zwanzigsten Jahrhunderts völlig freigelegt, wodurch die Ablesbarkeit der Entwicklung seines Grundschemas in seinen Hauptphasen sowie die Wiederherstellung seines volumetrischen Aufbaues gesichert ist.

Die Stadtentwicklung von Delos kann heute mit Sicherheit nur in diesem engeren Bereich des Heiligtums verfolgt werden, in dem der monumental-kultische Charakter der Bauten eine gewisse Kontinuität zu sichern vermochte: In der Tat wurden im Verlauf von fünf Jahrhunderten hier stets neue Gebäude errichtet, die sich den älteren zufügten, wurden Umbauten unternommen, jedoch nie Abrisse gewagt.[1]

Die Entwicklung des Stadtgefüges im Bereich der Wohnviertel ist dagegen sehr schwer – wenn nicht unmöglich – zu verfolgen, da die ständigen Umplanungen und die begrenzte Lebenszeit der bautechnisch dürftig errichteten vorhellenistischen Wohnhäuser den Verlust der baulichen Kontinuität nach sich zogen. So spiegeln die Baufunde in den teilweise ausgegrabenen Wohnvierteln ausschließlich den Zustand der 'italischen' Phase (2.-1. Jh. v. Chr.) wieder, in der Delos als Freihafen unter römischem Schutz das, was wir heute eine 'urbane Explosion' nennen, erlebte (vgl. Abb. 17-18).

Es scheint also möglich, sich bei der Betrachtung des delischen Heiligtums nicht wie für die übrige Stadtfläche auf die städtebaulichen Zusammenhänge, wie sie sich im ersten vorchristlichen Jahrhundert kristallisiert haben, zu beschränken, sondern eine diachronische Untersuchung seiner Erscheinungsformen (während der drei Hauptphasen seiner Entwicklung) zu wagen. Wir glauben übrigens zu dieser detaillierteren Analyse des Heiligtums auch durch seine Selbständigkeit berechtigt zu sein: In der Tat

1 Als einzige Ausnahme seien hier das Artemision und das Eklesiasterion genannt, bei denen man mehrere übereinandergeschichtete Gebäude aus verschiedene Bauphasen erkannt hat.

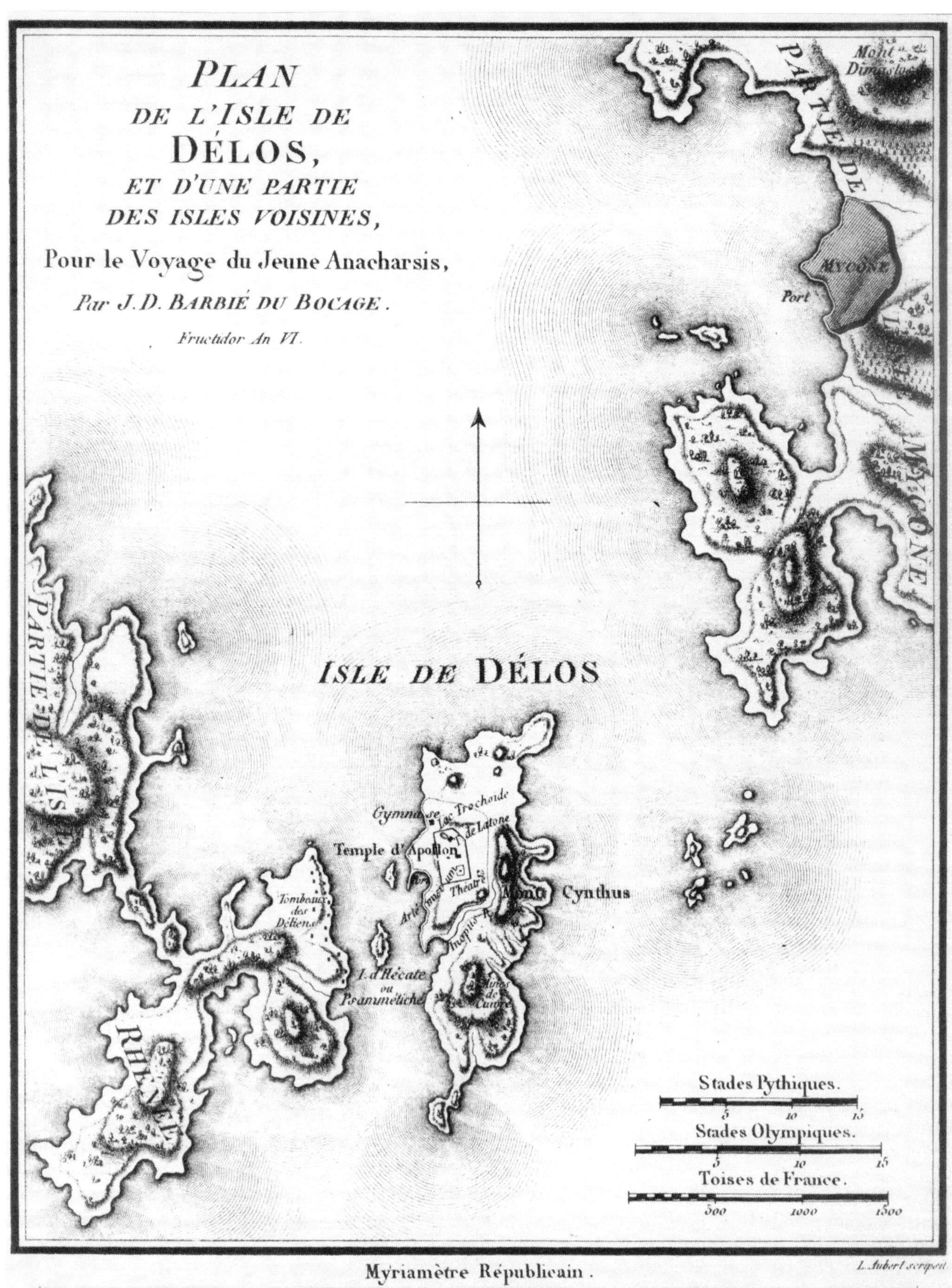

Abb.2 Plan von Delos. Kupferstich von 1795, aus Jean Denis Barbié du Bocage, „Voyage du jeune Anacharsis"

Abb. 3 Rekonstruktionsversuch des delischen Heiligtums von Cornelius Lefèvre, Aquarell, 1909

hatte das delische Heiligtum – wie übrigens auch die anderen großen Heiligtümer, Delphi und Olympia – eine autonome Existenz und wurde nur in hellenistischer Zeit von einer wichtigen Siedlung umgeben.

Gestaltung des delischen Heiligtums im ersten vorchristlichen Jahrhundert

Zur Zeit seiner höchsten Entfaltung im ersten vorchristlichen Jahrhundert nahm der heilige Bezirk auf Delos eine Fläche von 2,45 ha in Anspruch. Im Süden ist dieses Areal von dem Gemeinde-Zentrum (südliche Stoa und Stoa des Philippos 0,45 ha) und von der Agora Tetragonos (Geschäftszentrum 0,25 ha) flankiert. Auf der westlichen Seite wird das Heiligtum durch eine ununterbrochene Aufreihung von Sakralbauten begrenzt, und die nördliche Umfriedung wird zum größten Teil durch die bedeutende Halle des Antigonos gebildet. Alle vorgenannten peripheren Bauten auf der West- und Nordseite sind dem Inneren des heiligen Bezirkes zugewandt. Eine Umfriedungsmauer, den '*Peribolos*', finden wir nur entlang der östlichen Grenze des Areals. Im Inneren des Bezirks gibt es eine bedeutende Anzahl von Sakral- und anderen Bauten, von Altären und Ex-votos, die als freistehende plastische Baukörper die drei Apollontempel umrahmen.

Das Heiligtum hatte zu dieser Zeit fünf Eingänge (siehe Abb. 6): Den monumentalen Zugang (A) durch die Propyläen; den Durchgang (B) zwischen dem Keraton und dem Monument der Hexagone, auf der westlichen Seite, der die direkteste Verbindung zum heiligen Hafen darstellte; den Durchgang (C) auf der Nordseite, zwischen dem Ekklesiasterion und der Graphe; den östlichen Eingang (D) durch den Peribolos; und den Durchgang (E) zwischen der Agora Tetragonos und der Einfriedungsmauer.

Ein Drittel etwa (0,81 ha) der Gesamtfläche des Hieron (2,45 ha) ist mit 25 Bauten bebaut, die ein Gesamtvolumen von ungefähr 50.000 m^3 (in ihrem unzerstörten Zustand) aufgewiesen haben dürften.[2] Die übrigen zwei Drittel des Bezirks lagen immer unter freiem Himmel. Dieser offene, jedoch allseits begrenzte Freiraum spielte eine entscheidende Rolle im Leben des Heiligtums: Hier fanden die feierlichen Festzüge und Versammlungen statt, von hier aus konnte man auch das Temenos in seiner Ganzheit erfassen, da von hier aus alle Gebäude des Hieron sichtbar und betretbar waren. Der größte Teil dieses Freiraumes war mit Kiessand bedeckt, und nur der Dromos zwischen den hellenistischen Säulenhallen im Süden sowie die Heilige Straße hatten einen Plattenbelag.

Um die Verteilung der Baumassen und der Freiräume klar darzustellen, wurden alle Elemente der „Straßenmöblierung" (Statuen, ex-voto, Altäre usw.) auf den Abb. 5 und 6, die den ursprünglichen Zustand des Hieron rekonstruieren, nicht eingetragen. Die Gebäude sind im allgemeinen eingeschossig (mit Ausnahme der Agora Tetragonos, die ein zweites Geschoss aufwies) und mit Schrägdächern gedeckt. Breite Räume sind halboffen, in der Form von Ptera oder Säulengängen. Sie haben eine Gesamtfläche von ungefähr 2.500 m^2.

2 Diese 50.000 m^3 umbauten Raumes stellen nur etwa 1,25 % des geschätzten gesamten Bauvolumens der Stadt dar.

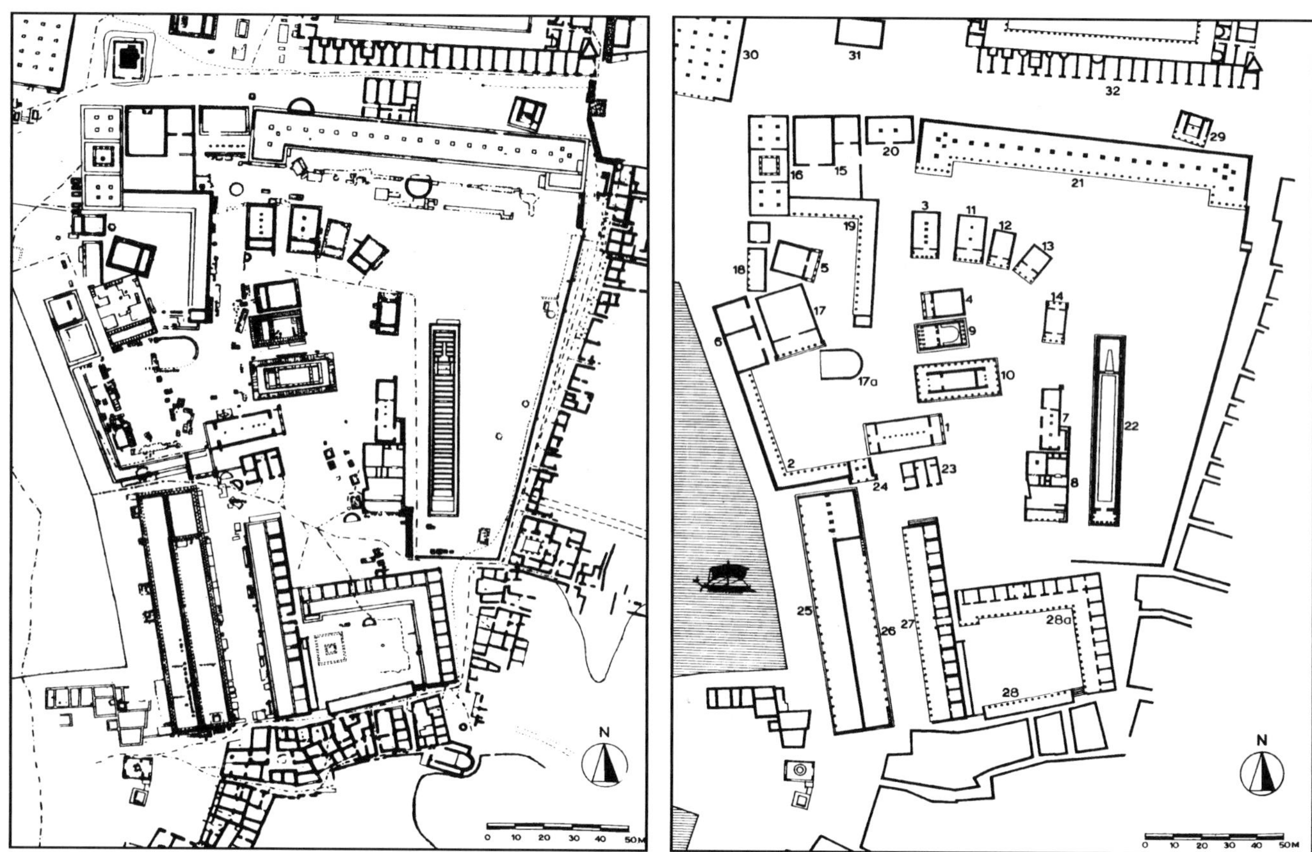

Abb. 4 und 5 Der Heilige Bezirk des Apoll auf Delos: Bestandsaufnahme der Ruinen und Rekonstruktion des Zustands am Anfang des 1. Jh. v. Chr.

TABLEAU 1
LISTE DES EDIFICES PUBLICS ET SACRES DU TEMENOS D'APOLLON ET DE SES ABORDS IMMEDIATS (CENTRE CIVIL ET COMMERCIAL)

No.	Nom de l'édifice	Fonction	Donateurs	Surface bâtie (m^2)	Date de Construct.	Période ■ 8
A:	A L'INTERIEUR DU PERIBOLE					
1.	Oikos des Naxiens	Salle de réunion des pèlerins	Naxiens	320	600	Archaique
2.	Portique des Naxiens	Abri public	Naxiens	390	550-540	Archaique
3.	Trèsor 5	Salle de rèunion des pèlerins	Karystiens?	180	540+	Archaique
4.	Pôrinos Naos	Temple		150	540+	Archaique
5.	Artémision ■ 6	Temple		175	700-600	Archaique
6.	Monuments aux Hexagones	?		325	530-500	Archaique
7.	Bouleutèrion	Municipale		160	600-550	Archaique
8.	Prytanée	Municipale		375	510-460	Amphictyonique
9.	Temple des Athéniens	Temple	Athéniens	190	425-417	Amphictyonique
10.	Grand Temple ■ 7	Temple		420	478-450	Amphictyonique
11.	Trèsor 4	Salle de rèunion		180	478-450	Amphictyonique
12.	Trèsor 3	Salle de rèunion		105	478-450	Amphictyonique
13.	Trésor 2	Salle de rèunion		95	478-450	Amphictyonique
14.	Trésor 1	Salle de rèunion		120	478-450	Amphictyonique
15.	Ekklèsiastèrion ■ 6	Municipale		340	500-480	Archaique
16.	Thèsmophorion	Temple		505	489-479	Archaique
17.	Kèratôn	Temple	Athéniens	420	vers 345	Amphictyonique
17a.	Monument à Abside	Temple		130	478-450	Amphictyonique
18.	Portique anonyme	Abri public		110	166+	Italienne
19.	Portique de l'Artémision	Abri public		490	150-100	Italienne
20.	Graphè	Municipale		170	290-310	Indèpendance
21.	Portique d'Antigone	Abri public	Antigone Gonatas de Macédoine	1800	253-250	Indèpendance
22.	Monument des Taureaux	Temple et Neôrion		770	320-310	Indèpendance
23.	Ergastèria des Thèandridai	Locaux artisanaux		140	?	?
24.	Propylèes	Entrée du sanctuaire		80	vers 150	Italienne
B:	AUX ABORDS IMMEDIATS DU SANCTUAIRE					
25.	Portique Ouest	Centre civil			180	Indèpendance
26.	Portique de Philippe	Centre civil	Philippe V de Macédoine	1910	210	Indèpendance
27.	Portique Sud	Centre civil et banques	Dynastie de Pergame?	940	270-230	Indèpendance
28.	Agora tètragone(Portique oblique)	Centre commercial		160	vers 250	Indèpendance
28a.	Agora tètragone(Portique coudé)	Centre commercial		620	187-173	Indèpendance
29.	Fontaine Minoé	Fontaine publique		125	550-500	Archaique
30.	Salle Hypostyle	Bourse de commerce		2100	208-207	Indèpendance
31.	Dodèkathéon	Temple		170	314-306	Indèpendance
32.	Agora des Italiens	Centre commercial	Divers donateurs dont Philostrate d'Ascalon	5300	110+	Italienne
33.	Lètôon	Temple		90	540	Archaique

Tabelle 1 Öffentliche und kultische Gebäude im Heiligen Bezirk des Apoll auf Delos

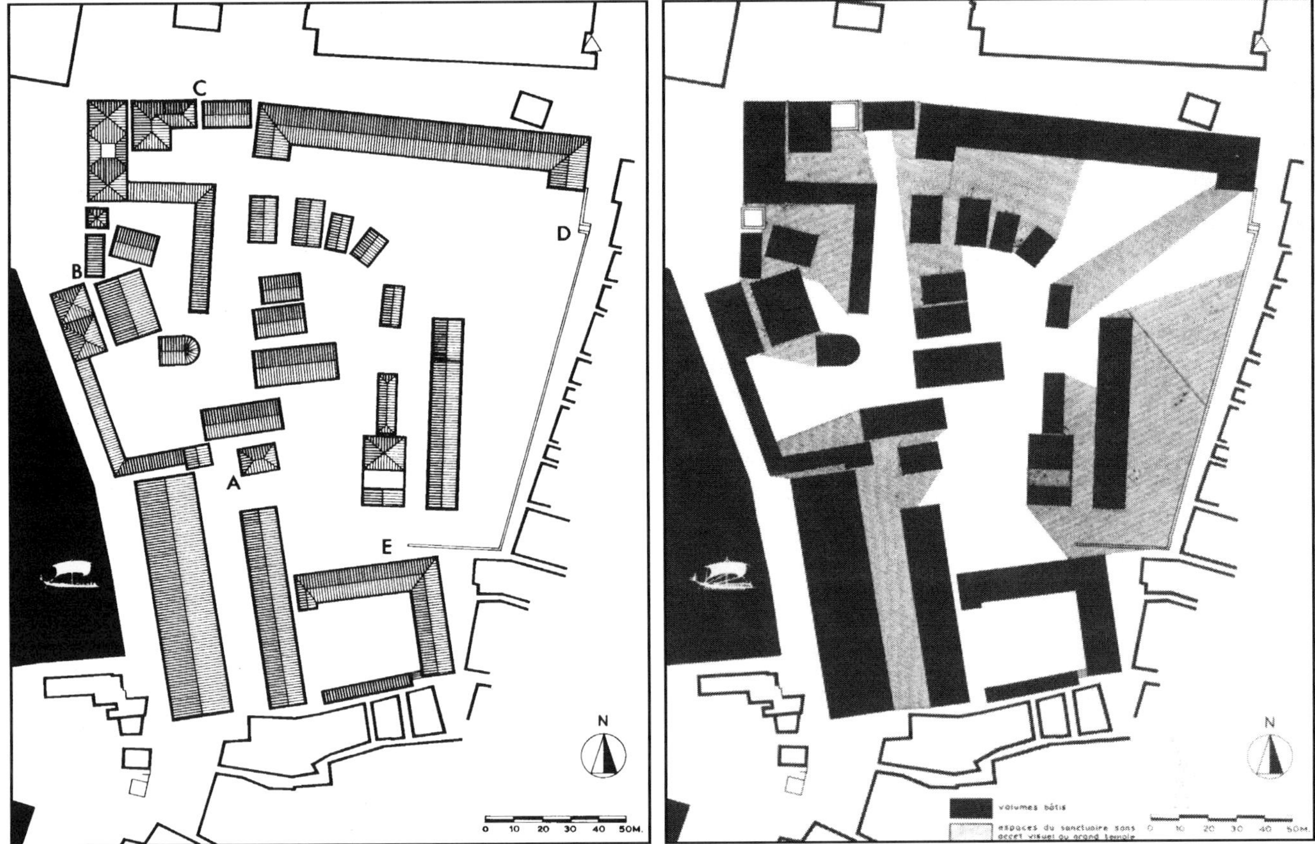

Abb. 6 und 7 Der Heilige Bezirk des Apoll auf Delos: Rekonstruktion der Dachlandschaft, A-E: Markierung der fünf Eingänge zum Hieron. Sichtkorridore und Sichtbezüge zum „Großen" Apollon-Tempel

Die Abb. 4 und 5 veranschaulichen in Gegenüberstellung den heutigen Zustand der Ruinen und die Wiederherstellung des Hieron. Die Gebäude des Hieron und seiner engeren Umgebung sind auf Abb. 5 eingetragen und mit den Ziffern 1 bis 33 numeriert. Die wichtigsten Angaben über diese Gebäude finden sich auf der Tabelle I.

Die Aufteilung der 25 Gebäude des Heiligtums unter dem Gesichtspunkt ihrer Nutzung ist folgende: Acht Gebäude sind Tempel, sechs sind Versammlungsräume für die Pilger, vier sind öffentliche Aufenthaltsräume (Stoai), vier sind Stätten der kommunalen Verwaltung und drei haben andere Funktionen. Die fünf Eingänge zum Hieron, sowie seine Dachlandschaft sind auf Abb. 6 ersichtlich. Die Tabelle I gibt außerdem Auskunft über das Entstehungsdatum der verschiedenen Bauten, soweit dies durch die angewandten Bautechniken und die epigraphischen Überlieferungen feststellbar ist. Auf Abb. 8 werden endlich die gleichen Gebäude nach den drei Hauptphasen der Entwicklung des Hieron (archaische, amphiktyonische und hellenistische Phase)[3] gruppiert.

Baulicher Entwicklungsprozess des delischen Heiligtums

Auf Abb. 8 werden die geometrischen Haupttrassen des Entwicklungsschemas des Heiligen Bezirkes über fünf Jahrhunderte dargestellt. Der 'gewachsene' (und nicht vorkonzipierte) Charakter dieses monumentalen baulichen Ensembles könnte leicht zu der Annahme verleiten, daß wir es hier mit dem Vorgang zufälligen Wachstums zu tun haben. Es sind jedoch klar zwei kombinierte Ordnungsprinzipien auch in dieser scheinbar freien Anordnung abzulesen:

1. einerseits die Existenz eines Achsenkreuzes, das auf die Hauptrichtungen des Horizonts mit einer Abweichung von 10° hinweist und das die Orientierung der Mehrzahl der Bauten zu bedingen scheint,
2. andererseits der kreisförmig-exzentrische Wachstumsverlauf des Heiligtums durch die Jahrhunderte.

Was nun die Orientierung der Bauten betrifft, können wir in der Tat feststellen, daß der Oikos der Naxier und die drei Apollontempel mit ihrer Längsachse genau der Ost-West-Richtung folgen, während die Stoa des Antigonos und je einer der Flügel der drei eckförmigen Stoai (des Artemisions, der

3 Die Geschichte der Insel im Altertum gliedert sich nach vier Perioden: 1. die archaische Zeit vor 478; 2. die 'amphiktyonische' Phase 478-314 v. Chr. entspricht der Klassik; 3. die 'Zeit der Unabhängigkeit' 314-166 v. Chr.; 4. die 'Zeit der zweiten athenischen Herrschaft' (auch 'italische' genannt): 166-88 v. Chr. Die Perioden 3 und 4 stellen zusammen die hellenistische Zeit dar.

Naxier und der Tetragonos) mit geringen Abweichungen parallel zu dieser Achse verlaufen. Die zweiten Flügel der obengenannten drei Stoai, die Südstoa und die Stoa des Philippos, und das sogenannte Monument der Stiere sind mit geringen Abweichungen der Nord- Südachse untergeordnet.

Wollen wir nun das Wachstumsschema des Hieron in seiner Ganzheit näher ins Auge fassen, so stellen wir fest, daß die archaischen Gebäude um den Idealkreis (A), mit einem Radius von 25 m, aufgestellt sind. Diese kreisförmige Aufstellung wiederholt sich in klassischer (amphiktyonischer) Zeit, nachdem die Schatzhäuser, das Prytaneion, das Keraton, das Absiden-Monument und die zwei klassischen Tempel Apolls erbaut wurden, und zwar jetzt um ein neues Zentrum (B) mit einem Radius von 60 m. Dieses neue Zentrum (B) befindet sich übrigens auf dem Schnittpunkt der Hauptachsen des Oikos der Naxier und des großen Apollontempels, und westlich, d.h. vor dem Eingang desselben. Ein dritter, noch breiterer Kreis (C) mit einem Radius von 90 m, scheint in die trapezoidale Form des Heiligtums in seiner Endphase schließlich eingeschrieben zu sein. Sein Zentrum (C) im Schnittpunkt der zwei Hauptachsen befindet sich genau an der Stelle der Weihstatue in der Cella des großen Apollontempels.

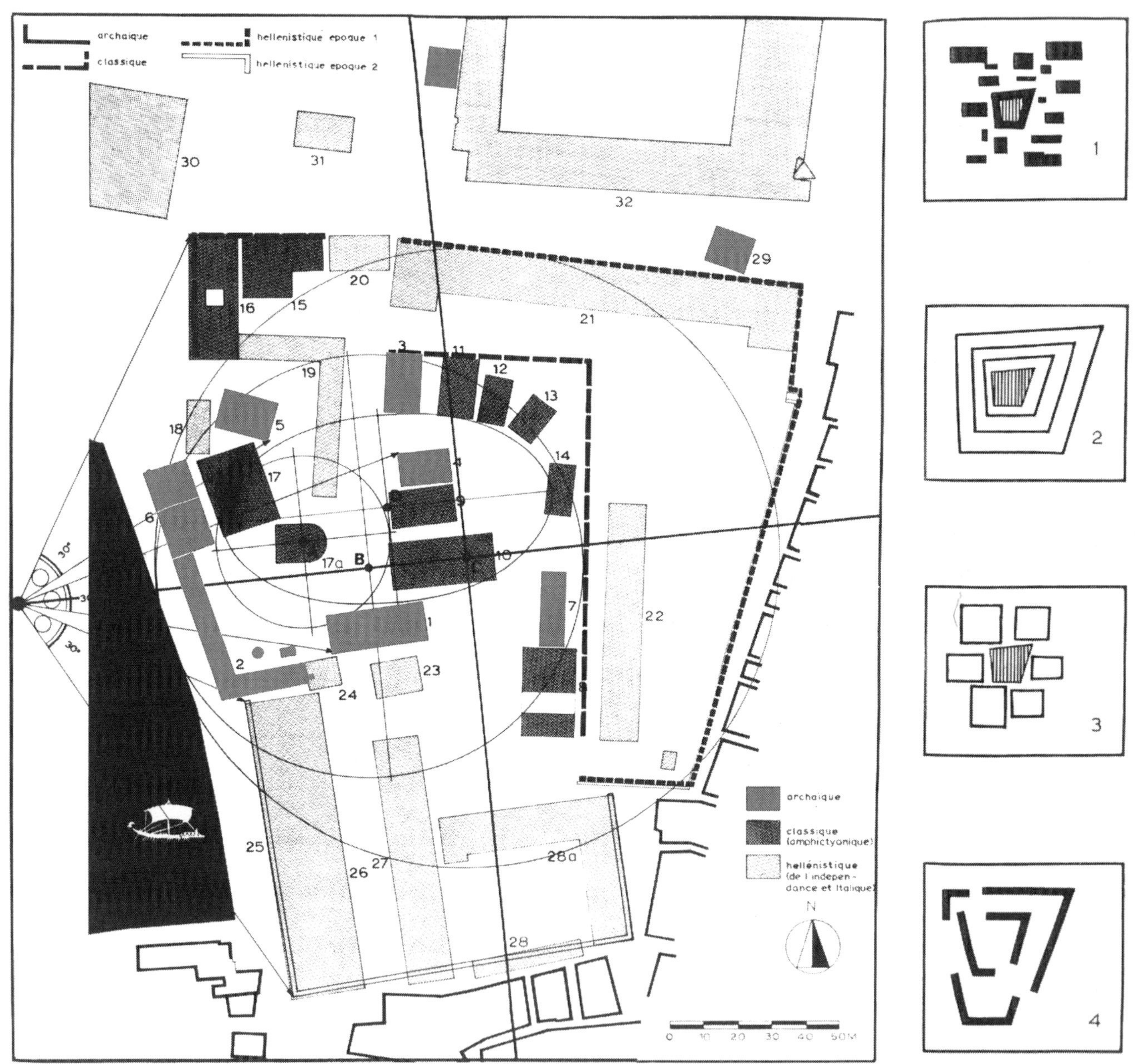

Abb. 8 Die räumlich-bauliche Entwicklung des Heiligen Bezirks: dunkelgrau = achaisch, schwarz = klassisch, hellgrau = hellenistisch. Rechts 1-4: die vier möglichen Wachstumsmuster

Die Lage der drei vorerwähnten Kreise zueinander weist auf eine radial-exzentrische Expansion des Heiligtums hin: In der Tat verläuft diese in die drei Richtungen Nord, Ost, Süd, da sich jegliches Wachstum in westlicher Richtung aufgrund der Nähe des Meeres als unmöglich erwies. Die drei schematischen Kreise sollten keineswegs als vorgeplante Trassierung für die jeweilige Anordnung der Gebäude, sondern vielmehr als eine a posteriori vereinfachte Darstellung eines organischen Wachstumprozesses verstanden werden. Eine andere Trasse erscheint uns dagegen als klar vorkonzipiert: die Anreihung der Schatzhäuser an der Viertelperipherie der Ellipse (D), die auch auf Abb. 8 eingetragen ist.

Die festgestellte radial-ausstrahlende Erweiterung des Hieron wurde jedoch weder durch eine im Kreise additive Aufstellung von Einzelgebäuden (Abb. 8,1) noch durch eine konzentrische Bildung von viereckigen Baugruppen (Abb. 8,2) noch durch eine kreisförmige Zuordnung von peripheren Nebenzentren um den ursprünglichen Nukleus (Abb. 8,3) verwirklicht. Das Wachstum des Heiligtums folgte u. E. einem komplizierteren Prinzip: Die neuen Gebäude wurden allmählich, nach mehreren aufeinanderfolgenden L-förmigen Anreihungen aufgestellt. (Abb. 8,4). Die L-förmige Aufstellung erlaubt die Entstehung von untergeordneten Teil-Räumen mit eigener Identität, die jedoch eng miteinander verbunden und stark in die Gesamtplanung integriert sind. So entstehen unter anderem: der Vorplatz nördlich des Zeusaltars, der Freiraum vor der Antigonosstoa und die Vorhöfe vor dem Artemision und dem großen Apollontempel, beide durch eine Eckstoa abgeschlossen.

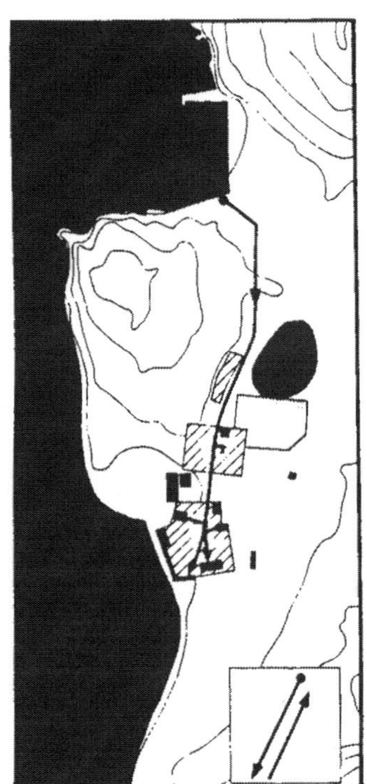
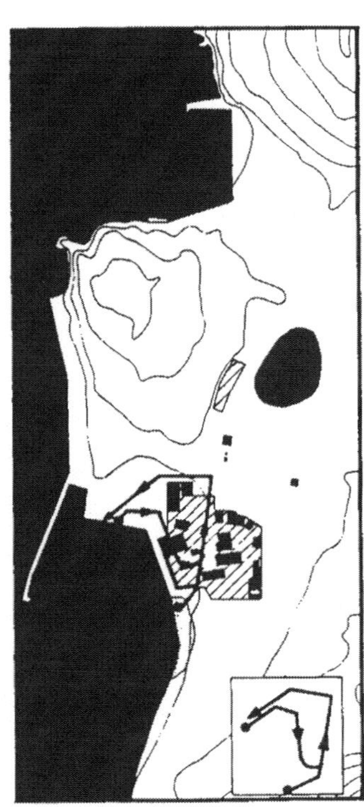
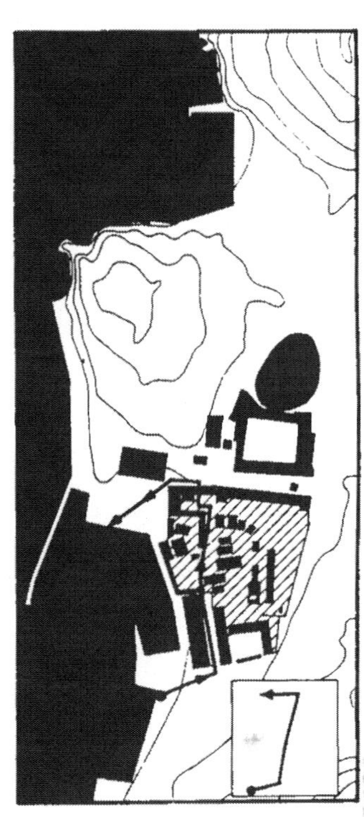
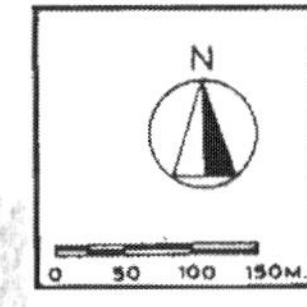

Abb. 9 Die Trasse des Festzuges in den drei Entwicklungsphasen, links: archaisch, Mitte: klassisch, rechts: hellenistisch

Zusammenfassend kann festgestellt werden, daß das organische Wachstum des delischen Heiligtums, das bei zunächst oberflächlicher Betrachtung als zufällig erscheint, einer wichtigen Zielsetzung unterworfen war, d.h. der Gliederung des Hieron in selbstständige, jedoch eng verbundene, funktionale Teilbereiche. In der Folge werden weitere Gesetzmäßigkeiten und Bedingungen dieses Wachstums erforscht, die stark von den Wahrnehmungsmodalitäten und dem 'Erleben' des städtischen Raumes abhängig sind.

Die enge Verbundenheit der Teilräume des Hieron läßt sich auch anhand der Analyse der Sichtbezüge , wie sie sich im Heiligtum selbst ergeben, beweisen: Auf Abb. 7 wurden die Freiflächen, von denen aus der große Apollontempel sichtbar ist, (mit Weiß) gekennzeichnet, wobei die Teile der Freiareale, die sozusagen 'im Schatten' stehen und von denen aus der Tempel nicht sichtbar ist, mit grauem Raster angedeutet werden. Aus dieser graphischen Darstellung ist die Form der Fläche 'mit Tempelaussicht' (also direktem Blickbezug zum kultischen Zentrum) klar abzulesen. Es ist eine sternförmige, strahlenförmige Fläche, die ungefähr die Hälfte des Gesamtareals der Freiräume des Heiligtums einnimmt. Die Strahlen dieses ideellen Raumgebildes dringen in alle Teilräume ein und stellen eigentlich Sichtkorridore dar, durch die der gegliederte Raum seine Einheitlichkeit gewinnt.

Stadtgestaltung im Dienste der Wahrnehmung und Aneignung der städtischen Umwelt am Beispiel Delos

Die Gliederung des Stadtraumes und die Trassierung der Hauptzugangswege zum delischen Heiligtum in seinen verschiedenen Entwicklungsphasen stellen ein hervorragendes Beispiel der Anwendung der altgriechischen Stadtgestaltungsprinzipien dar.

Der allmähliche Strukturwandel des Heiligen Bezirks auf Delos ist eng mit der Entwicklung der Trasse der Prozessionswege verbunden. Wir sind fest davon überzeugt, daß eine so wichtige Funktion (die auch das hervorragendste Stadtgeschehnis darstellte) wie die apollinische '*Theoria*' (Festzug) entscheidend für die Raumgestaltung gewesen sein muß. Festlicher Zugang zum Hieron und Aufstellung der Baukörper müssen eng voneinander abhängig gewesen sein.

Da weder die Inschriften noch die literarischen Quellen uns die geringsten Hinweise auf den Verlauf des Festzuges geben, sind wir gezwungen, ihn an Hand der topographischen und planerischen Gegebenheiten zu rekonstruieren. Die drei Lagepläne auf Abb. 9 veranschaulichen auf schematische und vergleichende Weise die Strukturentwicklung des delischen Hieron und seiner Zugangswege während der drei Hauptphasen seiner Geschichte (i.e. der 'archaischen', der 'klassischen' und 'Unabhängigkeits'-Phase). Diese werden im Folgenden genau untersucht, können jedoch schon jetzt zusammenfassend folgendermaßen beschrieben werden:

a. 'Archaische Phase': Etappenweise Annäherung auf geradliniger Trasse an ein frontal gestelltes Ziel. Durchschreiten eines teilweise natürlichen, aber auch streckenweise bebauten Raumes.
b. 'Klassische Phase': Der Aufmarsch folgt einer schleifenartigen Trasse. Seitliches Vorbeiziehen an den wichtigsten Monumenten des Heiligtums. Fortbewegung in einem städtischen Raum.
c. 'Unabhängigkeitsphase' (hellenistische und italische): Versuch, den Festzug axial zu ordnen. Anreihung neuer Gebäude an dieser Achse. Fortbewegung in einem städtischen Raum.

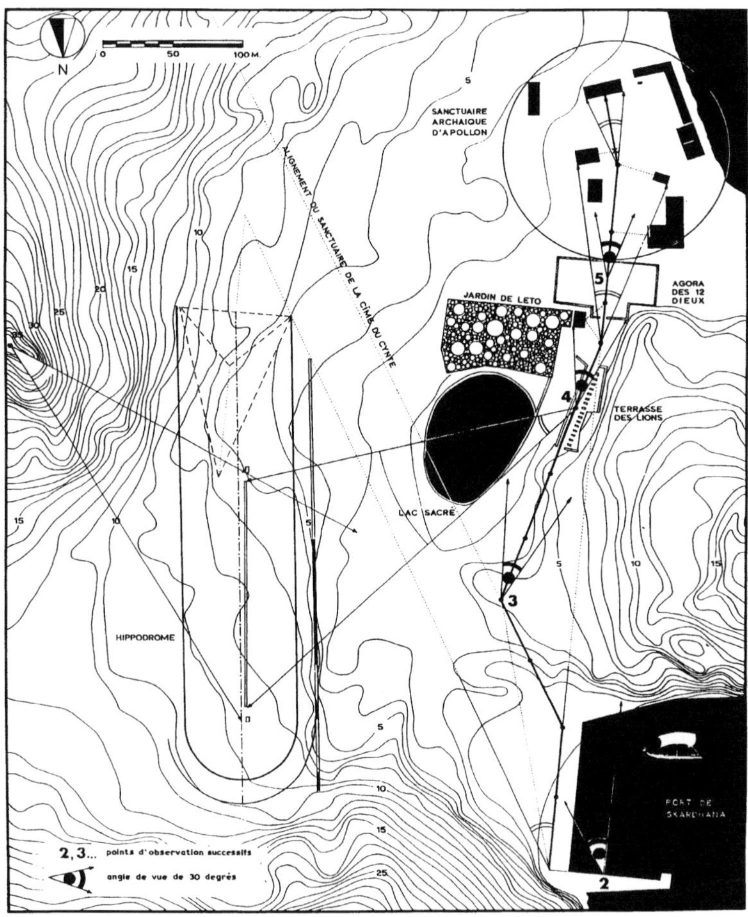

Abb. 10 Die delische Ebene zur archaischen Zeit: die Wegführung des Festzuges

Heiligtum und Festzugstraße während der archaischen Phase

Die Struktur des delischen Heiligtums in archaischer Zeit wird auf Abb. 10 veranschaulicht. Auf derselben Abb. 10 wurden sowohl die Festzugstraße als auch fünf wichtige Sichtwinkel entlang dieser Trasse, die die wesentlichsten Etappen einer Sequenz der optischen Wahrnehmung darstellen, eingetragen. Die Skizzen 1-5 der Abb. 13 sind ein Versuch des Autors, diese optische Sequenz zu illustrieren.

Gegen Mitte des 6. vorchristlichen Jahrhunderts erstreckten sich die Heiligtümer der delischen Ebene[4] auf einer Strecke von etwa 350 m vom heiligen See im Norden bis zum Oikos der Naxier im Süden. Drei selbständige Heiligtümer konnten identifiziert werden:

4 Die 'delische Ebene': das Flachland zwischen dem Bett des Trockebaches Inopos und der Westküste. Die 'Heilgtümer der Ebene', hier im Gegensatz zu den Heiligtümern auf dem Berg Kynthos.

a. Im Norden der Bereich der Leto mit Tempel und Garten, dem heiligen See und der 'Löwenterasse'.
b. Im Anschluß und in südlicher Richtung die Agora[5] der zwölf Götter mit ihren Altären und ihrer Schutzmauer (Peribolos).
c. Noch südlicher der heilige Bezirk des Apoll, schon in seiner Anfangsphase mit neun Gebäuden versehen.

Hubert Gallet de Santerre hatte schon in sehr überzeugender Weise die Argumente, die für die Annahme eines Zuganges zum Hieron aus dem Norden in archaischer Zeit sprechen, vorgetragen.[6] Eine Unterwasseruntersuchung, die wir selbst im September 1972 in der nördlich gelegenen Skardana-Bucht unternommen haben, hat uns davon überzeugt, daß hier eine Hafenanlage mit 200 m langen Kais existiert haben muß (Abb. 11). Vieles spricht also dafür, daß der Festzug in archaischer Zeit wirklich in dieser nördlichen Bucht landete und sich zum Besuch der Heiligtümer nach Süden wandte.

Versuchen wir diesen Annäherungsweg zu rekonstruieren: Für den anreisenden Pilger, der sich aus nordwestlicher Richtung der Insel näherte, bot sich schon vom Meer aus eine interessante und symbolträchtige Perspektive: In direkter Linie aufeinanderfolgend die Landungsstelle der Skardanabucht mit den ankernden Schiffen, 300 m dahinter die Wipfel der Bäume des Leto-Haines und im Hintergrund, 1000 m vom Ufer entfernt, der Gipfel des Kynthos-Berges mit seinem Heiligtum (Abb. 13, Skizze 1, vgl. Abb. 12). Nach seiner Landung, inmitten der Geschäftigkeit des Hafens (Abb. 13, Skizze 2), wird

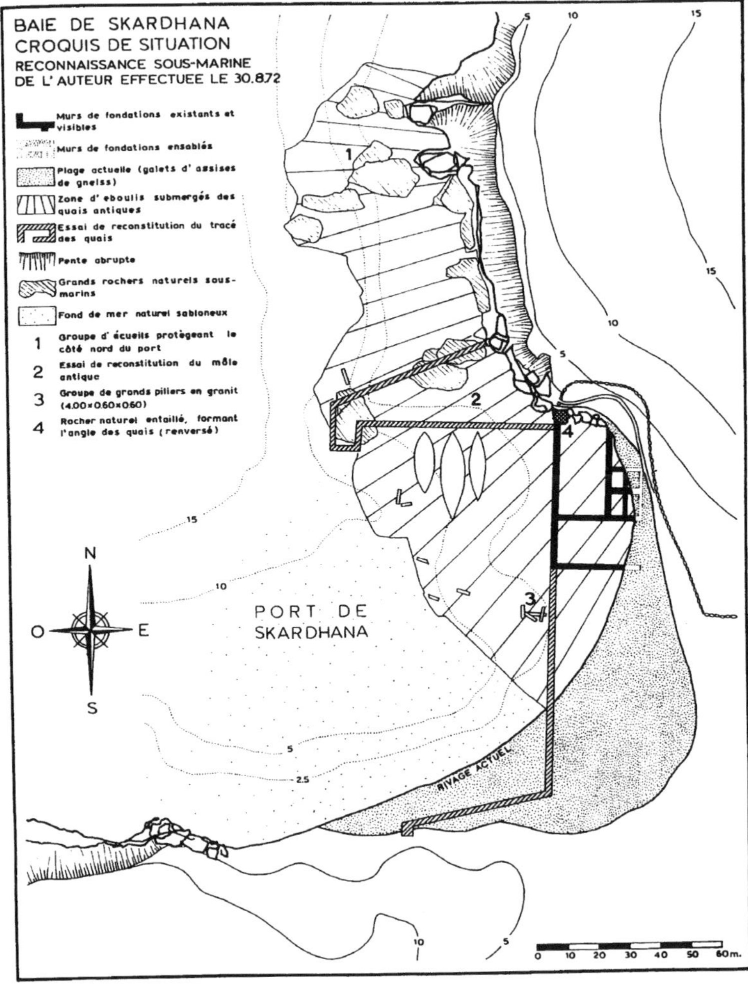

Abb. 11 Lageplan der Bucht und des Hafens von Skardana

ihm die Richtung, die er einschlagen soll, durch das kleine Inopos-Tal angedeutet. Der im Hintergrund stehende Kynthos-Berg spielt dabei die Rolle des wegweisenden Anziehungspunktes. Nach kurzem

5 'Agora' hier im Sinne der 'Versammlung' der zwölf Götter. Nicht mit der Agora der Stadtgemeinde zu verwechseln.

6 Hier die Bemerkungen H. Gallet de Santerres aus seinem Werke *„Delos primitive et archaique"* (S. 226-227) : „Über den Hafen in der Bucht von Skardana wissen wir nichts Genaues. Seine Existenz scheint in archaischer Zeit durch bestimmte topographische Einzelheiten bewiesen. Und in der Tat, die Existenz der Terasse der Löwen (die, wie wir es schon anderswo vorgetragen haben, eine Zugangsstraße zum Hieron darstellt) läßt sich nur dadurch sinnvoll erklären, daß mindestens ein Teil der Pilger im Nordhafen, also Skardana, landete." (Übersetzung des Verfassers aus dem französischen Originaltext).

Abb. 12 Die Bucht von Skardana, im Hintergrund links der Kynthos

Marsch entdeckt er an der Kehre des Weges und in südlicher Richtung (Abb. 13, Skizze 3) das Heiligtum der Leto. Hier bietet sich ihm ein seltener Anblick: Der 'Löwenweg' erstreckt sich geradlinig über 200 m bis zum Eingang der 'Agora' der zwölf Götter. Dieser Weg wird von östlicher Seite durch den Heiligen See und den Leto-Hain flankiert, während auf westlicher Seite die sechzehn auf ihrer Terasse aufgestellten Marmorlöwen dem Wege zugewandt waren. Das asymmetrische Gleichgewicht, das durch diese monumentale Komposition erreicht wird, ist verblüffend: Künstlerisch angelegte Naturelemente (See, Hain) und hervorragende Werke der Plastik stehen sich gegenüber, an einer linearen Achse völlig frei angeordnet. Die vorerwähnten Elemente betonen die Richtung des Zugangsweges, ohne sich der Pathetik einer symmetrischen Aufstellung zu unterwerfen. Hier begegnen wir dem griechischen Genius, der es verstand, durch diskrete Gegenüberstellung von 'gebauten' und 'natürlichen' Elementen erlebnisreiche Routen eindrucksvoll zu suggerieren.

Auf der Löwenterrasse angelangt (Abb. 13, Skizze 4) ist ein Halt geboten. Von hier aus überblickt man in östlicher Richtung im Vordergrund den Heiligen See mit seiner Fauna und Flora und dahinter das Hippodrom und seine langgestreckte Stützmauer. Seine Wanderung fortsetzend, erreicht der Pilger bald den Eingang der 'Agora' der zwölf Götter. Zu seiner Linken befindet sich das Letoon. Dieses hatte seinen Eingang auf der Langseite (also nicht frontal) und erweist sich so als eine Etappe und nicht als das 'Zielgebäude' des Fortschreitens. Auf gleiche Weise sind die verschiedenen Altäre der 'Agora' der zwölf Götter seitlich der Hauptroute angelegt, um den Besucher bis zum ideellen[7] Eingang des apollinischen Hieron zu geleiten (Abb. 13, Skizze 5). Hier werden abermals die verschiedenen Gebäude, rechts (Thesmophorion, Artemision) und links (Schatzhaus 5, Porinos Naos) des Hauptweges errichtet, um so den frontalen Zugang zum wichtigsten Bau der archaischen Phase, dem Oikos der Naxier, zu unterstreichen. Der Eingang zu letzterem – der sich bezeichnenderweise auf der Langseite des Gebäudes befindet – muß als Ziel der Prozession betrachtet werden.

In archaischer Zeit waren die Gebäude des apollinischen Heiligtums an Zahl beschränkt, und Wohnstätten waren kaum vorhanden. So erhielt der Standort des Hieron in der Ebene außer seiner einleuchtenden topographischen Berechtigung auch einen symbolträchtigen Wert: Die Kultstätte des Lichtgottes befand sich zwischen dem Kynthos-Berg mit seinen alten, ehrwürdigen Kulten und dem die Griechen verbindenden allumkreisenden Meer.

Die Annäherung zum Hieron erscheint also in dieser ersten Phase als ein leicht geschwungenes lineares Fortschreiten durch den interessantesten Teil des Naturraumes zu einem kultischen Ziel, das frontal anvisiert und erreicht wird. Diese Route ist seitlich von natürlichen Elementen und Gebäuden flankiert, die die einzelnen Etappen signalisieren.

Die Entwicklungen in amphiktyonischer Zeit

Auf Abb. 14 wird das Hieron in seiner klassischen Phase dargestellt. Im fünften vorchristlichen Jahrhundert scheint die Vormachtstellung des apollinischen Hieron gesichert. Es ist mit dem Heiligtum der Artemis vereinigt worden, während die kleineren Heiligtümer der Leto und der zwölf Götter ihr Leben eine Zeit lang weiter unabhängig und zweitrangig fristen.

Die 'Theoria' (d.h. der Festzug) landet jetzt in der südlichen Bucht, dem 'heiligen Hafen', in unmittelbarer Nähe des Heiligtums. Bevor sie das Land betraten, konnten die Pilger vom Schiff aus das Hieron in seiner Ganzheit als eine dichte und stark differenzierte Gebäudeaufstellung wahrnehmen.

7 Einen tatsächlichen Eingang besaß das Hieron zu dieser Zeit nicht, da es aus etlichen lose aufgestellten Bauten bestand und keine Einfriedungsmauer (Peribolos) hatte.

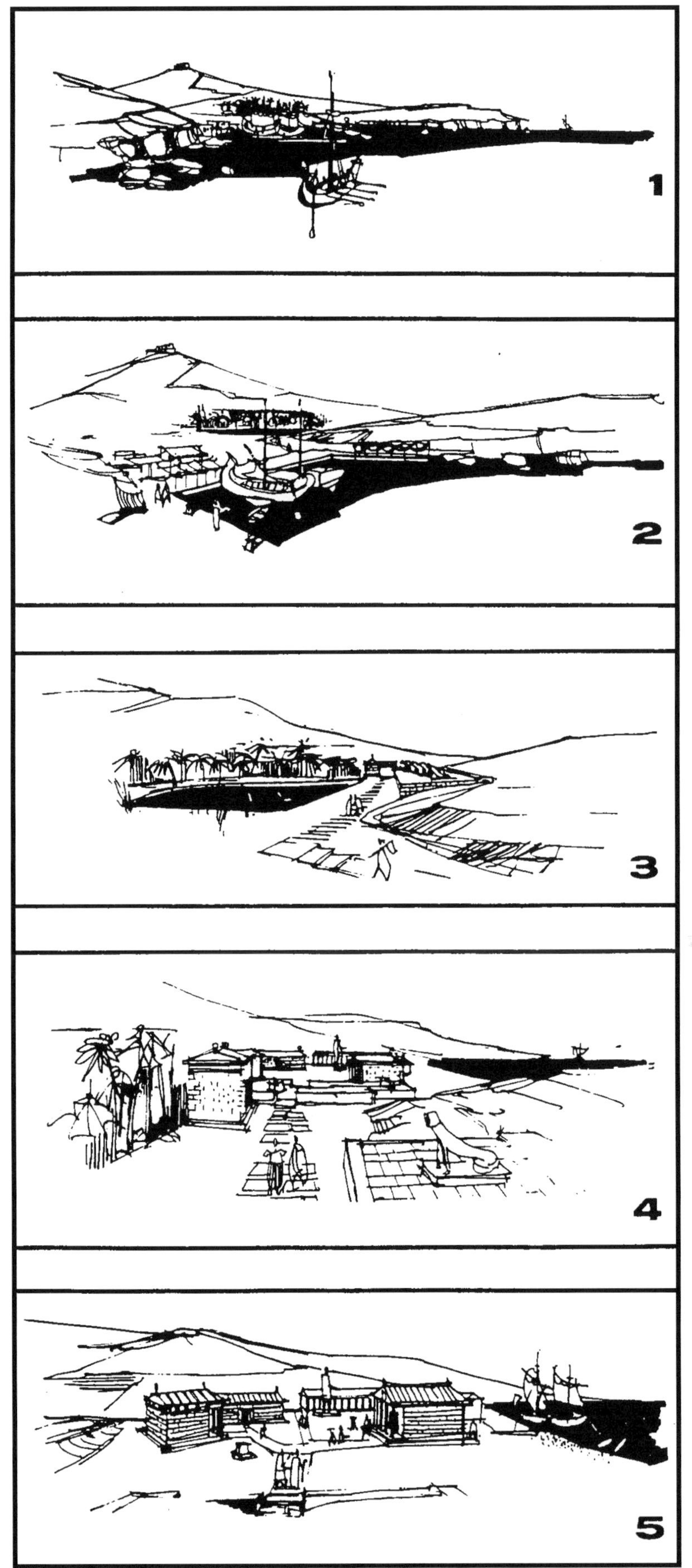

Abb. 13 Fünf Etappen des Verlaufs des Festzuges in archaischer Zeit: 1. Annäherung von Norden, 2. im Hafen von Skardana, 3. vor dem Heiligen See und der Löwenterrasse, 4. vor dem Heiligtum der 'Agora der zwölf Götter', 5. vor dem Apollon-Heiligtum

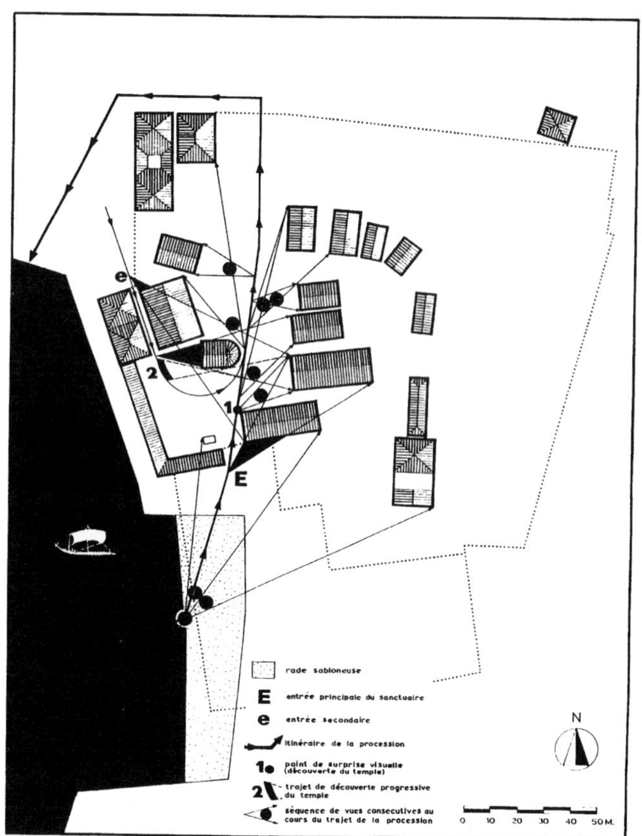

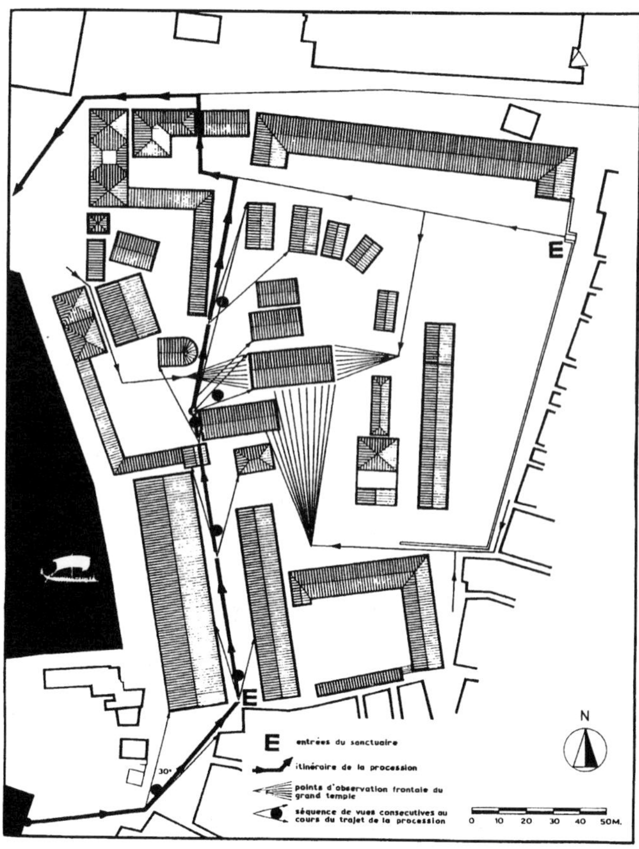

Abb. 14 u. 15 Der Heilige Bezirk des Apoll auf Delos: die Wegführung des Festzuges in klassischer und hellenistischer Zeit

Die Aneinanderreihung des Monuments der Hexagonen und der Stoa der Naxier am Meeresufer entlang verbarg absichtlich die untere Hälfte der drei Apollontempel, die dicht nebeneinanderstehend alle einen westlichen Haupteingang[8] besitzen. Man konnte daher vom Hafen aus die Tempel nur 'ahnen'. Diese Anlage, durch die die Tempel vom Meer isoliert wurden, scheint bei erster Betrachtung merkwürdig, hatte jedoch ihre Gründe, die wir im Folgenden erläutern wollen. Zu dieser Zeit konnte man das Heiligtum durch zwei Eingänge betreten, die auf Abb. 14 mit 'E' und 'e' angegeben sind. Wir glauben in 'E' den Hauptzugang ablesen zu können. Dafür sprechen seine breiteren Dimensionen sowie seine Nähe zum breiten Sandufer südwestlich des Temenos, das den idealen Landeplatz darstellt.

Auf diesem Ufer gelandet, bewegte sich der Festzug in nördlicher Richtung. Die Grundtrasse seiner Route – die auf Abb. 14 eingetragen ist – muß eine schleifenartige Form von einer Gesamtlänge von etwa 300 m gehabt haben. Der Startpunkt war das Südufer, und der Abschluß lag etwa 150 m in direkter Linie nördlich, in derselben Bucht des Heiligen Hafens. Versuchen wir diese Prozessionsroute nachzuvollziehen: vom Landeplatz aus kann man in einer Entfernung von 50-100 m den Haupteingang des Temenos, eine zehn Meter breite Öffnung zwischen der Stoa und dem Oikos der Naxier, erkennen. Im Sichtfeld des Betrachters sollte von dieser Stelle aus der Koloß derNaxier mit seiner beträchtlichen Höhe dem wichtigen Bauvolumen des Oikos der Naxier als gleichwertiges Pendant dienen. Während dieser ganzen Phase der Annäherung befinden sich die drei Apollontempel für den Betrachter im Schatten des Oikos der Naxier und sind völlig unsichtbar. Erst nachdem man das Temenos betreten und die Ecke des Oikos (Punkt 1) ereicht hatte, entdeckte man plötzlich in unmittelbarer Nähe, in schräger perspektivischer Sicht aneinandergereiht, die drei Apollontempel. Die gleichen Mechanismen der anfänglichen Verschleierung und der darauffolgenden Enthüllung (in diesem Falle keine plötzliche, sondern eine progressive), kann man auch beim Betreten des Hieron von der Seite des Eingangs 'e' feststellen.

Die Annäherung zum großen Apollontempel scheint also auf Delos folgendermaßen sorgfältig in Wahrnehmungssequenzen inszeniert gewesen zu sein:

1) 'Ahnen' seines Vorhandenseins vom Meere aus,
2) Völlige Verschleierung während der Annäherungsphase,
3) Wiederentdeckung des in unmittelbarer Nähe liegenden Tempels in seiner Ganzheit.

Diese Inszenierung rief u. E. psychologische Effekte hervor. In der Tat: Der peripterale Apollontempel auf Delos hatte zwar ähnliche Proportionen und eine gleiche Säulenzahl wie der Zeustempel

8 Die Tatsache, daß alle drei Apollontempel auf Delos ihren Eingang auf der westlichen (und nicht wie üblich auf der östlichen) Seite haben, spricht für die Annahme nicht nur kultischer, sondern auch topographischer Ursachen bei der Orientierung der altgriechischen Tempel.

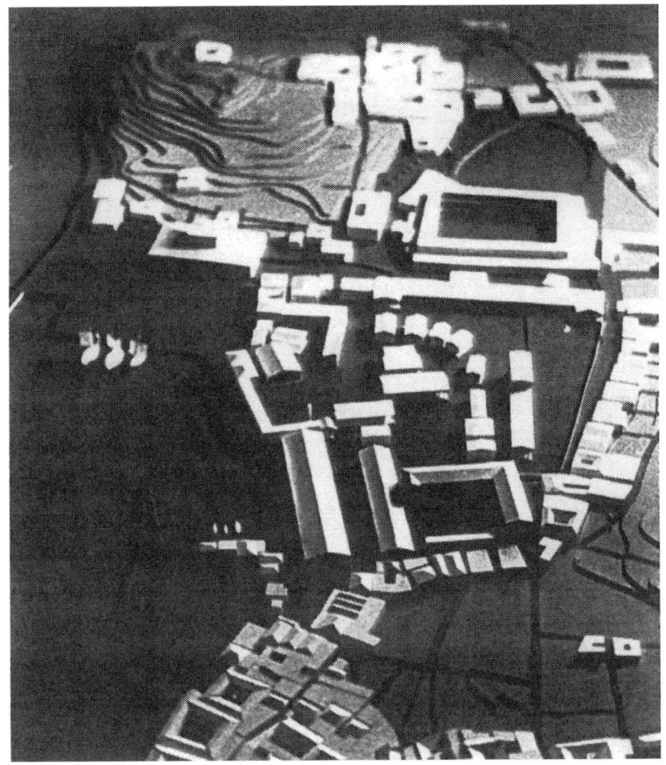

Abb. 16 Der Heilige Bezirk und der Hafen in hellenistischer Zeit. Modellaufnahme von Süden nach Norden

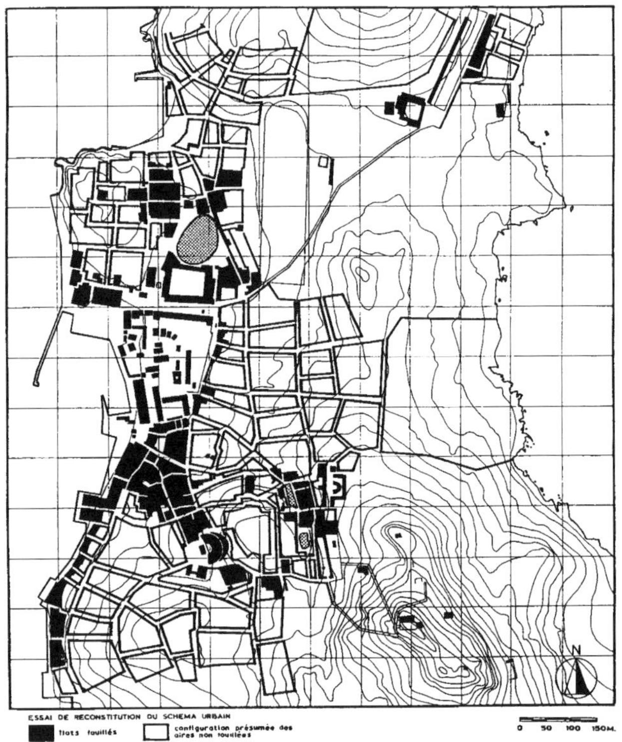

Abb. 17 Delos. Versuch einer Rekonstruktion des Stadtgefüges: schwaz = ergrabene Flächen, umrandet = vermutliches Stadtgebiet

in Olympia,[9] nahm jedoch nur ein Viertel der Grundfläche des letzteren und nur ein Siebtel seines Volumens ein. Hätte er unverhüllt am Meeresufer oder anderswo ohne den Schutz von Begleitbauten gestanden, hätte er nie mit seinen bescheidenen Dimensionen als 'großer' Tempel wirken können. Man nahm also Zuflucht zu einer erfindungsreichen Lösung: Man stellte den Tempel inmitten eines Kreises verschiedenster Begleitbauten auf und sorgte dafür, daß er nur aus größter Nähe (25 m) plötzlich sichtbar wurde. Von dem kritischen Punkt (1) ihres plötzlichen Auftauchens gesehen, nahm die Tempelfassade die ganze Breite des Sichtfeldes des Betrachters ein. Sie erschien auf diese Weise groß und erhaben. Zu dieser gekonnten optischen Täuschung trug auch der Überraschungseffekt beträchtlich bei.

Nachdem er den Vorhof des Tempels verlassen hatte, zog der Festzug in Richtung Norden. Ein 'Sichtkorridor' (wie schon beschrieben) entsteht jeweils zwischen den Bauten für den Artemis- (links) und denjenigen für den Apollonkult (rechts), dem jetzt die Route folgt. Nachdem man rechts die Schatzhäuser hinter sich gelassen hatte, gelangte man zu der nördlichsten Baugruppe des Thesmophorion und des Ekklesiasterion, durch die der heilige Bezirk gegen den profanen Bereich des Hafens abgeschirmt war. Hier wandte sich die Prozession gen Westen und erreichte ihr Endziel am nördlichen Kai des Heiligen Hafens. Eine zweitrangige Route konnte den Pilger, am Letoon und an der Löwenterrasse vorbeiführend, zum Nordhafen Skardana bringen.

Die schleifenförmige Trasse des Festzugweges in amphiktyonischer (klassischer) Zeit stellt selbstverständlich eine schematisierende Vereinfachung dar. In Wirklichkeit war diese Progression viel flexibler und paßte sich den jeweiligen Wünschen des Besuchers oder den speziellen Gesetzmäßigkeiten der kultischen Handlungen an. Jedenfalls handelte es sich um einen ziemlich freien Verlauf durch einen umbauten und reich gegliederten Raum, der in mehrere Teilräume aufgeteilt war. Die abwechslungsreiche Sequenz perspektivischer Aussichten auf die Gebäude, die durch Sichtfluchten zum umgebenden Naturraum bereichert wurden, bot dem Besucher ein stimulierendes Stadterlebnis, lud ihn zu verschiedenen Bewegungsmöglichkeiten ein und überraschte ihn ständig.

Heiligtum und Festzugstraße in später (italischer) Zeit (d.h. der Zeit der zweiten athenischen Herrschaft)

Am Anfang der letzten Phase delischer Stadtentwicklung (d.h. der zweiten athenischen Herrschaft, um 150 v. Chr.) hatte das Temenos seine größte Ausdehnung erreicht, die auf Abb. 15 (vgl. auch Abb. 16) abzulesen ist. Die jetzt vom Hieron in Anspruch genommene Fläche ist doppelt so groß wie die in der vorangegangenen Phase, sogar dreimal, zieht man die eng mit dem Heiligtum verbundenen Flächen

9 Hier die entsprechenden Abmessungen der beiden Tempel: Apollontempel auf Delos: Länge: 22,55 m / Breite: 7,20 m / Verhältnis: 2,85. – Zeustempel in Olympia: Länge: 46,85 m / Breite 16,39 m / Verhältnis: 2,85.

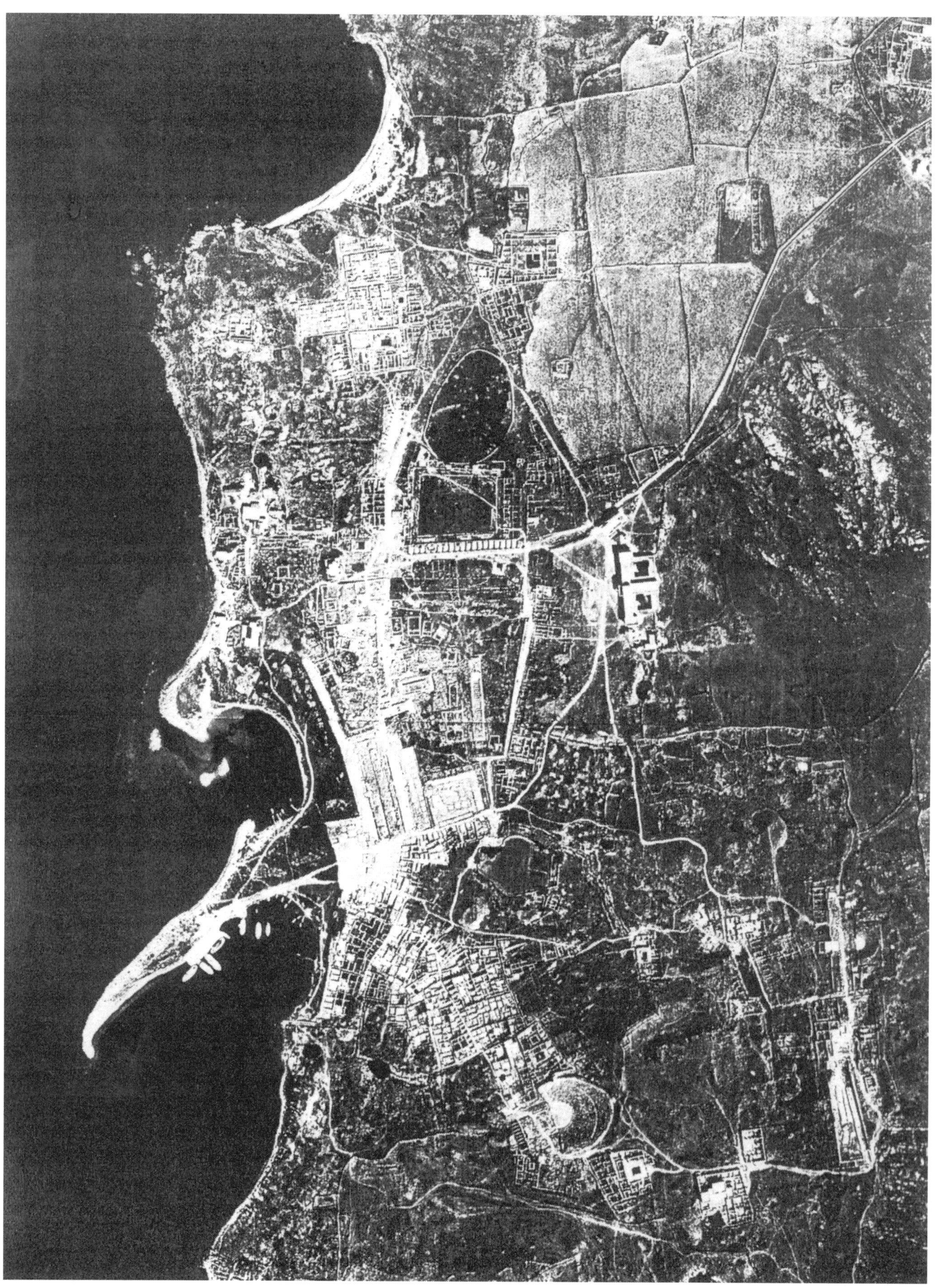

Abb. 18 Delos. Luftaufnahme des Ausgrabungsareals im Jahre 1970. Maßstab 1:5000

der Agora Tetragonos und der südlichen Stoen hinzu. Wir haben schon versucht, das Grundschema dieser Erweiterung zu beschreiben. Hier geht es uns darum, die Veränderung der Route des Festzuges sowie die hinter dieser Entwicklung stehenden Gestaltungsprinzipien zu erläutern: Bei erster Betrachtung scheint die Trasse sich nur geringfügig verändert zu haben. In der Tat ist diese nur um 150 m südwärts verlängert worden und erreicht jetzt eine Gesamtlänge von 450 m. Was sich aber grundsätzlich geändert hat, sind die der Anlage innewohnenden Ordnungsprinzipien. Und in der Tat, durch die Anordnung der zwei parallel zueinander verlaufenden südlichen Stoen (Stoa des Philippos und Süd-Stoa) entsteht eine monumentale lineare Achse, der 'Dromos', der zu den neu erbauten Propyläen führt. Die zum ersten Mal auftauchenden gradlinige Straßenfassaden der Stoen und die axiale Stellung der Propyläen unterstreichen die rigide Monumentalität des Stadtraumes. Aber auch im Inneren des Temenos wird der Versuch gemacht, durch die Errichtung der Stoa des Artemisions diese starre nicht abweichende lineare Route fortzusetzen. Es ist bezeichnend, daß die späte ('italische') Zeit ihre Ordnungsgedanken mit einem gewissen Erfolg einer schon bestehenden Anlage (die einem ganz anderen Gedankengut entsprach) aufzuzwingen vermochte.

Durch die vorerwähnten Änderungen des Stadtraumes und der Prozessions-Trasse wurden die Stadterlebnisse monotoner und ärmer. Dafür erscheint die Gliederung des Raumes aufwendiger: mehrere (genauer zehn) Teilbereiche des Hieron zeichnen sich jetzt durch die Verteilung der Baumassen ab. Jeder von ihnen besitzt seinen eigenen Charakter (z.B. Vorhof, Terrasse, Platz, Dromos, Säulenhof): Ein neuer wichtiger Eingang wird an der östlichen Seite, in unmittelbarer Nähe der Antigonos-Stoa, in den Peribolos eingelassen. Von hier aus kann man sich den Tempeln von östlicher Seite nähern. Die Route – entlang der Antigonos-Stoa – bietet einen seltenen Reiz: der Besucher kann beim Fortschreiten die hinter den Schatzhäusern befindlichen Tempel in kurzen Abständen immer wieder blitzartig wahrnehmen. Auf Abb. 15 haben wir die Annäherungsrouten zum „Großen" Tempel von den drei Nebeneingängen eingetragen. Hier wiederholt sich das gleiche Schema: um den Tempel frontal betrachten zu können, muß der Besucher jedes Mal eine hakenförmige Route mit zwei Knickungen einschlagen.

Diese kurze Übersicht über die Entwicklungsgeschichte des delischen Heiligtums sowie die Ordnungsprinzipien, die ihm in den verschiedenen Phasen zugrunde lagen, versteht sich als ein erster stadtgestalterischer sowie wahrnehmungspsychologischer Interpretationsversuch der Gliederung dieses kultischen Monumentalensembles. Wir hoffen, daß Beobachtungen und Interpretationen künftiger Forschung weitere Detailaspekte dieser Planung beleuchten werden.

3.

Athens: Modern Planning in a Historic Context. Planning Initiatives and Their Impact on the Gradual Creation of the Cultural-Archaeological Park of the City

1. Introduction

The ancient architectural heritage constitutes an essential part of the urban structure of many medium-sized towns and large cities throughout Europe. It presents itself in a wide range of varied evidence. This includes archaeological excavation sites within the city area, important groups of monuments, both used or no longer used buildings, individual monuments or their ruins, city walls and gates, as well as park-like spaces where the main features of ancient topography can be recognised.

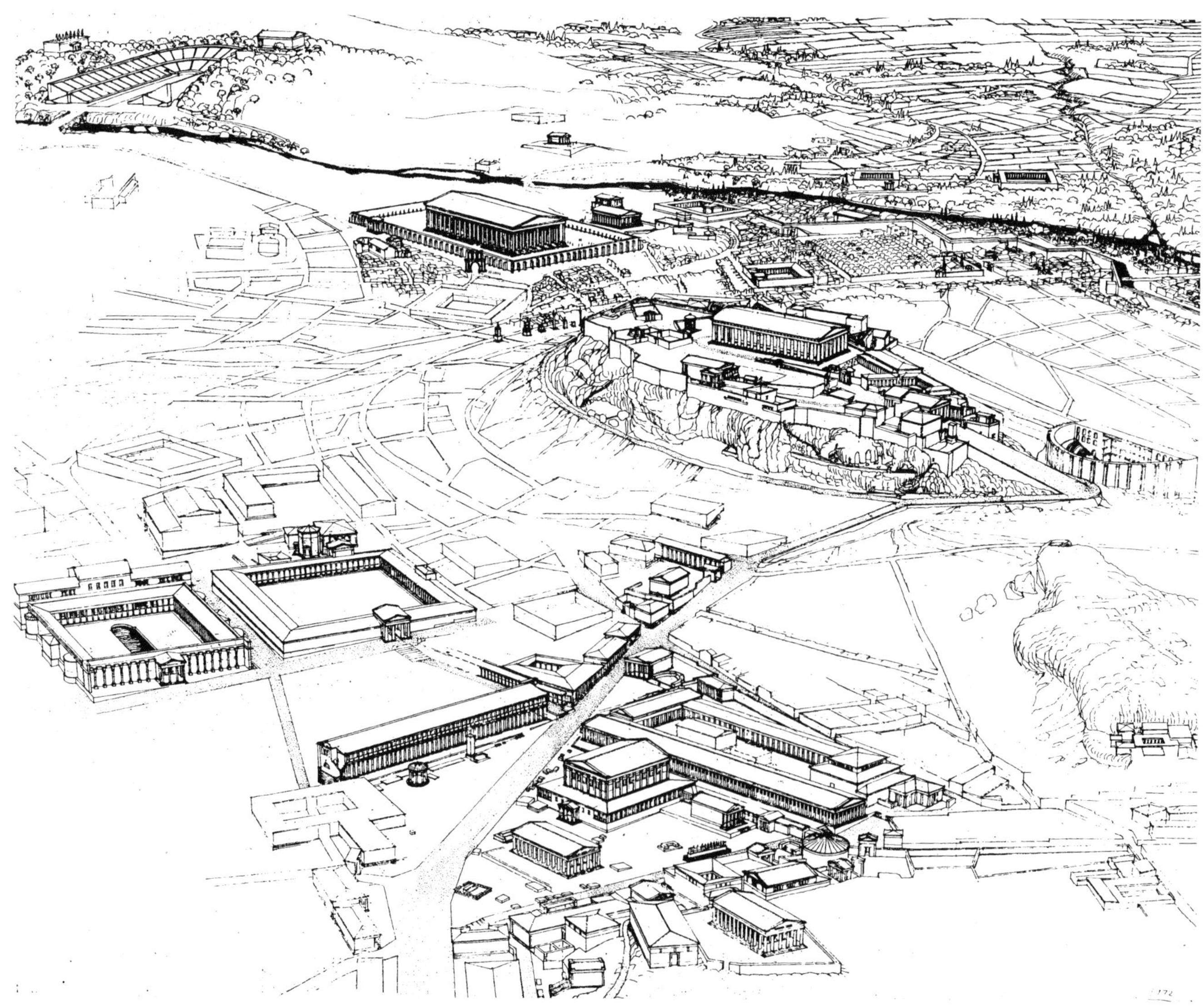

Fig. 1 Ancient Athens in the Second Century A.D., General View from NW. Drawing by Manolis Korres (1972)

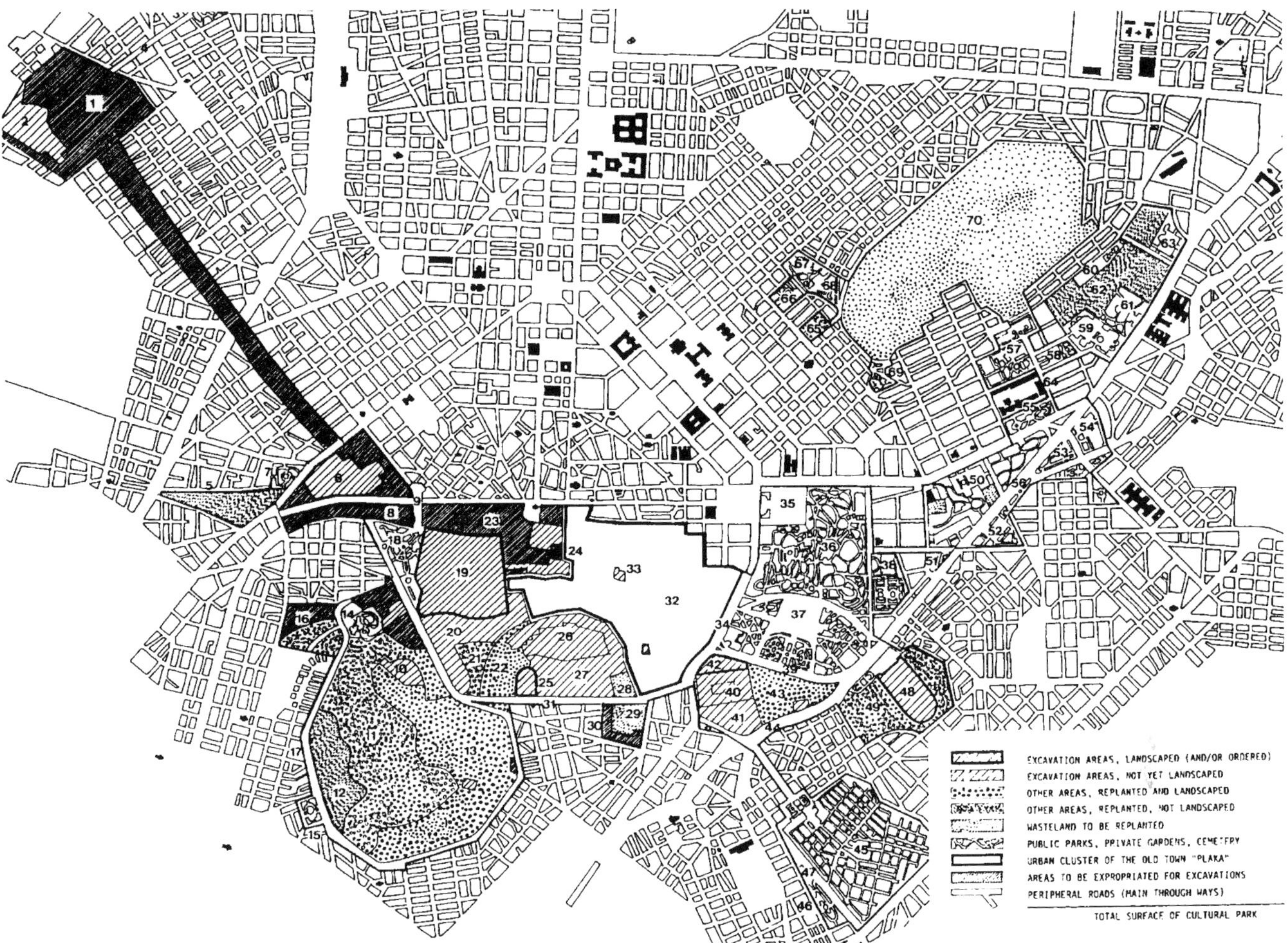

Fig. 2 The cultural-archaeological park of Athens. Drawing by the author.

The problem of integrating the ancient urban heritage in the complex townscape and the variety of functions of today's city life has not up until now been sufficiently investigated. Research is still mainly of strictly disciplinary nature. The connections and interdependencies between the study of antiquity, archaeological excavations and the tasks of contemporary town planning, tourism as well as cultural revaluation of the ancient archaeological heritage (fig. 1) are very rarely examined. In the case of Athens (a city with 4,5 million inhabitants today) there have been some first attempts to document the historical development of the archaeological areas, and to emphasise their role in the present city structure. In addition, programmatical suggestions have been put forward for the aims of excavations, the preservation of historical monuments or for the structuring of historic open spaces.

The area of the cultural-archaeological park of Athens (fig. 2) presents itself as a 357 ha crescent-shaped inner city zone including from the west to the east: the area around the ancient Academy, the Kerameikos site of the ancient cemetery and the road connecting the Kerameikos to the Academy, the reafforested hills of the Mouseion, the Nymphs, the Pnyx and the Areopagus, the excavation sites of the Greek and Roman Agora, the Acropolis Hill with its monuments, the ancient theatres on its southern slope, the old town (Plaka), the Olympieion area, the rebuilt Hadrianic Stadion and Ardettos Hill, the first Athens Cemetery, the inner city Parks (National/Royal and Zappeion Parks), the Athens Cultural Centre Area and the reafforested Lycabettus Hill.

The main reason for the choice of Athens as the capital city of the new independent Greek State in 1833 was the strong attachment of leading Western European and especially German visionaries to the ancient architectural heritage of the city. Thus, cultural and ideological motivations, rather than practical considerations, were decisive for the future destiny of Athens. As the architectural adviser to King Ludwig, Leo von Klenze, stated at the time: "The sole name of Athens will help to reconstruct the city; Athens would have remained the capital of Greece even if another town had been declared the capital."

Under these circumstances it is easy to understand that the main concern of all the town planning proposals for the new city was its spatial and locational relation to the historic topographic features and the surviving architectural testimonies of ancient times. During the first decade (1833-43) of the reign of King Otto, several town planning concepts for Athens were considered, some of them being partially implemented (including those by Kleanthes and Schaubert, and von Klenze), and others remain-

Fig. 3 General View of Athens Old Town (befor the Independence) and the Acropolis from NE. Detail of an Oil painting by Carl von Kügelgen (1820)

ing in the realm of pure speculation (including proposals by Schinkel, von Quast, and Kaftanzoglou). These concepts differed not only in the basic layout of the new town, but they also treated the problem of the spatial relation between 'new' and 'old', and between built and unbuilt areas, in various ways.

While a consensus about the creation of a vast archaeological zone around the Acropolis existed among all competing planners, divergent options about the precise siting of the new town emerged. Opposing the poetic and unrealistic idea of Athens as a hill town put forward by Schinkel and von Quast and aiming at a direct superimposition of 'the old' and 'the new', Kleanthes and Schaubert developed the concept of a new town built in the northern plain as a juxtaposition to the ancient remains, while Klenze and Kaftanzoglou pleaded for an independent coexistence of the new city and the archaeological area.

The new city actually developed later next to the archaeological area and in close interconnection with the surviving old settlement of Athens (fig. 3), thus following the juxtaposition pattern. The permanent wish for the creation of an integrated cultural-archaeological park survived the vicissitudes of the city's evolution over five generations, down to the present day. Happy coincidences and concrete planning measures contributed to a step-by-step realization of the monumental green belt which is today in an advanced stage of expansion and consolidation thus securing a clear identity and a strong image to modern downtown Athens.

The present paper attempts to sketch the main steps of the gradual creation of this focal monumental area in central Athens. During the last 180 years of independent life happy initiatives but also lost chances are related to this issue.

2. Alternative Concepts During the First Decade (1833-1843)

The initial Kleanthes-Schaubert plan for Athens may be considered as the vision of a neoclassical early garden city sui generis adapted to a southern climate, and attempting to combine sophisticated central European geometric town patterns, vistas and street alignments with traditional southern dwelling forms, like the free-standing individual family houses with gardens and covered market porticoes around commercial gathering places (agoras). The basic option of this plan was the direct juxtaposition of the new city with the old town, as the town extended towards the north.

The new town (with a built up area of around 215 ha) would be in the form of a crescent around the existing old town, which was to be remodelled with break-throughs of new street axes linking the old town to the new. The following features are to be found in this scheme (fig. 4):

1) The typical triangular star pattern of the 18th century capitals belonging to absolutist rulers (e.g. Versailles, Karlsruhe) with the main street axes radiating from the seat of royal power, the palace.
2) Attention paid to direct visual connections – both symbolic and practical – between the main focal points in the town and the monumental ensemble of the Acropolis (e.g. the axis from the Palace southward: Athena Street leading visually to the Propylaia).
3) The very ingenious design of the triangular main street pattern forming a system of partial orthogonal grids diagonally disposed. This scheme, unlike other triangular patterns with sharp angles, permits the creation of different sections with a gridiron street pattern, while avoiding the monotony of a simple gridiron layout: the different sectors follow the different orientations of the diagonal main arteries.
4) The diagonal arrangement of the two main arteries (i.e. Stadiou st. and Peiraios st.) is not only the result of a formal option; the lines of these two streets are virtually identical with the main connections through the valleys among the hills of the Attic basin.

In intentional contrast to this geometrically conceived capital city sited on almost flat land, the southern district comprising the Acropolis, the nearby historic hills and the banks of the Ilissos river were left unbuilt on the plan in order to form a large achaeological zone (about 150 ha) comparable in size to the projected city. Thus Kleanthes and Schaubert's basic idea was harmonious coexistence and interdependence between the new city developing in the north and a huge excavation area to the south. The old town on the Acropolis north slope was either to be demolished (higher part) or remodelled (lower part) in order to allow for the unearthing of the ancient city centre.

Unfortunately the inspired Kleanthes-Schaubert plan was revised in 1834, because of serious expropriation problems concerning the excavation areas and the remodelling of the old parts of the city which had to be integrated into the new concept, and also because of the siting of the palace, controversial right from the beginning. These animosities brought town-planning in Athens to a standstill for about a year (1833-1834). On the initiative of King Ludwig I of Bavaria, and in accordance with the

Fig. 4 Initial Town Plan of Athens by Kleanthes and Schaubert, 1833. Schematic sketch by the author

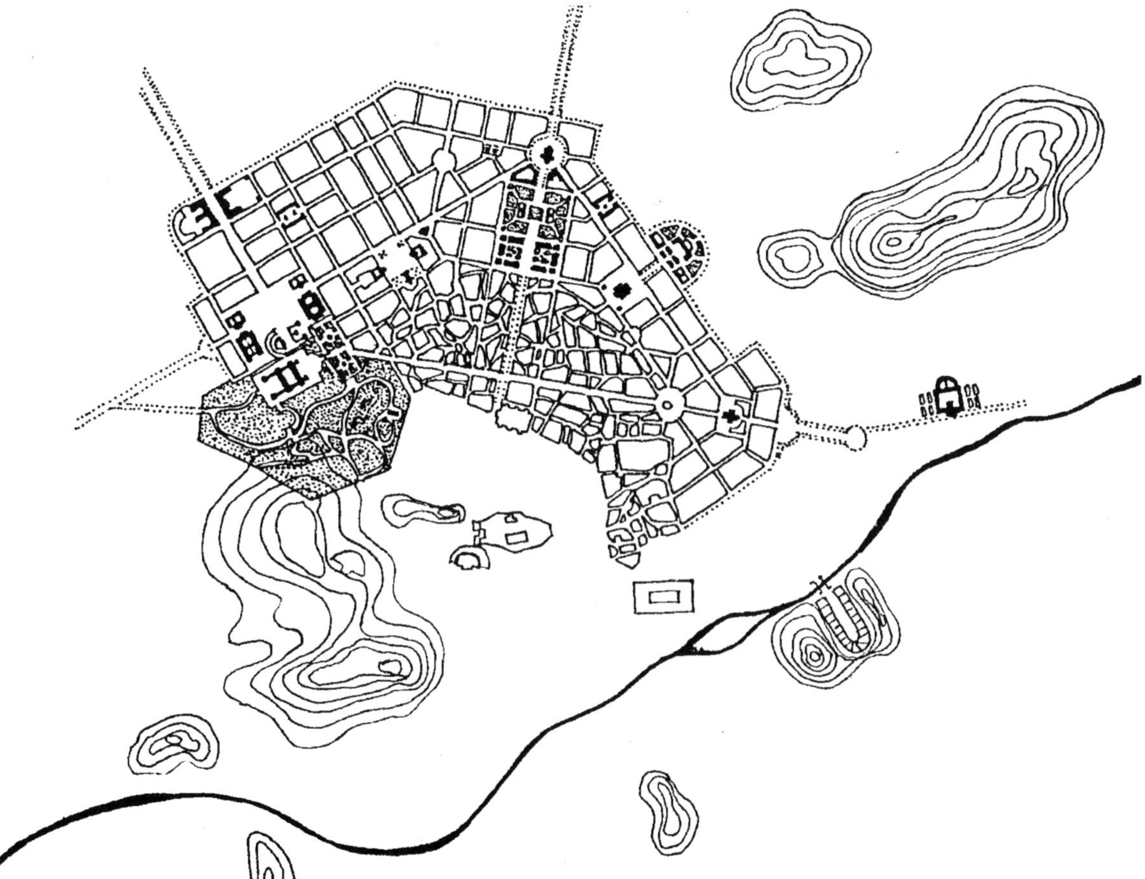

Fig. 5 Town Plan of Athens (revised version) by Klenze. 1834. Schematic sketch by the author

wishes of the Greek regency, expert advice for revising the plan was sought. Thus Leo von Klenze,[1] architectural advisor of Ludwig I (father of King Otto), visited Athens for three months in the summer of 1834, endowed with extensive powers to act in Greek affairs. His revised plan for Athens is an abortive modification of the fine initial plan to adjust to the political and financial realia of the young state.

Klenze took over the main lines of the plan (described above) and decreased the size of the public spaces and of the whole built-up area. He also altered the building densities: instead of a 'garden city', he envisaged continuous lines of buildings along the streets in the major part of the new town. This was von Klenze's conception of a Mediterranean town as he knew it from traditional Italian prototypes. Klenze showed his aversion for pompous axial compositions in town-planning schemes particularly in his work on Athens. He believed that an urban setting on classical ground should follow the free composition of ancient layouts (sanctuaries and town centers) and that integration of the built volumes into the given topography should be the paramount goal.

Klenze favoured 'picturesque' effects and condemned the rigid monumentality of central European classicism, foreign – as he thought – to the Greek spirit. Thus he states that his personal vision for the new town of Athens would be a hill-town of densely built volumes, with a street pattern adapted to the topography and avoiding any monumental vistas, such as those to be found in the initial plan. The plan of Kleanthes and Schaubert had however been already adopted the previous year and the main streets had been traced on the ground. Von Klenze as an experienced tactician knew that redesigning the plan at that stage was virtually impossible. Thus he proceeded to revise the initial concept; this was actually the frustrated reaction of a great master in the face of necessity. It would be unjust to judge von Klenze's talent by this plan (fig. 5)!

Other aspects of von Klenze's contribution in Athens are more valuable: his belief in picturesque effects led him to make daring proposals for the location of new monumental buildings in direct contact with historic-archaeological sites. Thus he created a design for the palace on various levels on the northwestern slopes of the Hill of the Nymphs, with large gardens extending far to the east on the hilly terrain including the Theseion as an authentic ancient objet trouvé in his overall garden layout.

The actual developement of the town-plan followed, however, its own ways – as is often the case. Neither the original plan by Kleanthes and Schaubert, nor von Klenze's revised scheme were finally carried out exactly as conceived. The following features of the initial plan were kept: the basic triangular pattern of the main street axes, the direct juxtaposition of the new and the old town, and the idea of some main breakthroughs of new axes in the old town (i.e. Ermou, Athena and Aiolou Streets). Von Klenze's reworking gave the plan its hybrid character, the much more modest overall dimensions, narrow streets, continuous alignment of built volumes (abandoning the garden city idea) and the almost unchanged survival of the upper and lower old town; to this we owe the existence of the Plaka and Psiri districts today, but also the labyrinthine maze of the urban fabric in central Athens.

The plan was decisively altered in regard to the siting of the palace and the Royal Garden. Both the initial building site on present-day Omonia Square and the site on the slopes of the Hill of the Nymphs proposed by von Klenze were abandoned; these sites were thought to be unhealthy. Ludwig I was in Athens from December 1835 to March 1836 and during his stay he overruled his vacillating son, King Otto, and chose the definitive site for the royal residence at the eastern tip of the basic city-street triangle. The choice was in many respects a happy one: the palace would enjoy a privileged location, situated as it was on a low prominence with a panoramic view towards Lykabettos, the Acropolis, the Olympieion and the Saronic Gulf. Building it in fairly close proximity to the Olympieion and the Stadium set the stage for the later development of the cultural-archaeological park of Athens, not thought of at the time: With the the Royal Garden and later of the Zappeion Gardens in this part of the town, the nucleus of the eastern half of the Athenian green belt was created.

1 Leo von Klenze (1784-1864) was born near Hildesheim and trained as an architect in Berlin und Paris, where he worked with Percier and Fontaine. In 1808 King Jerôme Bonaparte named him court architect in Kassel. During the Congress of Vienna in 1815, von Klenze was introduced to the crown prince of Bavaria, later Ludwig I. He became his protegé, and as the official court architect in Munich he made a decisive contribution to the neoclassical extension of the Bavarian capital, to the remodelling of the vast complex of the royal palace and to the creation of such important public spaces as the Ludwigstrasse and the Königsplatz. Up until the end of his life, von Klenze enjoyed the confidence of the philhellenic king and even after Ludwig abdicated in 1848 he continued working on the extensive architectural program financed by royal funds (Ruhmeshalle 1843-1853, Propyläen 1846-1862).
In 1834 von Klenze was sent to Greece on a highly confidential political mission: King Ludwig I had instructed him to alter the composition of the Regency Council in Nauplia. At the same time he accepted an invitation from the Greek government to revise the initial city plan for Athens. At the age of fifty von Klenze undertook the tiring three months' trip to Greece (July-September 1834), during which he developed an impressive initiative in many fields. A detailed report of his activities in Greece is given in his *Aphoristische Bemerkungen, gesammelt auf seiner Reise nach Griechenland*, published only four years later (1838) in Berlin.

Fig. 6 Athens, the Royal Palace by F. v. Gärtner and Constitution Square, around 1860

Friedrich von Gaertner[2] who designed the final version of the palace had followed Ludwig I to Athens and was commissioned to draw up the plans on the spot. Bound by the limited financial means of the young state, von Gaertner designed the austere, compact building with good overall proportions and no superfluous decor which still rises above the city centre (fig. 6). The original layout for the Royal Garden proposed by Gaertner was to the east of the palace, a semi-circular park, with a diameter of 500 metres and a total area of about 13 ha, designed in a late baroque tradition with a rigidly geometric pattern. Two smaller rectangular orchards (200 x 80 m each) were planned on either sides of the building. Happily enough, this original conventional palace park, laid out in the French tradition and entirely alien to the type of landscape park appropriate to the Athenian site, was never realized. A totally different royal garden developed later during the years of King Otto's reign, through the personal initiative of Queen Amalia.

What were the advantages and the inherent deficiencies of the initial town-planning developments with regard to the preservation of the ancient monuments and their integration in the fabric of the new town?

The first positive aspect is to be seen in the decision to develop the new city in the plain towards the north, leaving the entire area of the Acropolis south slope and the nearby western hills free of every type of building, thus creating the basic preconditions for the further development of the archaeological park in central Athens.

2 Friedrich von Gärtner (1791-1847) was born in Koblenz. He studied at the Royal Academy of Arts in Munich from 1809-1812 and worked with Weinbrenner in Karlsruhe and Percier and Fontaine in Paris. He was appointed professor of architecture at the Royal Academy of Munich in 1820 and director in 1841. After von Klenze he was the most famous protegé of Ludwig I. for whom he designed the buildings of the second phase of the monumental Ludwigstrasse, i.e. Ludwigskirche (1829-1840), Staatsbibliothek (1835-1840). Von Gärtner was in Athens in 1835-1836 and again in 1840 to supervise construction of the royal palace.

A second advantage is that perspective vistas leading from focal points of the new town to the monumental ensemble of the Acropolis were designed when the street pattern was laid out.

A third happy trend is the early development of the nucleus of an eastern green belt around the Royal Garden, the Olympieion and the Stadium, also affording magnificent views towards the Acropolis.

The later slow increase in population during the 19th century was also a favourable factor. The slow demographic development kept the hilly areas free from abrupt building pressures and allowed the timely reafforestation of the hills around 1900, which protected them from urbanization during the 20th century.

Fig. 7 The Observatory on the Hill of the Nymphs, 1842-1846, by Theopil Hansen

On the negative side the possibility of exploring the ancient city centre (i.e. the Agora and the so-called Roman Agora), on the Acropolis north slope was lost for a long time due to uncontrolled early rebuilding in the Plaka district during the 19th century and excessive land speculation in Athens. The same holds true to a great extent for the Kerameikos area, the Academy and the Road to the Academy which are still up to the present time only partially uncovered.

The possibility of creating a continuous green belt (i.e. excavation area) around the Acropolis was also lost; this was to have been effected by eliminating the old town, a dream cherished up to the 1960s by many archaeologists and also laymen; in the meantime the attachment to this vision has faded away.

Thus in the course of the first decade of Athens' life in the new Greek state the basic preconditions for the later development of the archaeological area were set by a happy combination of sound planning measures and spontaneous initiatives, even though there was not yet any recognition of the need for a large unified central cultural-historic area for the future metropolis.

3. Later Schemes and Initiatives: The Gradual Creation of the Cultural-Historic Area of Athens

Whereas a very clear formal and functional pattern had been planned for the new city of Athens, the building that was actually carried out was subject to vicissitudes hindering a correct implementation of the initial town- planning scheme. It would, therefore, be wrong to take it for granted that the idea of creating a unified cultural- historic area has been consistently pursued ever since 1833. But, on the other hand, uncoordinated and gradually implemented planning initiatives and also happy coincidences did contribute, over a period of 180 years, to the promotion and partial realization of this aim.

Two complementary basic trends have been the driving forces in the right direction. On the one hand the Utopian aim of restoring 'ancient splendour', and on the other hand the ever-present longing for green spaces to relieve the dusty landscape of Athens. Both trends have an equivocal character. They represent genuine desires on the part of the Athenians who, however, were not ready to overcome their petty material interests in order to pursue these idealistic goals consistently. Thus the good cause has received quite a lot of lip service over a century and a half.

Some negative factors were inherently calamitous: Speculation on urban land and, as a corollary, extreme building densities; the lack of abundant water supply (until the 1960's!) and a low standard of education for the vast majority of the urban population. These are the main factors impeding the creation of a cultural-historic area. Other factors, however, played a positive role as catalysts: the gradual support for excavations and the large-scale expropriations carried out for this purpose (i.e. at the Pnyx, Kerameikos, Agora, ancient Academy); the persistent desire on the part of the Greek sovereigns to develop a green zone next to the palace extending south as far as the Stadium and the Olympieion; the

Fig. 8 Athens, the inner city and the green areas in 1998

relatively early tree-planting on the historic hills (starting around 1890); and the existence of a large strip along the Ilissos river (occupied by military barracks in earlier times and gradually freed) have repeatedly stimulated the development of the Athenian cultural-historic area.

From the beginning the main thoroughfares in the centre of the modern city, i.e. Peiraios Street, Apostolou Pavlou Street, Amalias Avenue and Olgas Avenue, have chopped up the entire cultural-historic area into separate parts. This disadvantage, inevitably arising from locating the new city centre to the north of the Acropolis (fig. 8), was not a serious threat to developing the cultural-recreational zone as a unit, as long as motorized traffic stayed within moderate bounds (i.e. until World War II). In the meantime these thoroughfares have completely lost their character as boulevards (for promenading) and are now major obstacles to be overcome in the future by introducing underground pedestrian passages.

Thus the history of the gradual creation of the cultural-historic area is focussing mainly on two complementary (although disparate) types of phenomena: planning initiatives which have been implemented and planning schemes and proposals which have not been carried out. Each has equal importance for the understanding of the ideological and social driving forces that conditioned the development of the inner city green belt. In one way or another these issues have been seminal to the further development of the Athenian cultural-historic area and cover a wide range of questions related to this planning procedure over a long period of time.

Fig. 9 The eastern part of the Cultural Park of Athens from SW: Olympieion, Zappeion, Royal Garden, Stadium and Ardettos Hill

In studying the planning concepts for Athens developed by Leo von Klenze it becomes obvious that the famous architect was torn by two conflicting impulses: a deep respect for the historical site demanding that it be kept free of modern buildings and his desire to make his mark with a creation of his own in the glorious setting. This latent but persistent ambition natural to architects has, in general, been kept under good control in Athens over the last 180 years. Apart from some controversial restorations of ancient buildings and some offensive architectural volumes (e.g. the Athens Hilton Hotel) on the periphery of the cultural-historic area, no other modern building has been put up on a prominent site in the vicinity of the Acropolis ensemble.

There is, however, an early exception, unique of its kind: the National Observatory (fig. 7), built in the years 1842-1846 on the top of the Hill of the Nymphs. This site was finally chosen although the Bavarian Academy expressed strong reservations about a scheme altering the character of the archaeological zone. Theophil Hansen (1813-1891) worked out the final plan for the observatory, using neoclassical vocabulary; this was the first project executed by the young architect who later became the leading academic classicizing architect of public buildings in Athens and Vienna. The relatively small size (25 x 17 m) of the cruciform building, the graceful dome and the extreme simplicity of the repertory of ancient forms lent the Observatory the serene character of an ancient hilltop temple. Although the Observatory stands on the site of an ancient shrine of the Nymphs and Demos (as attested by a rock-cut inscription near the entrance to the building) and is in the immediate vicinity of the Assembly Place of the Pnyx, it has been successfully incorporated into the landscape as a discreet crowning element that has never provoked criticism for being a visual offence to the site.

The various initial proposals for the layout and siting of the Royal Garden are alternative solutions linked to the basic town-planning options for Athens. None of the schemes was carried out. The present garden reached its final extent (about 16 ha) and layout after a development lasting about 25 years (1837-1862).

The Royal Garden (fig. 9) occupies a nearly rectangular area between the palace and the Olympieion. From the beginning it was conceived as an urban park sui generis, a freely designed miniature landscape garden, densely planted with a variety of plants from both northern and southern Europe, giving it something of the character of an arboretum. The rich flora is arranged according to 'a free landscape' style, adapted to the warm climate by an ingenious scheme of densely planted sections, thus creating an agreeable microclimate in the midst of the dry city.

Fig. 10 The Acropolis seen from the Stadium, ca. 1890. In the foreground the Ilissos, behind it the newly planted Zappeion Gardens

By comparison with urban parks in other European capitals, the Royal Garden (now the National Garden) is relatively small (about 400 x 450 m) but it is truly a delightful microcosm, due to its compactness and seclusion. Today the whole park is irrigated by means of a network of open channels, guiding the water in a complex system of compartments which can be watered as required. This ingenious design made it possible to develop Athenian parks on flat ground fairly quickly.

We owe this exemplary enterprise to Queen Amalia's tenacity, by means of which the new town was provided with public amenities and aesthetic pleasures hitherto unknown in those latitudes. There was not, however, immediate unanimous acceptance of central European urban landscaping schemes applied to Athenian terrain. The controversy about the extent to which 'greenery' should be introduced into the Athenian setting is still alive today. Edmond About mentions that Theophile Gauthier was indignant at greeneries planted on such a picturesque site, hiding the rock formations. In spite of all the controversies about the desirability of imposing 'western' landscape designs on classical soil, the fact remains that the green nucleus of what would later become the eastern half of the historic area of Athens was established by the first sovereigns of Greece who saw to it that the Royal Garden was planted and that the adjacent land as far south as the Olympieion was safeguarded by leaving it unbuilt for a later extension of the park.

In 1832 when Kleanthes and Schaubert planned the new city of Athens, the Stadium was still unexcavated and nothing of it could be seen although the site had been identified in the gully between two hills on the banks of the Ilissos. The architects, however, took the symbolic significance of the Stadium into consideration and oriented one of the three main avenues of their plan to its axis. This avenue (named Stadiou Street) which was supposed to connect the original site for the palace (present-day Omonia Square) with the entrance to the Stadium was interrupted at the half-way point by the construction of the palace at Syntagma Square and by planting the palace garden in the eastern part of town.

In 1869 Ernst Ziller[3] began excavating at his own expense on the innermost part of the gully where he was successful in finding the sphendone (semi-circular end) of the track.

3 Ernst Ziller (1837-1923), born in Oberlössnitz, studied in Dresden under Gottfried Semper and first came to Greece in 1861 aged 24, as an assistant to Theophil Hansen in order to supervise construction of the Academy and the National Library, designed by Hansen. After four years of further training in Italy (1864-1868) he settled down in Athens for the rest of his life where he became the leading architect of the second half of the 19th century and up until the first World War. He designed important public buildings, such as the palace for the crown prince (the New Palace, now the Presidential Mansion), the National Theatre in Athens, the town hall in Hermoupolis, and a great number of private residences, the most famous of which is the Iliou Melathron, Schliemann's house in Athens. He was professor at the Polytechneion in Athens and served as director in the Ministry of Public Works.

Fig. 11 The Panathenaic (Hadrianic) Stadium after its reconstruction in the Years 1896-1906

In 1895, at the instigation of Baron Pierre de Coubertin, King George I proclaimed – against the will of his government – the first international Olympic Games of modern times, to be held in Athens in April 1896. By this time the Zappeion Exhibition Hall had been completed and the Zappeion public gardens extending as far as the Stadium on the east had been planted (fig. 10).

The Stadium was rebuilt for the first Olympic Games, an ambitious plan, far beyond the financial resources of the young state. Only the ancient substructure for the seating arrangements remained in situ; the entire cavea of white Pentelic marble had to be rebuilt, but scattered fragments of architectural material enabled the architect, A. Metaxas, to achieve an admirably accurate reconstruction, the largest one of all times on classical ground (fig. 11). The restored Stadium, although huge (with upper longitudinal axis of 250 m), exactly occupies its original site in the hollow between two hills and therefore gives the impression of fitting into the natural contours rather than being superimposed. The Stadium took about ten years to build (1896-1906) and was financed by the Greek benefactor Georgios Averoff of Alexandria, who generously donated 120,000 gold pounds. With its completion a spatial frame of reference was created by three monumental landmarks: the Zappeion exhibition hall to the north and the Olympieion and Stadium to the south framing the Zappeion Gardens and the unbuilt area on the banks of the Ilissos extending as a continuation of the Royal Garden to the south.

The restored Stadium not only fulfilled practical functions as a place where large crowds could attend athletic and cultural events, it became an important symbolic landmark of the modern city, imbued with the aura of ancient times. The reconstruction also played a decisive role in keeping the surrounding hilly area unbuilt and thus made it possible to replant from the beginning of the 20th century onward.

After George I became King of the Hellenes in 1864, a period of political stabilization set in and trade and industry gradually developed. On the initiative of Evangelos and Constantine Zappas, rich merchants belonging to the Greek community in Rumania, the so-called Olympia Festivals were organized between 1859 and 1888, periodic national exhibitions of commercial and industrial products.[4]

A magnificent exhibition hall was built in 1875-1888 with a sizable donation from the Zappas brothers; the site was a large esplanade south of the Royal Garden, facing the Stadium, the Olympieion and the Acropolis. As in the case of many 19th century buildings in Athens, the Zappeion venture depended on private donations; the main contribution from the state was a suitable building site. It is obvious that the most important state property on the border of the inner town was the southern extension of the Royal Garden, which had to be offered for the construction of the national exhibition hall.

4 The first Olympia exhibition was held in 1859 in a wooden barracks at the beginning of Peiraios Street near Omonia Square, the second in 1870 was held in the half-finished building of the National Museum on Patission Avenue, the third in 1875 in a temporary building on the west side of the present Zappeion Gardens, und the fourth Olympia exhibition in 1888 in the newly completed Zappeion Exhibition Hall.

Right from the beginning the public function of the new building and the open layout of its surrounding gardens were in sharp contrast to the secluded, tranquil atmosphere of the Royal Garden. This contrast between the two neighbouring recreation areas was perceived as a positive element, the two parks being compatible in their formal designs.

The original plans of the Zappeion building were drawn up by the French architect Boulanger (who also designed the Metropolitan Church of Athens). His design was strongly influenced by the contemporary European fashion for iron structures and had a central rotunda with a dome 27 meters in diameter! Pompous spacious staircases were planned in front of the main entrances to the building.

Fig. 12 The Zappeion Exhibition Hall (1875-1888)

The Zappeion building (fig. 12) is large, with about 6000 square metres of covered and 3000 square metres of uncovered floor space, and it took a long time to build. Boulanger died in 1875 and in 1880 the building committee asked Theophil Hansen for expert advice on how to continue this interminable project. The great architect hit on the brilliant idea of converting the central roofed rotunda into a round patio with an Ionic colonnade, ideal for open-air concerts and solemn festivities.

By eliminating the bulky staircases and adding a large central portico with eight Corinthian columns and also by giving the facades severely classicizing formal features, Hansen succeeded in creating a Greek Revival structure harmonizing with the two ancient monuments to the south: the Stadium and the Olympieion. For a hundred years the Zappeion building has served as the only public exhibition hall of some size in Athens; for some decades it also housed the temporary exhibits of the National Gallery and the biennial Panhellenic exhibitions of contemporary painting; during the last decades one part of the building was adapted to serve as the headquarters for the sessions of the European Community in Athens.

The Zappeion Gardens around the exhibition hall, extending from the Stadium at the east to the edge of the old town (Amalias Avenue) at the west, are fairly large at 11.4 ha, i.e two thirds of the surface of the Royal Garden. Here, too, Theophil Hansen did the planning and his French colleague Desiré Matton designed and planted the parterres and emphasized two main axes. The esplanade, 200 x 60 m, was designed as a monumental setting in front of the building. During construction a Roman bath complex was found at the site; it is now covered over by the esplanade. The great Zappeion terrace gently sloping southwards is one of the most popular places of recreation for the general public in present-day Athens; the Athenians have bonded with it. Occasionally it is used for exhibitions, but more than that, it is a favourite place for promenading in a green environment. Except for the tops of

Fig. 13 The Ilissos bed in front of the Stadium and the eastern part of Athens around the mansion of the duchess of Piacenza, ca.1900.

the inner city hills, the Zappeion esplanade is the only place in the town affording magnificent views towards the ancient monuments nearby, the Acropolis and the mountains of Attica.

Although ancient authors have given us an idyllic vision of the Ilissos valley,[5] most of the 19th century pictorial documents and the accounts of visitors present the Ilissos (fig. 13) as a dried out, dusty river bed. In the 19th century the most interesting part of the Ilissos valley was the short section between the Roman bridge at the Stadium and the Kallirrhoe spring south of the Olympieion. The maximum length of this area is 800 m, the maximum width 200 m. Here a flat island was formed between two arms of the almost dry brook; it was called Vatrachonisi (Frog Island).

5 In the *Phaedrus* Plato gives us a delightful description of the Ilissos valley: „*Socrates*: Let us turn aside here und go along the Illissus; then we can sit down quietly wherever we please. – *Phaedrus*: I am fortunate, it seems, in being barefoot; you are so always. It is easiest then for us to go along the brook with our feet in the water, and it is not unpleasant, especially at this time of the year and the day. – *Socrates*: Lead on then, and look out for a good place where we may sit. – *Phaedrus*: Do you see that very tall plane tree? – *Socrates*: What of it? -*Phaedrus*: There is a shade there and a moderate breeze and grass to sit on, or, if we like, to lie down on.“

Fig. 14 The central part of the Cultural Park of Athens from NW. In the foreground: Areopagus, Acropolis, old town Plaka. *In the background: Olympieion, Zappeion, Stadium, Ardettos hill, First Cementry of Athens*

In the early 1870s, before the Zappeion gardens were planted and the Stadium was restored, Vatrachonisi became a centre for open-air amusements. In a rather haphazard way makeshift theatre facilities and café dansants establishments were installed one after another in this area. Within a very short time, 1871-1873, three open-air establishments were set up on Vatrachonisi; they had names with ancient associations: the 'Cave of the Nymphs', the 'Theatre of the Ilissian Muses' and the 'Paradise'. These early centres of entertainment near the Ilissos determined the future of the district as an area for recreational uses. The theatres and cafés were followed by gradual installation of athletic facilities: tennis courts, Olympic swimming pool, National Athletic League. Although this evolution did protect the right bank of the Ilissos from being built over with houses, it did not allow a park-like design along the river banks, which could have lent the Athenian townscape an especial charm, if even a small amount of running water would have been provided to revive the historic fame of the Ilissos.

Ernst Ziller, the most successful Athenian architect of the second half of the 19th century, was not only a brilliant designer in the late neo-classical eclectic style, he was also an impassioned archaeologist who investigated the Stadium, the Theatre of Dionysos and the optical refinements of the Parthenon. He was the first to study thoroughly the water supply system of ancient Athens, tracing the lines of the so-called Peisistratid and Hadrianic underground water supply channels.

In a first phase Ernst Ziller had envisaged building a monument (heroon) commemorating Greek Independence, an idea which Lysandros Kaftanzoglou had tackled with a design in 1835, the site not specified. Ziller's monument was to be on the summit of Lykabettos, a square building with a crowning cupola, the total height about 50 m, and a large square peristyle, the whole to be supported on large substructures as an artificial peak crowning the hill. Had this megalomanic project been realized, it would have been wildly out of scale, ruining the natural skyline of the town, competing with the Acropolis ensemble to the south in a confusing way.

Ziller's landscaping proposals were far more realistic. By means of evocative water colours he proposed around 1886 a general embellishment scheme for the slopes of Lykabettos. A general perspective view from the SE shows lofty clumps of trees (both coniferous and deciduous) scattered on the slope with airy pavilions and terraces at vantage points, enlivening the setting. Although the project was not implemented, Ziller's proposal had a decisive impact on the later treatment of Lykabettos and other Athenian hills. The extensive reafforestation program intitiated by Princess Sophia around the turn of the century, with the aim of protecting the Athenian hills from being settled, harks back to Ernst Ziller's ideas for embellishing Lykabettos.

A central section of the cultural-historic area (fig. 14) has been formed by sites which have gradually increased by means of donations of property and expropriation measures. Due to von Klenze's decisive intervention as early as 1834 the Acropolis plateau was freed and preserved as a monumental ensemble and inviolable archaeological precinct ever since. As a consequence almost continuous investigations were carried out on the Acropolis throughout the 19th century down to the large-scale campaign of 1886-1890.

Excavations outside the Acropolis have not been pursued on any systematic plan. At the turn of the century, however, a first inner archaeological zone was created after the following sites had been investigated: the Olympieion, Theatre of Dionysos, Stoa of Eumenes, Odeion of Herodes Atticus, the Areopagus-Pnyx Valley and the Pnyx terrace. Investigations here and there within the old town cleared the Stoa of Attalos and part of the Odeion of Agrippa (1859-1862); after the bazar of the old town burnt down the Library of Hadrian was partly cleared (1885) und also the Roman Agora (1890-1891). From 1863 on the Kerameikos site was continuously investigated by the Archaeological Society at Athens.

Thus archaeological research during the 19th century secured the status non edificandi, of the immediate surroundings of the Acropolis, of the western hills, of the Olympieion and Stadium, while the large scale campaigns for clearing the Agora, the Kerameikos and the Academy were still to come.

At the beginning of the 19th century the aridity, desolation and neglect of the Attic landscape (fig. 15) in the immediate vicinity of Athens after many centuries of slow decay and depopulation was a sad fact, to which many foreign visitors and precise pictorial documentation attest. There was scarcely any improvement during the entire 19th century. Except for the Royal Garden (a unique oasis of greenery on the eastern edge of the town) and the age- old olive grove in the Kephissos plain extending north to southwest of the town, no other afforestation existed in the capital of the new state.

This problematic state of the natural environment did not, however, diminish the immense attraction and charm exerted by the Attic setting. Over and over again, European visitors accustomed to much greener and more luxurious landscapes in their native countries were spellbound by the limpidity of the atmosphere, the sculptural qualities of the rock formations, the changing effects of light and shadow, the brilliance of the colors and the harmonious contours of the mountains. Western visitors discovered a new kind of natural beauty on classical ground. On the one hand there were ecological and climatic disadvantages caused by a number of factors including the drying up of underground water reserves, lack of recreational areas in the town and of physical barriers against the winds. On the other hand, the aesthetic image of the Athenian landscape was not only accepted but even deeply admired by visiting architects, archaeologists and artists as a natural setting of great beauty further enhanced by the unique historical associations and ancient monuments.

Fig. 15 Central part of the Athens panorama by Ferdinand Stademann (1836)

From the beginning, however, various dangers threatened the natural contours with their historic associations. Fortunately, the early planning proposals for developing the new town on the western hills, i.e. the Areopagus, Philopappos hill and the Hill of the Nymphs, which would have involved obliterating these historic sites, were not carried out. During the 20th century need for housing caused uncontrolled rapid building, with the result that the lower slopes of Lykabettos were covered over, the same happened also at Strephi hill (Anchesmos) and at the hill of Kolonos; even the heights of Pankrati were completely urbanized. The main bulk of the historic hills (including Ardettos, Hill of the Nymphs, Philopappos, Areopagus) did, however, remain unsettled, mainly because they were planted with trees around the turn of the 19-20th century.

The most destructive calamity afflicting the historic hills of the inner town during the 19th century was uncontrolled quarrying. The first Greek law concerning ancient monuments, promulgated as early as 1834, prohibited lime kilns within 2500 m of archaeological areas; no restrictions on quarrying were included. Quarrying began in 1835 on the northern slopes of Lykabettos, on Strephi, and the Pnyx range. The authorities reacted to these depredations by prohibiting them by law. These ordinances, however, had a very questionable validity, as a good part of the hilly terrain was thought to be private property liable to expropriation in order to protect the landscape. During the first building boom in Athens, between 1835 and 1842, illegal and uncontrolled quarrying continued on all Athenian hills, carving deep wounds in the delicate natural contours of the landscape, still visible today. The main deformations are on the southern and central part of Lykabettos, on the peak of Strephi, and on the southwestern slopes of Philopappos. This last area was legally exploited until the end of the 19th century!

Up to the end of the 19th century almost nothing was done to improve the image of the town by new planting. The actual program of replanting the Athenian hills started only about the turn of the century and was pursued tenaciously for three generations. The plants are very well chosen: cacti, pine trees, cypresses and wild olive trees, i.e. evergreens that can survive on rainwater alone; their sculptural forms go well with the contours of the landscape. The total surface of the inner city hills is about 120 ha, 100 of which have been replanted. This was the first constructive treatment of the historic areas, banishing forever the threat of building operations at those places. This timely replanting is one of the most constructive planning measures taken for the city (especially if one considers the otherwise rather unhappy and uncoordinated evolution of the town), although genuine landscaping treatment maintained by an irrigation network developed only in the course of the last decades.

A final point is that up until today, apart from some provisional open-air theatres and tourist pavilions, no large modern structures have been inflicted on the historic hills to the detriment of nearby ancient monuments. Thus the hilltops have not been disfigured with any so-called crowning elements and the crowning insult to the Attic landscape planned by the dictatorial regime of 1967-1974, i.e. a gigantic church, conceived as the Athenian answer to Haghia Sophia in Constantinople, to be built on Tourkovounia in northern Athens, was never carried out to the great good fortune of the Athenian cityscape.

During the course of the 20th century a considerable number of master plans, aiming at both the rehabilitation of the central Athens area and at orderly expansion, have been elaborated by private experts, town-planning advisors appointed by the government, and also by municipal and state town-planning administration. By the turn of the century the population of Athens was over 120,000 and the congestion in the centre of the old city, i.e. the southern part of the triangle bounded by Ermou, Peiraios and Stadiou Streets, was considered as the unhappy legacy from the time before 1821. Starting with Paul Vakas' proposals for regulating traffic in central Athens in 1896, the basic idea of a new axis to be cut through the old town was repeatedly formulated by various professionals and government authorities during the following decades.

The solutions proposed were quite similar in their essentials: the common element was the breakthrough of a straight avenue, 400 m long, leading from the University building halfway down Panepistimiou Street to Monastiraki Square next to the Library of Hadrian on the northern edge of the archaeological zone. The implicit, and in some cases explicit, motivation for this proposal can be found in:

a) the intention of creating a direct visual and functional link between the 'Athenian Trilogy' in the new part of the city, half way between Omonia and Syntagma Squares and the excavation area on the S W edge of the inner town. A symbolic axis was envisaged linking the cultural facilities of modern Athens with its ancient heritage.
b) the tardy attempt to excavate a substantial portion of the ancient residential area of the town situated in this large area (400 x 125 m, i.e. 5 ha), which could be excavated were the avenue to be constructed.

This recurrent idea is to be found in the following master plan concepts for Athens:

- 1896 plan by the architect Paul Vakas
- 1908 plan by Athanasios Georgiadis
- 1911 town-planning expertise and a master plan of Athens by Ludwig Hoffmann
- 1914-1919 town-planning expertise and master plan of Athens by Thomas Mawson
- 1918 plan by Stylianos Leloudas
- 1954 master plan of Athens worked out by the Ministry of Public Works
- 1959 study for the breakthrough of Korais Street worked out by the housing division of the Ministry of Public Works.

The most recent attempt to realize this recurrent scheme was made as late as 1959. Under the aegis of K. Karamanlis, the then Prime Minister, the housing division of the Ministry of Public Works produced an urban restructuring study based on a detailed expropriation survey in order to make a breakthrough on the line of Korais Street and to create a state administrative district, 45 years after the first very similar proposal of Mawson und 130 years after the foundation of modern Athens.

All of these proposals remained in the realm of theory. The costs of expropriation and the hardships for commercial enterprises in the central area of the town were insurmountable difficulties hindering the realization of this plan. The creation of a district for government offices in the heart of the town would have been by the way a severe planning error, increasing traffic congestion und making a barrier of high-rise buildings in the immediate vicinity of the monumental heritage.

Although the various proposals and planning interventions described so far are of considerable importance for the gradual emergence of the cultural-historic area, they are not essentially comprehensive. They are to be considered as substantial early contributions to an overall concept not yet explicitly formulated, as preliminary steps in the right direction.

The seminal concept of creating a large unified inner city green belt emerged for the first time during World War I: It was Mawson's 'Replanning of Athens' scheme in 1914-1919. After World War II it was reintroduced in an expanded version (Biris' plan in 1946) and for a third time by a group of architects in 1980 (Photiadis' plan). It is worth noting that the authors of later proposals never referred to similar earlier ones; thus the idea seems to have been invented, or rather reinvented, each time anew. The Greek state and/or the municipality of Athens never ratified a plan for creating an integrated inner city green belt. The idea came into being via the studies mentioned above and survived as a latent principle influencing all later thinking.

The main concern of Mawson's plan was the functional reorganization of a modern metropolis of 400,000 people (planning target set by the study) rather than the extension and beautification of the archaeological zone. Yet his plan does contain the kernel of the idea for unifying, to a certain degree, the various recreational areas in the centre of Athens: *„The internal life of the city needs consideration*

Fig. 16 The Acropolis and the old town 'Plaka' on its northern slopes. Photography by Walter Hege (1939)

(...) an obvious necessity is a boulevard, park and playground system which shall add dignity to the metropolis und match its requirements." The plan clearly aims at creating a direct link between the Stadium/Zappeion area and the Acropolis with the western hills. Radiating out from the entrance to the Stadium two proposed main axes are prolonged as tangential boulevards, leading around the Acropolis and converging in the Hephaisteion area. These streets, although not designed as pedestrian malls, are conceived as urban promenades linking the most attractive and prestigious sites of the inner city (namely the Stadium, Zappeion, Olympieion, Theatre of Dionysos, Odeion of Herodes Atticus, Plaka, Hephaisteion) and as offering an overall visual experience of high quality. On the plan the heavy traffic routes acting as barriers, such as Amalias Avenue and Apostolou Pavlou Street, both of which present obstacles to unifying the area, have not been eliminated or at least pedestrianized nor even alleviated by underpasses; furthermore the fabric of the old town is largely destroyed by numerous unjustifiable breakthroughs of new secondary streets.

The ancient monuments on the lower north slopes of the Acropolis are treated in a very characteristic way. Whereas no general excavation of this focal area of ancient Athens was envisaged, the ancient sites were treated eclectically: the Hephaisteion, the Stoa of Attalos, the Library of Hadrian and the Roman Agora are considered as huge objets trouvés, as visual focal points surrounded by promenades and also by some blocks of the 19th century town which should be preserved. Here again the antiquities function as representative elements adorning the modern metropolis. Even though the Mawson plan (judged unrealistic at the time and never implemented) did not by any means aim at creating an archaeological excavation zone, it has the indisputable merit of being the first to introduce the concept of unifying the inner city green areas and remains the prototype of all later considerations relating to the inner city green belt.

When modern buildings are erected in the vicinity of ancient monuments or historic sites, establishing and enforcing the right architectural scale poses a major aesthetic problem. Inappropriate and incompatible built volumes introduced on or near critical sites not only disturb and detract from the aesthetic effect of the monuments themselves, they also destroy the original harmonious relationship between the ancient monuments and the carefully chosen sites on which they were built. Thus a sound policy for the preservation of historic monuments has to cope not only with the technical and structural problems of conservation, but must also keep under control parameters of a more general nature such as:

a) Preservation of the natural features of the historic landscape.
b) Exclusion of incompatible modern functions from the vicinity of historic sites.
c) Establishing and maintaining a suitable scale for modern architecture in the vicinity of historic sites.

The serious damage imposed upon the historic Athenian landscape by quarrying has already been discussed. Incompatible and environmentally harmful land uses in the vicinity of the cultural-historic area have been the exception rather than the rule in Athens.[6] In the past the only industrial pollution threatening the monumental heritage was the gas plant at the end of Ermou Street; this source of pollution has recently been removed and the gas plant has been converted into a park of industrial archaeology.

Modern building activities are responsible for different kinds of aesthetic offences against the historic monuments. A general threat is the upzoning of the central districts of the city which occured during the last fifty years. The airy classicizing town of the 19th century, with its two-storey buildings disposed on the old layout of streets, evolved into an extremely dense urban fabric with maximal building heights of six to ten storeys. Thus a continuous wall of modern structures has been erected north of the Plaka (downtown area), along one side of Amalias Avenue to the east and along Syngrou Boulevard to the south. Although the Acropolis monuments can still be glimpsed from Syntagma Square and other locations of the inner city, the Acropolis and the western hills can no longer be seen as an ensemble. The monuments are cut off from their natural pedestal, floating in the air above the distracting scenery of the apartment houses.

The visual conditions are, however, quite different for an observer either on the Zappeion esplanade or in the as yet low-rise districts south and west of the Acropolis. From here the inner city hills and their monuments are still perceived as an ensemble; i.e. in the context of their natural setting with Lykabettos, Hymettos and Penteli in the background. The chain of the inner city hills and large unbuilt areas, as for example, the Olympieion and Zappeion terraces, still offer interesting vantage points from which the townscape and several parts of the cultural- historical area of Athens may still be seen as a whole.

6 Athens has been fortunate in that early industrial developments in the Athens basin during the 19th century were established mainly in the harbor town of Peiraeus or in the Kephissos valley to the west of the city. Thus the entire central part of the agglomeration situated between the inner city hills was left free from any industrial establishment.

The Greek Archaeological Service exercises control over building activities inside a radius of 500 m from any listed monument. This has been fairly although not invariably effective in keeping building heights near historic monuments low (i.e. 1-3 storeys). In general it may be stated that the velum of the Athenian urban fabric has been kept fairly even with no dramatic variations in height. About a dozen high-rise buildings of 12-30 storeys constructed during the last decades are situated, happily enough, at a considerable distance from the core of the town.[7] There is, however, one exception to this favourable distribution: The unique blow to the setting of the Acropolis occurred as late as 1958-1962, when the Hilton Hotel, 14 storeys, 50 m high, was erected on the eastern edge of the cultural-historic area, at the juncture of Kephissias and Vas. Konstantinou Avenues, 2 km east of the Acropolis. The Hilton venture was severely critized at first. Nowadays, almost 50 years later, opinions are less unfavourable. The aesthetic disturbance caused by this building is fairly harmless compared to the intrusion that would have been caused by skyscrapers in central Athens. Fortunately this did not happen.

Fig. 17 The ancient Agora of Athens in the second century A.D. Drawing by J. Travlos

7 Two offensive built volumes of private apartment houses with many storeys, were expropriated and demolished during the 1960s for aesthetic and/or functional reasons. The one was next to the Theatre of Dionysos on Dionysiou Areopagitou Avenue and the other was south of the Byzantine Museum on Vasileos Konstantinou Boulevard.

In 1929-1930 Syntagma Square was remodelled on the occasion of the construction of the Monument to the Unknown Soldier, a rather unhappy design by E. Lazaridis including a retaining wall which ruined the original esplanade in front of the palace. An oversized open-air theatre was started to the west of Philopappos hill, left unfinished in 1940 and was for a long time an unsightly blot marring the historic site with its important remains of ancient roads and houses.

During World War II an architectural competition was launched with the obvious aim of unifying the area extending from Vasilissis Sophias Avenue on the north to the site of Kallirrhoe Spring and the Ilissos banks to the south in order to create an integrated recreational area for the capital. The competition was launched by the Steering Committee of the Zappeion Building and Gardens, an independent body administering the Zappas endowment.

It is interesting to note that during such a depressing period many entries were presented; nine different projects were submitted. Although the texts are, unfortunately, missing, the designs themselves are self-explanatory. By analyzing these projects some general concepts, held in common, can be recognized as follows: A common feature of all the projects was to do away with the Ilissos river bed between the Stadium and the Olympieion, filling it up and making a boulevard on top connecting the Stadium esplanade with the start of Syngrou Boulevard south of the Olympieion.

All of the projects proposed an extension of the green areas around the Olympieion and the elimination of Vas. Olgas Avenue as an east-west traffic route. The majority of the proposals treat the ancient terrace of the Olympieion with respect, keeping this area untouched and the columns of the temple as a gigantic landmark in the overall composition. Only two projects show a decorative landscape treatment of the terrace with parterres, a design depriving the ancient setting of its severe majesty. In all projects the proposed planting compartments and parterres have a patchwork character. No clear decision is reached whether to have a more informal landscaping treatment as in the Royal Garden or geometric patterns as in the Zappeion Gardens. All projects try to reach an impossible compromise between the two types of design, with very poor results.

All of the designs are marked by a strongly formalist and almost embarrassed attitude. Whereas the constructive step of unifying the area was the aim of the competition, the proposals for fulfilling this aim display a remarkable poverty of ideas and downright uneasiness. The only reasonable solution, i.e. to incorporate the three units (Zappeion, Stadium, Olympieion) in a large-scale freely landscaped area while keeping the Royal Garden intact seems to have been overlooked by all the participants. None of the projects has been carried out.

By the end of World War II important excavations in the Agora, the Kerameikos and the Academy area had increased the amount of unbuilt areas in the inner city. But the idea of creating a unified recreational area by linking the urban parks, the replanted hills, the excavations areas and the ancient monuments in the centre of town seemed to have fallen into oblivion.

The architect and town-planner Constantine Biris deserves praise for reviving this idea directly after the war. But no concrete steps were taken and his proposals were ignored, just as in the case of the similar proposal first made by Mawson in 1919. For forty years, from the mid-1920s to the mid-1960s, Biris was the town-planning chief officer of the Athens municipality. He was constantly frustrated because his own department was not realy in charge of planning initiatives for Athens. At that time local self-government was a fiction and the decisions were actually taken by the central government (the Ministry of Public Works and the Ministry of the Athens Metropolitan area existing between 1936-1940).

In 1946 Biris still had hopes that his proposals would meet with a favourable response and published (in Greek and English) an outline of a master plan of Athens, pleading for the creation of a parallel administrative capital to the west of Athens at Megara and for converting Athens into a residential and cultural national centre. Biris insisted on the necessity of large-scale excavations in order to implement (even a century later) the initial proposal of Kleanthes and Schaubert: *„Of chief importance in rehabilitating Athens is the question of uncovering and displaying the site of the ancient city. The entire civilized world is interested in this. The American people were the first to provide the financial means for a large operation; we refer to the uncovering of the ancient Agora with its archaeological finds of great scientific value. Shortly afterwards, the late Mr. P. Aristophron, a Greek, provided the funds which revealed the ruins of the Academy of Plato. At this moment we are at a turning point in the history of civilization. When the post-war turmoil ceases, the interest of the world will again be focussed on cultural and humanitarian ideals. The imperishable fame of ancient Athens will again attract the interest of the world. We should be prepared to take care of this future interest in Athens. We need to make a world-wide appeal for assistance to uncover the whole site of the ancient city. The modern buildings which cover the site and which approach too closely the Acropolis and the archaeological areas of the Academy, the Kerameikos and the Agora should be removed, and the site itself should be excavated."*

Abb. 18 The Lumbardiaris pavilion under construction in 1956. Architect Demetrios Pikionis

The unified cultural-historic area proposed by Biris was too grandiose and ambitious a scheme. While almost doubling the recreational area, a quite unrealistic proposal, Biris kept important traffic routes, such as the Sacred Way, Apostolou Pavlou Street and the prolongation of Alexandras Avenue as throughways cutting through the proposed archaeological park. He also wanted modern cultural and athletic facilities to be constructed next to the antiquities 'in suitable places', structures incompatible with the character of the historic landscape and the ancient monuments: *„In suitable places in the Park might well be erected a large stadium, an open-air theatre for performances of ancient drama, museums, schools of archaeology, an international university, a special library, and other institutions of international interest. All these might make up the center of a world-wide intellectual association."*

During the 19th and 20th centuries the dried-out river bed of the Ilissos river (fig. 13), about 30 m wide and 15 m deep, was gradually converted into an uncovered cloaca maxima. Instead of rehabilitating the area by planting the slopes of the river bed and by constructing underground drains, a simpler and more radical measure was adopted, i.e. filling in the river bed completely, thus eliminating this important element of the historic Athenian landscape.

This radical intervention was proposed by C. Biris (Technical Services of the Municipality) and adopted by the government in 1939. There was some discussion about the final line of the new avenue to be constructed over the course of the abolished river and a proposal was made to have a curving avenue thereby preserving the original line of the condemned river bed. Finally more practical traffic interests prevailed. The statutory plan for the new avenue was adopted by government decree on August 30, 1941. The plan provided for a 45 m wide straight avenue from the site later occupied by the Hilton to the site of Kallirrhoe spring south of the Olympieion, with a total length of about 1600 m and with three lanes in each direction divided by a green strip down the middle.

From the early thirties the American School of Classical Studies in Athens conducted the first large-scale excavations on an area of about 6 ha in order to rediscover the civic centre of the ancient city. The whole site northwest to the Acropolis was, however, covered by the dense fabric of the old 'living' city quarter 'Plaka' (fig. 16).

Although the emotional identification of the Athenian population with the traditional townscape of the old 19th century district has always been a strong one, the hope for important findings through the excavations, proved to be stronger: absolute priority was given to archeological research.

The scholarly world but also public opinion did not realize – at that time – the inherent conflict between the two goals: preservation of the living historic district versus the anticipated archeological findings and scientific knowledge to be gained. Thus one hundred years after the establishment of the new city the initial vision of Kleanthes and Schaubert was partially realized: About one fourth of the area they had proposed in their plan to be freed for future excavations (actually the western part of it) was cleared through massive expropriation measures financed by the American school.

The archeological research venture at the classical Agora (fig. 17), unique in its kind lasted about 20 years with an interruption during World War II. Its scientific results are of paramount importance not only for our knowledge of the topography and the urban structure of ancient Athens, but also for the understanding of the social and institutional framework of the Greek polis.

After the conclusion of the excavations the entire area has been landscaped. A first attempt has been made to encrease the readability of the archeological excavations field by consolidating and clearing the foundations of the ancient buildings in situ, by designing a network of paths covered by natural soil and by planting groups of trees and bushes at critical points of the area. The first archeological park of the city was thus created. The landscaping of an archeological site is still one of the most controversial and unsolved aesthetic and functional design tasks and unfortunately very little attention is payed to the matter. The classical Agora excavations confronted us not only with the still open issue of the desirability of further large-scale excavations around the Acropolis for the decades to come, but also with the comprehensive task of landscaping the historic site next to the archeological research activities.

The first attempt in this direction was made by Demetrios Pikionis[8] in the time between 1953 and 1958. He was given full powers to redesign the accesses to the Acropolis and to the Philopappus monument in a time of a rapidly growing tourist flow. Instead of facilitating the motorized approach and creating large scale modern infrastructure works he tried to calm down traffic while offering an increased accessibility to pedestrian visitors. Pikionis considered the visit of the Acropolis as an aesthetic adventure, as a pilgrimage. He was exclusively concerned with two things: First to be as discreet as possible while adding contemporary elements in front of the 'eternal' monumental ensemble and second to create for the visitor an approach, rich in spatial experiences and suggestive in its historic reminiscences.

This inspired landscape design was based on a great number of drawings which kept the initial vision. The main task, namely the tracing of the intricate system of main access roads and secondary paths – all done in natural stone pavement often enriched by interconnecting concrete slabs – was elaborated in situ. Pikionis, already in his sixties, spent interminable hours on the spot, helped by a handful of devoted pupils trying to establish this circulation network, following a system of harmonic geometrical traces from different important vantage points of the 'processional' sequence.The two main 'loops' thus created offer a progressive visual discovery of the monuments, through an alternation of successive unexpected vistas. Carefully designed observation terraces on the northern slopes of the Philopappus hill offer unique global views of the Acropolis. Historic remnants from different periods, like the antique town wall or the post-byzantine chapel of St. Demetrios 'Lumbardiaris' have been carefully restored. A light pavilion (fig. 18) designed by Pikionis in the vicinity of the chapel creates a kind of precinct around an open courtyard. It is a masterpiece of timeless architecture: visible marble stonework, wooden roofs and pergolas, light wooden porticoes develop the eternal themes of Greek architecture on a minor scale.

Only about 6.5 ha (i.e. 10 % of the total area of the already planted hills of the Pnyx and the Philopappus) have been landscaped by Pikionis. He insisted on the necessity to enrich adequately the grove by adding attic plants like olive trees and laury, while fighting vigorously against any attempt to 'embellish' the slopes by introducing what he would call 'frankish' (i.e. alien) decorative plants. The question whether the remaining important surface of the hills to be landscaped could be treated in the same spirit remains still open. Every attempt, however, to imitate Pikionis achievement would end in a poor formalism: What makes up the exceptional quality of this work is its spatial vision and its extreme sensitivity in the treatment of the materials. To copy its formal vocabulary would be a plagiarism. The master gave us a great example of how to build next, and in conjunction – not in competition – to the overwhelming monumental heritage.

8 Demetrios Pikionis (1887-1968), professor of architectural design at the Technical University of Athens, was an exceptional personality. A man with a wide humanistic culture, he has been educated as a building engineer, studied and practiced painting in both Paris and Munich, and was one of the few representatives of the architectural functionalist movement in the early thirties in Greece. His profound attachment to the Greek landscape and his identification with the culture of his country over the centuries, allowed him, however, to develop very early a strong personal approach to matters of architecture. Pikionis has been an early regionalist, long before this term was created, trying to include the spatial principles of antique and vernacular mediterranean architecture as well as strong reminiscences of historic forms in his work. For this he has been misunderstood by many – at a time of the uniform tendencies of the 'modern style' – and attacked as an excentric formalist. Although his formal options were often undoubtedly eclectic, the extreme quality of the constructive details, the harmony of his spatial arrangements and the constant care for an absolute integration of the manmade elements into the natural setting, gave this man the status of the 'hellene' architect par excellence.

Fig. 19 Aerial view of the centre of Athens in 1962

From 1965 to 1966 a first planning interest was shown by the Ministry of Housing for the preservation of the 'Plaka' 19th century district on the upper north slopes of the Acropolis. A team of young architects was set up, forming a 'Plaka' bureau in situ. First measured drawings of street ensembles and proposals for the functional and formal rehabilitation measures to be taken were worked out. In 1966, a public hearing was conducted at the Municipality and was followed with great interest by the public opinion and the press. This was an early example of public participation for a major planning issue, i.e. the desirability of further archeological research, or of a generalized preservation policy for the 'living' old Plaka district.

While the representatives of the inhabitants were rightly protesting for 130 years of insecurity about the fate of their living quarters, asking for a definite option in favour of the protection of the 19th century city quarter (fig. 19), the overwhelming majority of the professionals were pleading for a big scale excavation venture to rediscover the ancient city in the total area proposed five generations ago by Kleanthes, Schaubert and also Klenze. Encouraged by the positive results of the 20 years long campaign of the American School at the classical Agora, they were asking for an international campaign (to be financed jointly by the Greek state and UNESCO) to pursue the excavations on the totality of the crescent of the Plaka area, above Hadrian Street (about 35 additional ha of surface). Only a small minority of scholars were insisting on the necessity to preserve the 'living' old Plaka district as the only urban ensemble of the 19th century still surviving in Athens and as an ideal visual transition between the modern city centre and the monuments of the Acropolis. Because of the enormous expropriation costs needed for the proposed big scale excavations and the social hardships connected with the expulsion of the about 4500 inhabitants of the district, no concrete steps were taken in favour of this major archeological venture. A 10 years latency period during which the 'Plaka' area survived under pityfull conditions of social pauperisation and architectural deformation followed. The Plaka urban revival started only after 1976 and is evolving positively ever since. The importance of the 1966 meeting is, however, to be seen in the fact that the issue of the future of the old town was raised publicly and that a first awareness of the problem was thus created.

Meanwhile the archeological service has pursued a consequent policy of punctual purchase of private houses in the Plaka area in order to facilitate eventual punctual future excavations. More than 100 houses belong thus to the state. Although no big scale demolition works have been allowed in the last decades, there is a latent consensus that the area between the Hadrian Library and the Greek Agora should be sacrificed one day or another, in order to achieve the unification of the Greek and the Roman Agora excavation areas and to complete the research in the Roman Agora (fig. 20). A first step in this direction was done in the early seventies, when the American School continued its excavations on a corridor leading from the Panathenian Way to the entrance of the Roman Agora (Athena Propylon). In this area the important library of Pantainos has been excavated. Furthermore on the northern periphery of the classical Agora, parallel to the subway rails, the remnants of the Poikile Stoa have been excavated and identified.

The urban rehabilitation of the old town of Athens was also given special attention. Important urban design measures and conversion of streets to pedestrian malls have contributed to an urban renaissance of the Plaka and its integration into the overall scheme of the cultural-historic area.

Thus during the last fifty years important measures have been taken in support of the further development of the cultural-historic area. A considerable part of the archaeological sites have been landscaped, about 20 ha including the Agora, parts of the Pnyx and Mouseion hills and the Olympieion area. Other archaeological sites are still waiting to be treated in a comparable manner.

Another long lasting initiative was the gradual rehabilitation and upgrading of Lykabettos (44 ha) as a recreational asset for the city. As mentioned already, this extensive area was severely disfigured by quarrying in the 19th century, but was later planted with pine trees, cactus (agave) and cypresses in the early 20th century. The only building erected on the hill is the picturesque chapel of Haghios Georgios in the style of the white-washed island churches, built in 1885.

In recent years the Ministry of housing finally took the initiative: irrigation networks and lighting systems have been installed; shrubs have been planted; and new paths, stone benches and steps have made the slopes of the hill more attractive for promenaders. Two café pavilions were added and small retaining walls have been built where necessary. With a minimum of investment and also, happily enough, with a mininum of alterations to the natural contours the replanted slopes have been turned into a handsome grove and have at last been made available to the Athenians as a variegated cultural and recreational area.

The partial excavation of the ancient Kerameikos extra muros and of the Academy area have yielded, among other things, some definite information about the location, if not the exact extent, of these two districts of the ancient town. The area between the Kerameikos excavations and the Academy, about 1200 by 400 metres, with its ancient thoroughfares linking Athens to Eleusis, the Academy and Kolonos Hippios, has so far been investigated only sporadically. Since the buildings in this north-western part of the new town are low-rise houses and small businesses, timely gradual expropriation of this area would have offered both the opportunity of filling out topographic and archaeological investigations of ancient Athens and the advantage of increasing the planted surfaces so badly needed in this part of the town. Nevertheless no comprehensive measures have been taken so far in this direction.

Various master plans and urban remodelling schemes for Athens included a recurrent proposal for creating a monumental administrative centre involving the break-through of new street axes in the centre of town. This town-planning idée fixe was an attempt to carry out, after a considerable delay, a provision in the initial planning scheme of Kleanthes-Schaubert that had not been realized, i.e. grouping the ministries in the vicinity of the Royal Palace, a symbol for centralized 'enlightened' power. From time to time several locations in the inner city have been considered for the site of such an administrative centre, e.g. Korais Street on the axis of the University building or the area around Koumoundourou Square on the north-western edge of the old town.

In 1924, following five years of deliberations, the government adopted an urban rehabilitation scheme for Athens, known as the 'Kalligas Plan', which was soon abandoned because of a massive protest by the landowners in Athens. This plan was the first to come forward with the idea for a new straight avenue to be created on the abolished Ilissos river bed, combined with a proposal for developing an administrative centre on the extensive grounds of military installations existing in this part of the city.

The idea of an administrative centre located in downtown Athens never got off the ground and has now been definitely abandoned because of extreme building congestion in the centre of the city. By the end of the 1950s Vasileos Konstantinou Avenue was at last laid out on the line of the eliminated Ilissos river bed and considerable grounds (about 14 ha) on both sides of the avenue were freed from the military installations, barracks and arms depots. This privileged area situated on the eastern edge

Fig. 20 The propylon of the Athena Archegetis in the Roman Agora, surrounded by 19th century neoclassical private houses

of the inner city, between the Royal Garden and Lykabettos and tangential to the main arteries of Kephissias Avenue and Vasileos Konstantinou Avenue, was destined to fulfil some representative urban functions. Some important new buildings were already under construction or planned in the vicinity of this area: the American Embassy designed by Gropius and built in 1957-1958 at the north; the Athens Hilton designed by Vassiliadis, Vourekas and Staikos, built in 1958-1962, in the centre. Others were to follow: the National Gallery, designed by Moutsopoulos, Fatouros and Mylonas, built in 1968-1973; the National Research Foundation, designed by Doxiadis Associates, built in 1965-1967; the Friends of Music Concert Hall designed by Keilholz and Vourekas, completed in the eighties.

In 1959 the Housing Department of the Ministry of Public Works launched an architectural competition with an extremely overloaded building program. About a dozen different buildings serving public cultural functions and also educational purposes were to be erected on the 7.5 ha of the triangular site bounded by Kephissias Avenue, Vasileos Konstantinou Avenue and Rigillis Street. By densely concentrating a variety of functions in one place a national cultural centre was to be created on the eastern edge of the traditional business and administrative district in central Athens. So-called 'enlightened centralism' was vaguely aiming at a new target.

The very fact that the state took the initiative towards comprehensively developing at least a part of the extensive available land in downtown Athens was a step in the right direction, banishing forever the threat that state-owned property would fall into private hands with subsequent dense building for private housing schemes. The initial idea was to create a monumental group of varied buildings; the cultural centre was to include a wide range of facilities devoted to the arts: an academy of music, a theatre complex, a national gallery and museum complex etc. This concept, plus the fact that the authorities were committed to an over-intensive use of the site, was detrimental to the future development of the eastern half of the cultural-historic area and also involved worse traffic congestion and insoluble access problems. These fundamental flaws in the project were realized only later.

The 1959 competition was won by John Despotopoulos, a respected university teacher, one of the few Greek followers of the Bauhaus movement with an international reputation. Complying with the basic requirements of the program, Despotopoulos worked out a well-defined scheme characterized by monumental free-standing, clear-cut, differentiated volumes, dynamically interrelated, grouped around a large stone-paved plaza. The rigid axiality of the basic generating grid plus the absence of any green area was meant to convey an explicitly urban character. The exaggeratedly large size and the schematic nature of the project were, however, evident.

This grandiose concept was condemned to failure by the megalomanic objectives set by the administration,[9] Despotopoulos' weaknesses, and the advent of the dictatorship (1967-1974). As early

9 The proposals for this rigid layout went so far as to envisage moving the Byzantine Museum on rails to a new site 250 m to the east! The Byzantine Museum is a neorenaissance building, formerly the mansion of the duchess of Piacenza, built in 1840-1846 by the Greek architect S. Kleanthes.

as 1966 the Archaeological Service had for the first time formulated a counter-proposal whereby a large grove would be created in which the existing buildings of the Officers' Club and the Byzantine Museum (both listed buildings) would be kept.

The whole area of the so-called cultural centre of Athens is still today an uncertain conglomeration of various spaces and functions. However, two-thirds of the area is covered with greenery. The Conservatory of Music Building stands awkwardly isolated at its southern edge; the Byzantine Museum has been renovated and extended; and there is still hope that one day the bulky volumes of the Officers' Club and the War Museum will be removed. After more than thirty years of wavering deliberations and unsettled treatment the de facto creation of a park-like link between the Lykabettos area and the existing parks of central Athens is more probable than ever.

By the end of the 1970s environmental pollution, traffic congestion and urban decay had reached an unprecedented peak in central Athens. In lively reaction against the deteriorating conditions in downtown Athens, several planning initiatives of different kinds emerged, and a slow but steady upgrading of the urban environment in the course of the last decade followed: The rehabilitation of the Plaka district, pedestrian zones created in the commercial central district, a campaign for planting shrubs and trees along the streets, and last but not least drastic measures for protecting and conserving the Acropolis monuments are mutually beneficial steps in the right direction.

After thirty years of an uncontrolled building boom promoted by private investors and of state interventions which did not address the essential problems,[10] a belated interest for public amenities and for humanizing the centre of town arose at last. An increased interest in developing recreational areas fits well into the picture of the above- mentioned reconsideration of values in urban life. As a direct consequence of this trend, the old idea of unifying the urban parks, replanted hills and archaeological areas, which had been forgotten for a long time, came to the fore once again and is increasingly gaining support in public opinion.

Once again the initiative came from a group of private architects and planners as had been the case in the past proposals by Mawson in 1919 und Biris in 1946. In 1979 the spokesman of this group, the architect Alexander Photiadis, published a comprehensive proposal for the creation of a unified cultural park and went public with several interviews and also with recommendations to the authorities.

The authors of the proposal deserve praise for their crusading spirit and their practical plan for subsidizing the project by means of coordinated short and middle term policies of public investments. The proposed scheme tackles the main concrete planning issues for the first time, albeit rather superficially, and attempts to outline precise measures dealing with traffic, landscaping and pedestrian zones in order to achieve the overall objectives. Although a general preliminary concept could hardly be expected to present definite and workable solutions for all the different aspects of a large-scale project, yet some of the specific measures proposed are disappointing because they tend to oversimplify the complex problems involved.

One of the proposals, for example, is for a pedestrian overpass more than 250 m in length to be constructed above the railroad north of the Hephaisteion in order to link the Kerameikos and Agora excavations. But it is naive to imagine that archaeological sites may be significantly related to each other by means of elevated walkways! The real issue has been overlooked, i.e. the desideratum of excavating the ancient Panathenaic Way from the Dipylon Gate in the Kerameikos excavations as far as the previously excavated portion in the Agora excavations.

The scheme also includes creation of an artificial hill to the east of the Olympieion in order to separate the archaeological site from the athletic installations to the east. This proposal reflects a painful lack of awareness of history: altering the historic contours in such a radical way is unthinkable. The genius loci would pack up and depart were an artificial hill to obliterate the ancient landscape in the vicinity of the Olympieion and the Ilissos valley.

The planning measures mentioned above are typical of an architect's one-sided outlook, having in mind only the practical problems of accommodating the functions of a recreation area. But the goals set for a cultural- archaeological area include many other desiderata of paramount importance, such as: preservation of the ancient landscape, avoidance of showy modern structures, conditions promoting further archaeological investigation, and creation of a suitably tranquil environment. These goals seem to have been neglected by the authors of the proposal. Some other provisions of the plan are sound, especially those pertaining to regulating traffic and establishing pedestrian routes in the eastern part of the area. Even though the Photiadis plan does not cover the entire cultural- historical area and in spite of the fact that its recommendations are not thought out in depth, the plan does have the merit of having reactivated the debate concerning a coordinated plan for the cultural-historical area.

10 Konstantinos Doxiadis, the renowned town-planner, had criticized the nature of work done in regard to public amenities in Athens as early as 1961: *„I believe that in a spirit of objectivity and responsibility we could assert that what is put forward today in Athens (i.e. by the authorities) are urban embellishment works (...) And thus we come to the conclusion that the administration devotes itself to urban cosmetics, while the private investors build the town"*.

4. An Appraisal of the present Utilization of the Cultural-Historic Area of Athens

What are the different ways of experiencing historic monuments and sites in metropolitan areas today? To what extent are they perceivable by and available to the inhabitants and the visitors? In the present era of mass tourism, what has become of the cultural goals which originally motivated the idea of travel to a great extent? How may art, history and nature still be experienced under these conditions? And how can they reveal themselves and communicate their messages? The desirable cultural-political aim of allowing as many people as possible to have access to these experiences has been largely achieved in the industrial nations, but at a price.

The feeling of enjoying something previously reserved for the socially privileged spurs many people on to make real use of the possibilities offered. The general opening up has of course had the forseeable result that the character of many cultural assets has been radically altered and that others have become virtually inaccessible. So many cackling people crowd into the passage through the Propylaia that the way up to the Acropolis plateau is an exasperating struggle rather than a pilgrimage.

The problem has several other aspects, not the least of which is that the monuments themselves are so endangered by traffic, the crush of the crowds and pollution that the effect they were meant to have on the beholder is distorted or even lost. This ist the ambivalent nature of the phenomenon: The very ones who approve mass tourism from the cultural-political standpoint, are absolutely not able to condone the fair-grounds atmosphere to which cultural monuments are subjected; and still less the 'Baedeker and bikini' mood created by the tourist industry, leading many to believe that they have paid their good money for the right to behave as obstreperously and noisily as they please.

But is this profanation of the heritage or a new approach? As long as the object, the building or artwork etc., still maintains its original function, it is easily appropriated by the public. For example, a building in use can create its own effect by the very act of being used, rather than being presented as an encounter with a work of art. But when the function has lapsed and the object has become a museum piece, it loses its powers of communication and becomes problematic. Certain conventional approaches to works of art, especially those of Greek and Roman antiquity, developed in Europe, beginning in the 18th century. This mostly amounts to contemplative observation, i.e. losing oneself in a solemn revery in which aesthetic experience and thoughts about the content are vaguely intermingled. This no longer has much to do with the way the artist intended his creation to operate on the beholder.

The resulting intellectual approach to art, which has prevailed in the western world during the last two centuries, is profoundly abstract and eclectic. To many sensitive people, museums and excavation areas are not only the 'sacred precincts' but also the 'cemeteries' of art. Thus the attitude of permissive leisure, which more and more characterizes modern society, brings into being new (but in reality old) values which correspond to the original functional-tactile experience of architecture. If the disturbances caused by the massive tourist flows could to some extent be eliminated by introducing inventive and differentiated routes, then the emerging Homo ludens would be able to experience the monumental site not only in a narrowly passive way, but also through a more existential approach. This would include becoming familiar with the site and making it a part of one's life through repeated visits, so that it gains new meaning through the interplay of personal and historic recollections. It remains, however, an open question if this new approach is compatible with the aims of preserving and conserving the monuments.

But beyond these different approaches and behavioral attitudes toward the cultural heritage in general, a successful experience of the historic Athenian townscape in its considerable variety, on the part of both the inhabitants and groups of visitors, depends mainly on working out a variety of in-depth approaches to the cultural- historic area. A successful experience of the historic Athenian townscape is achieved when visitors are actively motivated to receive visual, intellectual and emotional stimulation through a blend of personal acquaintance and knowledge of the historical circumstances. The variety of the patterns of utilization depends on the different potentialities of each area but also the innovative new uses which can be developed in conformity with the genius loci of the historic site.

Access to the various sectors of the historic-cultural area varies greatly according to the diversity of existing uses, i.e. archaeological excavation sites, green spaces of replanted hills, athletic installations, urban parks, private parks belonging to cultural institutions, and the historic town sector of the Plaka. Individual areas have gradually been compartmentalized and isolated due to haphazard developments. Thus the crescent of the cultural-historic area is subdivided into no fewer than 57 distinct areas forming a patchwork of 18 fenced-in spaces, not open to the public, 20 fenced-in spaces open to the public for a part of the day, and 19 open spaces open to the public day and night. Many of the areas are treated in a reasonable way (i.e. as open green areas) while others seem isolated for no apparent reason. Thus while the main areas of the replanted hills (such as Mouseion hill, Pnyx hill and the Hill of the Nymphs, the Areopagus and Lykabettos) always remain open to promenaders, Ardettos hill beside the Stadium is permanently closed to visitors, although this site offers the most magnificent panoramic view over the ancient sites, the urban parks and the other replanted hills of the inner city.

Most archaeological excavation areas are fenced-in and accessible only at certain limited hours, while others are left unfenced, such as the area south of the Olympieion, the banks of the Ilissos and the Academy area. The National Garden, the First Cemetery of Athens, the garden of the Presidential Mansion and the gardens of several institutions (the Observatory, archaeological institutes, Gennadius Library, etc.) are all fenced-in and are accessible either on a tight time schedule or not at all, depending on their functions, private, semi-private or public.

The situation around the Acropolis is even more puzzling. The Acropolis south slope is a fenced-in site open to visitors at stated times and has two entrances, one at the upper west and below the temple of Athena Nike and the other at the south-west below the Theatre of Dionysos. The upper north slope of the Acropolis with its caves, ancient sanctuaries, rock-cut inscriptions and its unique view over the old town and the modern city center is also fenced-in but remains closed to the public! As a result, the Peripatos, the ring walk around the upper Acropolis slopes, is still not open to the public. On the other hand, the large area of the Agora excavations has at last been linked to the immediate surroundings of the Acropolis entrance and the Areopagus by a walkway, although it is still sharply separated from the Roman Agora and the new excavations north of Adrianou Street. This awkward state of affairs is caused by narrowminded measures taken by the authorities to protect excavation areas by fencing them in. While such places as the Acropolis or the Panathenaic Stadium obviously need to be closed at least at night in order to protect the monuments from vandalism and the visitors from risks, the archaelogical remains in excavation areas would be much better protected by thoughtful landscaping and permanent guarding than by fencing.

Visitors attempting to reach the Acropolis and Agora excavations from the Plaka are often baffled and disappointed. The access points are few and no urban design features, such as attractive walks, signposts with section plans or recognizable transition points tempt the visitor to explore the Plaka and the neighbouring sites.

Creating a unified inner city green belt (fig. 2) with a total length of about 6 km by linking the separate tracts seems more than problematic, in fact impossible to achieve under the prevailing traffic conditions and the unavoidable network of the main arteries and urban through-ways in the city center.

The creation of a strictly unified recreational area is also impeded by the diversity of the functional uses in the various sectors and the many different types of terrain: i.e. steep hills such Lykabettos and Ardettos, the gently hilly terrain of the western hills, rock formations like the Acropolis and the Areopagus, sloping ground as in upper Plaka and the eastern Lykabettos slopes, and almost flat regions like the urban parks in the center, the Academy, the Kerameikos, the Olympieion and the First Cemetery areas.

Built-up areas of the modern town break up the continuity of the cultural-historic area at critical points (fig. 8). As far as traffic is concerned, whereas the through axis of Dionysiou Areopagitou Avenue – Apostolou Pavlou Street dividing the central archaeological area into an eastern section (Acropolis-Agora excavations) and a western section (the western hills) has been relieved of vehicular traffic by adequate measures of pedestrianisation, the other important obstacles to unification can be eliminated only by expensive underground diversions of the following main arteries: Peiraios street next to the Kerameikos; Amalias Avenue between the Plaka area and the Olympieion; Olgas Avenue between the Zappeion Gardens and Ardettos hill; and finally Vasilissis Sophias Avenue between the so-called cultural centre and the eastern slopes of Lykabettos.

A visually and functionally unified major recreational area could be achieved only by expropriations in the following places: the built-up areas of the ancient road from the Dipylon to the Academy, the remaining unexcavated portions of the Kerameikos, the modern quarter on the Pnyx lower slope facing the Agora, and the southern extremity of Plaka across from the Olympieion. Prohibitive costs, however, make it unlikely that such large-scale expropriation measures will be adopted in the near future.

With these obstacles in the way of planning, first steps toward a partial link-up of the entire area would be the elimination, as far as possible, of superfluous fencing and the creation of a continuous integrated system of pedestrian routes through the entire area. Replanning linked walkways would, to some extent, mitigate the disruption of the main traffic arteries and the built-up areas. Clearly marked and designed entrances could be established as transition points between the historic site and the main approaches (by foot and by car) from the city.

Over the last 150 years the area of our concern has not only been gradually enlarged by the inclusion of the peripheral inner-city eastern hills and the Ilissos area, but has also undergone a considerable change in regard to the treatment of its various sections. The landscaping and/or urban design also varies considerably according to the different functions carried out in various sections of the cultural-historic area (fig. 2).

Only 5.18 % (18.50 ha) of the total area (357 ha) still remains waste land, i.e. the unbuilt area of the ancient Academy Area, the still vacant area of the former municipal gas plant (in the meanwhile converted into a small park of industrial archaeology), the western slope of Mouseion hill where the abandoned ruins of a huge fascistoid pseudo- ancient theater of the 1930s (in the meanwhile demolished) offended the historic landscape.

The three hilly areas – the western hills, Ardettos and Lykabettos hill (totalling about 100 ha) – have been gradually replanted in the course of the 20th century and have also been partly landscaped in recent years, while about half their surface still waits to be made into landscaped urban groves.

The two major urban parks in the area (the National Garden and the Zappeion Gardens), several smaller public parks (Kolonos Hippios, Theseion, Venizelos Memorial Grove and Pefkakia) and the First Cemetery of Athens are designed following various layouts of 19th century parks with a more or less rigid scheme.

A considerable part of the existing excavation areas has been carefully landscaped during the last 40 years. This includes the Kerameikos and the Agora excavations, the approaches to the Odeion of Herodes Atticus, and the area to the north of the Olympieion. Other areas of archaeological interest such as the Peripatos, i.e. the ring walk around the Acropolis slopes, the ancient residential quarter west of the Areopagus, the area of the Dionysos Theater and the banks of the Ilissos still await appropriate landscaping.

Finally, one should keep in mind that a considerable part of the planned 'green crescent' is not green at all but still covered with modern constructions. Although it is a built-up area, the Plaka on the Acropolis north slope has to be considered as an integral part of the cultural-historic area because of the special historic and artistic interest of its urban cluster (with structures of many periods closely intermingled) and because of the generally small flow of traffic in the largely pedestrianized area.

On the western side of the cultural-historic area several built-up districts on the site of the ancient Dipylon- Academy Road or on the still unexcavated part of the Kerameikos area and living quarters in the immediate vicinity of the Agora excavations and the Roman Agora are to be considered as eligible for expropriation in order to achieve gradually an integrated Athenian excavation area.

Although the activities of urban life in the Mediterranean countries have always developed to a considerable extent in the open air, an emotional and active relation to nature has never reached the existential dimension of a direct encounter, not to say worship, as in the Scandinavian countries, Germany and England. Greeks enjoy nature in a casual light-hearted manner: communing with nature is not a conscious goal; one seeks out natural settings in order to enjoy the pleasures of swimming and sailing, to keep up contacts with one's village background (most Athenians have strong roots in the countryside) or to practice a rather primitive form of hunting and fishing. The basic approach is an active one: nature is seen as an additional arena for human encounters and sporting activities. Contemplation, quasi-religious absorption in and adoration of the beauty and mystery of nature are mostly alien to the practical-minded modern Greeks.

Walking tours in natural surroundings and even strolling in urban environments are almost unknown activities in the south, if not combined with the specific purpose of socializing in centrally located squares, cafés and terraces. As a direct consequence of such a behavioral pattern, urban parks are mainly used only by elderly people and infants with their minders seeking some relief in the hot season of the year. The type of the well-known 'Volkspark' with its spacious playing grounds and lengthy promenades seems not to be needed in southern cities. This is also the case in Athens.

But other specifically green or at least unbuilt-up areas exist also in Athens as constituent parts of the cultural-historic area: replanted hills and areas of archaeological or cultural interest. How do the inhabitants approach these areas? Until some years ago, the major replanted areas of Mouseion and Lykabettos hills were quasi-abandoned places with a low grade of security for promenaders. The hilly terrain offering an inviting setting for an urban promenade, with the additional advantage of overall views of the townscape from elevated vantage points, seems to be of no interest to the inhabitants: they consider such ventures as tiresome and rather boring. The only favoured options are apt to be Sunday walks, or rather an ascent by funicular, to the top of the Lykabettos or a short stroll to the café terrace near the church of Haghios Demetrios Lumbardiaris.

In the past, especially during the 19th century, some specific ancient sites have been associated with traditional folk festivities: thus the great terrace of the Olympieion was used as a gathering place for picnics during spring time. The place was known as 'At the Columns', a name clearly referring to the imposing Corinthian columns of the Temple of Zeus Olympios, lacking any historic notion of what the monument really was. Similar festivities and popular gatherings took place on the large esplanade next to the so called Theseion (Temple of Hephaistos). There were tightrope walkers' performances and folk dances; later an open-air theater was installed. There was no sense of awe or admiration for the ancient temple of Hephaistos in the immediate vicinity.

Even today important ancient monuments like the choregic monument of Lysikrates or the water-clock of Andronikos are vaguely known by their folknames of 'Diogenes' Lantern' and 'Tower of the Winds'. The former name refers to the cylindrical form of the building, while the latter alludes to the relief frieze of the Winds.

The casual way of using the ancient monuments as a backdrop for festivities and entertainments and the picturesque, inventive names given to them by the inhabitants, are certain indications of what the ancient remains really mean to most of them: landmarks, orientation and reference points in the urban fabric of the modern town. They possess a strong image and are known by most of the people as familiar visual assets of the townscape. Precise knowledge about their original function, their history and their artistic importance is the privilege of a very small minority.

Thus, planned visits and on-the-spot study of ancient remains are definitely not a spare-time occupation for the overwhelming majority of the Athenians. The emotional identification with the ancient heritage is experienced through rather stereotyped references to heroic ancestors and greatness of the Periklean age; real interest in their achievements is fairly rare. If this state of affairs derives from a low educational level or from a subconscious wish to avoid confronting the reality of modern mass civilization with the elitarian society of classical Greece is still an open question.

Summing up, we may conclude that Athenians do not use the recreation areas of their town intensively or extensively for the following reasons: the cultural-historic area is fragmented rather than unified and lacks convenient access routes; the Athenians themselves lack interest in taking advantage of what the area has to offer. With the exception of a few sites overrun by foreign tourists, most of the sectors have a very low density of visitors and remain marginal to the urban happenings in the metropolitan centre.

5. Outlook

A central concern today is the overall preservation of the historic cityscape of Athens in order to improve the cultural, environmental and living conditions of the metropolis. A concise examination of the history of town- planning and the initiatives taken in regard to the historic monuments and cultural life of Athens has been presented, leading up to the vision of a green crescent of 357 ha in which the main historical monuments and parks are linked and developed into a single, unified cultural-historic area.

In order to realize this idea important initiatives are still required, particularly in regard to traffic routes (creating overpasses and underpasses), pedestrian routes, landscaping and infrastructure works for extensive unplanted or unplanned areas, and last but not least gradual expropriation of built-up areas for the sake of archaeological excavations.

In the meanwhile, after nearly two centuries of archaeological investigations the main outlines of the topography of Athens are known and also the main features of the urban configuration of ancient Athens. Areas of archaeological interest comprise about one-third (34.5 %), i.e. 123 ha, of the total area of 357 ha, including 43 ha of already excavated sites and 80 ha (22.5 %) of not yet excavated sites of potential archaeological interest. Thus, the ratio between excavated and non-excavated areas is about 1:2!

Focussing now on the 80 ha of land to be excavated in the future, a further differentiation may be made: about one-half of this area (38 ha) is already state-owned property, while the remainder (42 ha) has to be expropriated. Let us try to establish an order of priority for the various future excavations (fig. 21):

In a first phase the following areas should be investigated:

1) The Kerameikos excavations should be extended into the unexcavated parts of the triangle bounded by Ermou, Peiraios and Melidoni Streets.
2) The Odeion of Perikles and the area south of the Stoa of Eumenes on the Acropolis south slope.
3) The unexcavated parts of the city block south of the Theatre of Dionysos where the new Acropolis Museum is situated.

These three areas have a total surface of 9 ha, of which 4.5 ha of land have to be expropriated.

As a second priority nine large-scale excavations should be planned. Because of the relatively large areas involved and because of special problems, such as the presence of replanted or built-up areas, these investigations could only be undertaken over a long period of time (about a hundred years), following a comprehensive plan on the part of the Greek state and supported by the international community, e.g. UNESCO and foreign archaeological institutes:

4) Excavations on Pnyx hill and the Hill of the Nymphs.
5) Excavations on the upper west slope of the Acropolis.

While both of these areas do not require expropriation funds because they are state-owned property, they present the major obstacle that they have already been replanted which means that the trees and shrubs would have to be sacrificed for archaeological research, a decision hard to take. Only a highly coordinated step by step excavation program envisaging immediate replanting of these areas would be an acceptable solution.

6) The railway trench.
7) The Monastiraki area.
8) The part of the old town between the Roman Agora and the Agora excavations.
9) Residential section of the NE slope of Pnyx hill.
10) Anaphiotika on the upper NE slope of the Acropolis.

Excavations in areas 6-10 would require expropriations of about 11.5 ha of built-up areas.

11) The ancient road from the Dipylon gate to the Academy.
12) The Academy Area.

Excavations in areas 11 and 12 would require a large investment: 23.5 ha of built-up land would have to be expropriated. Thus in the second phase a total of 35 ha is eligible for expropriations (from a total of 42 ha of future excavation sites.)

Lastly, three more campaigns could be undertaken, covering a total surface of 9 ha, of which 2.5 ha would have to be expropriated.

13) The Theseion park.
14) The triangular built-up area on the lower south slope of the Acropolis, bounded by Hatzichristou Street and Dionysiou Areopagitou Avenue.
15) The area of the athletic installations east of the Olympieion.

The overall expropriation costs of the 42 ha of private land needed for excavation cannot be precisely estimated. Most of the areas eligible for expropriation are situated on the edge of the inner town and by the stipulations of the Athens statutory plan the present grade of land use (i.e. plot area ratio) in these areas is rather low. Thus the incentives for redeveloping these areas during the last decades have been lacking and the sectors are covered with the old urban fabric of low quality and have a low dwelling density. As a result of the above mentioned factors land prices are rather modest in comparison to the actual commercial areas: they vary from U.S. $ 0.5 to 1.5 million per ha. Thus given an average price of one million U.S. dollars per ha, the total costs of the areas to be expropriated would amount to about U.S. $ 42 million, a sum twice as high as the estimated total costs of the current restoration campaign of the Acropolis monuments.

The importance of this public investment is not negligible and the total expenditure might even increase if we consider the constant rise in the value of urban real estate; but if one considers the long time span, about 100 years, for the estimated realization of such a vast program and the fact that Greece could count on the traditional support of the foreign archaeological institutes, the enterprise seems feasible.

Aside from future excavations on unbuilt land or in built-up sectors of no historic and/or architectural significance, an important topographical question remains open, namely further investigation of the street network of the ancient city and also the uncovering of ancient public buildings lying in the area of the old city quarters of Plaka and Psiri.

Given the fact that a consensus on the principle of survival of the old town of Athens (Plaka area) has been reached during the last forty years, plans for extensive excavations in this part of the city have been definitively abandoned. When, however, trenches were dug for the foundations of new buildings, archaeological investigations yielded valuable information about still unexcavated buildings in this area. A policy of ad hoc incremental archaeological interventions, following the possibilities given by the urban rehabilitation of the area is a feasible way of searching for additional information about the ancient city. It remains, however, an open question if the complete layout of the streets of ancient Athens can be recovered by means of such piecemeal investigations.

There is no doubt that we will come to know more and more about the townscape of ancient Athens. Since the first plans drawn up by the Capucin monks in the 17th century, successive researches have attained a high degree of knowledge about the development of the ancient city plan, the fortifications, the public buildings and sanctuaries and the house plans of the ancient city. Although one

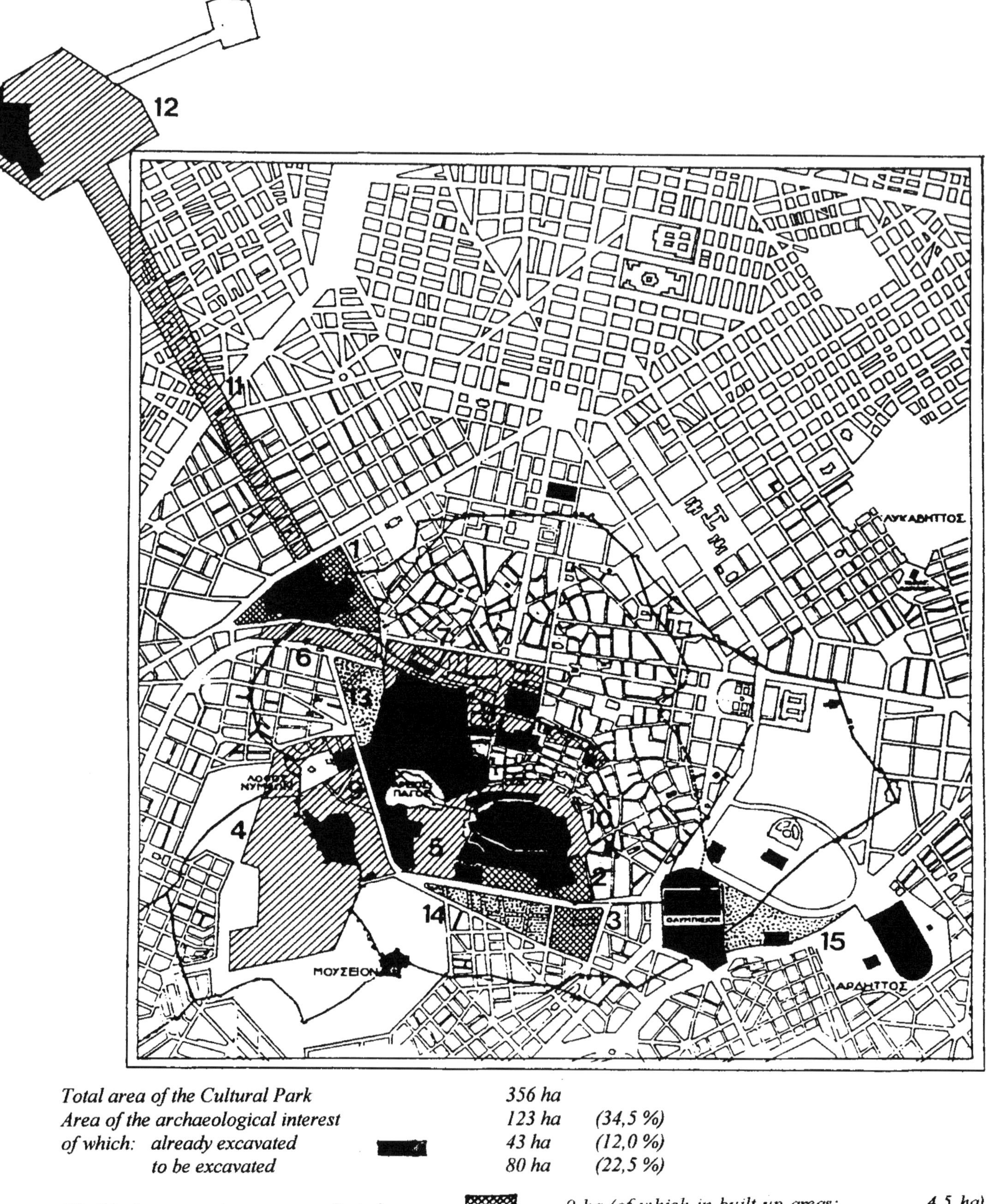

Total area of the Cultural Park		*356 ha*	
Area of the archaeological interest		*123 ha*	*(34,5 %)*
of which: already excavated	■	*43 ha*	*(12,0 %)*
to be excavated		*80 ha*	*(22,5 %)*

Eligible for excavations:	*first phase*	▩	*9 ha (of which in built-up areas:*	*4,5 ha)*
	second phase	▨	*62 ha (of which in built-up areas:*	*35,0 ha)*
	third phase	▒	*9 ha (of which in built-up areas:*	*2,5 ha)*
Total area to be excavated			*80 ha (total area to be expropriated:*	*42,0 ha)*

Fig. 21 The Cultural Park at Athens

will never recover more than a modest part of these structures, there are good chances of discovering missing pieces of this gigantic puzzle. The idea of a generalized large-scale excavation covering all of the ancient city intra muros has not only been abandoned in the meanwhile, but it is also completely unfeasible, given the fact that the modern city centre and the old town, Plaka, are covering the northern and eastern part of the ancient town.

This perspective means some disappointments for the classical archaeologist who has to resign himself to the idea that a part of the ancient town fabric will remain inaccessible for the forseeable future. This state of affairs is not unique to Athens: Rome, Constantinople, Alexandria, Trier and most of the other important urban centres of antiquity which continued to be inhabited uninterruptedly over the millennia, have been and can be rediscovered only partially, the modern city fabric prohibiting large-scale excavations.

Athens has been continuously inhabited since 3000 B.C. Today, in the 21st century city, ancient monuments still in place, excavation sites, mediaeval churches, Ottoman buildings, 19th century classical revival dwellings, coexist with the living fabric of the metropolis. This is a unique frame of historic reference, an identification asset and a stimulating example of continuity and change in urban life; as such it can only be hailed as a precious gift to the future destinies of the city.

Today the objective of an integrated inner city green belt has entered into planning at municipal and state level independently of (yet in conjunction with) other main planning issues of the capital such as environmental protection, traffic regulation and urban renewal. The decades to come are likely to be decisive for the realization of this one century and a half old civic dream.

4.

Städte und Landschaften in Griechenland zur Zeit König Ottos. Betrachtungen zu einer Periegese[1]

„Griechenland soll europaeisch organisiert, katastrisirt, dressiert, und vor Allem civilisirt sein, diese hoechste Gabe des Occidents, womit er den Orient nun glueklich machen wird – alles dies soll Griechenland in acht Jahren geworden seyn, ehe man ihm noch Zeit gelassen, seine Raeuber zu toedten, seine Fanarioten ins Meer zu werfen und sich selbst ehrlich zu machen. Hier sollen Jahre ausreichen, wozu die Staaten seiner Wohltaeter Jahrhunderte brauchten (...) Es ist sicher ein Unglueck, dass wir allen Laendern unsere Civilisation und unsere Institutionen aufdrängen wollen."

C. von Heilbronner[2]

Einleitendes

Die Gründungsgeschichte der neuen Stadt Athen im 19. Jh. war im Laufe der letzten dreißig Jahre Gegenstand des erneuten Interesses der stadtbaugeschichtlichen Forschung. Der Verfasser des vorliegenden Textes befaßte sich seinerseits eingehend mit dem Thema und setzte sich besonders mit den räumlichen Auffassungen der zur Gründungszeit seiner Vaterstadt erarbeiteten Planungskonzepte auseinander. Als Ergebnis dieser Beschäftigung konnte er im Jahre 1994 die umfangreiche Studie *„Hauptstadt Athen; ein Stadtgedanke des Klassizismus"* vorlegen. In diesem Werk, das auch wichtiges Quellenmaterial enthält, wurde immer wieder auf die frühe Berichterstattung des Stadtarchitekten Athens Friedrich Stauffert zurückgegriffen. Viele seiner Äußerungen sind dabei als Zeugnisse aus der Entstehungszeit des neuen Athen herangezogen worden. Insbesondere ist Stauffert Aufsatz *„Die Anlage von Athen und der jetzige Zustand der Baukunst in Griechenland"* (1844) zu einem wesentlichen Referenztext für den Verfasser geworden. Der vorliegende Artikel soll an erster Stelle ausführliche Auskunft über Friedrich Stauffert und seinen Griechenlandbericht geben; auch sollen dabei die Rahmenbedingungen der Stadtplanung im neuen Griechenland vorgestellt werden.

Zum Leben und Wirken Friedrich Staufferts in Griechenland

Friedrich Stauffert, der Autor des hier besprochenen Berichts über neue und antike Städte im wiedererstandenen Griechenland, ist uns hauptsächlich aus seiner zehnjährigen Tätigkeit (1833-1843) als Staatsbeamter in griechischen Diensten bekannt. Über seine Herkunft sowie den Ort und die Zeit seiner Geburt wissen wir nichts Näheres; auch fehlen jegliche Hinweise auf seine Ausbildung und seine Tätigkeit vor seiner Ankunft in Griechenland, da er weder in den einschlägigen biographischen Nachschlagewerken erwähnt wird, noch andere Dokumente mit Angaben über seine Person, aus seiner oder seiner Zeitgenossen Hand, überliefert sind. Das wenige, was wir über Friedrich Stauffert wissen, entnehmen wir zwangsläufig seinen eigenen Veröffentlichungen sowie spärlichen amtlichen Quellen. Diese bruchstückhaften Angaben genügen sicher nicht, um die Persönlichkeitszüge des *„gewesenen Stadtarchitekten Athens"* klar herauszuschälen. Es soll also versucht werden, die Eigenschaften des Autors dieses Berichts implizit durch den Inhalt und die Art seiner Berichterstattung – durch das, was er kritisch äußert und das, was er ignoriert oder verschweigt – zu beleuchten.

In den Regierungsakten des Ottonischen Archivs in Athen wird Stauffert als 'Geometer' bezeichnet, d. h. als praktisch ausgebildeter Landesvermesser. Stauffert nannte sich selbst 'Stadtarchitekt',

1 Friedrich Staufferts Bericht *„Die Anlage von Athen und der jetzige Zustand der Baukunst in Griechenland. Zerstreute Bemerkungen von F. Stauffert, gewesenen Stadtarchitekten von Athen vom Jahre 1835 bis 15. September 1843. Nebst Bemerkungen über die alten und mittelalterlichen Denkmäler dieses Landes, so wie über die Baugesetze und die zur Erhaltung der Altertümer erlassenen Verordnungen, über die Organisation des Bauwesens und über die technischen Bildungsanstalten des neuen Königreiches"* wurde in Wien in fünf Fortsetzungen veröffentlicht in der *Allgemeinen Bauzeitung* 9 (1844), Ephemeriden Nr. 1-5.

2 C. von Heilbronner, *Morgenland und Abendland I: Türkei und Griechenland* (Stuttgart und Tübingen, 1841), S. 335.

Abb. 1 Ausschnitt des Stadtpanoramas von Athen und der Akropolis von NO von Louis-François Cassas (1785). Originalgröße 62,55 x 144,00 cm, Aquatintaradierung, Benaki-Museum, Athen

was zwar in Hinsicht auf seine Funktion stimmte, aber ihn keineswegs auch als akademisch ausgebildeten Fachmann, was er allem Anschein nach nicht war, auswies.

Friedrich Stauffert muß wahrscheinlich mit den Fachleuten in der Begleitung der bayerischen Brigade im Laufe des Jahres 1833 nach Griechenland gekommen sein. Eine amtliche Erwähnung Stauffert finden wir in einem Bericht des Innenministers Kolettis an König Otto vom 5./17.11.1834,[3] in dem er als in Sparta beschäftigter 'Geometer' bezeichnet wird. Über seine Tätigkeit in Sparta während der zweiten Jahreshälfte des Jahres 1834 berichtet er selbst ausführlich in seiner Schrift. Nicht völlig klar ist allerdings die Urheberschaft des Stadtentwurfes für Neu-Sparta. Diese Stadtneugründung wurde auf Ansuchen der Bewohner der benachbarten mittelalterlichen Stadt Mistra, am Osthang des Taygetos gelegen, schon zur Regierungszeit des Grafen Kapodistrias beschlossen.

Nach der Ankunft König Ottos (25. Jan./06. Feb. 1833) in Nauplia, wurde die Planung von Stadterweiterungen bzw. -neugründungen in Griechenland konsequent verfolgt. Ludwig Roß berichtet,[4] dass er von Januar bis April 1834 in Sparta zum Zwecke archäologischer Forschungen verweilte und dass zur gleichen Zeit Hauptmann Jochmus *„einen neuen Plan der Stadt"* entwarf. Im gleichen Text ist aber die Rede von einer *„Aufnahme des Stadtplanes"*, was eher auf eine Vermessung schließen läßt. Auch der Passus bei Stauffert läßt uns über seine eigene Rolle in Sparta im Unklaren: *„Es wurde nun der Situationsplan von der Lage des alten Sparta gemacht, die neue Stadt projektiert und Referent dieser* [d. h. Stauffert] *im August 1834 abgeschickt, um Straßen und Plätze der neuen Stadt zu trassiren ..."* Wer ver-

3 *„Monsieur Stauffert, géomètre employé à Sparte, est un homme qui a passé des examins très distingués, qui a rempli très bien jusqu'à présent la mission dont il etait chargé; il a merité du génie militaire, sur le plan des puits a construire à Sparte, une note très flateuse (...)"*. Bericht des Innenministers Kolettis an König Otto vom 5/17 Nov. 1834. In: Archivsammlung *„Klenzeana"* der Bayerischen Staatsbibliothek München, 111/22: *Artistische Belege zum Neubau der Stadt Athen.*

4 *„Im Januar (1834) erhielt ich Befehl mit dem Hauptmann Jochmus, dem nachmaligen Pascha und Reichsminister, nach Sparta zu gehen, wo er den Plan zu einer neuen Stadt entwerfen, ich dabei das Interesse der Ruinen und Altertümer wahren und einige Nachgrabungen anstellen sollte. Leider erhielt ich zu diesem Zwecke nur 400 Drachmen (100 preussische Thaler). Wir lebten von Januar bis in den April 1834 sehr vergnügt in dem Dorfe Magula auf den Trümmern von Sparta, unter Orangenbäumen und Zypressen, bei meistens heiterem Wetter. Ich wohnte bei einem Weinschenken, Jochmus in einem anderen Hause bei dem Demarchen oder Schulzen (...) Jochmus hatte einen Bedienten, der früher bei einem der französischen Ingenieure gedient hatte; er begriff nicht, dass Jochmus bei der Aufnahme eines Stadtplans weit mehr ins Detail gehen musste, als jene Herren bei ihren trigonometrischen Messungen getan hatten. ‚Warum geben Sie sich so viele Mühe?' sagte Jannis; Die Franzosen machen das ganz anders; Sie werfen nur einen Blick auf das Feld und brechen wieder auf (ça donne un coup-d' oeil et ça part)'."* Ludwig Roß, *Erinnerungen und Mitteilungen aus Griechenland* (Berlin, 1863), S.72.

Abb. 2 Der untere Bazar mit der Hadriansbibliothek und der Moschee Tsisdaraki in Athen von Karl Wilhelm von Heydeck (gemalt 1827-29 oder 1833-35?). Originalgröße 41,00 x 98,8 cm, Federzeichnung in schwarz-brau, bräunlich laviert, Städtische Galerie im Lenbachhaus, München

faßte aber den Situationsplan und wer projektierte die neue Stadt? Die Frage bleibt nach wie vor offen, ob Jochmus oder Stauffert (oder sogar Schaubert, dessen unverkennbare Entwurfszüge der sehr detailliert ausgearbeitete Stadtplan Spartas aufweist) der Urheber der Planung für Neu-Sparta war. Unbestreitbar ist dagegen, dass Stauffert mehrere Monate am Ort verweilte, um die Ausführung der Planung auf dem Gelände voranzutreiben und sogar, wie er behauptet, mehrere öffentliche Bauten zu *„projektiren"*.

Friedrich Stauffert hatte anschließend seit 1835 und während des überwiegenden Teils seines Aufenthalts in Griechenland für insgesamt acht Jahre das Amt des *„Stadtarchitekten"* in Athen inne. Nach seinem tatkräftigen Einsatz zur Ausführung des Planes von Sparta (1834) wurde er trotz seiner fehlenden akademischen Ausbildung praktisch als Architekt mit den Aufgaben eines Stadtbaurates für die Hauptstadt betraut. Die griechische Gesetzgebung (*Gemeindegesetz vom 27.12.1833/ 8.1.1834*) sah zwar nur die Einsetzung von Kreisarchitekten (Nomomichanikoi) und keineswegs die von Stadtarchitekten vor; im Falle Athens zwang jedoch offensichtlich die Wichtigkeit und das Ausmaß der bevorstehenden städtebaulichen Ordnungsmaßnahmen zur Schaffung eines solchen Amtes. Der erste Stadtarchitekt Athens war der Ingenieur-Hauptmann Wilhelm von Weiler gewesen (1833-34), der im Jahr 1834 die Initialplanungen für Athen von Kleanthes und Schaubert sowie Klenze auf zwei eigens erarbeiteten Planunterlagen[5] den vorhandenen Gegebenheiten anpaßte und so die ersten Ausführungsdokumente für die Athener Stadtplanung schuf.

Die Amtshandlungen Staufferts in den darauffolgenden Jahren (1835 bis 1843) waren äußerst beschwerlich und kompliziert. Stauffert selbst gibt beredtes Zeugnis seiner Bemühungen für die Einhaltung der vorgesehenen Baulinien, den Schutz des Umfeldes der in der Altstadt zerstreuten Altertümer, die Absteckung der geplanten neuen Plätze usw. und kritisiert dabei mit äußerster Strenge sowohl die Willkürlichkeit der staatlichen Eingriffe, als auch die Korruptheit des Gemeinderates sowie den mangelnden Bürgersinn der Einwohner. Der erste Teil seines Aufsatzes beschreibt die Anstrengungen und Enttäuschungen des vielgeplagten Stadtarchitekten.

Immerhin erarbeitete Stauffert ein Dokument von hoher zeichnerischer Qualität und auch praktischem Nutzen: die erste genaue Bestandsaufnahme der neuen Stadt Athen. Der Plan ist das Ergebnis einer Vermessung der Stadt aus dem Jahre 1836. Eine handgefertigte Kopie des Planes befindet sich heute in der ersten Ephorie für byzantinische Altertümer in Athen.[6] Wie wir einem Bericht des Innenministers G. Glarakis an König Otto vom 8. Sept. 1838 (in französischer Sprache)[7] entnehmen, wurde F. Stauffert im Juni 1836 als Stadtarchitekt, vom damaligen Innenminister D. Mansolas mit der Vermessung sowohl der gesamten Stadt als auch der Altertümer beauftragt. Die Arbeit wurde von den Vermessungsingenieuren (*geomètres*) Beck und Bechenberg im Laufe der zweiten Jahreshälfte 1836 durchgeführt und dem Ministerium des Inneren am 8.1.1837 eingereicht. Die Gesamtkosten für die Arbeit beliefen sich auf 2.192 Drachmen.

---

5 Siehe hierzu die Veröffentlichung der zwei Pläne in: A. Papageorgiou-Venetas, *Hauptstadt Athen; ein Stadtgedanke des Klassizismus* (München, 1994), S. 157, 159.

6 Der Plan ist Teil des Nachlasses von Eduard Schaubert (ehemals Breslau, jetzt Athen): Großes Zeichenpapierblatt auf Leinen aufgezogen, aus neun (9) zusammengeklebten Stücken (Teilen) bestehend. Breite: oben 142,5 cm, unten 149 cm. Höhe: 144,5 cm.

7 Griechisches Staatsarchiv, Ottonisches Archiv, Innenministerium, Mappe 214.

Abb. 3 Das Tor der Athena Archegetis und die Agora von W von Ludwig Lange (1836). Originalgröße 39,4 x 55,7 cm, Bleistift, Feder und Aquarell, Staatl. Graphische Sammlung, München

Anders als auf der Bestandsaufnahme Alt-Athens von Kleanthes und Schaubert aus dem Jahre 1832 ist auf diesem Plan nicht nur das bestehende Straßennetz der Altstadt abgebildet; vielmehr sind hier auch die neuen Durchbrüche der Athena-, Aeolos- und Hermesstraße sowie die vorgeschlagenen neuen Baulinien (d. h. Straßenverbreiterungen bzw. -korrekturen) in der oberen und unteren Altstadt eingetragen. Auch sind mit großer Genauigkeit die Grundstücksgrenzen innerhalb der Baublöcke sowie die bestehenden und in Ruinen liegenden Bauten eingezeichnet, was der relativ große Maßstab der Arbeit (1:1250) auch erlaubte; dazu sind die ersten Bauten in der Neustadt verzeichnet. Wir haben es also hier allem Anschein nach mit dem einzigen Athener Plan zu tun. der annähernd die Merkmale eines Katasterplanes besitzt. Ob ein Katasterverzeichnis ihn begleitete, bleibt allerdings unbekannt.

Stauffert selbst berichtet vom Auftrag zur Vermessung der Stadt sowie von der Tatsache, dass im Laufe des Jahres 1836 *„die Grundstücke zunächst"* der wichtigsten Altertümer in der Altstadt gesondert vermessen wurden. Von letzteren Vermessungsplänen ist uns keiner bekannt. Dieser 'Katasterplan' von Athen aus dem Jahre 1836 war ein Arbeitsinstrument der Behörde und ist als solches nie gedruckt worden. Er muß allerdings in mehreren gezeichneten Kopien gefertigt worden sein. Außer der Zeichnung aus dem Schaubert'schen Nachlaß, die höchstwahrscheinlich das Original darstellt, sind wir auch im Besitz einer zweiten Anfertigung des gleichen Dokuments.[8] Die beiden Pläne weisen geringe Abweichungen voneinander auf, durch die die zweite Anfertigung sich als die jüngere zu erkennen gibt. So sind auf ihr der Grundriß der Metropolitankirche (Grundsteinlegung 1842), der Universität (Baubeginn 1839) sowie eine größere Anzahl von Privatbauten der Neustadt (an der NO-Peripherie der Stadt) eingetragen. Es handelt sich also hier um eine Nachzeichnung, die als Arbeitsunterlage der Stadtverwaltung diente und auf der die neueren Bauten laufend eingetragen wurden. Während die Originalzeichnung aquarelliert ist, ist die zweite nur eine strenge Strichzeichnung.[9]

8 Dieses ist von Konstantin Biris im Jahre 1966 veröffentlicht worden. Das Dokument ist heute unauffindbar; s. K. Biris, *Αἱ Ἀθῆναι ἀπὸ τοῦ 19ου εἰς τὸν 20ὸν Αἰῶνα* (Athen, 1966), S. 54-57.

9 Hier noch folgende Detailbemerkungen zu dem Stauffert-Plan: Man findet auch auf diesem bestimmte Merkwürdigkeiten, die schon bei der Bestandsaufnahme Athens von Kleanthes und Schaubert festgestellt werden konnten, nämlich das Fehlen von Höhenlinien und die Zusammensetzung des Blattes aus mehreren zusammengeklebten Papierstücken. Der 'Originalplan' aus dem Schaubertschen Nachlaß enthält keine Straßennamen; auf der zweiten Anfertigung des Planes dagegen sind die Namen der wichtigsten Straßen auf griechisch eingetragen. Eine zeichnerische Inkonsequenz besteht darin, daß auf dem Originalplan, auf dem sonst nur der im Jahre 1836 bestehende Zustand dokumentiert ist, der zu dieser Zeit sicher nicht bestehende (und auch später nie in dieser Form ausgeführte) Volksgarten als Phantasiegebilde

Abb. 4 Bauaufnahme der Kapnikarea-Kirche (Byzantinischer Bau aus dem 12. Jh.) in Athen von Friedrich Stauffert. Aus: Allgemeine Bauzeitung Jhg. 15 (Wien 1850)

Neben den administrativen und planerischen Verpflichtungen, die mit seinem Amte verbunden waren, kam Stauffert auch zur Planung und Ausführung zweier wichtiger Kommunalbauten des frühen ottonischen Athen. Zum einen handelt es sich um den Bau des Civil-Hospitals, in der Achse und unmittelbar nordöstlich des Universitätsgebäudes gelegen. Es ist einer der vier ältesten öffentlichen Bauten des neuen Athen aus den Jahren 1834-36 (die anderen sind: das Militärhospital von Wilhelm von Weiler, die Münze von Christian Hansen und die Königliche Druckerei von Joseph Hoffer) und war als strenger zweigeschossiger Bau (die Seitenflügel wurden später dazugefügt) konzipiert. Heute beherbergt der Bau das Kulturzentrum der Stadt Athen. Wie wir einem Bericht des Innenministers D. Mansolas an König Otto vom 25.8.1836 entnehmen können, wurde der Plan von F. Stauffert entworfen und von E. Schaubert in seiner Eigenschaft als Oberarchitekt und Ministerialdirektor der Civil-Baudirektion des Innenministeriums überprüft und revidiert.[10]

Zum anderen war aber auch der Bau der ersten Grundschule der Gemeinde Athen an der Boreas-Straße, in unmittelbarer Nähe der durch die Altstadt durchgebrochenen Achse der Athena-Straße, Stauffferts Entwurf. Sie wurde im Jahre 1840 zur Amtszeit des Athener Bürgermeisters D. Kallifronas erbaut und diente über 30 Jahre als einzige Grundschule der Stadt. Der Bau war bis zum Jahre 1916 in Betrieb und wurde dann abgerissen. Auch hier handelt es sich um ein extrem nüchternes Konzept: Ein rechteckiges Gebäude (15 x 22,5 m groß) mit einem Satteldach mit steilem Giebel, der als 'ungraziös' kritisiert wurde. Eine monumentale Eingangshalle mit vier schweren Pilastern versehen, schmückte die Hauptfassade. Aus dem überlieferten Grundriß ist eine Kapazität von 480 Schülern abzulesen! Die Nutzfläche betrug etwa 340 qm. Die zweckgebundene Nüchternheit beider Bauten ist ein Ergebnis der äußerst knappen Mittel des städtischen Haushalts während der ersten Jahre der Athener Gemeinde. Die Schwerfälligkeit ihrer Gestaltung läßt jedoch den ungeschulten Architekten – der Stauffert eigentlich war – erahnen.

dargestellt ist. Es handelt sich anscheinend hier um eine Vorwegnahme der Stadtverwaltung, die das Geplante schon als realisiert betrachtet haben wollte. Als in seinen Dimensionen wichtigstes öffentliches Gebäude ist die Infanteriekaserne (am Standort der Hadrianischen Bibliothek) aus dem Jahre 1834 vermerkt. Das Militärhospital von Wilhelm von Weiler, im Jahre 1834 südlich des Dionysos-Theaters erbaut, ist dagegen unverständlicherweise nicht eingetragen. Der in den Jahren 1835/36 wiederaufgebaute Nike-Tempel und die von den türkischen Bastionen befreiten Propylaien sind dem Akropolis-Grundriß abzulesen.

10 Hier der Originaltext dieser Mitteilung: *„J'ai l'honneur de soumettre à Vôtre Majesté le plan et le devis de l'hôpital civil d'Athènes avec l'obsérvation que le plan dressé par l'architecte de la ville Mr. Stauffert, a eté modifié par l'architecte en chef Mr. Schaubert. Le Ministère après avoir demandé l'avis du Conseil médical l'a ratifié, conformement à l'article 119 de la loi communale, et en conséquence les travaux préparatoires de la bâtisse ont eté commencés."* Bericht des Innenministers D. Mansolas an König Otto vom 25.8.1836. In: Griechisches Staatsarchiv, Ottonisches Archiv, Innenministerium, Mappe 188.

Stauffert muß während seiner Griechenlandjahre das Land auch aus eigener Initiative bereist haben. Zwar besitzen wir keine direkte Aussage dazu, mehrere Bemerkungen jedoch in seinem Aufsatz über die Provinzstädte und die antiken Orte des Landes sowie sein Beitrag über *„die mittelalterlichen Kirchen byzantinischen Stils in Griechenland“*[11] erlauben die Annahme, daß er – wie übrigens die meisten ins Land übersiedelten Deutschen zu jener Zeit – über das rein Berufliche hinaus auch ein allgemeines Interesse für das Land entwickelt hatte.

Der jähe Abbruch seiner amtlichen Verpflichtung nach dem 3. Sept. 1843, (als nach der unblutigen Revolution die konstitutionelle Monarchie in Griechenland eingeführt und alle Ausländer aus dem öffentlichen Dienst suspendiert wurden), führte ihn zurück nach Österreich.

Nach seiner Rückkehr (1843?) finden wir F. Stauffert für mehrere Jahre in Wien als Redakteur der angesehenen Fachzeitschrift *„Allgemeine Bauzeitung“*, die von Richard Förster herausgegeben wurde. Schon im nächsten Jahre 1844 veröffentlicht er in diesem Blatt in fünf Folgen seinen etwa 70 Druckseiten langen Bericht *„Die Anlage von Athen und der jetzige Zustand der Baukunst in Griechenland“*, der einen ersten und einzigartigen Versuch einer Gesamtschau über die Entwicklung des neuentstandenen Griechenland in städtebaulicher Hinsicht darstellt. Der Aufsatz ist zugleich eine Art apologetischer Schrift, die die Tätigkeit des Autors als Stadtarchitekt von Athen rechtfertigen soll. Es folgen andere Beiträge über Griechenland von ihm, in derselben Zeitschrift: *„Die mittelalterlichen Kirchen byzantinischen Stils in Griechenland“* (Jhg.15, 1850); *„Die Otto-Universität in Athen. Entworfen und erbaut von Christian Hansen“* (Jhg.16, 1851); und eine Schlußnotiz *„Die Restauration des Erechteions zu Athen“* (Jhg.16, 1851).

Über die weitere Tätigkeit Staufferts konnten keine konkreten Hinweise gewonnen werden. P. Enepekidis (Wien) erwähnt, ohne allerdings eine Quelle zu nennen, daß Stauffert in einem Dorf der Umgebung Wiens um 1860 gestorben sei und daß er – Enepekidis – im Besitz eines detaillierten Katalogs der von Stauffert hinterlassenen speziellen Buchsammlung zu griechischen Themen und insbesondere zu Athen sei, den er demnächst zu publizieren gedenke.[12]

Abb. 5 Klassizistische Bürgerhäuser in der Athener Altstadt. Im Hintergrund das Haus von Kleanthes und Schaubert (1832), ab 1837 erster Sitz der Athener Universität

Inhaltlicher Abriß von Staufferts Bericht

Der Bericht Staufferts spiegelt in seinem etwas umständlich geratenen Titel die komplexe und vielseitige Zielsetzung dieser Arbeit wider. Es wird in dem Aufsatz der Versuch gemacht, sowohl eine Bilanz der eigenen Erfahrungen in der Ausübung eines öffentlichen Bauamtes in der Fremde zu ziehen als auch einem interessierten breiteren Publikum in Zentraleuropa eine enzyklopädische allgemeine Information über die neuzeitlichen wie auch über die antiken Städte Griechenlands zu bieten.

11 *Allgemeine Bauzeitung* Jhg. 15 (1850), S. 339-355.

12 P. Enepekides, *Athenisches, Attico-boeotisches, Dodekanesisches; 1815-1890* (Athen, 1991), S. 51-52 (in griechischer Sprache).

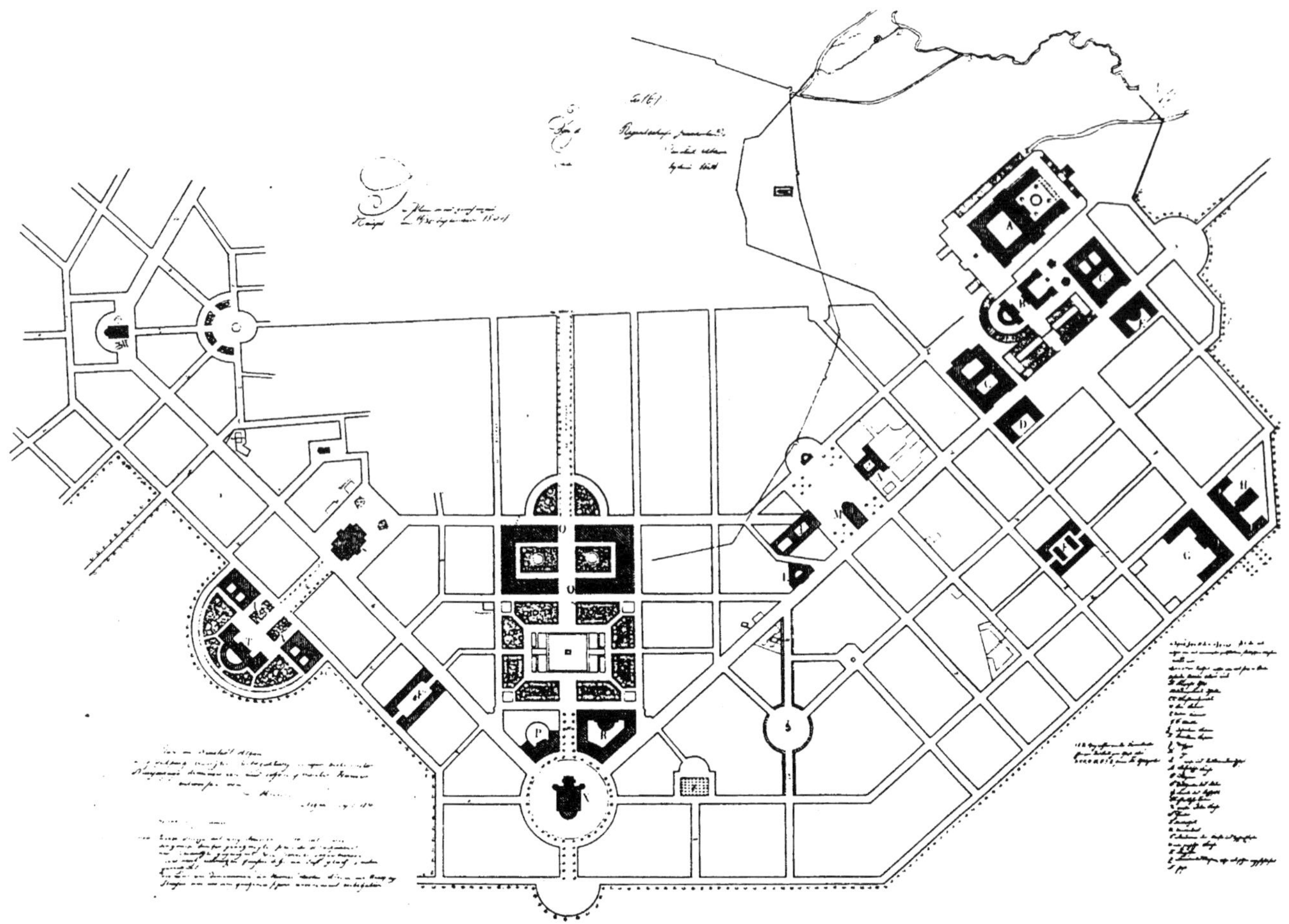

Abb. 6 Die von der Regentschaft am 16./30. September 1834 genehmigte Fassung des Planes für Neu-Athen von Leo von Klenze. Originalgröße 115 x 75 cm, Maßstab des Originals 1:2000, Nordung nach unten. Bis 1933 Verkehrsministerium, Athen; heute unauffindbar

Die Einmaligkeit des Textes liegt wohl darin, daß kein anderer spezifischer Bericht über das Bauen im neuen Griechenland im Laufe des 19. Jh. überhaupt erschienen ist. Zwar sind im letzten Viertel des Jahrhunderts umfangreiche Gesamtdarstellungen[13] der institutionellen, wirtschaftlichen und sozialen Entwicklung Griechenlands veröffentlicht worden, in keinem dieser Werke wurde jedoch dem Wohnungsbau und der Stadtplanung ein besonderes Kapitel gewidmet.

Viele Aspekte des facettenreichen Themas versucht Stauffert in seinem Essay zu berücksichtigen. Daß es sich dabei um 'zerstreute Bemerkungen' handeln würde, mußte ihm bewußt sein; diese Bezeichnung entspricht also dem Aufbau des Berichts und ist keineswegs als literarische Floskel zu verstehen. Die 'Bemerkungen' nehmen wohlgemerkt – je nach behandeltem Gegenstand – einen unterschiedlichen Charakter an:

- In einem ersten größeren Abschnitt bietet Stauffert eine höchst eigenwillige Beurteilung der Athener Stadtplanung und ihrer inhaltlichen Konzepte, sowie Einsicht in die verworrenen Hintergründe ihrer Ausführung. Dies ist der gewichtigste Teil der Arbeit, der den Charakter eines persönlichen Bekenntnisses hat und zur gleichen Zeit ein seltenes Zeitdokument aus der Feder eines direkt Beteiligten über die fragwürdigen Planungsvorgänge darstellt.
- Es folgt eine in ihrer praktischen und genau beschreibenden Art einmalige Schilderung der technischen Baugepflogenheiten (d. h. der handwerklichen Fertigkeiten bzw. Unzulänglichkeiten) bei der Ausführung der Athener Bürgerhauser im Laufe des ersten Jahrzehnts der Regierungszeit König Ottos. Auch dieser Abschnitt ist von besonderem dokumentarischem Wert: Er liefert uns als einziger die bautechnische Beschreibung der Modalitäten des neu eingeführten klassizistischen Häuserbaus in Griechenland. Die von Stauffert dargebotene Schilderung ist zutreffend und präzise; sie entspricht den noch heute auf dem Lande in Griechenland weitgehend praktizierten Methoden des traditionellen Häuserbaus. Trotz seiner getreuen Wiedergabe der damals angewandten bautechnischen Lösungen interpretiert Stauffert oft die Baumethoden mit gewissen Vorurteilen: Was ihm nicht bekannt ist, ist ihm nicht geheuer, so z. B. das tradierte Durchsetzen der Bruchsteinwände mit Holzbalken, die dem Mauerwerk eine gewisse Festigkeit gegen Erdbebengefahr sichert, ein Vorgehen, das dem Stadtarchitekten als schier absurd erscheint.

13 So z.B. das Werk von E. Manitakis, *Aperçu sur les progrès materiels de la Grèce* (Athen, 1869).

- Im Anschluß daran versucht sich der Autor in einer flüchtigen Beschreibung des damaligen befreiten Territoriums Griechenlands (d.h. Kontinental-Griechenlands, der Peloponnes und der Kykladen). Zu diesem Zweck entwirft er einen Reisebericht – in Form einer Periegese, der durch die wichtigsten bewohnten Orte und antiken Ruinenstätten führt. Der Autor behauptet nicht, daß diese Beschreibung ein Ergebnis eigener 'Autopsie' (d.h. Begehung) sei. Es ist klar, daß etliche Situationen nach eigener Besichtigung beschrieben werden, während andere (und die sind unserer Ansicht nach die meisten) durch Übernahme von Informationen antiker (Pausanias, Strabon) oder neuzeitlicher Schriftsteller (Leake, Roß, Ulrichs, Aldenhoven usw.) vorgestellt werden. So ist dieser Teil auch von geringerem Interesse, da er weder genaue Angaben über die neu entstandenen Städte und die Entwerfer ihrer Planungen (mit Ausnahme Spartas), noch neuere Einsichten in die antike Topographie und Architektur liefert. Auch fallen hier öfters Ungenauigkeiten oder Fehlinterpretationen auf.
- Es folgt eine knappe Beschreibung der wichtigsten Straßenverbindungen und Brücken des Landes, die zwar sehr lebhaft und farbenreich ist, jedoch einer systematischen Vollständigkeit entbehrt.
- Abschließend wird ein flüchtiges Bild des institutionellen Rahmenwerks, das sich auf die Bildungsstätten für Baufachleute, die Organisation des Bauwesens sowie die Denkmalpflege im Lande bezieht, entworfen. Dieser letzte Teil der Arbeit ist gezwungenermaßen der konventionellste, da Stauffert sich hier auf eine vereinfachende Zusammenfassung der wichtigsten Aspekte der diesbe-

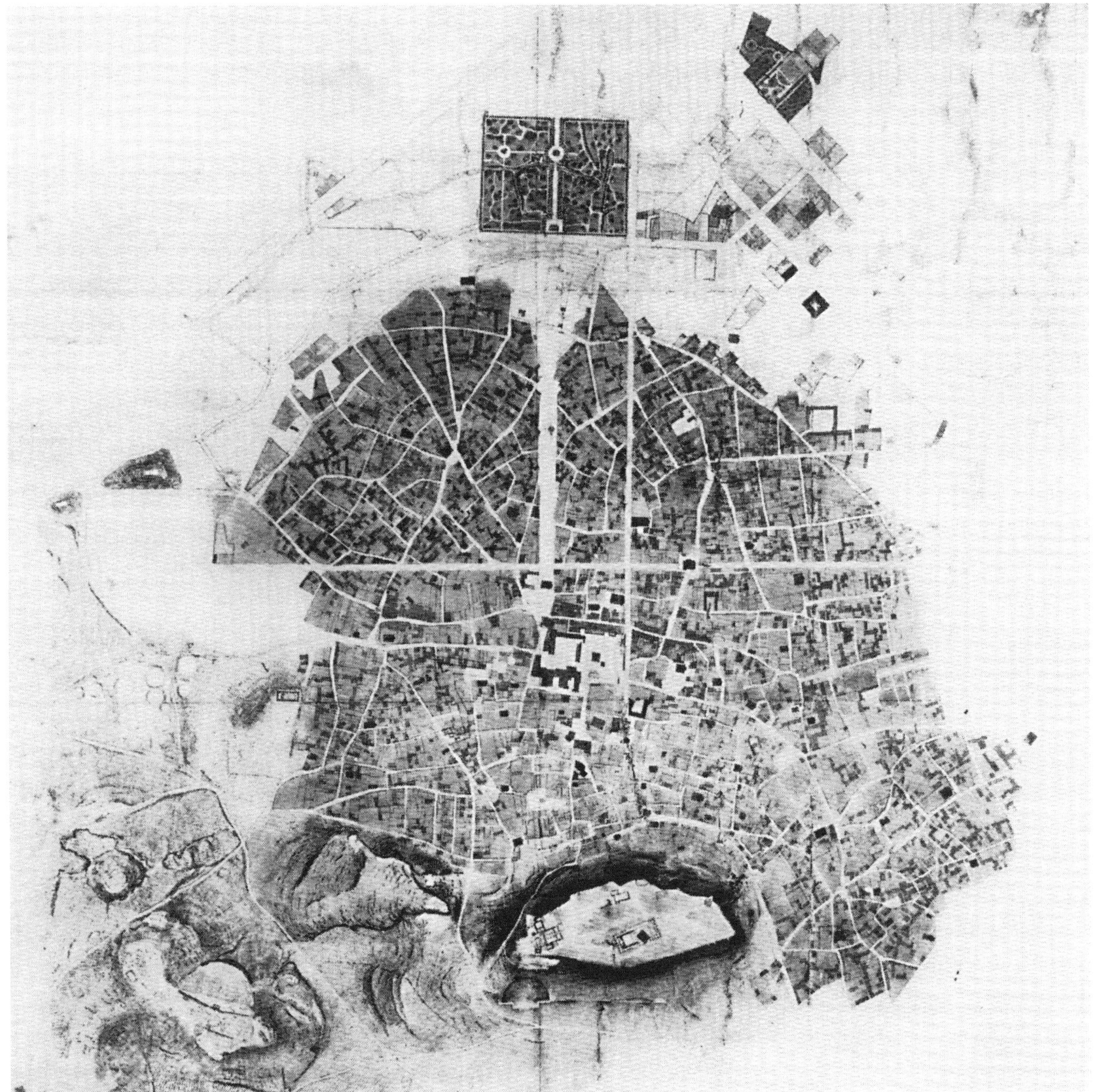

Abb. 7 Bestandsaufnahme von Athen (Alt- und Neustadt) im Jahre 1836 von Friedrich Stauffert. Originalgröße 142,4 x 144,5 cm, Maßstab des Originals 1:1250, Feder und Aquarell. Erste Ephorie für byzantinische Altertümer, Athen

züglichen von der Regentschaft in Griechenland eingeführten Gesetzgebung beschränkt. Man kann sich des Eindrucks nicht erwehren, daß hier eher Gelesenes unkritisch wiedergegeben, als daß eine Realität, mit der der Berichterstatter sich auseinandergesetzt hätte, kritisch beleuchtet wird. Der Bericht bricht unmittelbar, ohne den Versuch einer zusammenfassenden Gesamtbetrachtung, ab.

Städte im neuen Griechenland

Die Planung der Städte im neuen Hellas muß verständlicherweise vor dem Hintergrund der älteren Bautradition des Landes sowie der zu jener Zeit neu formulierten Planungsprinzipien für den Neubau bzw. den Wiederaufbau der griechischen Städte betrachtet werden. Wir wissen zu diesem Themenkomplex relativ wenig, aber doch genug, um die wichtigsten Tendenzen bei der Neugestaltung der Städte auf dem befreiten Territorium Griechenlands zu verstehen.

Der nach dem Londoner Vertrag vom 3.2.1830 frei gewordene Teil Griechenlands umfaßte mit seinen 47 516 Quadratkilometern nur etwa ein Drittel des heutigen Territoriums des Landes. Man kann kaum von einer in der ersten Hälfte des 19. Jh. vorhandenen urbanen Tradition in diesem südlicheren Teil Griechenlands sprechen.

Seit der Mitte des 15. Jh. befanden sich Kontinentalgriechenland (Rumelien) und der Peleponnes unter türkischer Herrschaft. Der größte Teil jedoch der griechischen Inselwelt und eine große Zahl von Stützpunkten auf dem Festland (so die Festen Methoni, Koroni, Napoli di Romania, Negreponte) blieben noch lange in venezianischer Hand (Rhodos ging 1522 an die Türken, das Herzogtum der Ägäis wurde im Jahre 1579 und Kreta erst 1669 von den Türken erobert) und sicherten als Außenposten die Seewege der Serenissima. Türken und Venezianer befanden sich in offenem Krieg zwischen 1685 und 1715. Während dieser Jahre gelang es Venedig, die Peleponnes wieder zu erobern.

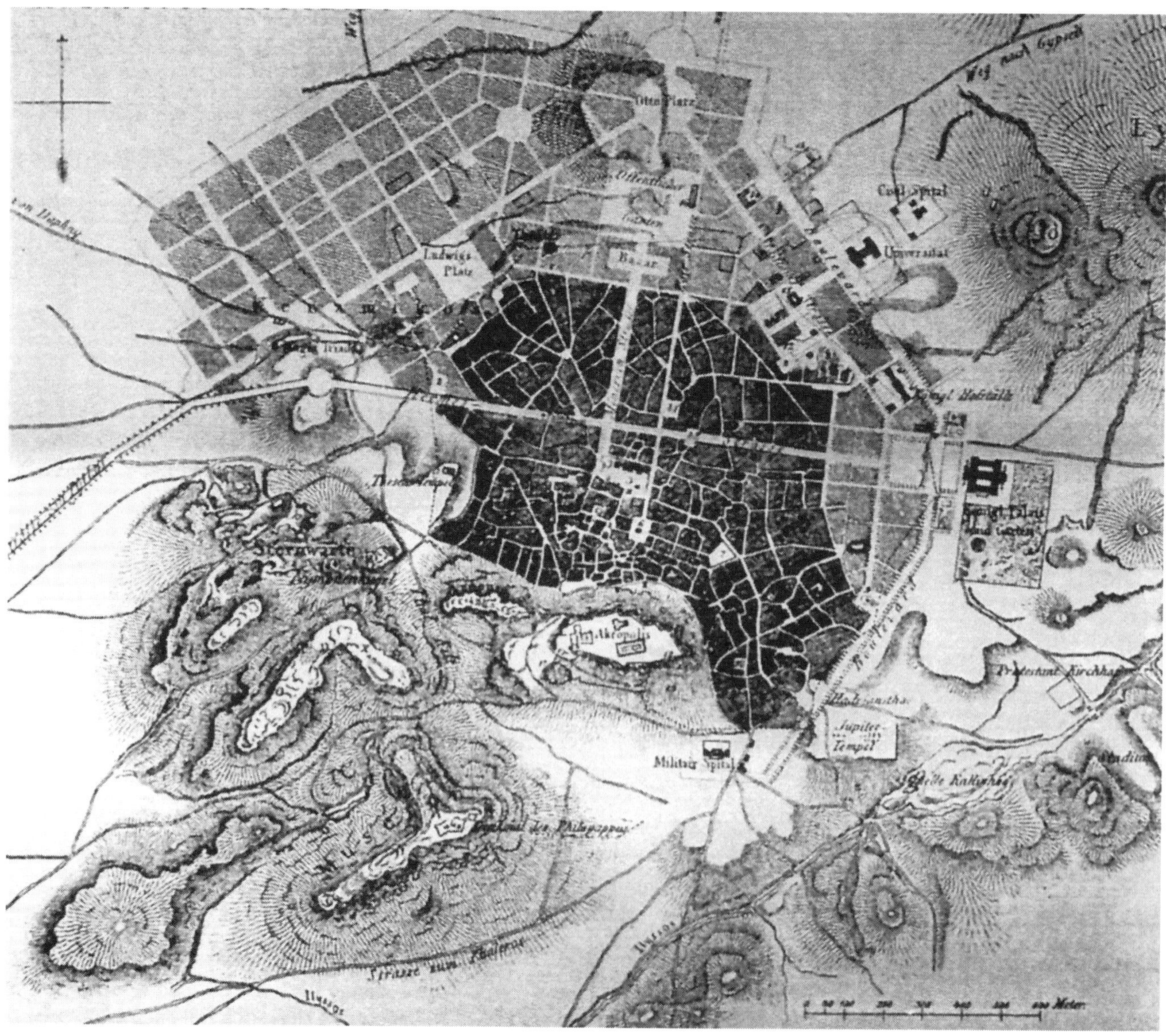

Abb. 8 Stadtplan von Athen. Bestandsaufnahme aus dem Jahre 1846, in: Allgemeine Bauzeitung Jhg. 11 (Wien 1846)

Abb. 9 Modell der Stadt Athen im Jahre 1842 von Ioannis Travlos (1979). Perspektivische Gesamtansicht von Osten. Museum der Stadt Athen, Athen

Nach der jahrhundertelangen Herrschaft der Türken und Venezianer war die Bevölkerungszahl stark zurückgegangen. Die Bevölkerung des befreiten Griechenland (d. h. Rumelien, Peleponnes und die Kykladen) betrug vor dem Unabhängigkeitskrieg etwa 940 000 Seelen. Die Einwohnerzahl war, nach der Verwüstung des Landes, im Jahre 1828 auf 753 000 gesunken. Bei einer Ausdehnung des Staatsgebietes auf 47 516 km^2 ergab sich eine Bevölkerungsdichte von nur 15,8 E/km^2. Das Land war praktisch entleert.

Die damals bestehenden Städte könnte man eher als ʽPlätze' bezeichnen. Wichtige Ortschaften im griechischen Raum während der türkischen Herrschaft waren: Ioannina und Arta in Epirus, Patras, Korinth, Tripolitza und Napoli di Romania auf dem Peleponnes, Levadia, Zitouni (Lamia) und Setine (Athen) in Zentral-Griechenland (Rumelien), Korfu und Zante auf den Ionischen Inseln, Chanea und Candia (Herakleion) auf Kreta, Naxos und Santorin auf den Kykladen, Thessaloniki und Kavalla in Makedonien.

Mit der Ausnahme Nauplias, Chaneas, Candias, Korfus und Thessalonikis, in denen eine geschlossene Bauart vorherrschte, fand man in allen anderen größeren Siedlungen des Landes meistens Hofhäuser in offener Bauweise, mit kleinen Gärten versehen. Die Einwohnerzahl dieser Ortschaften betrug zwischen 2000 und 15 000 Seelen; sie fungierten als landwirtschaftliche Zentren (z. B. Tripolitza), Häfen (z. B. Galaxidi) oder Marktplätze (z. B. Livadia) und waren oft unbefestigt (wie Korinth) oder mit einer schwachen Stadtmauer (wie in Athen) versehen. Wichtige Stützpunkte besaßen oberhalb der Stadt ein Fort, meistens aus byzantinischer oder fränkischer (mittelalterlicher) Zeit. Diese Oberstädte waren oft neben der türkischen Garnison auch von einem kleinen Teil der Bevölkerung bewohnt.

Die gewaltigsten Festen waren die von den Venezianern er- oder ausgebauten: Korfu, Napoli die Romania, Candia. Aus byzantinischer Zeit stammen die Festungen Mistra, Malvoisie (Monemvasia), Lepanto (Nafpaktos), Arta und Akrokorinth. Die fränkische Herrschaft hinterließ unter anderem das Fort Glarenza (Chlemoutsi) in Achaia, die befestigte Stadt Naxos auf der gleichnamigen Insel der Kykladen sowie die Umgestaltung der Propylaien auf der Akropolis in Athen in einen befestigten Palast der französischen Herzöge aus dem Geschlecht der de la Roche.

Auf dem Festland und dem Peloponnes überwogen beim Häuserbau die Walmdächer. Loggien und starke Vorsprünge der oberen Geschoße über die Straße waren üblich. Die Baufluchten waren nicht reguliert, die Straßenführung daher in der Regel krumm, die Straßenbreite sehr bescheiden (2-6 m). Die Bauten waren ein- bis dreigeschoßig. Ähnliches galt auch für die Kykladen, wenn auch hier die kalkbestrichene kubische Architektur der kleinen versetzten Baumassen mit Flachdach die Regel war. Wasserleitungen und Abwasserversorgung fehlten überall: Zisternen und Brunnen lieferten das Wasser, Sickergruben und Trockenaborte waren die üblichen unhygienischen Lösungen. Auch offene Abwassergräben waren nicht selten.

Abb. 10 Das Theseion (Hephaisteion) in Athen mit Volksszenen von Ludwig Lange (1836). Bleistift und Aquarell, Staatl. Graphische Sammlung, München

Die Unabhängigkeit und die damit verbundene Neuorientierung Griechenlands nach westeuropäischen Vorbildern brachten eine abrupte Neueinschätzung der Lebens- und Wohnvorstellungen mit sich. Es wurden zwar in einer technisch rückständigen und institutionell traditionsbelasteten Gesellschaft wie der des damaligen Griechenland keine kühnen sozialen Utopien entworfen; es entwickelten sich jedoch im unterjochten Lande früh Produktionsgenossenschaften auf kommunaler Ebene, besonders in Nordgriechenland, dessen Städte (Kastoria, Kozani, Siatista) in regem Handelsverkehr mit Mitteleuropa (besonders der Donaumonarchie) standen. Zu einem berühmten Beispiel einer sehr frühen Assoziierung von Arbeit und Kapital wurde die Kleinstadt Ambelakia in Thessalien, deren Bewohner sich zu einer 'Gemeinsamen Kumpanei der Ambelakioten' im Jahre 1795 durch die Initiative des expatriierten Griechen Georg Schwarz (griechischer Name: Mavros) zusammengeschlossen hatten. Wenn auch kein neues Modell sozialen Gemeinschaftslebens hier praktiziert wurde, nahm die Baumwollgarne produzierende und färbende Kumpanei von Ambelakia, in den Jahren bis zu ihrer Auflösung im Jahre 1811, doch Prinzipien der wirtschaftlichen Organisation vorweg, die erst Jahrzehnte später von den utopischen Sozialisten in Frankreich und England propagiert wurden.

Sozial-utopische Ideen über Wohnkollektive und Arbeiterkolonien mit Kommune-Charakter blieben den im Aufbruch in das industrielle Zeitalter befindlichen westlichen Gesellschaften vorbehalten. Dennoch kam es im kleinen neu entstandenen griechischen Staat zu einer radikalen Abwendung von der befestigten Stadt der Vergangenheit und zu einem begeisterten Bekenntnis zur menschenfreundlichen, offenen und hygienischen Stadt der Zukunft. Dieses gründliche Umdenken, das, von der Präsenz der bayerischen Regentschaft gefordert, oft auch negative Begleiterscheinungen zeitigte (es sei hier nur an die Entmündigung der örtlichen Selbstverwaltung der Städte gedacht), leitete immerhin die Stadtplanung in Griechenland in eine bescheidene, jedoch rationale und zweckdienliche Bahn. An erster Stelle der Überlegungen standen praktische (funktionsbezogene und hygienische) Belange, an die sich ein bescheidener Anspruch an Stadtverschönerungsmaßnahmen – als gestalterische Absichten – anknüpfte. Insofern ist die Planung Athens in ihrem geschichtsbelasteten und quasi antikehörigen Kontext, der die gestalterischen und topologischen Entscheidungen in den Vordergrund stellte, eher die Ausnahme als die Regel.

Nur wenige schriftliche Dokumente dieser gestalterisch anspruchslosen, jedoch funktional radikal erneuerungsträchtigen Stadtplanung sind uns überliefert. Aus zwei Texten unterschiedlicher Natur, im Abstand von sieben Jahren verfaßt, können wir jedoch eine gewisse Konstanz ablesen. Es handelt sich hier an erster Stelle um den Briefwechsel, den der griechische Ingenieur-Hauptmann Stamatis

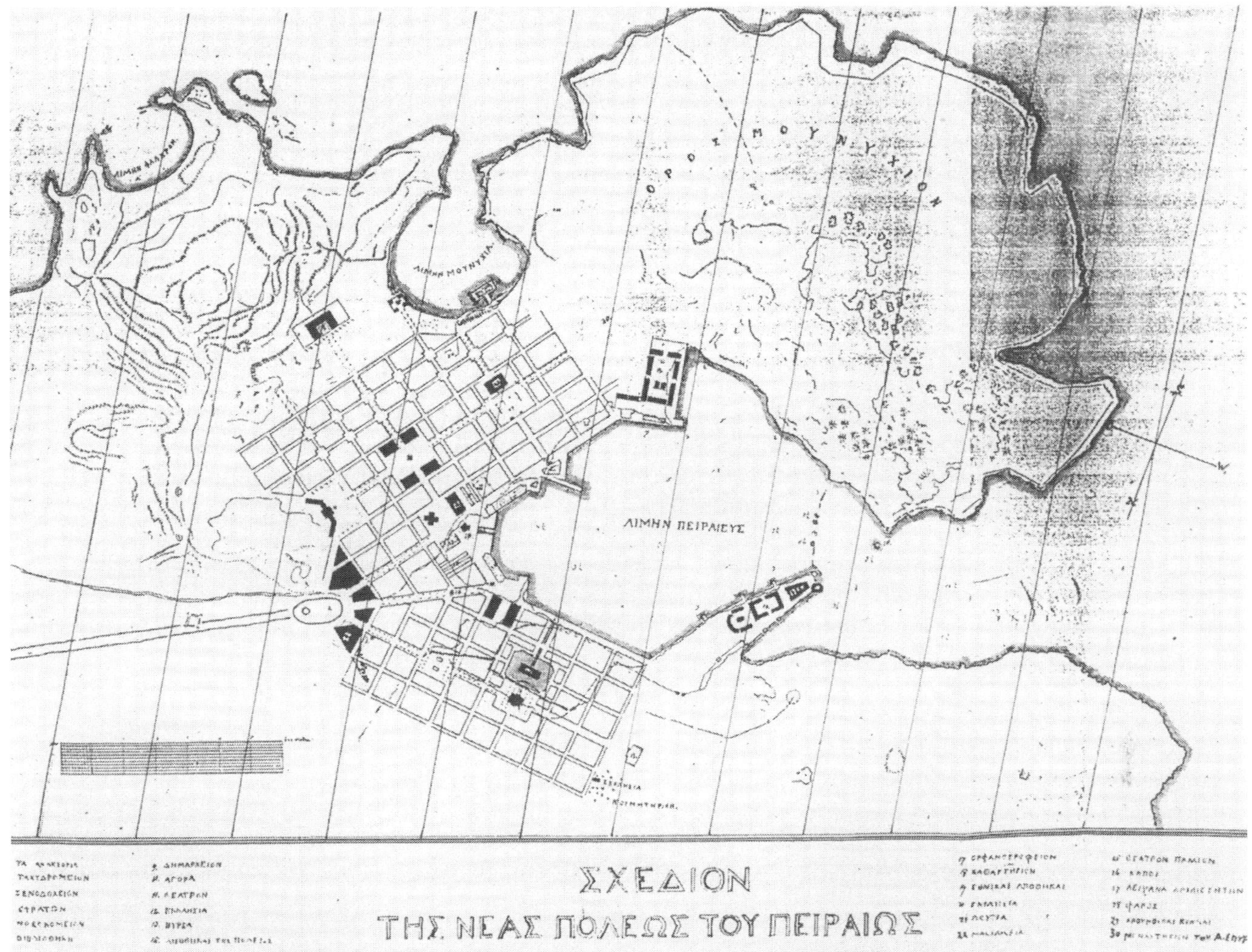

Abb. 11 Plan für die Neue Stadt Piraeus von S. Kleanthes und E. Schaubert. Überarbeitete Fassung des Innenministeriums aus dem jahre 1836. Maßstab des Originals 1:10.000, Griechisches Staatsarchiv, Athen, Ottonisches Archiv, Innenministerium, Mappe 217

Bulgaris über die Neuordnung der Stadt Nauplia sowie die Neugründung der kriegszerstörten Stadt Patras im Jahre 1828 mit dem Präsidenten Graf Johannes Kapodistrias geführt hat. Bulgaris schlägt in seinen Briefen verschiedene Maßnahmen vor, die er in seine Pläne aufnehmen will; er findet dabei die Gelegenheit, über die zweckdienliche Neugestaltung der Städte Griechenlands zu referieren. Dabei findet er für seine Ideen die uneingeschränkte Zustimmung des Präsidenten. Für Bulgaris handelt es sich darum, bescheidene, aber konkrete Schritte *„von der Barbarei in die Zivilisation"* zu machen.

Die vorgeschlagenen Maßnahmen lassen Prinzipien in Form von Handlungsanweisungen erkennen; demzufolge gehören zu einem modernen Stadtgefüge:
- die Hygiene, d. h. reine Luft, reichliche Wasserzufuhr und Reinlichkeit der öffentlichen Räume,
- der regelmäßige Stadtgrundriß,
- die damit (als Voraussetzung) verbundene genaue Vermessung des Stadtareals,
- die Planung von geräumigen und regelmäßigen Straßen und Plätzen,
- ein Ringboulevard, reichlich bepflanzt, der als Stadtpromenade und Verkehrsverteiler fungieren soll,
- die Benennung der Straßen,
- die Standortbestimmung für die zu errichtenden öffentlichen Gebäude,
- die Unterteilung der Stadt in Stadtviertel (oder Pfarreien).

Bulgaris plädiert in seinen Texten nicht explizit für ein schachbrettartiges Straßengerüst; dennoch beweisen seine Pläne für Nauplia und Patras (1828), daß unter regelmäßig nur 'rechtwinklig' zu verstehen sei. Schon diese frühen Entwürfe zeigen aber, daß mit dieser 'Regelmäßigkeit' nicht etwa ein streng einheitliches und monotones System von identischen rechteckigen Häuserblöcken gemeint war, sondern daß unterschiedliche Orientierung der Stadtteile und Abwechslung von Form und Größe der Blöcke eine gewisse Vielfalt in die Ordnung bringen sollten. Diese Flexibilität in der Anwendung des rechtwinkligen Straßensystems bleibt auch in der Folgezeit für die griechischen Neugründungen von Städten kennzeichnend.

Zeitlich an zweiter Stelle steht das Gesetzeswerk, das als Systematisierung der von Kleanthes und Schaubert in ihren Planungen für Piraieus, Athen und Eretria befolgten Planungsprinzipien zu betrachten ist. Es handelt sich hier um das erste Baugesetz des Landes, das im Jahre der Volljährigkeit König Ottos (1835) erlassen wurde. Dieses Rahmenwerk systematisiert die Grundbedingungen für *„die Erbauung von Städten und Dörfern"*, indem es sowohl raumplanerische Voraussetzungen als auch strukturelle und gestalterische Zielsetzungen festschreibt. So werden in seinen 29 Artikeln folgende Richtlinien festgelegt:

- Voraussetzungen – hygienischer, infrastruktureller und geographischer Art – werden für Stadtneugründungen vorgeschrieben (Art. 1-4);
- die Befestigung und Abschirmung von Siedlungen durch *„Stadtmauern, Gräben und Wälle"* ist zu vermeiden (Art.5);
- strukturelle Empfehlungen für die Anlage von Städten: Es werden gerade Straßen, *„sich im rechten Winkel durchschneidend"*, mit mäßiger Breite (jedoch nicht unter 6 m) vorgeschrieben. Plätze, *„nicht unverhältnismäßig groß"*, sind im ganzen Stadtkörper zu verteilen. Ein Netz für Regen- und Abwasserableitung soll unter den Straßen angelegt werden (Art. 6-9);
- für die Dörfer wird ein viereckiger oder kreisförmiger Grundriß empfohlen. Kirche und öffentliche Gebäude sollen mittig aufgestellt werden (Art. 10);
- Trinkwasser soll durch *„Wasserleitungen oder Brunnen und Zisternen"* gesichert werden. In der Nähe dieser Einrichtungen sollen keine *„Abtritte, Senkgruben, Schindanger, Leichenäcker oder schädliche Fabrikanstalten"* bestehen (Art. 11-12);
- für die Errichtung von Privatbauten ist in der Regel eine Baugenehmigung in Form einer *„Bewilligung des Bauplanes von seiten Sachverständiger"* einzuholen (Art. 13);
- die Geschoßzahl wird *„in der Regel"* auf zwei Stockwerke begrenzt; dies nicht zuletzt auch wegen der Erdbebengefahr (Art.13);
- bautechnische Ausführungsdetails werden festgelegt: Eine *„zweckmäßige Anlegung der Kamine und Abtritte"* sowie eine feuersichere Ausführung der Deckung mit *„Ziegeln, Schiefer oder Metall"* soll gesichert werden. Ölfarben und Firnisse sollen beim Anstreichen aus gesundheitlichen Gründen vermieden, neugebaute Wohnungen erst nach ihrer *„vollständigen Abtrocknung"* bezogen werden. Die Baupolizei hat die Aufsicht über die Einhaltung der bautechnischen Auflagen (Art. 13-15);
- die öffentlichen Gebäude sollen *„zweckmäßig verteilt und möglichst auf freien Plätzen"* (gemeint ist hier wohl als freistehende Baukörper) errichtet werden (Art. 16);
- eine räumliche Absonderung der störenden Nutzungen wird streng vorgeschrieben: *„Spitäler, Irren-, Zucht- und Arbeitshäuser"* (d. h. Strafkolonien), aber auch *„Stallungen"* sollen außerhalb der Stadt errichtet werden. Schlachthäuser und Abdekkereien sollen ebenfalls entfernt von der Stadt *„am Meere oder einem fließenden Wasser"* angelegt werden. Friedhöfe sollen mit *„Bäumen besetzt sein"* und in *„hinlänglicher Entfernung"* eingerichtet werden. Für die Errichtung einer ganzen Reihe von *„schädlichen oder gefährlichen"* Fabriken und Manufakturen ist eine Spezialgenehmigung der Polizei erforderlich (Art. 17-24);
- der öffentliche Stadtraum (Straßen und Plätze) darf weder mit Waren noch mit Baumaterialien *„versperrt oder unwegsam gemacht werden"* (Art. 25);
- Spaziergänge und Alleen sind in der nächsten Umgebung von Städten und Dörfern anzulegen (Art. 26).

Mit diesem Rahmenwerk hat die Stadtplanung in Griechenland mit gewissem Erfolg bis 1923 – also fast ein Jahrhundert – operiert. Zwar sah dieses Gesetz keine differenzierten Instrumente zur Gestaltung des Stadtgefüges, wie unterschiedlich festgelegte Bebauungsarten, vorgeschriebene Geschoss- bzw. Grundflächenzahlen oder gestalterische Auflagen für Dachformen, Fassadenvorsprünge oder straßenbegleitende Arkaden vor; auch verkehrstechnische oder nutzungsbezogene Anweisungen fehlten noch. Bei dem bescheidenen Bevölkerungswachstum der griechischen Städte bis zum ersten Weltkrieg erwiesen sich jedoch die vorerwähnten Vorkehrungen als geeignetes und ausreichendes Instrumentarium.

Die innovative Tragweite dieser Gesetzgebung wird erst dann verständlich, wenn man den vorherigen Zustand der Siedlungen im Lande in Betracht zieht. So waren gerade Straßen mit konstanter Breite und Entwässerung für die griechischen Verhältnisse jener Zeit ein Novum. Planmäßige Verteilung der Plätze und der öffentlichen Gebäude im Stadtkörper sowie Festlegung eines Höchstmaßes für die Geschoßzahl der Privatgebäude wurden auch zum ersten Mal eingeführt. Die Errichtung von Bauten mit Spezialnutzungen wie Krankenhäuser, Irrenanstalten und Gefängnisse außerhalb der Stadt weist in Verbindung mit der Abschaffung der Stadtbefestigungen in die Richtung der offenen, räumlich entwicklungsfähigen Stadt hin. Auch die Sicherung der baulichen Qualität der Privathäuser durch bindende bautechnische Auflagen war eine vorher im Lande undenkbare Regelung.

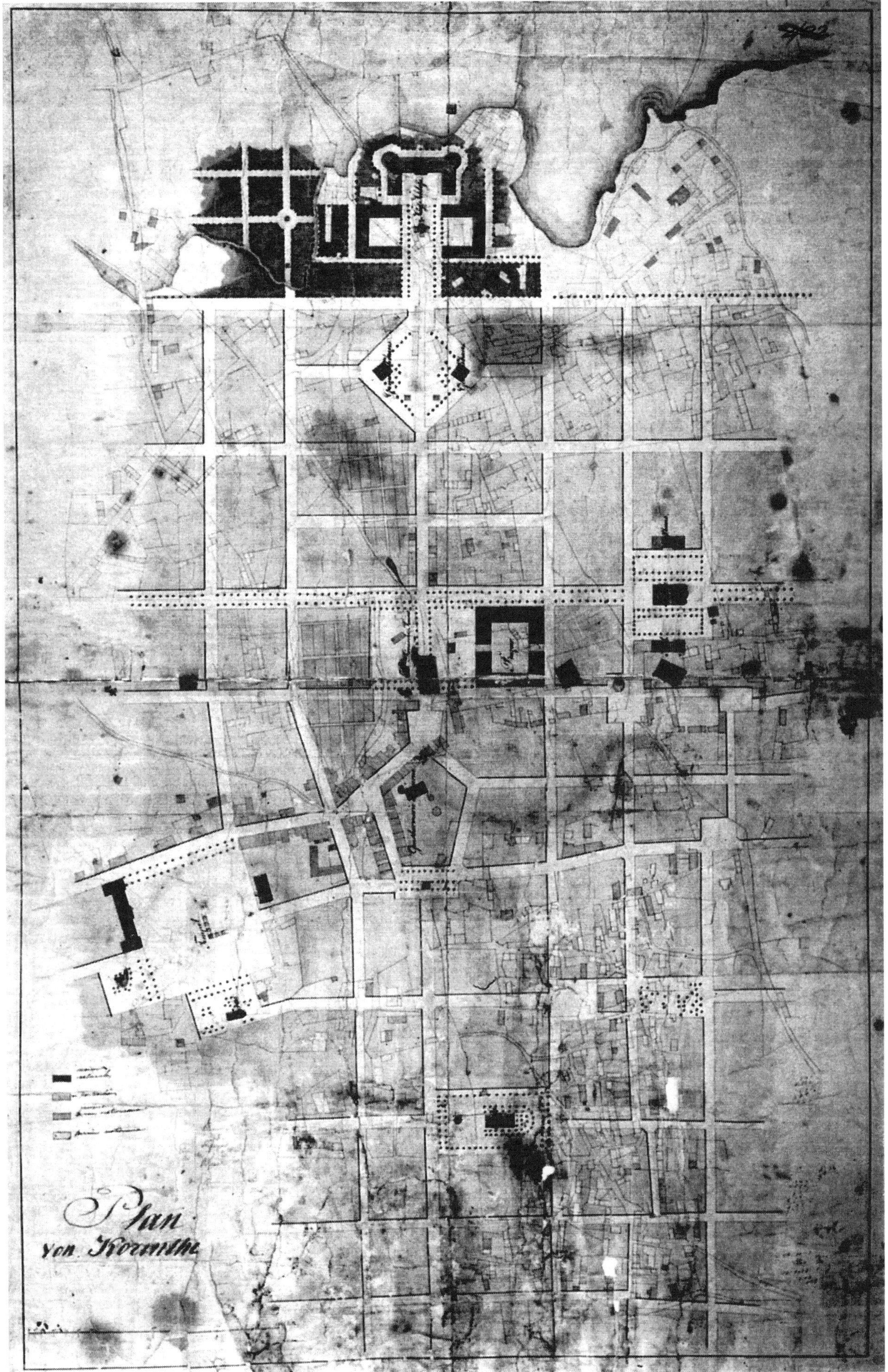

Abb. 12 Plan für die neue Stadt Korinth (unausgeführt) von Eduard Schaubert (1835). Originalgröße 86,5 x 54 cm, Maßstab des Originals 1:1250, Feder und Aquarell, Plansammlung des Umweltministeriums, Athen,

Abb. 13 „Zusammenstellung verschiedener Gebäude in Nauplia" von Ludwig Lange (1834): im Vordergund der Platanenplatz mit den beiden Moscheen der Stadt, im Hintergrund das Serail des Paschas. Feder und Aquarell, Staatl. Graphische Sammlung, München

Auch die eingeführte spezielle Genehmigung für die Einrichtung störender Nutzungen und ihr Ausschluß aus den Wohngegenden war in jener Zeit sogar für zentraleuropäische Verhältnisse eine ausgesprochen fortschrittliche Vorkehrung. Manufakturen und Fabriken wurden demzufolge im Laufe des 19. Jh. konsequent an der Peripherie des Stadtgebietes angesiedelt (so z. B. in Patras, Hermoupolis oder Athen).

Eine Neuigkeit ist auch die Einrichtung begrünter städtischer Friedhöfe am Rande der Siedlungen: bis dahin fanden nämlich die Bestattungen in den Gottesäckern (Vorhöfen) der Gemeindekirchen statt. Die Anlage von begrünten Spazierwegen – als Erholungseinrichtungen für die Bürgerschaft gedacht – berücksichtigt das Bedürlhis an öffentlichen Grünanlagen in der Stadt; auch dies war neu. So entstanden im Laufe des 19. Jh. kleine und größere Haine neben allen griechischen Dörfern und Kleinstädten, die noch heute ihr Stadtbild prägen.

Stauffert als Chronist und Berichterstatter

Nun wäre es ein gewagtes und zugleich eitles Unternehmen, die Gesinnung und die Beweggründe eines Fachgenossen über 170 Jahre hinweg schildern und interpretieren zu wollen. Zudem fußen üblicherweise solche retrospektiven 'Psychogramme' auf Äußerungen und Beurteilungen von Zeitgenossen des Betreffenden, die im Falle Staufferts uns bis heute nicht zur Verfügung stehen. Stattdessen können wir allerdings seine Schrift selbst, nach ihren Absichten sowie nach der Motivation und der Mentalität ihres Verfassers befragen. Dies ist u. E. ein viel legitimeres Unterfangen als der Versuch einer pauschalierenden und oft willkürlichen Charakterdeutung des Autors. Zwar unterliegt auch eine Interpretation des Stauffertschen Dokuments der unvermeidlichen Subjektivität des Kommentators, die Textaussage bleibt jedoch dem Leser vor Augen und besitzt die Qualität eines Korrektivs, das das Urteil des Kommentators relativiert.

In diesem Sinne wollen wir nun den Stauffertschen Text über seinen Autor sprechen lassen: Sachlichkeit, Nüchternheit und Offenheit sind die Hauptmerkmale des Berichts. Was zu sagen ist, wird hier direkt und unmißverständlich geäußert, die Kritik, die Bemängelungen, ja die Vorwürfe werden offen ausgetragen; Andeutungen, Mutmaßungen und Perfidien sind nicht die Sache Staufferts. Dies nimmt zunächst den Leser positiv für den Text, der informationsreich ist, ein. Dabei stellt sich die Frage über Motivation und Zielsetzung der Arbeit. In den Ausführungen über den Inhalt des Berichts wurden die vordergründigen Ziele schon erwähnt: Eine öffentliche Bilanz der Tätigkeit Staufferts als Fachmann

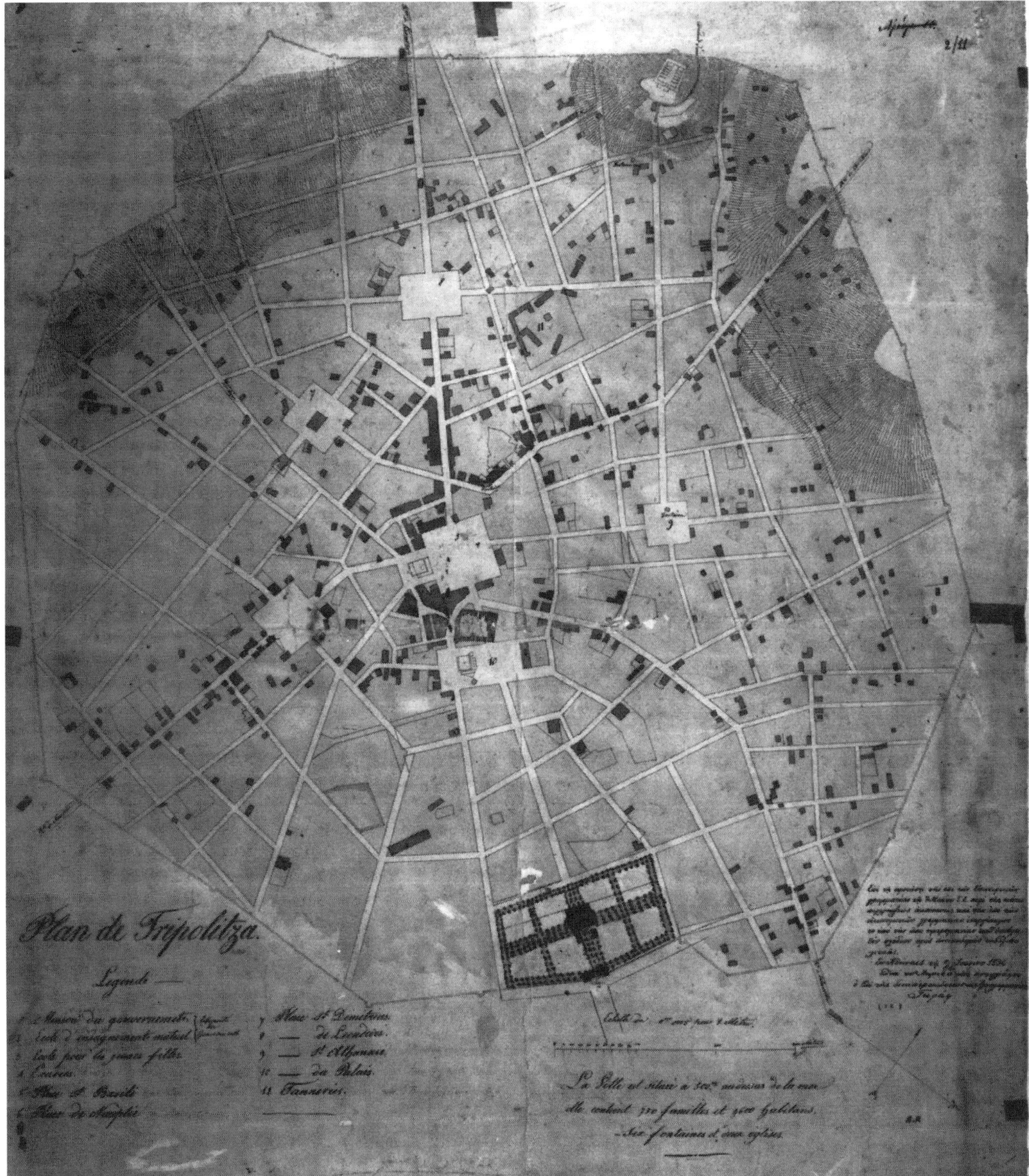

Abb. 14 Überarbeiteter Plan zum Wiederaufbau der Stadt Tripolitza (1836) aufgrund der Planung Bulgaris und Garnots von 1828. Maßstab des Originals 1:2000. Feder und Aquarell, Plansammlung des Umweltministeriums, Athen.

und Staatsbeamter sollte durch eine didaktische Übermittlung von Grundkenntnissen über das Bauen und die Städte im neuen Griechenland ergänzt werden. Für den einfühlsamen Leser zeichnen sich allerdings auch verdecktere Ziele ab: Die argumentative Rechtfertigung der eigenen Bemühungen einerseits, andererseits aber auch die kritische Beurteilung der sozialen und kulturellen Realität im neuen Griechenland.

Zur Rechtfertigung – Apologie – wird die eigene Rolle als Mahner und Hüter der Rechtschaffenheit, die als Korrektur gegenüber der Unfähigkeit der Regierung und der Korruptheit der Bürgerschaft verstanden werden sollte, herausgestellt. In Athen bemüht sich Stauffert um die Unbebaubarkeit der direkten Umgebung der wichtigsten antiken Monumente der Stadt, stellt ein Verzeichnis der „usurpierten" Bauplätze auf, projektiert die erste Stadterweiterung, d. h. die Vorstadt Neapolis, doch sein Plan verschwindet in den Mühlrädern der Bürokratie, schlägt die Anlage von neuen Plätzen in der Altstadt

Abb. 15 „Negroponte/Castro Karababa" (d.h. Chalkis und die Meeresenge von Euripos) von Ludwig Lange. Bleistift und Feder, Staatl. Graphische Sammlung, München

vor, aber auch dieser Vorschlag scheitert *„an den Intrigen und den Einwirkungen des Eigennutzes"* usw. In Sparta wird sein tatkräftiges Eingreifen zum zügigen Vorantreiben der Bauarbeiten bei der Gründung der neuen Stadt mit Versetzung, ja angedrohter Entlassung, belohnt. Überhaupt ist der allgemeine Tenor der Schrift darauf angelegt, durch verschiedene Hinweise immer wieder die Lauterkeit und das Engagement des Stadtarchitekten für das Gemeinwohl zu unterstreichen. Wir wollen diese Eigenschaften Staufferts auch gerne gelten lassen, solange keine Zeugnisse, die dem widersprechen würden, bekannt sind.

Viel unangenehmer dagegen als diese indirekte positive Selbstprofilierung ist die Einseitigkeit, ja Engstirnigkeit, mit denen er seine Vorwürfe sowohl gegen die Regierung und die verschiedenen amtlichen Stellen (Gemeinderat, Polizei) als auch gegen die Athener Bürger selbst formuliert. Nicht das, 'was' hier beanstandet wird, wird in Frage gestellt, jedoch das 'wie' der Empörung Staufferts. Zwar erscheinen unter den damaligen Verhältnissen im Lande jene peinlichen Enthüllungen über die Willkür der Regierimg bei entschädigungslosen Enteignungen,[14] die Unfähigkeit, ja Bestechlichkeit des Gemeinderates, der Gerichtsbarkeit oder der Polizei und die Unbotmäßigkeit und Aufmüpfigkeit der Bürger als sehr plausibel und wahrheitsnah; der ausschließlich tadelnde und nörgelnde Unterton, mit dem diese Bemerkungen jedoch gemacht werden, setzt sie leider herab auf die Ebene der Kolportage oder der Mäkelei.

Für die Griechen im Allgemeinen findet Stauffert eigentlich nur abschätzende Worte. Sie sind ihm ein permanenter Grund zur Enttäuschung.[15] Daß er diese Enttäuschung nicht zu verhehlen versucht, spricht für seine Ehrlichkeit; die Tatsache, daß er neben den bemängelten Fehlern auch nicht ein Wort der Entschuldigung oder Erklärung für die obwaltenden Zustände in Hellas findet, zeigt jedoch seinen begrenzten Horizont: Der untergeordnete Beamte aus dem 'entwickelten Mitteleuropa' fungiert als Entwicklungshelfer im in chaotischen Verhältnissen nach dem Befreiungskrieg sich noch befindenden Land und kann dabei nur sein Staunen über die Rückständigkeit der Lebensverhältnisse, den mangelnden Bürgersinn und die Verschlagenheit der ortsansässigen Bevölkerung zum Ausdruck bringen! Dieses Staunen, die Enttäuschung, ja die Empörung sind echt und auch verständlich; es spricht jedoch nicht für die Persönlichkeit Staufferts, daß er der Begegnung mit einem fremden Lande (in diesem Falle Griechland) keine weiteren Einsichten abgewinnen konnte.

14 Siehe die Bestätigung dieser staatlichen Willkür auch durch George Finlay in *The Hellenic Kingdom and the Greek Nation* (London, 1836), S. 94f.

15 Ein einziges Mal in seinem ganzen Bericht ringt sich Stauffert zu einer positiven Äußerung zu Gunsten der Griechen durch: *„Jeder Grieche zeigt Trieb zu lernen, er begreift schnell, er hat Verstand, selbst Geist"*, um sie gleich zu relativieren: *„aber er lernt nichts gründlich."*

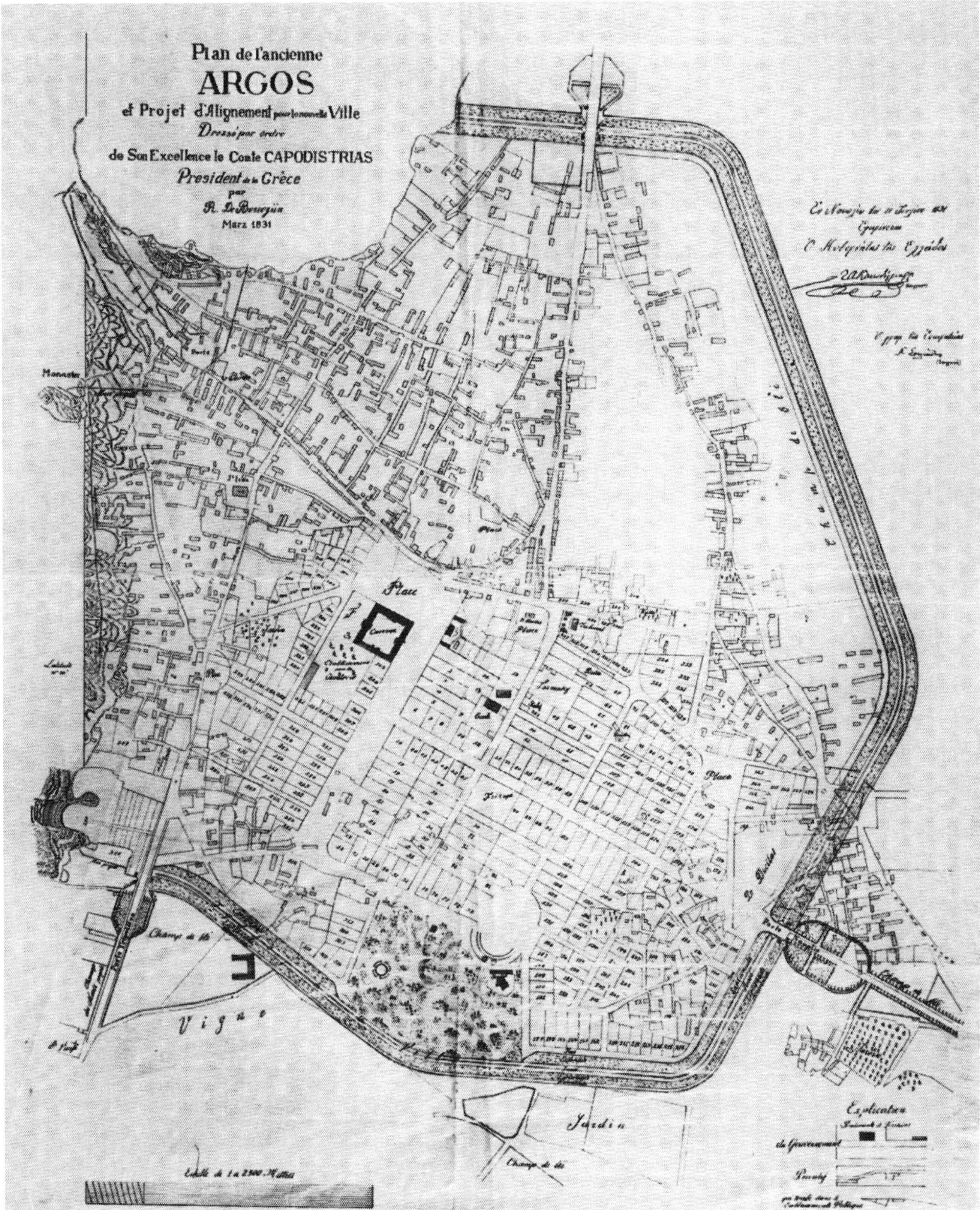

Abb. 16 Regulierungsplan für Argos von Rudolf von Borroczün (1831). Maßstab des Originals 1:2500. Plansammlung des Umweltministeriums, Athen

Staufferts Reaktion auf die griechischen Verhältnisse muß hier dem zwar strengen, jedoch einfühlsamen Urteil von gelehrten Männern von Welt wie Leo von Klenze oder Hermann Fürst von Pückler-Muskau, gegenübergestellt werden. Diese sparen zwar auch nicht mit negativer Kritik, ihre Äußerungen entarten jedoch nie zu Vorwürfen, geschweige denn Angriffen und sie verschweigen nicht ihre gleichzeitige Bewunderung für die angeborenen positiven Eigenschaften des Griechentums und für seine Fähigkeit zu einem erneuten Aufbruch. So spricht Klenze mit Verständnis davon, daß *„alle angeborenen Tugenden* [der Griechen] *unter diesem furchtbaren türkischen Einfluß zerstört und verkehrt werden (mußten)"*, um dann *„durch genaue Kenntnis der Sache"* sich mit Hochachtung über die politische und moralische Palingenesie (Wiedergeburt) der Griechen zu äußern;[16] und Pückler-Muskau, nachdem er mit Gerechtigkeit und Scharfsinn die Vor- und Nachteile des Nationalcharakters der Griechen treffend aufzählt, äußert seine Überzeugung, daß man zu einem Neuerblühen des Landes der Griechen *„die gehörige Zeit (lassen müßte) und (ihm) die Mittel nicht vorenthalten (dürfte), um zur Mündigkeit darin zu erstarken“.*[17]

Eine solche differenzierende Betrachtungsweise – die man umsonst bei Stauffert sucht – ist bezeichnenderweise nicht nur bei privilegierten und humanistisch gebildeten Deutschen – wie die zwei vorher erwähnten – mit einer ausgesprochenen Zuneigung zu Land und Leuten Griechenlands zu suchen. Auch der einfache Leutnant Christoph Neezer, der erste christliche Festungskommandant der Akropolis (1833) und späterer Leiter der deutschen Kolonie Arakli nördlich von Athen, äußert die Meinung, daß *„die Regentschaft keine Ahnung von den Bedürfnissen des griechischen Volkes hatte, dessen Charakter trotz jahrhundertelanger Fremdherrschaft leicht lenkbar und gütig sei“.* Neezer betont weiter, daß nicht Roheit und Ungebildetheit in Griechenland vorherrschen, sondern daß im Gegenteil bei den einfachen und einfältigen Griechen viele patriarchalische Sitten zu finden sind. *„Nur der völlige Mangel schulischer Bildung und Erziehung gäbe den Eindruck, daß die Griechen um Jahrhunderte im Rückstand in allen Sachen des Wissens seien.“*[18]

Bei Stauffert finden sich dagegen Äußerungen, die Unbehagen bei jedem nachdenklichen Leser hervorrufen: So müsse *„der Stumpfsinn der jetzigen Bewohner (Griechenlands) gegen das Schöne und Civilisirte ausgerottet (werden)“.* Anstatt Bildung einzuführen also, *„den Stumpfsinn ausrotten“*? Nur ein traumatischer oder autoritärer Geist kann solche Vokabeln benutzen! So erscheint die gemütsmäßige Annäherung Staufferts zur griechischen Gesellschaft, der er zehn Jahre lang diente, nicht von besonderer Empathie gekennzeichnet: Widerwille gegen die obwaltenden Verhältnisse und Geringschätzung des griechischen Charakters schaffen ein Klima der emotionalen Geladenheit, ja Voreingenommenheit. Auch ist seine Distanz im gesellschaftlichen Verkehr mit den Griechen zu bemerken. In den vielen Seiten seiner Periegese durch das Land finden wir nur Situtationsbeschreibungen und Fakten angereiht. Nirgends ein Wort über die Urheber der Pläne für die neuen Städte, eine Erwähnung der civilisatorischen Anstrengungen der Geistlichkeit oder der Gemeinderäte, ein Hinweis auf eine interessante Persönlichkeit, die erwähnenswert wäre.

Was aber noch mehr hervorsticht, ist das völlige Desinteresse Staufferts an der natürlichen Schönheit des Landes. Er würdigt mit keiner einzigen Beschreibung den Genius Loci von weltberühmten

---

16 *„Es werden mehrere Generationen vergehen, bevor man aus dem Lande und den Menschen diese schrecklichen Spuren der Türkenherrschaft verwischt. Alle schönen Naturanlagen des Volks, alle seine angeborenen Tugenden wurden und mußten unter diesem furchtbaren türkischen Einflusse zerstört und verkehrt werden. Es ist die Eigentümlichkeit des Despotismus, in den von ihm unterdrückten Völkern alle Keime des Guten und Edlen entweder zu ersticken oder zum Schlechten zu verdrehen. So auch bei den Griechen. Der türkische Druck verwandelte bei ihnen die Frömmigkeit und den Glauben in Aberglauben, die Klugheit in Schlauheit und Hinterlist, den industriellen und Handelsgeist in Raubsucht und Betrügerei, die Tapferkeit in Grausamkeit, das Selbstgefühl in Eitelkeit und Hochmuth, und eine angeborene Neigung zur zuvorkommenden Höflichkeit in Kriecherei. Aber wie stark mussten in einer Nation die natürlich guten Anlagen sein, um wie jetzt in den Griechen nach zweitausendjähriger Unterdrückung, wovon die letzten vier Jahrhunderte der stupiden türkischen Zwingherrschaft angehörten, dennoch das Verlangen nach einer Verbesserung ihres moralischen Zustandes und die Kraft erhalten zu haben, sich durch eigene Anstrengungen von ihren Unterdrückern zu befreien? Wo, darf man, durch genaue Kenntniss der Sache, gleich entfernt von falschem Schul- Enthusiasmus und von politischem Skepticismus gestellt, fragen, gibt es in der Geschichte ein schöneres Beispiel eines für seine politische und moralische Existenz kämpfenden unterdrückten Volkes, als die griechische Revolution?“* Leo von Klenze. *Aphoristische Bemerkungen gesammelt auf seiner Reise nach Griechenland* (Berlin, 1838), S. 90f.

17 *„Was nun die Nation selbst und ihren Charakter angeht, so darf man wohl mit Recht sagen, daß wenige Völker nach so langer Barbarei und Unterdrückung noch so viele gute Eigenschaften erhalten haben würden. Ein lebhafter scharfer Geist, Vaterlandsliebe, Tapferkeit, Mäßigkeit, Höflichkeit, Geselligkeit, Gewandtheit und savoir faire wird ihnen niemand absprechen können. Etwas Perfidie, etwas noch übrig gebliebener Sklavensinn, einige Tendenz zum Geiz, Interessiertheit, Unwissenheit, Unreinlichkeit und Faulheit, wo ihr Interesse noch nicht erwacht ist, nebst einer heillosen Eifersucht unter sich, selbst rücksichtsloser Rachsucht und einem sehr weiten Gewissen in betreff des Mein und Dein, welches Gut und Leben oft zugleich gefährdet, das sind ihre Schattenseiten. Im ganzen erscheinen sie jedoch immer noch ehrlicher, als erwartet werden dürfte, denn sie rauben mehr gewaltsam, als sie heimlich stehlen, was gewissermaßen als ein negatives Verdienst angesehen werden mag; und wenn sie mißtrauisch unter sich selbst und noch mehr gegen die Fremden sind (sie haben einige Ursache dazu), so wußten sie auch oft schon mutiges Vertrauen auf edle Weise zu schätzen und zu erwidern. Kriechend finde ich sie ebensowenig als hochmütig, und grausam erscheinen sie mir nur infolge so mannigfacher und tiefer Aufreizung wie durch angenommene türkische Sitten geworden zu sein. Mit einem solchen Volke, das außerdem so viel gesunden Mutterwitz, so viel Nationalgefühl und einen so regen Ehrgeiz mit der leichten Entbehrung fast aller Bedürfnisse verbindet, ist auch gewiß heute noch, so gut wie zu Athens und Spartas Zeiten, Großes zu erreichen möglich, wenn man nur ein neues, ihm angemessenes, seinen Eigenschaften entsprechendes Leben und Interesse in demselben hervorzurufen verstände, und ihm dann auch die gehörige Zeit ließe und die Mittel nicht vorenthielte, um zur Mündigkeit darin zu erstarken.“* Hermann Fürst von Pückler-Muskau: *Südöstlicher Bildersaal; Griechische Leiden* (Stuttgart, 1840; Neuauflage Stuttgart: Steingrüben-Verlag, 1968), S. 176f.

18 Christoph Neezer, *Lebenserinnerungen* (Konstantinopel, 1882; Neuauflage Athen, 1963), S. 36f. (in griechischer Sprache).

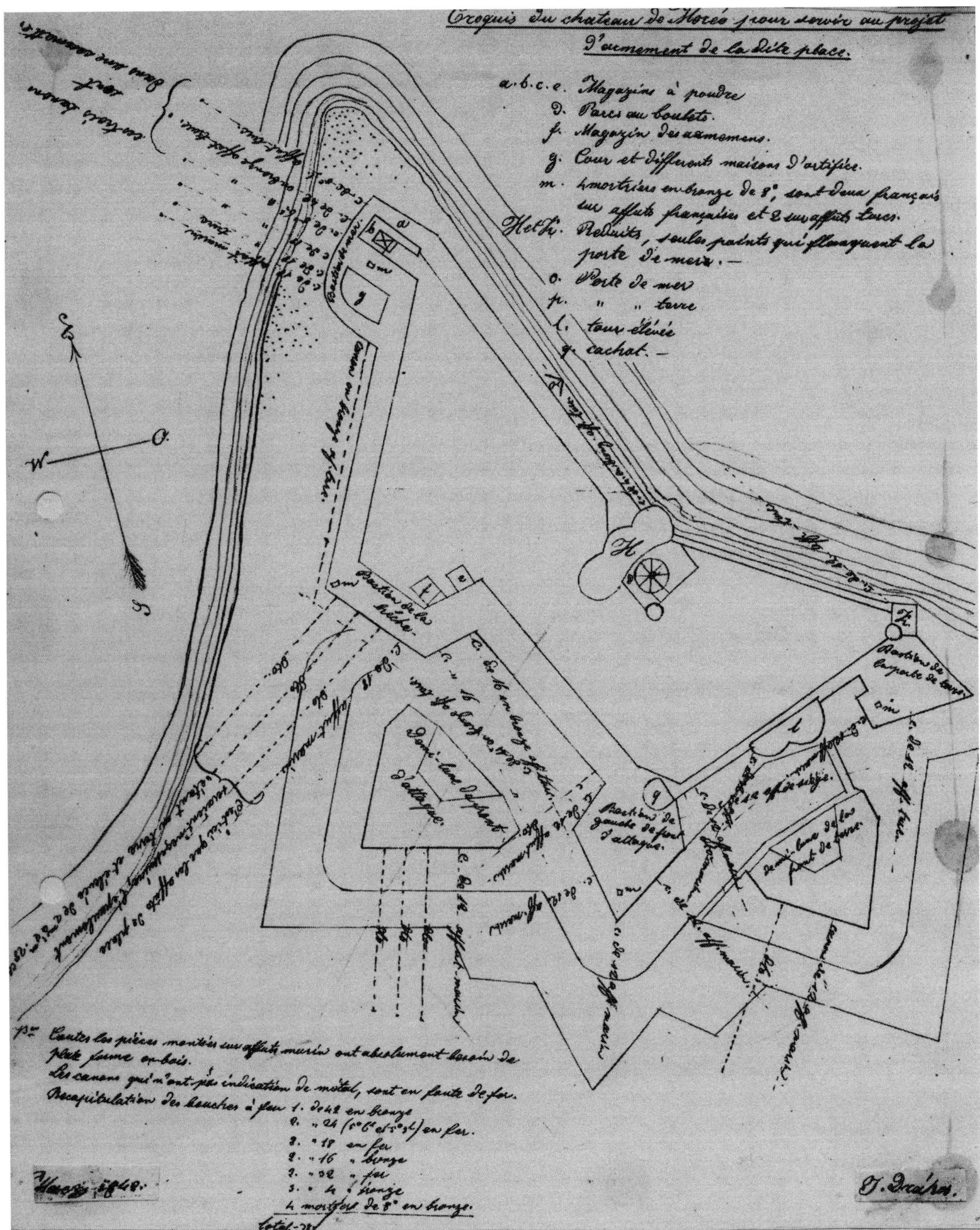

Abb. 17 Bestandsaufnahme der Festung von Rhion von Ioannis Drakos (1842). Privatsammlung Athen

Landschaften, wie diejenigen von Sounion, Delphi oder Olympia. Vergeblich sucht man bei ihm nach einer bewundernden Äußerung wie diejenige von Klenze: *„Man muß die griechische Luft, die griechische Sonne und den Charakter der griechischen Landschaft, welcher sich in seinem ganzen Reize nur in der Ferne entwickelt, kennen, um sich einen Begriff von der Schönheit dieses Anblicks machen zu können.“*[19] Unser Stadtarchitekt bleibt sachlich und trocken. Diese Eigenschaften sind letztendlich aber auch die soliden Voraussetzungen zu seinem zuverlässigen Bericht. Man muß zu Gunsten Stauf-

19 Leo von Klenze, *op. cit.*, S. 173.

ferts gelten lassen, daß, was wir an Empfänglichkeit und Empathie bei ihm vermissen, er durch seine Sachkenntnis kompensiert. Einfühlsame Berichte über Land und Leute im Griechenland des 19. Jh. haben wir viele, sachliche Beschreibungen des Vorhandenen äußerst wenige.[20]

Schlußbemerkung

Aus dem Vorangegangenen darf man zu dem Schluß kommen, daß nach fast 170 Jahren seit seiner Veröffentlichung eine Neuedition des Aufsatzes von Stauffert, der als informationsreiche Primärquelle unser Griechenlandbild bereichert, fällig ist;[21] dies umso mehr, da dieser Text nur in den wenigen in Bibliotheken vorhandenen Reihen der *„Allgemeinen Bauzeitung"* zu finden, und nur spezialisierten Athenforschern bekannt ist.

Der Bericht besitzt in sich schon eine gewichtige Aussagekraft und könnte auch einfach, mit einer Einführung versehen, veröffentlicht werden; vieles macht jedoch seine ausfuhrliche Kommentierung wünschenswert. So verlangen die sehr interessanten Äußerungen Staufferts zur Planungsgeschichte Neu-Athens eine Ergänzung durch sachliche Informationen zu den institutionellen Maßnahmen, den Planungsvorgängen und den Bautechniken jener Zeit, die uns heute zugänglich sind. Auch seine Beschreibung der Städte und Orte Griechenlands muß vielerorts korrigiert und ergänzt werden. Durch eine ausführliche Kommentierung dieses Pieregese-Teiles des Stauffertsehen Aufsatzes sollte der Versuch unternommen werden, ein genaueres Bild des damaligen Griechenland zu erschließen. Hierzu werden hauptsächlich die Zeugnisse der Gelehrten bzw. sachkundigen Zeitgenossen Staufferts herangezogen werden müssen. Da in dem Bericht genauere Angaben zur Planung neuer griechischer Städte in der frühen ottonischen Ära fehlen und die Urheber derselben nicht erwähnt werden, sollten auch diese stadtbaugeschichtlich relevanten Informationen dem heutigen Leser angeboten werden.

Die Kommentierung der Stauffertschen Schrift müßte weit über das Ausmaß eines üblichen Anmerkungsapparates hinaus gehen. Es soll eine 'Interpretation raisonnée', eine wohlbegründete Erläuterung, den eigentlichen Text begleiten und ergänzen. Der etwas altertümliche Duktus und die Schreibart des Stauffertschen Textes sollten streng beibehalten werden. Zur inhaltlichen Gliederung des Textes könnten jedoch den einzelnen Abschnitten des Berichtes kurze Titel, die deren Inhalt rekapitulieren, hinzugefugt werden.

Eine kommentierte Neuauflage könnte auch mit einer beträchtlichen Zahl von Abbildungen bereichert werden, die nicht in der Erstpublikation enthalten sind. Bei der Auswahl der Abbildungen sollten Zeichnungen von Griechenland-Reisenden aus der Entstehungszeit des Berichtes, sowie die Pläne der neuen Städte herangezogen werden. Letztere befinden sich hauptsächlich in der Sammlung historischer Pläne des Umweltministeriums in Athen. Originaltext, Bild und Kommentar sollen im Verein ein facettenreiches Gesamtbild Griechenlands im ersten Jahrzehnt seiner Unabhängigkeit entstehen lassen.

---

20 Ein anderer, sehr genauer Bericht, aus dem gleichen Jahr übrigens wie derjenige Staufferts, über die wirtschaftlichen Verhältnisse im frühen Ottonischen Griechenland ist das Buch Friedrich von Zentners, *Das Königreich Griechenland in Hinsicht auf Industrie und Agricultur* (Augsburg, 1844).

21 Der Bericht Staufferts wurde später vom Verfasser ausführlich kommentiert in Buchform, unter dem Titel: Alexander Papageorgiou-Venetas, *Friedrich Stauffert. Städte und Landschaften in Griechenland zur Zeit König Ottos* (Mainz Ruhpolding 2008) in der Reihe Peleus Bd. 21 beim Rutzen-Verlag veröffentlicht .

5.

Klenze und Griechenland

„Eurer Majestät Fuß hat heute nach vielen Jahrhunderten der Barbarei zum erstenmal wieder diese hohe Burg auf dem Wege der Zivilisation und des Ruhms, (...) betreten, und dieses wird und muß in den Augen der Welt ein Symbol der gesegneten Regierungs- Periode Eurer Majestät und desjenigen sein, was Sie über diese Felsenburg beschlossen haben. Die Spuren einer barbarischen Zeit, Schutt und formlose Trümmer werden, wie überall in Hellas, auch hier verschwinden, und die Überreste der glorreichen Vorzeit werden als die sichersten Stützpunkte einer glorreichen Gegenwart und Zukunft zu neuem Glanze erstehen."
Aus der Ansprache Leo von Klenze an König Otto auf der Akropolis am 10.9.1834 anlässlich des festlichen Beginns der Restaurierungssarbeiten.[1]

Einleitendes

„Stets war es einer meiner sehnlichsten Wünsche gewesen, Griechenland zu sehen. Während der Zeit meiner Studien jedoch machten mir die politischen Verhältnisse Europa's eine Reise dahin unmöglich, und später legte ein frühe schon der praktischen Kunstausübung gewidmetes Leben der Erfüllung jenes Wunsches immer neue Hindernisse in den Weg (...) Der bald nachher ausbrechende Befreiungskampf der Griechen schob den Plan von neuem ins Ungewisse hinaus, und schon hatte ich die Befriedigung meiner alten Sehnsucht aufgeben zu müssen geglaubt, als ich endlich im Sommer 1834 durch die Gnade Sr. Majestät des Königs von Bayern in amtlichen Geschäften zu einer Reise dahin veranlaßt wurde, die, wenngleich nur kurz, nach einem so langjährigen vergeblichen Verlangen mich vorbereitet genug fand, um die Zeit nach Möglichkeit auszunutzen".[2] Mit dieser knappen jedoch inhaltsreichen Mitteilung eröffnet Leo von Klenze seinen umfangreichen Reisebericht über seine Mission in Griechenland im Jahre 1834.

Die doppelte – politische und künstlerische – Aufgabe seiner *„amtlichen Geschäfte"* ist unmissverständlich im Erlass Ludwigs I. zur Mission Klenzes festgelegt. Hier heißt es: *„Bei Gelegenheit, wo Wir Unseren Hofbau- Intendanten, geheimen Rath von Klenze, in allergnädigstem Vertrauen auf dessen bewährte Kunstkenntnisse nach Griechenland abordern, um an Ort und Stelle einen wohlbemessenen Plan zur Gründung und Ausführung einer dem neuen Beherrscher in der Nähe des alten Athen zu erbauenden Königsburg auszuarbeiten und solche sofort Unserer Beurteilung zu unterlegen, soll derselbe sogleich der Überbringer anliegender Weisungen an den Staats- und Reichs- Rat von Maurer, sowie an den geheimen Legationsrat von Abel sein und beiden Unseren festen und ernstlichen Willen dahin zu erklären, daß sie durch andurch eröffnete Abberufung von den ihnen bisher bei der griechischen Regentschaft übertragenen Geschäften, bei Vermeidung Unserer allerhöchsten Ungnade und den sie außerdem unfehlbar treffenden nachtheiligen Folgen des Ungehorsams, welche wir übrigens nicht voraussetzen wollen, sich unweigerlich zu fügen und die Rückreise nach Bayern sofort anzutreten haben"*.[3]

Daß dabei Klenze seine Zeit in Griechenland voll *„nach Möglichkeit auszunutzen*" wusste, belegt seine vielseitige Tätigkeit, die er in der knappen Zeitspanne von drei Monaten (am 23. Juli in Korfu gelandet, ist er schon am 16. Oktober wieder von Zante abgereist) im Lande entwickelte. Die Energie, mit der der Fünfzigjährige seine Geschäfte führte, und die Fülle der mannigfaltigsten Leistungen, die erbracht wurden, sind beeindruckend.

Über die *„amtlichen Geschäfte"* hinaus, bewegte Klenze in Griechenland eigentlich alles: Besuch archäologischer und historischer Stätten, Begegnung mit Würdenträgern, aber auch mit Menschen aus dem einfachen Volk, Bemühungen um den Aufbau der staatlichen Denkmalpflege, zeichnerisches Festhalten seiner visuellen Eindrücke, Besichtigung eines großen Teiles des Landes unter ständiger Bezugnahme auf die Informationen der antiken Schriftsteller, Überlegungen zur gesellschaftspoliti-

1 Leo von Klenze, *Aphoristische Bemerkungen gesammelt auf seiner Reise nach Griechenland* (Berlin, 1838), S. 386.
2 Klenze, *Aphoristische Bemerkungen*, S. III-IV.
3 Erlass Ludwig I. zur Mission Klenzes in Griechenland, in: Klenzeana HI/21.

Abb. 1 Die Athener Altstadt von Südwesten (1835), aus: Ferdinand Stademann, Panorama von Athen, an Ort und Stelle aufgenommen (München, 1841), Taf. 10. Größe des originals 58,7 x 71,3 cm, Lithographie

schen Zukunft des Landes und nicht zuletzt theoretische Fragen über die antike Kunst, stellen ein schillerndes Kaleidoskop kreativer Annäherungsversuche an das Land seiner Zuneigung dar.

Die Erinnerungen an sein facettenreiches Griechenlanderlebnis wurden von Klenze bald gewissenhaft und ausführlich niedergeschrieben: Seine *„Aphoristischen Bemerkungen gesammelt auf seiner Reise nach Griechenland“* erschienen im Jahre 1838 in Berlin; sie sind nur zum Teil ein Reisebericht. Wie der Verfasser selber im Vorwort seines Buches zum Ausdruck bringt, sollte hier, was er *„von allgemeinem Interesse für die Kunst auf der Reise bemerkt, (...) gleich nach der Rückkehr geordnet und in Verbindung mit älteren Untersuchungen über diese Dinge“* veröffentlicht werden.

Das eigentliche Anliegen Klenzes bei dieser Arbeit war es offenbar, einerseits seine künstlerische – d. h. städtebauliche und denkmalpflegerische – Tätigkeit in Griechenland zu dokumentieren und für die Nachwelt zu sichern, andererseits auch seine theoretisch-ästhetischen Überzeugungen zur altgriechischen Kunst zwanglos-aphoristisch vorzutragen. Dem ersten Ziel dient nicht nur die detaillierte Darstellung der Abwicklung seiner künstlerischen Geschäfte als königlicher Spezial-Emmissair im Lande, sondern auch die Anführung einer beträchtlichen Zahl von Originaldokumenten (d. h. eigener Memoranda, Berichte, Anträge sowie seines offiziellen Briefwechsels mit der griechischen Regentschaft), die am Ende seiner Schrift ihr als Beilagen zugeordnet sind. Sein zweites Anliegen verfolgt er mit der Einbeziehung von zehn essayhaften Exkursen über verschiedene kunstgeschichtliche Themen in seine Arbeit. Dazu kommen noch zwei spezielle Exkurse über die damalige politische und gesellschaftliche Lage in Griechenland sowie über das Wesen und das historische Geschick des Griechentums.

Über seine eigentliche politische Mission in Nauplia schweigt der Verfasser wohlweislich: *„Es ist hier der Ort nicht über meine Geschäfte und Wirksamkeit in der Hauptstadt des neuen Königreiches zu sprechen“*. Auch sein mannigfaltiges Wissen über die Hintergründe der Griechenlandpolitik Ludwigs kommt in diesem Werk nicht zum Ausdruck. Seine zutreffenden und strengen Urteile in dieser Sache sind ausschließlich in seinen geheimen Aufzeichnungen *„Memorabilien“*[4] enthalten.

Der breitgefächerte Inhalt der Schrift enthält eine Fülle unterschiedlicher Sachverhalte, die unter vier Hauptthemen zu ordnen sind: 1. Theoretische Exkurse über verschiedene Themen, 2. Beschreibung und Kommentierung archäologischer Stätten, 3. Beschreibung bewohnter Städte, 4. städtebauliche und denkmalpflegerische Fragen in Hellas. Eine fünfte inhaltliche Kategorie stellt der eigentliche Reisebericht dar, der sozusagen als roter Faden die ganze Arbeit durchzieht. Die theoretischen Exkurse betreffen: 1. den dorischen Tempelbau, 2. die Entwicklungsgeschichte der altgriechischen Plastik, 3. die Färbung der Statuen (Agalmatochromie) bei den Alten, 4. den Vergleich altgriechischer und christlicher Skulptur, 5. die Parthenonskulpturen. 6. die konstruktiven Charakteristika altgriechischer und zeitgenössischer Kunst, 7. die altgriechische und römische Stadtplanung, 8. die Eigenart der byzantinischen Kunst, 9. die zyklopische Bauweise, 10. die Lithochromie und Wandmalerei in der griechischen und römischen Kunst.

4 Klenze, „Memorabilien, oder Farben zu einem Gemälde welches sich die Nachwelt von dem Könige Ludwig von Bayern machen wird“. Unveröffentlichtes Manuskript in der *Klenzeana* I, 1-7 der Bayerischen Staatsbibliothek München.

Die *„Aphoristischen Bemerkungen"* sind eine in ihrem Reichtum an Informationen einmalige Quelle für die planerischen und denkmalpflegerischen Initiativen zugunsten Athens im Jahre 1834; darüber hinaus stellen sie aber auch ein staunenswertes Kompendium des damaligen Wissens über griechische Kunst dar, erwachsen aus einer auf Griechenland gerichteten Gelehrsamkeit, die nie den direkten Kontakt mit den obwaltenden Realitäten und den bevorstehenden Aufgaben im Lande der Hellenen verliert.

Es scheint, daß König Ludwig mit dem Gedanken gespielt hat, Klenze später erneut nach Griechenland zu entsenden. Die ihm zugedachte Aufgabe eines Mentors des jungen Königs Otto dürfte ihn jedoch sehr wenig interessiert haben: *„Am 21. Nov. (1834) begegnete ich dem Könige vor der Theatiner-Kirche, und er rief mich und sagte mir: 'Klenze, ich werde ihnen etwas sagen, was Ihnen gewiß einen neuen Beweis von meinem hohen Vertrauen geben muß, ihnen aber dennoch vielleicht nicht angenehm sein wird: Ich werde sie wieder nach Griechenland schicken, um meinem Sohne bei seinem Regierungsantritte und seiner Emanzipation meine Glückwünsche darzubringen. Zugleich werden sie, der Griechenland und die griechischen Verhältnisse so ganz begriffen hat und kennt, dem jungen Könige in der ersten Zeit seiner Regierung als ein treuer und geschickter Rathgeber und Geschäftsmann zur Seite stehen!' Ich war wie vom Donner gerührt, machte aber so gute Miene wie nur möglich und sagte was ich dachte: daß S. Majestät meinen guten Willen überschätzten und mir zuviel zutrauten, daß ich aber innig dankbar für diesen neuen Beweis von Gnade sei.(...)"*[5] Es folgte eine Zeit der kühleren Beziehungen zwischen Klenze und seinem Monarchen, ja man könnte von Ungnade sprechen, wenn man bedenkt, daß im Jahre 1836 der neue Günstling in Sachen Architektur, Friedrich von Gärtner, den König auf seiner Griechenlandreise begleitete und in Athen den Auftrag für die Erbauung der Residenz erhielt.

Dies war nicht die einzige Enttäuschung, die Klenze in seinem Verhältnis zu Griechenland widerfuhr. Trotzdem bleibt er in seiner Griechenlandliebe unbeirrt und sehnt sich weiter dahin zurück: *„Wie ein schöner Traum erscheint mir jetzt meine Reise nach Hellas und eine zweite Fahrt dahin erst als die Verwirklichung dieser schönen Phantasiebilder. Ist es mir dann nur mehr als das erstemal vergönnt, ganz außer den Plagen der Wirklichkeit und Gegenwart in der Vergangenheit und Erinnerung zu leben"*.[6]

Der Ablauf der Reise

Zwischen der Aufforderung König Ludwigs an die Regentschaft in Athen, Klenze als Gutachter ins Land zu holen (4. Juni) und der offiziellen Einladung von griechischer Seite (7. Juli) verging kaum mehr als ein Monat, was für die damaligen Postverhältnisse einer Blitzreaktion nahekommt. Klenze verließ schon am 12. Juli 1834 in Begleitung seines Sohnes Hippolyt München, schiffte sich in Ancona am 21. auf das ionische Dampfschiff 'Eptanissos' ein und erreichte am 23. Korfu. *„Unsere Reise war in hohem Grade glücklich und schnell; wir gelangten am 23. früh im ionischen Corfu an und betraten den homerischen Boden, ich kann nicht sagen, mit welch erhabenem Gefühle. Jedoch gestehe ich, daß dieses bald und sehr stark durch Unannehmlichkeiten einer erbärmlichen Wohnung und der Qualen, welche eine unausstehliche Hitze und Ungeziefer aller Art uns bereiteten, sehr gemäßigt wurde"*.[7]

In Korfu wurde er vom griechischen Gesandten in Berlin und München, Fürst Alexander Mavrokordatos, am 25. Juli aufgesucht, der ihm ein Schreiben des griechischen Außenministers Rizos-Neroulos überreichte. Mit diesem Brief (vom 25. Juni/7. Juli) beauftragte die griechische Regierung Klenze mit dem Entwurf eines neuen Planes für die Hauptstadt. Bezeichnenderweise ist in diesem Schreiben nicht von einer Revision, sondern von einem Neuentwurf die Rede. Durch den gleichen Überbringer erhielt Klenze auch einen Brief von Kleanthes, der – in respektvollem Ton verfasst – das Vertrauen der Urheber des ersten Planes in das Urteil des Obergutachters zum Ausdruck bringt.

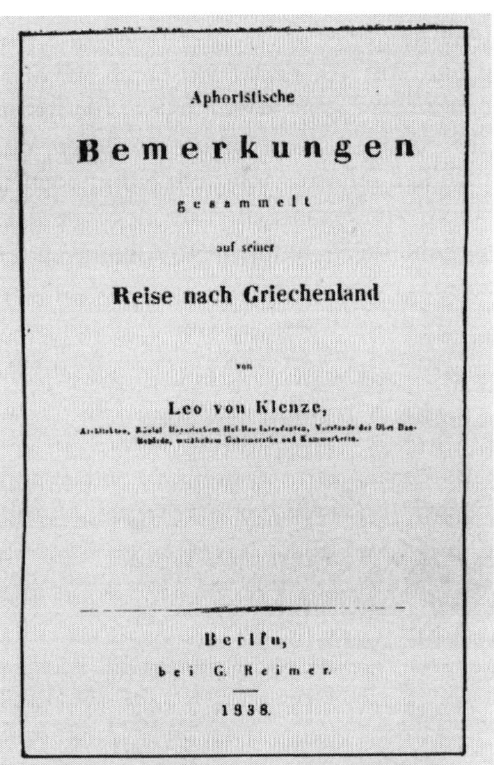
Aphoristische

Bemerkungen

gesammelt

auf seiner

Reise nach Griechenland

von

Leo von Klenze,

Berlin,

bei G. Reimer.

1838.

Abb. 2 Leo von Klenze, Aphoristische Bemerkungen gesammelt auf seiner Reise nach Griechenland (Berlin, 1838), Titelblatt

5 Klenze, *Memorabilien*, II, S. 84.

6 Brief Klenzes an L. Ross vom 14.2.1835, in: Schleswig-Holsteinische Bibliothek/Kiel, Bestand cb 42/55, Nachlass Ross, Heft 53.

7 Klenze, *Memorabilien,* II, S. 61.

Am 29. Juli setzte Klenze seine Reise fort und landete noch am selben Tage in Patras. Von hier aus führte ihn sein Weg über Korinth und Mykenae nach Nauplia, der damaligen Hauptstadt des Landes, wo er am 1. August eintraf. Hier hielt er sich bis zum 11. August auf, um den politischen Teil seiner Mission, d. h. die Abberufung der Regentschaftsmitglieder von Maurer und Abel, energisch und ohne Widerstand der Betroffenen durchzusetzen. In einem ersten Gespräch mit König Otto bemühte er sich auch, dem jungen Monarchen den Wunsch Ludwigs, baldmöglichst Athen als Hauptstadt zu wählen, schmackhaft zu machen.

Schon am 5. August verfasste Klenze ein 'Pro Memoria' über seine künstlerische Mission in Griechenland, das er der Regentschaft einreichte. Es handelt sich hier um eine mit großer Vorsicht formulierte programmatische Erklärung, in der die Hauptziele seiner Intervention im Sinne Ludwigs unterstrichen werden, spezifische Entscheidungen und praktische Handlungsanweisungen jedoch einem späteren Zeitpunkt (d. h. nach der Besichtigung vor Ort) vorbehalten bleiben. Selbstsicher, jedoch mit diplomatischem Geschick, verfolgt Klenze seine Ziele: Er will sich *„mit der Revision und Redaktion des Stadtplanes von Athen (...) beschäftigen und diesen im Einverständnisse mit den Ansichten der Regentschaft zu Stande bringen (...) theils aus der Natur der Sache, theils aus den (ihm) von Seiner Excellenz dem Herrn Regentschaftspräsidenten, Grafen Armannsperg, gegebenen Andeutungen (habe er) folgende Idee gefasst (...)"*.

Nun nimmt der königliche Spezial-Commissair die wichtigsten prinzipiellen Entscheidungen – in der Gewissheit der Rückendeckung Ludwigs – mit seiner *„Idee"* vorweg und lässt den politischen Instanzen des Landes kaum noch einen eigenen Entscheidungsspielraum. Demnach soll Athen zur Haupt- und Residenzstadt, der Piräus aber zu deren Hafenstadt erklärt werden: *„Aber der dringende Wunsch des Königs v. Bayern und der Regentschaft, den Sitz der Regierung von dem Orte wegzuziehen (woselbst sich jetzt alle Fäden der Intrigen und Machinationen, welche sie umgeben, vereinigten) und so mit einem Schlage das ganze Gespinst zu zerreißen, war so dringend, und meine eigene Überzeugung stand diesem Wunsche so ganz zur Seite, daß ich mich nicht irre machen ließ"*.[8]

Der Umzug der Regierung nach Athen soll demnach so schnell wie möglich stattfinden, die Restaurierung der antiken Denkmäler gleich einsetzen. Seine Vorschläge zur Anlage der Neustadt und deren Verbindung mit der bestehenden Altstadt will er erst nach *„genauer Autopsie der Örtlichkeiten"* formulieren. Zur Anfertigung eines Planes für den Schlossbau in Athen denkt er nicht *„ohne spezielle Aufforderung"* zu schreiten.

Nachdem Klenze den Rahmen seiner Aktivitäten in Athen abgesteckt und König Otto alle Lokalbehörden sowie die Architekten Kleanthes und Schaubert angewiesen hatte, *„dem Herrn geheimen Rathe alle Pläne und Notizen, welche sich auf sein Geschäft beziehen"*,[9] vorzulegen, verließ Klenze Nauplia am 12. August, um über Ligourio, Epidaurus und Aegina nach Athen zu reisen. Zu diesem Zweck wurde ihm der *„königliche Segelkahn"* zur Verfügung gestellt.

Klenze verweilte einen Monat in Athen. Am 14. August angekommen, verließ er die Stadt am 15. September. Er sollte Athen während der ihm verbleibenden 30 Jahre seines Lebens nie wieder besuchen. Er besichtigt am 15. August in Begleitung von Kleanthes und Schaubert den Piräus und reicht schon am 20. der Regentschaft seinen Bericht über die Überprüfung und prinzipielle Gutheißung ihres Planes für die Hafenstadt ein. Im Laufe der darauffolgenden zwei Wochen unternimmt er ausgedehnte Besichtigungen sowohl der Akropolis-Altertümer, als auch der am Nordhang der Burg gelegenen Athener Altstadt und der auf dem Gelände abgesteckten Straßenführungen der geplanten Neustadt. Er führt Gespräche mit Kleanthes und Schaubert, die ihm ihren Entwurf an Ort und Stelle erläutern, und lässt sich von Regierungsbeamten, Stadtältesten und Hausbesitzern über die reale Lage und die Realisierungschancen des schon genehmigten Planes informieren. Er vervollständigt auf diese Weise seine schon weitreichenden Vorkenntnisse über die topographischen, baulichen und sozialen Gegebenheiten Athens und rundet sein Bild über die Vorkommnisse, die seine Berufung nach Athen herbeigeführt haben, ab. Diese an Ort und Stelle vorgenommene Auseinandersetzung mit der Planungsaufgabe sowie die beträchtlichen Vorkenntnisse Klenzes in Bezug auf altgriechische Architektur stärkten seine Urteilsfähigkeit so weit, daß er im Eilschritt entscheidende Konzepte entwickeln und erste praktische Maßnahmen in die Wege leiten konnte.

Am 22. August reicht Klenze der Regentschaft einen Kostenvoranschlag für *„die Ausgrabung und Wiederherstellung des Parthenon"* ein, der erst einen Monat später genehmigt wird. Unabhängig davon schreitet er – nachdem er am 12. August *„durch ein Schreiben der Regentschaft beauftragt worden war, die Restauration (...) vorzubereiten"* und die Bestätigung erhalten hatte, daß die Akropolis nicht mehr als Festung benutzt werden sollte – zum Durchbruch der türkischen Bastion der Propyläen und zur Wiederaufstellung etlicher Säulentrommeln an der nördlichen Längsseite des Parthenon.

8 *Ibidem,* S. 75.

9 Anordnung König Ottos an das Ministerium des Inneren vom 26.7./7.8. 1834, in: Klenzeana HI/22 der Bayerischen Staatsbibliothek, München.

Am 3. September schließt er seinen Antrag an die Regentschaft ab, *„die Veränderung des Stadtplanes von Athen betreffend“*, in dem er mit großer Ausführlichkeit eine Strategie zur stufenweisen Sanierung der Altstadt und die Revision der Planung für die Neustadt erläutert. Bis zum 7. September sind die uns bekannten zwei ersten Versionen seines Planes gezeichnet. Die verblüffende Schnelligkeit, mit der er sein Konzept im Detail formuliert und den Plan zeichnerisch ausgeführt hat, erlaubt die Annahme, daß Klenze zu prinzipiellen Entscheidungen schon vor seiner Ankunft in Athen gekommen sein dürfte.

Auf Betreiben Klenzes beschließt die Regentschaft, eine feierliche Einleitung der Restaurierungsarbeiten auf der Akropolis durch den König selbst zu inszenieren. Zu diesem Zwecke trifft Otto am 7. September 1834 in Athen ein. Am 9. September reicht Klenze seinen Antrag *„über die Conservation der Alterthümer Griechenlands“* dem Könige nach dessen mündlicher Aufforderung ein. Am 10. findet die Feier auf der Akropolis statt, die Klenze als einen Höhepunkt seiner Laufbahn beschreibt. Mit bewegten Worten hält er die Ansprache an den jungen Monarchen.

Es folgen die bewegten Tage des 13. und 14. Septembers, in deren Verlauf die endgültige Überprüfung und Besprechung der städtebaulichen Vorschläge Klenzes mit dem König stattfindet und der dreifache Entschluss zur Übersiedlung der Regierung nach Athen, zur Sanktionierung des von Klenze revidierten Stadtplanes und zur Standortwahl für das zu erbauende königliche Palais auf dem St. Athanasius-Hügel fallt.

Am 15. September verlässt der von Fieber heimgesuchte und übermüdete Klenze auf der englischen Fregatte 'Madagaskar' Athen in Richtung Nauplia, ohne wegen seines außerordentlichen Arbeitspensums die antiken Überreste von Rhamnus, Thorikos, Sunion und Eleusis – wie es sein Wunsch gewesen war – besucht zu haben. In Nauplia verweilt er bis Anfang Oktober, da *„die definitive Ordnung mehrerer Geschäfte und namentlich die Angelegenheit des Planes zu der Neu-Stadt Athen“* ihn dazu zwangen. Er unternahm zwischendurch archäologische Ausflüge nach Tiryns, Alt-Argos und Mykenae, die er selbst in seinem Reisebericht darstellt.

In Nauplia arbeitet er ein Gutachten zur *„Behandlungsart der Restaurationsarbeiten auf der Akropolis zu Athen“* aus, mit dem er Fragen der technischen Durchführung, aber auch der zeitlichen Abfolge der einzelnen Restaurierungsschritte anspricht; am 18. September reicht er es der Regentschaft ein. Schon am 16. September ernennt König Otto auf das Drängen Klenzes hin eine zehnköpfige Baukommission *„zur Leitung der Anlage der Neustadt Athen“*; am 21. legt Klenze ein letztes Mal in einem Briefe an König Otto seine wichtigsten gestalterischen Überzeugungen für die Anlage der Stadt dar, wobei er besonders auf diejenigen Elemente seiner Planung hinweist, an denen seiner Ansicht nach unter keinen Umständen gerüttelt werden sollte.

Kurz vor seiner Abreise wird am 30. September die königliche Verordnung, die *„Verlegung der Residenz nach Athen und die Wiedererbauung dieser Stadt betreffend“* veröffentlicht, die in ihren 22 Artikeln alle Details zur Verlegung der Residenz nach Athen am 1. Dezember 1834 festlegt und alle Vorschläge Klenzes aus seinem Antrag vom 3. September, *„die Veränderung des Stadtplanes von Athen betreffend“*, im wesentlichen übernimmt. Artikel 4 stipuliert die *„Sanctionierung“* des Klenzeschen Entwurfs, während in Artikel 5 die endgültige Aufgabe der militärischen Nutzung der Akropolis verkündet wird: *„Die Akropolis hört auf Festung zu sein und soll nie mehr als solche behandelt werden (...)“.*

Somit waren alle wesentlichen Ziele der politischen, städtebaulichen und denkmalpflegerischen Tätigkeit Klenzes in Griechenland erreicht. Wenn auch seine stadtgestalterischen Vorschläge für Athen nur bedingt befolgt wurden und sein Entwurf für die königliche Residenz letztendlich unausgeführt blieb, so hatte er doch in einer sehr kurzen Zeitspanne ein gewaltiges Pensum an gestalterischer sowie organisatorischer Arbeit geleistet, auf der die weitere Stadtentwicklung Athens sowie auch die Denkmalpflege im Lande beruhen.

Am 2. Oktober verließ Klenze Nauplia und trat die Rückreise zu Lande durch den Peloponnes an. Sein Weg führte ihn über Tegea, Tripolis, Megalopolis, Gortys, Olympia nach Katakolon, von wo er nach Zante übersetzte. Schon am 3. Oktober stellte ihm die Regentschaft in Form eines Dankschreibens ein überschwängliches Zeugnis aus: *„Der königliche bayerische Herr geheime Rath von Klenze hat die wichtige Aufgabe, wegen welcher derselbe nach Hellas gerufen wurde, mit gewohnter Umsicht und Genialität gelöst (...)“.*

Mit Wehmut – in Vorahnung der Tatsache, daß diese Begegnung mit Griechenland seine erste und letzte sein sollte – sieht Klenze vom Deck der Kriegsbrigg 'Argo' die Umrisse der Peloponnes schwinden. *„Die Kette rasselte auf dem Verdecke, der schwere Anker hob sich aus dem Meeresgrunde empor, die Segel wurden gelöst (...). Ich verließ Griechenland. Welche Gefühle, welche Erinnerungen drängten sich in meiner Seele als ich die Küsten von Elis und Triphylia sich entfernen (...) sah! (...) Lebe wohl, du Vaterland des Menschen kat exochen, des Menschen in allen Phasen moralischer Entwicklung und menschlicher Zustände in ihren schroffsten und äusserten Extremen und Gegensätzen“.*[10] Am 16. Oktober 1834 reiste er von Zante über Korfu nach Ancona ab und traf in München erst am 2. November ein.

10 Klenze, *Aphoristische Bemerkungen*, S. 697.

Die Revision des Athener Stadtplanes

Als Klenze im August 1834 in Athen ankam, war der Urplan für die Neugründung der Stadt von Kleanthes und Schaubert schon bereits seit einem Jahr genehmigt und die Hauptstraßen waren auf dem Gelände trassiert. Klenze – als erfahrener Praktiker – wusste, daß ein völliger Neuentwurf des Planes zu dieser Zeit nicht mehr möglich war. So schritt er zu etlichen partiellen, jedoch wenig überzeugenden Abänderungen. Man kann sich wohl denken, daß Klenze mit einem beträchtlichen Maß an Frustration an diese Aufgabe ging, die er als eine Anpassung an die gegebenen Notwendigkeiten betrachten musste. Es wäre ungerecht, sein Talent an diesem Plan zu messen!

Klenzes überarbeiteter Plan für Athen ist eine Kompromißlösung, die den großzügigen ursprünglichen Plan an die politischen und finanziellen Realitäten des jungen Staates anzupassen versucht und damit verkümmern lässt. Klenze übernahm die Hauptlinien des Urplanes und verminderte das Ausmaß der öffentlichen Flächen sowie des ganzen bebauten Gebietes. Auch änderte er die Gebäudedichten und die Art der Bebauung: Anstatt einer offenen Bauweise wurde nun für den größten Teil der Neustadt eine geschlossene vorgesehen. Dies entsprach Klenzes Auffassung von einer 'mediterranen' Stadt, wie er sie von italienischen Vorbildern kannte.

Während des ersten Jahrzehnts (1833-1843) der Regierungszeit König Ottos wurden mehrere Stadtentwürfe für Neu-Athen erwogen; einige von ihnen wurden teilweise berücksichtigt (Kleanthes – Schaubert, Klenze), andere sind als reine Spekulation zu betrachten, die keine Folgen zeitigten (Schinkel, Quast, Kaftanzoglou, Traxel). Die Konzepte unterschieden sich nicht nur in ihrer grundsätzlichen Auffassung der neuen Stadtanlage, sondern behandelten auch die Frage der räumlichen Beziehung zwischen 'Alt' und 'Neu' sowie zwischen bebauten und unbebaubaren Flächen auf unterschiedliche Art. Zwar empfahlen alle konkurrierenden Planer, eine ausgedehnte Ausgrabungszone um die Akropolis zu schaffen, die Geister schieden sich jedoch bei der Frage der optimalen Standortwahl für die Neustadt: Der poetischen, jedoch wenig realistischen Vorstellung von Athen als Hügelstadt um seine 'wiederbelebte' Burg, die eine räumliche Überlagerung von 'Alt' und 'Neu' bezweckte und von Schinkel und von Quast verfochten wurde, stellten Kleanthes und Schaubert den Gedanken einer Stadterweiterung in der Ebene gegen Norden, im Sinn einer räumlichen Nebeneinanderstellung von Neustadt und Ausgrabungsareal entgegen. Klenze war seinerseits für eine selbständige räumliche Gegenüberstellung von 'Alt' und 'Neu'. So war für ihn der ideale Standort für die Neustadt der Südhang des Museionhügels, der einen uneingeschränkten Blick aufs Meer öffnet.

Durch königliche Gunst wurde im Falle Athens Klenze zum ersten und einzigen Mal mit dem Entwurf einer städtischen Gesamtanlage beauftragt. Dabei mußte er sich, wie gesagt, nur mit einer Revision des Urplanes begnügen. Klenze betont diese Sachlage in seinem Text, um den ihm sicher bewussten Mangel an Originalität seiner Plankorrektur zu rechtfertigen. Dabei ist es auf den ersten Blick schwer verständlich, warum er sich bei seiner intensiven Auseinandersetzung mit der Athener Planung davon abhalten ließ, seine ureigensten Vorstellungen zeichnerisch darzustellen; dies umso mehr, als er diese Vorstellungen verbal wiederholt zum Ausdruck brachte. Anstatt also ein eigenes Projekt, frei von jeglichem Sachzwang, als exemplarische Darstellung seiner stadtbaukünstlerischen Absichten – wenn auch nicht zur Ausführung gedacht – zu zeichnen, begnügt sich Klenze mit einer theoretischen Erörterung der seiner Ansicht nach für den Süden geeigneten Stadtform.

Diesen Mut zu einem Plan mit geringen Realisierungschancen, um eine künstlerische Überzeugung zu konkretisieren, hat dagegen K. F. Schinkel mit seinem Entwurf für das Königsschloss auf der Akropolis bewiesen. Vor solchen künstlerischen Kühnheiten schreckte aber der taktisch denkende Klenze zurück, und so kam es auch nicht zu einer gezeichneten Darstellung seiner Athener Gesamtkonzeption nach dem von ihm vielgepriesenen *„malerischen"* Prinzip. Dies erlaubt also nicht, über die wirklichen schöpferischen Fähigkeiten des Architekten im konkreten Fall Athens zu urteilen, da kein gezeichneter neuer Stadtentwurf vorliegt.

Wie zur gleichen Zeit K. F. Schinkel war auch Klenze ein typischer Vertreter des romantischen Klassizismus in Zentraleuropa. Die genaue Kenntnis altgriechischer Bauweisen verband sich bei ihm mit einer freien poetischen Interpretation des griechischen Ideals. Das erlaubte ihm gewisse Abweichungen von der Sterilität des akademischen Klassizismus und seiner starren Symmetrie. Diese späte Abneigung gegen feierliche axiale Kompositionen im stadtplanerischen Kontext zeigt sich bei Klenze klar im Falle Athens. So plädierte er für *„malerische Effekte"* (siehe dazu im folgenden) und erklärte die starre Monumentalität des zentraleuropäischen Klassizismus als für Griechenland untauglich und dem griechischen Geiste fremd. Diese seine Auffassungen stehen in offenem Widerspruch zur Kleanthes-Schaubert-Planung, die er auch tatsächlich ausführlich in seinen Schriften kritisiert.[11]

„Ein – ich gestehe es – meinen Ansichten über die Schönheit von Stadtanlagen diametral entgegenstehender Geschmack der Verfasser des genehmigten Planes für die neue Stadt Athen hatte, nur einen Theil der hohen Gegend am Fuße des Lykabettus benutzend, der Neustadt ihre Stelle gerade in

11 *Ibidem,* S. 419 und 434-441.

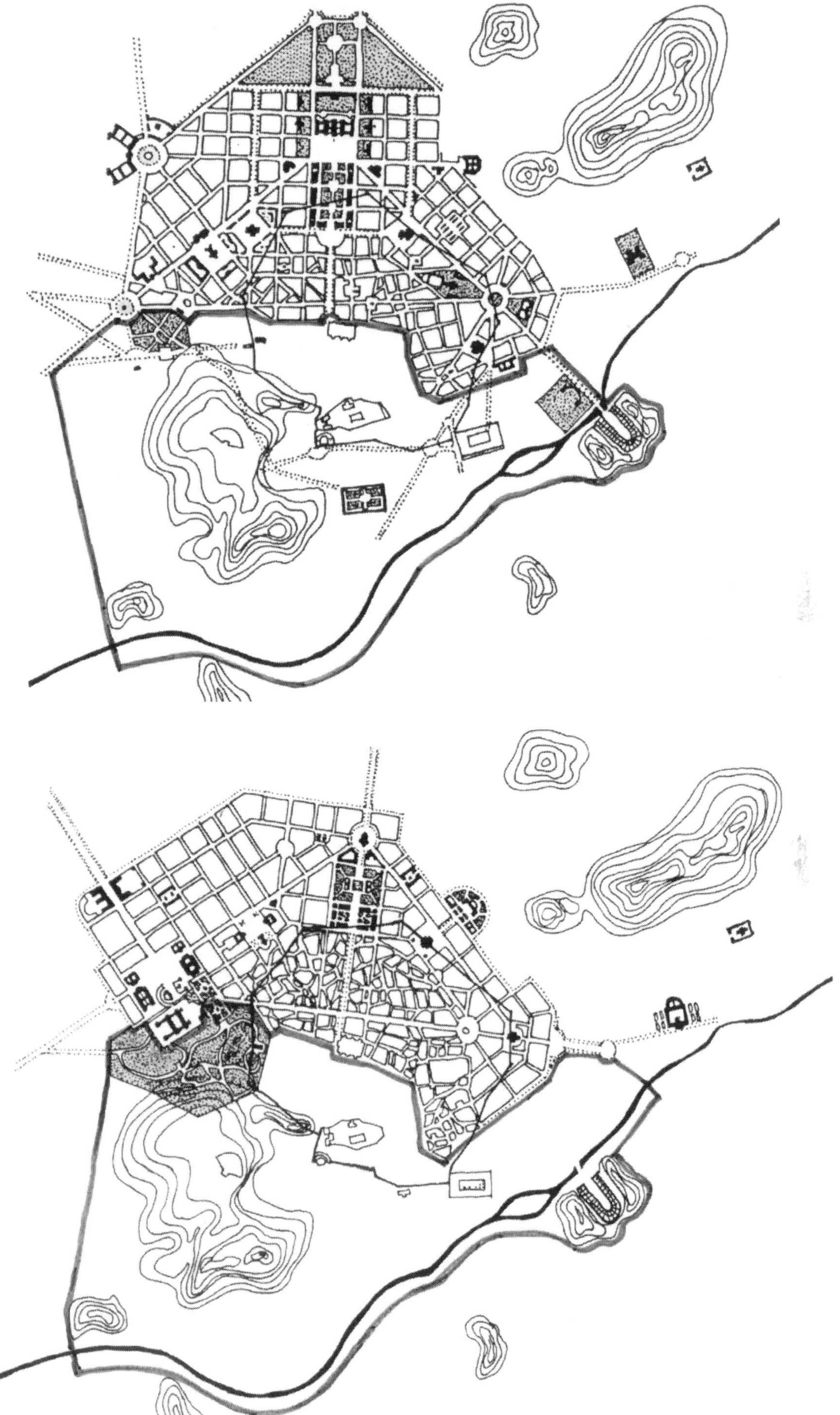

Abb. 3a und b Schematische Darstellung der Hauptzüge des Stadtentwurfs für Neu-Athen von Kleantes und Schaubert, 1833 (oben) und von Leo von Klenze, 1834 (unten). Nachzeichnung des Verfassers

den tiefsten und flachsten Gegenden um das ehemalige acharnische Thor, den äußeren Kerameikos und gegen das Thor Dipylon zu angewiesen. Fast ohne alle Rücksicht auf die Terrain-Beschaffenheit, dessen Höhen und Vertiefungen, ja oft im diametralen Gegensatz damit, waren übermäßig breite, sehr lange Straßen, große Plätze und Bauanlagen entworfen worden, welche nicht allein außer allem Verhältnisse mit den Bedürfnissen der neuen Stadt zu stehen schienen, sondern auch ganz nach der Theorie nordischer Stadtanlagen angeordnet waren“.[12]

Und weiter: *„In Athen angelangt, suchte ich mir dadurch, daß ich mir von den Verfassern des Planes denselben an Ort und Stelle genau erklären ließ, und mich auch über die örtlichen Verhältnisse bei den Lokalbehörden und solchen Leuten, welche Athen genau kennen, so viel mir möglich war, erkundigte, die nöthige Kenntnis der Sache zu verschaffen. Aus der Natur meiner Stellung als Geschäftsmann und als Künstler schien es mir aber hervorzugehen, daß ich dann die einzelnen Veränderungen des Planes ohne Zuziehung und Berathung mit seinen Verfassern machte, um so mehr, da ich eine bedeutende Verschiedenheit in unseren Grundansichten über Stadtpläne zu bemerken glaubte. Während sie eine große Vorliebe für geometrische Regelmäßigkeit eines solchen Planes auf dem Papiere, auf sogenannte 'points de vue', auf sehr breite Straßen und große Plätze und auf dreieckige Gestaltung und Diagonalstellung der Gebäude auf viereckigen Plätzen zu haben schienen, glaube ich, daß eine geometrische Regelmäßigkeit und Wiederholung, welche in der Ausführung nicht gesehen werden kann, eher ein Fehler der Monotonie als eine Schönheit zu nennen ist. Eben so glaube ich, daß die sogenannten 'points de vue', wenn sie nicht malerisch und sehr großartig sind, wenig Reiz gewähren; daß ein spitzer Winkel der Fluch architektonischer Formen, die diagonale Stellung ein zwar vollkommen neuer, jedoch durchaus nicht günstiger Gedanke ist, und daß sich für den Süden und für Städte, wo selbst sehr hohe Häuser weder üblich noch klimatisch sind, eher etwas beschränkte als sehr breite Straßen und Plätze schicken“.*[13]

Fasst man nun die ausführliche Kritik Klenzes zusammen, so ergibt sich folgendes Bild seiner Bedenken und Einwände gegen den ursprünglichen Plan: Für eine südliche Stadt, die sogar auf klassischem Boden entstehen soll, sind seiner Ansicht nach

- übermäßig breite Straßen und große Plätze,
- große Bauanlagen,
- geometrische Regelmäßigkeiten und Wiederholungen der Grundmuster beim Entwurf des Stadtgrundrisses,
- die Ausrichtung der Hauptstraßen nach wichtigen Sichtbezügen (points de vue) sowie die
- Errichtung der Stadt auf ebenem Gelände,

nicht angebracht.

Die vorerwähnten Merkmale verbindet Klenze besonders mit der Gestalt *„nordischer Stadtanlagen“*. Bedenkt man nun, daß er in seinem städtebaulichen Wirken in Deutschland eben diese Struktur- und Gestaltprinzipien befolgte, wird seine Neuorientierung in Hellas um so sichtbarer. Eine unüberbrückbare Meinungsverschiedenheit, die Gegenüberstellung des 'malerischen' (Klenze) und des 'geometrisch geordneten' (Kleanthes-Schaubert) Prinzips, lastet so auf seiner gesamten Beurteilung des Urplanes.

Er erklärt, daß nicht *„Tadelsucht“*, sondern nur seine Überzeugungen ihn bei seiner Kritik des Urplanes geleitet hätten, und erwähnt dabei mit Hochachtung Schaubert als Urheber des ersten Planes, während er den Namen Kleanthes völlig verschweigt. Die Bedeutung, die er seinem Auftrag beimißt, unterstreicht Klenze mit der deklamatorischen Feststellung – die unzählige Male später zitiert wurde – daß *„eine Anlage in Athen eine europäische Kunstangelegenheit“* sei, für die man *„gewissermaßen ganz Europa Rechenschaft“*[14] ablegen müsse.

Die schon von König Otto beschlossene Erhebung Athens zur Haupt- und Residenzstadt Griechenlands sei selbstverständlich und die einzig denkbare Entscheidung. Es sprächen nicht nur *„viele positive und materielle Gründe“* für diese Wahl; der historische Nimbus mache Athen zur natürlichen Hauptstadt des Landes, und so werde diese Stadt *„der Welt Griechenlands Hauptstadt bleiben, wenn man auch eine andere dafür erklären wollte“*[15]

Klenze erklärt sich prinzipiell einverstanden mit dem Vorschlag von Kleanthes und Schaubert, *„alle modernen Gebäude bis auf einige merkwürdige Kirchen und Moscheen“* im oberen Teil der Altstadt, wo *„die Haupt-Denkmale der alten klassischen Zeit griechischer Bau- und Bildhauerkunst zusammengedrängt“* waren, abzureißen. Die Art der Ausführung dieser Maßnahme müsste jedoch

12 *Ibidem,* S. 419.

13 Leo von Klenze, Brief an König Otto vom 21.9.1834 „Die Verbesserung des Stadtplanes von Athen betreffend“, in: *Aphoristische Bemerkungen*, S.731 f.

14 Klenze, *Aphoristische Bemerkungen*, S. 420.

15 *Ibidem*, S. 422.

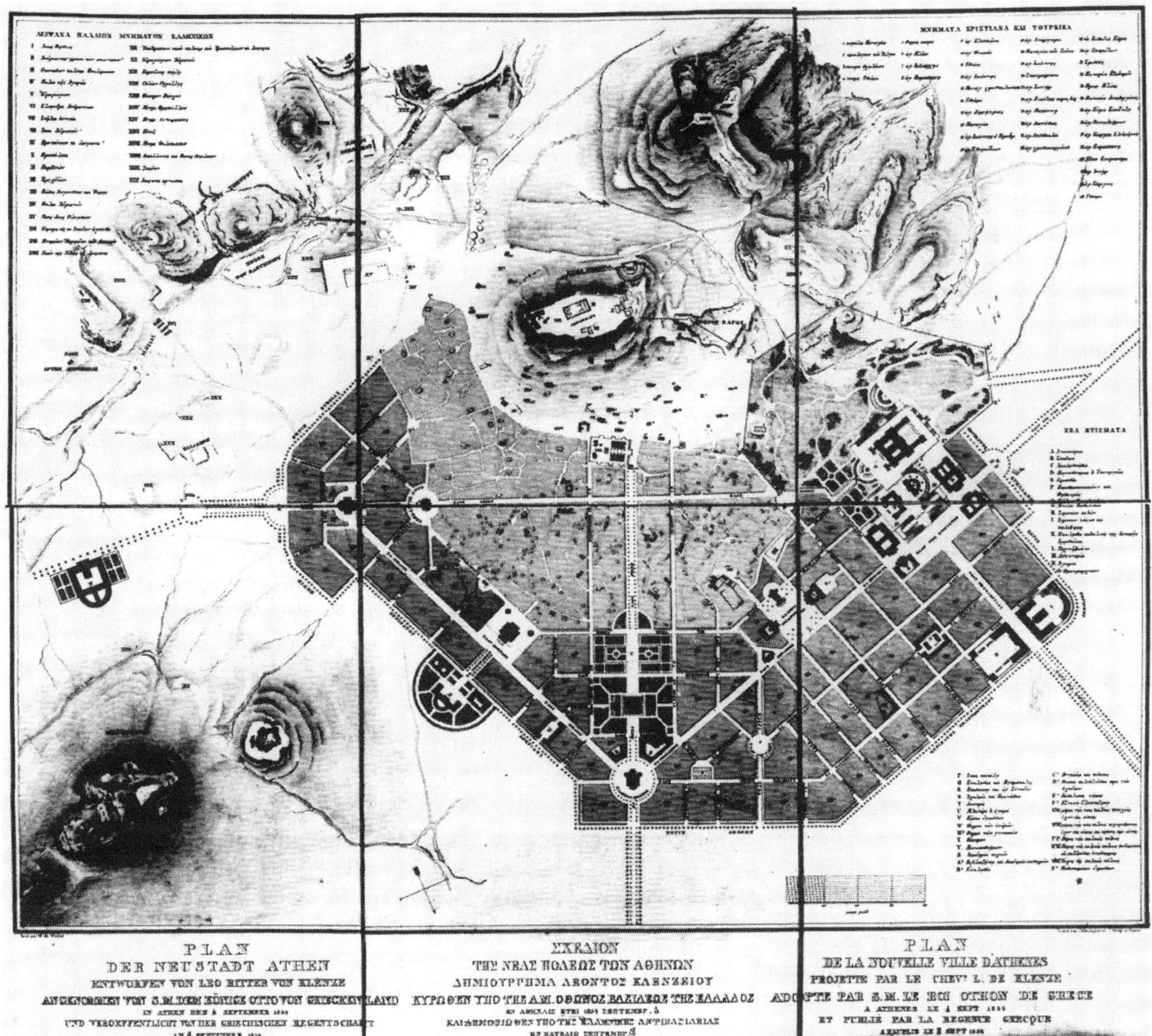

Abb. 4 Plan der Neustadt Athen von Leo von Klenze (1834), aus: Sechs Lithographien zu Klenzes griechischer Reise, 1838, Taf. 2, Originalgröße 43 x 53 cm. Nordung nach unten.

dringend *„einer Modifikation unterliegen, wenn das Ganze nicht von Anfang an auf einer falschen Basis begonnen werden oder ganz unausgeführt bleiben soll“.*[16] Die behutsame und differenzierte Vorgehensweise, die Klenze bei den Enteignungsmaßnahmen zugunsten der Ausgrabungen vertritt, beweist sowohl sein taktisches Geschick als auch seine realitätsbezogene Betrachtung der Planungsfragen. So schlägt Klenze eine differenzierte Strategie für den Bereich vor, der für die dereinstigen Ausgrabungen bestimmt ist. Er teilt die *„Besitzungen“* in fünf unterschiedliche Gruppen ein, die auf drei verschiedene Arten behandelt werden sollten:

- Für zwei Gebäudegruppen schlägt er die sofortige Expropriation und ihren Abriss vor, und zwar für Bauten, die sich in unmittelbarer Nähe von schon bekannten Altertümern befinden und für *„deren Erhaltung oder Anblick direkt schädlich“* seien, sowie für ruinierte Gebäude, die nur noch aus *„nicht wiederherzustellenden Trümmern“* bestünden.
- Für zwei weitere Gebäudegruppen empfiehlt er eine vorläufige Erhaltung und ihre Belassung in Privatbesitz, bis der Staat „ihren Ankauf nach billiger Schätzung oder Übereinkunft bewerkstelligen“ kann. Dies sind einerseits die neugebauten oder *„schon aus den Trümmern wiederhergestellten“* Häuser, sowie andererseits beschädigte Bauten, welche jedoch *„einer Wiederherstellung ohne eigentlichen Neubau fähig sind“*.
- Die auf staatlichem oder kirchlichem Boden befindlichen Gebäude sollen unterschiedlich behandelt werden, und zwar *„dem Bedürfnisse und den Umständen gemäß beibehalten oder ganz niedergerissen werden“*. Selbstverständlich sollten dabei die bedeutendsten Kirchen und Moscheen *„als historische und oft sehr malerische Denkmale der Vorzeit“* erhalten bleiben.

16 *Ibidem*, S. 425.

Durch ein solch stufenweise differenziertes Vorgehen würden nicht nur um die 1,2 Millionen Drachmen erspart werden, sondern es würden auch alle Ruinen auf dem geplanten Ausgrabungsareal verschwinden und gleich beträchtlicher Raum für den Anfang der Spatenforschung geschaffen werden. Die bestehenden oder wiederaufgebauten Häuser würden dabei während einer ersten Phase weiter bewohnt bleiben; da aber ihre bauliche Qualität keine lange Lebensdauer erwarten ließe und dazu bald der *„Handel und alle Annehmlichkeit in die Neustadt ziehen werden“*, würden sie in absehbarer Zukunft von ihren Besitzern zu *„wohlfeilsten Preisen“* der Regierung angeboten werden. In der Zwischenzeit aber würde diese Gegend – in unmittelbarer Nähe zur Akropolis – ein besseres Bild bieten, als wenn sie ein bloßes Ruinen- und Trümmerfeld bliebe.

Der zu erhaltende untere (nördliche) Teil der Altstadt fällt im Plan Klenzes beträchtlich größer aus als im ursprünglichen Plan (d. h. 54,0 statt 39,5 ha). War von Kleanthes und Schaubert für diesen zu erhaltenden Kern des alten Stadtgefüges eine Sanierung in Form einer weitgehenden Neuordnung vorgesehen, die durch den fortgeschrittenen Verfall der Altstadt im Jahre 1832 gerechtfertigt erschien, so sieht sich Klenze zwei Jahre später mit einer völlig veränderten Realität konfrontiert: Das illegale Bauen in der Altstadt unter Nichtbeachtung des ersten Planes hatte schon eingesetzt. Diese Entwicklung muß nun der 'königliche Commissair' auffangen und kanalisieren. Er tut dies, indem er den Status quo weitgehend festschreibt und für die Altstadt keine eigentliche Sanierung im Sinne einer Neuordnung des Straßengerüstes und der Blockstruktur plant, sondern nur die vier wichtigsten der vom ursprünglichen Plan vorgesehenen Straßendurchbrüche unverändert beibehält.

Sein Vorschlag, die Altstadt weitgehend unverändert zu erhalten, entspringt nicht nur praktischen Überlegungen, die auf die Beschwichtigung der aufgeregten Bevölkerung zielen, sondern auch seinem Gedanken, die malerische Altstadt in offenem baulichem Kontrast der Neustadt gegenüberzustellen. Allem Anschein nach entspricht dieser Gedanke auch zutiefst seiner Auffassung von einer gewachsenen Stadt. Das Vorhandensein eines alten malerischen Kerns als Planungsansatz für eine Stadterweiterung, die zwar in geordneter, jedoch keineswegs symmetrischer Straßenführung realisiert werden sollte, schafft erst die Voraussetzungen, um nach Klenzes Worten, *„die Gefahr einer weniger malerischen Monotonie“* bei der Planung zu beseitigen.

Trotz der grundsätzlich für Klenze unerwünschten und lediglich aus Sachzwängen beibehaltenen Standortwahl für die Neustadt und trotz des Weiterbestehens mehrerer Hauptstraßenzüge und dadurch des *„geradlinigen“* Straßensystems, habe er – so sagt Klenze – *„eine wesentliche Veränderung und die völlig neue Gestaltung des Planes angestrebt“*. Dies ist jedoch ein Wunschdenken des Architekten, das einer Selbsttäuschung gleichkommt. Sein Plan stellt, wie wir sehen werden, keineswegs eine *„völlig neue Gestaltung“*, sondern eher eine Verwässerung des ursprünglichen Stadtgedankens von Kleanthes und Schaubert dar.

Dem Stadtplanentwurf Klenzes fehlt nicht nur das originelle Moment in der Festlegung der Hauptzüge des Stadtgefüges; dies ist bei einer Revision eines bestehenden und teilweise schon ausgeführten Planes, wie im Falle Athens, wohl unvermeidlich. Vielmehr enttäuscht die Tatsache, daß hier weder klare strukturelle Vorstellungen noch stadtgestalterische Lösungen vorgeschlagen werden. Hinter einer heftig geführten Polemik gegen den ursprünglichen Plan und einer geschickten apologetischen Vorführung seiner Gegenvorschläge, verbirgt sich die Verlegenheit Klenzes in Anbetracht der Verkümmerung des ursprünglichen Stadtgedankens, die durch seine Intervention bewirkt wurde. Man kann sich des Eindrucks nicht erwehren, daß Klenze die meisten – in sich schlüssigen – stadträumlichen Lösungen von Kleanthes und Schaubert in einem zwanghaften Versuch, dem Entwurf eine neue Identität aufzuzwingen, nur um der Änderung willen modifizierte.

Ohne das rechtwinklige, rational angelegte Straßengefüge aufzugeben, bekämpft Klenze jegliche Symmetrie sowohl bei der Aufstellung der öffentlichen Bauten als auch bei der Gruppierung der Baublöcke. Die von ihm beibehaltenen Trassen der Piräus- bzw. Phidias- (heutige Universitäts-) Straße sind als einfache Entwicklungsachsen, als Rückgrat der Stadterweiterung zu verstehen. Eine willkürliche Vielfalt der Blockformen soll den *„gewachsenen“* Charakter der zu entwickelnden Neustadt andeuten: Statt der zwar kleine Abweichungen aufweisenden, jedoch um ein quadratisches Grundmuster bemühten Blockeinteilung des ursprünglichen Planes haben wir es beim Klenze-Plan mit einer eher zufälligen und nicht einleuchtenden Mischung von quadratischen, langgestreckten und polygonalen Baublöcken zu tun.

Großen Wert legt Klenze auf die Reduzierung der Zahl und der Breite der Straßen und auf eine höhere (und für den größeren, westlichen Teil der Wohnbebauung auch geschlossene) Bebauungsart. Dies begründet er mit dem von ihm angestrebten *„südlichen“* Charakter der Stadt, auf klimatische Argumente zurückgreifend. Trotz der von ihm erwünschten Verengung der Nebenstraßen der Neustadt von 12,5 auf 10,0 m Breite auf seinem Plan (die nicht einmal konsequent durchgehalten wurde) kann man nicht von einer tiefgreifenden Änderung des Verkehrsflächenanteils am Stadtgrundriss durch seinen Eingriff sprechen: Nahmen die Verkehrsflächen 29,7 % und das Nettowohnbauland (d. h. die Wohnblockflächen) 42,9 % der Gesamtfläche der Neustadt im Urplan ein, so haben sich diese Werte im

Abb. 5 Ausschnitt aus dem Gemälde „Empfang König Ottos von Griechenland in Athen am 23.05.1833" von Peter von Hess. Originalgröße 248 x 410 cm, Öl auf Leinwand, Neue Pinakothek, München

Klenze-Plan nur auf jeweils 25,2 % und 50,3 % verschoben. Diese relativ geringen Veränderungen in der Bebauungsdichte, bei Beibehaltung des rechtwinkligen Straßengerüsts, können kaum einen grundsätzlich andersartigen (d. h. gewachsenen, geschweige den freien) Charakter des Stadtgefüges hervorrufen. Eine bodenpolitisch relevante Folge dieser relativ enger bebauten Stadt sollte jedoch nicht unbeachtet bleiben, nämlich ein höheres Maß der baulichen Nutzung, das auf die spätere Entwicklung des Zentrums von Athen nicht ohne negative Auswirkungen blieb.[17]

Ein anderes Anliegen des Klenzeschen Entwurfes ist die weitestmögliche Differenzierung der Bebauungsarten in der Gesamtstadt. Neben den herkömmlichen Hofbauten in der Altstadt soll in der Neustadt sowohl ein dicht bebauter (westlicher) Stadtteil in geschlossener 3- bis 4-stöckiger Bauweise als auch ein Villenviertel in offener Bauweise (östlicher Teil) entstehen. Auch diese Vielfalt – in der Bebauungsart – soll anscheinend den Charakter der gewachsenen Stadt vermitteln. Obwohl gegen eine differenzierte Bebauungsweise im Prinzip nichts einzuwenden wäre, erscheint die von Klenze ersonnene räumliche Disposition als sehr fragwürdig: Im Anschluss an die geduckte Altstadt an den Nordhängen der Akropolis entwickeln sich in tangentialer Anordnung zwei ungleiche Stadthälften, deren Grundrisse zwar aus ähnlichen rechteckigen Baublocks bestehen, deren räumlicher Aufbau jedoch grundverschieden ist: Hier (im Westen) *„zusammenhängende städtische Häuser"*, da (im Osten) *„malerisch gruppierte Gebäude, mit Gartenanlagen nach südlicher Art verbunden"*.[18]

Einer ähnlichen Zufälligkeit, ja Willkür, begegnen wir auch bei der Standortwahl sowie der Verteilung der öffentlichen Bauten im Stadtkörper. Es hat den Anschein, als ob Klenze, nachdem er den einzigen von ihm begründeten Standortwechsel (d. h. den der Residenz) vollzogen hat, unter widerwilliger Beibehaltung des Hauptachsensystems des Urplanes, eine beliebige Anzahl von öffentlichen Bauten im Stadtgrundriss quasi dekorativ verstreut. Die Anordnung dieser Bauten bewirkt keine er-

17 Richtig bemerkt T. Hall in dieser Hinsicht: *„Die Straßenbreiten wollte Klenze vermindern, während er gleichzeitig eine mehrstöckige Bebauung befürwortete, kompakter als es sich Schaubert und Kleanthes gewünscht hatten. Vielleicht ist dies teilweise so zu erklären, daß er aus der Not eine Tugend machte; erhöhte Exploitation war eine Art, die Unzufriedenheit mit der Planung zu mindern"* – Und: *„Ein Hauptgedanke Klenzes war, die Straßen schmaler und dadurch malerischer zu machen: sie sollten somit auch nicht so viel teuren Boden in Anspruch nehmen. In dem Maße, wie diese Intentionen verwirklicht wurden, erwiesen sie der Stadt natürlich einen wirklich schlechten Dienst"*. Thomas Hall, *Planung europäischer Städte* (Stockholm, 1986), S. 85, 87.

18 Klenze, *Aphoristische Bemerkungen*, S. 472.

kennbare Gliederung der Neustadt; auch ihre Nutzungen sind nicht immer einleuchtend verteilt und einander zugeordnet.

Außer dem Komplex der Residenzbauten ist nur eine weitere Anordnung von öffentlichen Bauten in dem Plan Klenzes von Bedeutung: Es handelt sich um das von ihm vorgeschlagene Kulturzentrum der Stadt am nordöstlichen Stadtrand. Klenze entwickelt hier eine räumliche Anordnung von drei Bauten – Universität, Akademie und Bibliothek –, die sich mit ihrer U-förmigen Grunddisposition an das Vorbild des Königsplatzes in München anlehnt. Dabei bleibt allerdings der Charakter der beiden Monumentalgruppen grundsätzlich verschieden: Haben wir es nämlich im Falle Münchens mit einer feierlichen Eingangssituation zur Neustadt (Maxvorstadt) zu tun, so bleibt die sogenannte Athener Trilogie[19] im Athener Plan von Klenze ein exzentrisch gelegenes, am Stadtrand tangential angesiedeltes Kulturforum. Trotz ihrer letztendlich etwas veränderten Ausführung (die U-förmige Aufstellung der drei Bauten wurde zugunsten einer frontalen Aneinanderreihung aufgegeben) ist die Athener Trilogie das einzige Ensemble öffentlicher Bauten, das nach den Vorschlägen des Klenzeschen Planes ausgeführt worden ist.

Verlässt Klenze nun im Falle der Athener Planung die herkömmlichen stadtgestalterischen Ordnungsprinzipien des akademischen Klassizismus und plädiert entschieden für malerische Qualitäten und gewachsenen Stadtcharakter, so fällt es ihm verständlicherweise schwer, ein solches evolutives Stadtgebilde in einem Entwurf festzuhalten. Dennoch hätte man von einem Plan nach den ihm vorschwebenden Prinzipien einer *„südlichen Bauart"* etliche gestalterische Züge erwarten dürfen, zu denen sich Klenze jedoch allem Anschein nach nicht durchzuringen vermochte. Auch wenn man bei dem Kompromißcharakter der Plankorrektur des Urplanes bleibt, vermisst man vieles in Klenzes Plan.

So hätte die Anlage von freistehenden Häusern mit Gärten am Südwesthang des Lykabettus (östliche Stadtperipherie) und um den Hügel des Kolonos Hippios im Westen eine malerische Umrahmung der Innenstadt sein können, die auch einen sinnvollen Übergang in die umgebende Landschaft gewährleistet hätte. Statt dessen nimmt Klenze mit der schon beschriebenen, unausgewogenen Zweiteilung der künftigen Neustadt in einen in geschlossener Bauweise geplanten westlichen und einen als Villenviertel konzipierten östlichen Teil vorlieb.

Wenn man andererseits die Rolle der antiken Monumente als Blickfänger und Abschlussbilder vorgeplanter Straßenperspektiven ablehnt, wie es Klenze tut, so könnte man von einem geschichtsbewussten Stadtbaukünstler, der mit *„malerischen"* Mitteln operieren will, erwarten, daß er den Baudenkmälern der Antike eine andere, sinnvolle Funktion zuteilen würde. Wichtige Monumente in der Altstadt, die zur Zeit Klenzes schon sichtbar waren, wie das Lysikratesmonument, der Turm der Winde, die Hadrianische Bibliothek und das Hephaisteion, hätten als städtische Kristallisationspunkte aufgewertet werden können, indem man sie z. B. mit Vorplätzen versehen, in einen Grüngürtel am Rande der Altstadt eingebettet hätte. Ein solcher Grüngürtel – als archäologische Promenade gedacht – wäre auch ein idealer Übergang von der Altstadt zum geplanten Ausgrabungsareal gewesen. Er könnte sich (wie übrigens im ursprünglichen Plan vorgesehen) zu einem bepflanzten Rundgang um die Akropolis erweitern und so auch den fehlenden Zugang zur Burg und zu den antiken Theatern an ihrem Südhang eröffnen. Keine Spur von alledem in Klenzes Vorschlag. Sogar die wichtigsten am östlichen Stadtrand gelegenen antiken Zeugen, das Olympieion und das Panathenäische Stadion, bleiben der Stadt fremd und sind nicht einmal mit einem Zufahrtsweg bedacht.

In der Neustadt selber vermisst man jegliche Gliederung in räumlich differenzierte Stadtviertel, die auch bei Beibehaltung des bestehenden Gerüsts der Hauptstraßen (i. e. Piräus- bzw. Universitätsstraße) hätten fächerartig um die Altstadt angelegt werden können. Endlich fehlt auch das räumliche Element par excellence einer *„südlichen Stadt"*, die bazarähnlichen Einkaufsstraßen als Rückgrat der einzelnen Stadtviertel, mit Arkaden und kleinen platzartigen Ausbuchtungen versehen, auf denen sich das Leben abspielen kann.

Für die Errichtung öffentlicher Gebäude und Kirchen auf Plätzen kennt Klenze, zumindest im Falle Athens, nur eine Lösung: Die mittig-zentrale Aufstellung, parallel zu den Platzwänden. Diese phantasielose, trockene Anordnung sucht er dann anderswo durch einige schwer verständliche gestalterische Extravaganzen auszugleichen: So sieht er auf einem kleinen polygonalen Platze westlich des Otto-(Omonoia-) Platzes ein offenes Hallengebäude von 30 x 50 m, *„eine Stoa Poikile"* (bunte Halle) vor, deren Funktion unklar bleibt; die Achse der Athenastraße wird von einem großen Zierbassin (50 x 50 m) unterbrochen, während die Straßenachse selber (von 32 m Breite) den Bazar in zwei Teile auflöst. So vermisst man leider auch bei der Mehrzahl der gestalterischen Teillösungen des Athener Planes (mit Ausnahme des Residenzkomplexes) die von Klenze in seinen Münchener Schöpfungen (Odeonsplatz, Königsplatz) erzielten stadträumlichen Qualitäten. Diese können auch nicht durch die

19 An der Stelle des von Klenze vorgesehenen Kulturzentrums entstanden im Laufe des 19. Jahrhunderts folgende drei Bauten: Universität (1839-1864, .Architekt: Christian Hansen), Akademie (1859-1885, Architekt: Theophil Hansen) und National-Bibliothek (1884-1902, Architekt: Theophil Hansen), die noch heute die Innenstadt Athens prägen. Die Gesamtbezeichnung „Athener Trilogie" für das Monumentalensemble stammt von Theophil Hansen.

Abb. 6 Generalansicht der Nordseite des Königlichen Schlosses in Athen nebst seiner Umgebung (1834). Entwurf von Leo von Klenze. Ausschnitt. Originalgröße 34,0 x 134,0 cm. Bleistift, Tusche und Aquarell, Staatl. Graphische Sammlung, München

Wunschvorstellung kompensiert werden, den zu erbauenden Häusern einen *„schönen südlichen, offenen, freien und malerischen Charakter"* zu verleihen.

So haften der Revision der Athener Planung durch Klenze die Schwächen einer Zwitterlösung an, da sie weder die Grundzüge der von ihm erstrebten *malerischen* Stadtanlage noch die klare Gliederung des nach den geometrischen Ordnungsprinzipien der spätabsolutistischen Kunst konzipierten Grundrisses der ursprünglichen Planung von Kleanthes und Schaubert aufweist. Besonders enttäuschend bleibt dabei der fehlende Zusammenhang von Ausgrabungsareal, Altstadt und Stadterweiterung, die ohne räumliche Übergangslösungen einfach aneinandergereiht werden.

Umso mehr fallen andere Gesichtspunkte für die Beurteilung seiner Leistung ins Gewicht; mehr als die anderen Vorschläge für Neu-Athen zeichnet sich nämlich die Intervention Klenzes durch eine Reihe von pragmatisch bestimmten Zielen aus. Sie sollen handfesten politischen Zweckmäßigkeiten dienen. So gilt neben der dreifachen Zielsetzung – Restaurierung der Akropolis, Erhaltung der Altstadt, allmähliches Wachstum der Neustadt – das Hauptinteresse Klenzes nicht den Einzelheiten der Stadtplanung selbst, sondern eher der architektonischen Gestaltung des königlichen Schlosses und seiner Umgebung. Man kann die Annahme wagen, daß für den 'königlichen Commissair' die Hauptziele seiner Planung schon vor seiner Ankunft in Athen abgesteckt waren und daß er seinen dortigen einmonatigen Aufenthalt dazu nutzte, diese Grundsätze in eine plausible – wenn auch nicht originelle – zeichnerische Darstellung umzusetzen. Die planerische Gesamtfestlegung eines dreidimensional vorkonzipierten Stadtgefüges interessiert Klenze in diesem Zusammenhang nicht. Weder glaubt er an die Zweckmäßigkeit einer solchen Festlegung, noch ist eine Lösung dieser Art von ihm im Falle Athens anvisiert worden.

Die denkmalpflegerische Leistung

Klenzes Beitrag zum Schutze der Altertümer Griechenlands und speziell Athens sowie seine Empfehlungen für die Restaurierung der Denkmäler auf der Akropolis wurden in der Fachliteratur immer wieder hervorgehoben; zugleich aber wird ihm auch der Vorwurf gemacht, eine ahistorische puristische Tendenz in die athenische Denkmalpflege eingeführt zu haben, die auf eine Beseitigung aller baulichen Zeugnisse aus nicht-klassischer Zeit auf der Akropolis ausgerichtet gewesen sei. Sowohl die positive als auch die negative Kritik spiegeln jedoch nur einen Teil der Wahrheit wieder. So war es gewiss nicht Klenze, der den gesetzgeberischen und organisatorischen Rahmen für die griechische Denkmalpflege und das Ausgrabungswesen gesetzt hat. Dies ist das Verdienst des Rechtsgelehrten und Regentschaftsmitgliedes Georg von Maurer, der schon im Frühjahr 1834, also vor Klenzes Ankunft in Griechenland, das erste diesbezügliche Gesetz konzipiert und seine Veröffentlichung veranlasst hatte. Dieses Gesetz, am 20.5.1834 in Nauplia von der Regentschaft veröffentlicht, trägt den bezeichnenden Titel: *„Gesetz, die wissenschaftlichen und artistischen Sammlungen des Staates, ferner die Auffindung und Erhaltung der Altertümer, sowie deren Benutzung betreffend“*, und ist als eines der ersten ausführlichen Denkmalschutzgesetze Europas zu würdigen. Es regelt nicht nur organisatorische Fragen wie den Aufbau der Kunstsammlungen sowie die Gliederung der Aufsichtsbehörden, sondern befasst sich mit allen wichtigen Fragen des *„Antiquitätswesens“*. Die wesentlichen Bestimmungen dieses Gesetzes bilden im Großen und Ganzen noch heute den Kern der diesbezüglichen griechischen Gesetzgebung.

Allerdings war es entscheidend, daß die energische Intervention Klenzes die benötigten ersten Kredite für die Wiederherstellungsarbeiten auf der Akropolis sicherte, daß er den Anfang der Arbeiten selber beaufsichtigte und ihre Weiterführung in die Wege leitete. Über den Anfang der Restaurierungsarbeiten auf der Akropolis berichtet Ludwig Ross: *„Schon während der Anwesenheit des Herrn von Klenze in Athen, im August 1834, wurden die Ausgrabungen und Restaurationsarbeiten auf der Akropolis eingeleitet und bei dem Besuche des Königs im September durch eine passende kleine Feierlichkeit unter den ehrwürdigen Hallen des Parthenon eröffnet. Die fernere Leitung wurde fortan mir übertragen, ich wurde zum Oberconservator ernannt: (...) Ich nahm meine bescheidene Wohnung wieder am nördlichen Abhange der Burg, an dem Wege, auf welchem ich meinen türkischen Vorgänger, den Disdar-Aga, mit seinem Paukenschläger öfter hatte hinaufreiten sehen; der Oberarchitekt, mein Freund Schaubert aus Breslau, und der geschickte dänische Architekt Ch. Hansen, der jetzt die Bauten des Oesterreichischen Lloyd in Triest führt, wurden mir für das Technische beigegeben. Zur Bewachung der Akropolis und zur Begleitung und Überwachung der Besucher der Alterthümer wurden mir zwölf Invaliden von der Invalidencompagnie in Monembasia (Napoli di Malvasia) überwiesen, höchst nüchterne, ordentliche und gewissenhafte Leute, über die ich nie zu klagen gehabt habe. Ich baute mit Schaubert am Eingange der Burg, über dem Odeum des Herodes, ein Häuschen für sie, welches wir, um seine Bestimmung durch den Charakter der Architektur anzudeuten, größtentheils aus unbrauchbaren alten Trümmern, Säulenschaften, Capitälern, Basreliefs, Inschriften zusammensetzten“*.[20]

Aber auch die Entmilitarisierung und die Entfestigung der Akropolis sind Klenze zu verdanken; durch sie wurde die *„Kekropsstadt“* als monumentales antikes Bauensemble in die Stadtanlage wieder einbezogen. Zwar teilte schon am 18. August 1834 die Regentschaft Klenze mit, *„daß man nie beabsichtigte, die Akropolis von Athen als Festung zu behandeln“*, und dies wurde auch durch die Verordnung vom 30.9.1834 bekräftigt *(Art. 5: „Die Akropolis hört auf, Festung zu sein und soll nie mehr als solche behandelt werden...“)*. Es vergingen jedoch noch 5 Monate, bis im Februar 1835 die Räumung auf Betreiben Ludwig Ross' stattfinden konnte. Hierzu sein sehr aufschlußreicher Bericht: *„Dabei war die Akropolis aber immer militärisch besetzt. In der großen türkischen Moschee, welche damals noch in der Mitte des Parthenon stand, in den Seitengebäuden der Propyläen, die den Türken als Kriegsmagazine gedient hatten, und in den sonstigen noch bewohnbaren Überresten der früheren Baracken lag eine Compagnie Baiern mit einigen Kanonen, theils weil es wirklich noch kein anderes Unterkommen für die Leute gab, theils weil der damalige Kriegsminister, der verstorbene General von Lesuire, sich von der Idee nicht losmachen konnte, daß die Sicherheit Athens eine militärische Besetzung der Akropolis verlange, während er zugleich eine Art Ehrenpunkt darin sah, sich vom Civil nicht verdrängen zu lassen. Täglich um 12 Uhr verkündigte, in Ermangelung einer Stadtuhr, ein Kanonenschuß von der Burg die Mittagszeit. Allein die Anwesenheit der Soldaten hinderte mich sehr in den Arbeiten; überdies bedurfte ich aller Gebäude selbst zu Schuppen und Vorrathskammern für Schubkarren, Hebel, Winden und anderes Rüstzeug. Ich drang daher unablässig auf vollständige Räumung der Burg; Herr von Kobell unterstützte mich im Schoße der Regentschaft aufs kräftigste, und endlich im Februar wurde der bestimmte Befehl dazu gegeben. (...) Ich hatte durch die entschiedene Maßregel vollkommen gesiegt, war nun alleiniger Burgwart von Athen, und fand mich in den antiquarischen Arbeiten durch nichts mehr gehemmt. Das Militär trug mir seine Niederlage lange nach, und es gab außerhalb der Akropo-*

20 Ludwig Ross, *Erinnerungen und Mittheilungen aus Griechenland* (Berlin, 1863), S. 80 f.

Abb. 7 Entwurf eines der Ministerial-Gebäude in der Piraieus-Straße von Athen (1835) von Leo von Klenze. Tusche laviert, Staatl. Graphische Sammlung, München

lis öfter kleine Reibungen. Wäre ich damals nicht durchgedrungen, so wären die Propyläen vielleicht noch heute eine Caserne und Wachstube".[21]

Dem Gutachten Klenzes *„über das Einzelne der Behandlungsart der Restaurations-Arbeiten auf der Akropolis"* vom 18.9.1834 sowie seinem Antrag vom 3.9.1834 *„die Veränderung des Stadtplanes von Athen betreffend"* ist seine feinfühlige und differenzierte Auffassung der Restaurierungsethik und -technik klar zu entnehmen. Klenze befürwortet in diesen Denkschriften eine weitgehende *„Aufdekkung und Restaurierung"* aller antiken Bauten auf der Akropolis und gibt dazu genaue Anweisungen, die wegen ihrer Modernität beeindrucken (d. h. wegen ihrer Übereinstimmung mit den in den letzten Jahrzehnten entwickelten Auffassungen, die in die Charta von Venedig [1964] aufgenommen wurden). So empfiehlt er die klare Differenzierung zwischen ursprünglichen und Ersatzstücken aus Marmor und nimmt so die heute übliche Auffassung der Ablesbarkeit der Restaurierungsmaßnahmen vorweg: *„Sollte, um eine Säule ganz aufstellen zu können, ein oder zwei Stücke fehlen, so würden diese aus dem vorhandenen Marmor neu gemacht, jedoch ohne diese Restauration gerade mit Affektation verstecken und unkenntlich machen zu wollen".*[22]

Klenze plädiert aber auch ausdrücklich für die Bewahrung des unvermeidlichen Charakters einer malerischen Ruine, der den Baulichkeiten anhaftet. *„Alle zur wirklichen Restauration nöthigen und noch tauglichen Stücke würden bei der Ausgrabung so viel wie möglich an den Ort oder demselben so nahe wie möglich gebracht, wo sie aufgestellt und verwendet werden sollen. Alle Stücke, welche zu diesem Zwecke nicht mehr dienlich sind, müßten, wenn sie durch Erhaltung architektonischer Formen, Profile, Gesimse, Ornamente, plastischer Arbeiten oder Malereien noch einiges Interesse gewähren, ebenfalls aufbewahrt und auf zweckmäßige und malerische Art in und um die Ruine gruppiert und aufbewahrt werden, damit diese den ihr von der Zeit aufgedrückten und unvermeidlichen Charakter einer malerischen Ruine nicht verliere".*[23]

Auch bei der Beseitigung späterer Anbauten will er zwar die Zeugen *„der barbarischen Zeiten"* beseitigt wissen, bricht jedoch eine Lanze für die Erhaltung *„einige(r) malerische(r) Theile"* der mittelalterlichen Bauten, wie z. B. des so genannten Frankenturms: *„Dieser Berg sollte, nachdem die offizielle Erklärung, daß er nie mehr als Festung behandelt und betrachtet werden soll, vorliegt, sobald als möglich von den ruinierten und schlechten Bauwerken der barbarischen Zeiten befreit werden. Alle antiken Mauern blieben dabei verschont und vielleicht auch einige malerische Theile der neuen Festungswerke, z.B. der Thurm der Florentiner Acciajuoli, eine venetianische Bastion neben den Pro-*

21 Ross, *op. cit.*, S. 81 f.
22 Leo von Klenze, Gutachten vom 18.9.1834 „Über das Einzelne der Behandlungsart der Restaurationsarbeiten auf der Akropolis", in: *Aphoristische Bemerkungen*, S. 394.
23 *Ibidem*, S. 393 f.

pyläen u.s.w.“[24] Dieser Vorbehalt Klenzes, der den so genannten Frankenturm bei den Propyläen noch erhalten wissen will, wurde bekanntlich nicht berücksichtigt. Etwa vierzig Jahre später – im Jahre 1875 — ist dieses Wahrzeichen des mittelalterlichen Athen, auf Betreiben und auf Kosten H. Schliemanns und mit der Zustimmung der griechischen Regierung, abgetragen worden.

Überhaupt kann man die Zukunftsvision, die Klenze von einer in ihrer Würde wiederhergestellten Akropolis entwickelt, nicht als puristisch im Sinne einer ahistorischen Auffassung interpretieren. Sicher lag ihm sehr viel an der Anastylose (im Sinne einer legitimen Restaurierung, die fast ausschließlich originale Bausubstanz verwenden sollte) und an der Wiederherstellung der bestmöglichen ästhetischen Ablesbarkeit der Monumente. Zugleich aber duldet er nicht nur das Vorhandensein späterer Zeugen auf dem Plateau, sondern stellt auch Überlegungen über die Einbeziehung der Akropolis als eines geistigen Mittelpunktes in das Leben der neuen Stadt an. Davon zeugen nicht nur seine Vorschläge für die in-situ-Aufstellung der auf der Akropolis gefundenen Kunstwerke und für den Bau eines Museums auf dem Burgplateau, sondern auch seine Überlegungen zur Bepflanzung des *„Gipfel(s) des Felsens“* (gemeint ist hier die Akropolis). Was Klenze also anstrebte, war die Schaffung eines weihevollen Kulturbezirks, eines in der Welt eigen- und einzigartigen Freilichtmuseums, das als *„sicherster Stützpunkt einer glorreichen Gegenwart und Zukunft“* der Stadt entstehen sollte: *„Die Spuren einer barbarischen Zeit, Schutt und formlose Trümmer werden, wie überall in Hellas, auch hier verschwinden, und die Überreste der glorreichen Vorzeit werden als die sichersten Stützpunkte einer glorreichen Gegenwart und Zukunft zu neuem Glänze erstehen“*.[25]

Dieser Satz Klenzes scheint überinterpretiert worden zu sein und bildet den Kern der seit der Gründungszeit des neuen Athen in Griechenland obwaltenden Auffassung einer puristischen Denkmalpflege, die die Anhäufung der Formen und der Bausubstanzen an einem Baudenkmal wiederaufzuheben trachtet, um dabei eine größtmögliche Annäherung an einen vermeintlichen Originalzustand des Baues anzustreben. Trotz der seit 1964 in der internationalen Charta von Venedig postulierten Gleichwertigkeit aller historischen Phasen eines Baudenkmals – aus der sich der Respekt für seine späteren Veränderungen ergibt – bleibt bei der Restaurierung antiker Denkmäler in Griechenland bis heute die Verachtung für die *„barbarischen Zeiten“* maßgebend.

Klenze strebte in erster Linie nicht nur die Aufdeckung und Erhaltung, sondern den weitgehendsten Wiederaufbau und die In-Wert-Setzung der antiken Baulichkeiten auf der Akropolis an, um der Wahl dieser Stadt als Hauptstadt Griechenlands eine unwiderlegbare Legitimität zu sichern. So erklärt sich auch die Verlagerung seines Hauptinteresses auf die Altertümer der Akropolis und seine Kompromissbereitschaft in Fragen der Enteignungspolitik im Ausgrabungsareal der Altstadt.

Obwohl das von Klenze geplante Ausgrabungsareal beträchtlich kleiner als das im Urplan vorgesehene war (es sollten zu diesem Zweck statt 32 ha nur noch 17,5 ha der oberen Altstadt abgerissen werden), behält auch er als Endziel die völlige Freilegung dieser Zone vor Augen. Die differenzierte Enteignungspolitik, die ihm zu diesem Zweck vorschwebt, sollte allerdings zu einer allmählichen, sich über einige Jahrzehnte erstreckenden Erweiterung des Ausgrabungsareals führen.

Auf seinem lithographierten Plan verzeichnet Klenze mit großer Akribie die in diesem Areal (oberer Nordhang der Akropolis), aber auch an anderen Stellen befindlichen *„Denkmale des Alterthums, so wie die christlichen Kirchen und einige türkische Gebäude“* und macht wesentliche Angaben zu den antiken Baulichkeiten nach dem damaligen Wissensstand.[26] Da Klenze damit rechnete, daß die Ausgrabungen längere Zeit in Anspruch nehmen würden, empfand er offenbar jegliche Empfehlung zur Freiraumgestaltung in diesem Bereich als verfrüht und verzichtete deshalb darauf. So kontrastiert auf seinem Plan das in vollkommener Öde dargestellte Ausgrabungsfeld am nördlichen Akropolishang mit dem weitgehend durchgezeichneten Entwurf des 24 ha großen Gartens der königlichen Residenz, der sich vom Kerameikos bis zur Pnyx erstrecken sollte und als Landschaftsgarten konzipiert war. Trotz der von Klenze angestrebten Nähe der Residenz zur Akropolis, die als erhabene Kulisse für den Königssitz dienen sollte, weist der Plan keine organische Verbindung – durch Freiraumgestaltung und Wegführungen – zwischen dem königlichen Schloß und der antiken Burg auf. Auch für den Übergang von der Altstadt zum Ausgrabungsareal wird keine Lösung angedeutet.

Für die Restaurierungsarbeiten auf der Akropolis rechnet Klenze mit einer Frist von etwa acht Jahren. *„Es müßte dann der Gipfel des Felsens, auf paßliche und malerische Art zwischen den Monumenten vertheilt, mit einigen Gruppen von Palmen, Cypressen, Olivenbäumen u.s.w. bepflanzt werden, um dem Ganzen eine höchst reizende Gestalt zu geben, und der herrlichen Gegend von Attika einen bedeutenden pittoresken Schlußpunkt zu sichern“*.[27]

24 Leo von Klenze, Antrag an die Regentschaft vom 3.9.1834 „Die Veränderung des Stadtplanes von Athen betreffend“, in: *Aphoristische Bemerkungen,* S. 423.
25 Klenze, *Aphoristische Bemerkungen*, S. 386.
26 *Ibidem,* S. 456-463.
27 *Ibidem*, S. 424.

Diese malerische Vision der Begrünung des Akropolisplateaus wurde von der Praxis der griechischen Denkmalpflege – und mit Recht – als dem Genius Loci fremd stets abgelehnt. Auch die Schätzung der Dauer der Restaurierungsarbeiten erscheint uns heute als weltfremd, wenn man in Betracht zieht, daß seit nunmehr 180 Jahren quasi ununterbrochen an den Akropolisdenkmälern weiter restauriert wird, und daß diese Dauerbehandlung höchstwahrscheinlich auch in der absehbaren Zukunft weitergeführt werden wird.

Klenze lobte zwar mit diplomatischem Feingefühl die Anstrengungen des griechischen Konservators Kyriakos Pittakis, betrachtete jedoch gleichzeitig die bestehenden Schutzmaßnahmen für die Altertümer als völlig unzureichend. Er bedauerte – wie übrigens auch Ross – den traurigen Zustand des antiken Architekturerbes und übte offene Kritik an seinen Landsleuten, indem er feststellte, daß dieser unglückliche Zustand *„wenig, mehrere der eingewanderten Machthaber* [sic!] *zu beunruhigen* (schien)*“*.[28] Er bestand auf der Notwendigkeit, Ausgrabungsareale im ganzen Lande festzulegen und durch Gesetz zu schützen und ein Korps archäologischer Wächter (Kustos) aufzustellen. Ihm ist auch die Aktivierung des schon erwähnten ersten Gesetzes zur Erhaltung der Altertümer aus dem Jahre 1834 zu verdanken. Sein organisatorisches Rahmenwerk zum Schutz der Altertümer wurde von König Otto gebilligt, und die finanziellen Mittel für ein Vierjahresprogramm zur Restaurierung des Parthenon wurden gleich zur Verfügung gestellt.

Bekanntlich sind die architektonischen Vorschläge Klenzes für Athen (d. h. Residenz, Pantechneion, Akropolismuseum) nicht befolgt worden; sie hatten keine entscheidenden Auswirkungen auf die Zukunft der Stadt. Die energischen Maßnahmen jedoch, die er zugunsten der Sicherung einer rein archäologischen Widmung der Akropolis traf, waren der erste Schritt in Richtung einer akademisch-restaurativen Haltung, die sich seitdem bei der Gestaltung des Burgplateaus immer wieder durchgesetzt hat: Nachklassische Bauzeugnisse wurden systematisch abgetragen und die Errichtung neuer Gebäude auf der Akropolis (mit Ausnahme des diskret gebauten alten Museums) bis zum heutigen Tag gemieden.

Die 'malerische' Gruppierung: Bauen im Süden

Klenze ist in Griechenland in kürzester Zeit zu Einsichten gekommen, die ihn von den in Zentraleuropa vorherrschenden Entwurfsprinzipien des akademischen Klassizismus entfernten. Diese Wandlung verdankte er seinem starken Einfühlungsvermögen in die Qualitäten der griechischen Landschaft und des griechischen Klimas, die eine andere Aufstellung der Bauten als im Norden bedingten, sowie seiner tiefen Kenntnis altgriechischer Geschichte und Kunstgeschichte.

So konnte für Klenze ein neues Bauen auf klassischem Boden nicht durch eine bloße Nachahmung des antiken Formenrepertoires, sondern an erster Stelle durch das Befolgen altgriechischer Entwurfsprinzipien bei der Anlage von Städten erreicht werden. Auf die spärlichen schriftlichen Hinweise der antiken Schriftsteller sich berufend und die wenigen zu seiner Zeit bekannten antiken Stätten in Betracht ziehend, erkennt – oder eher erahnt – er das Wesen altgriechischer Stadtbaukunst. Nicht die *„Anwendung theoretischer Systeme und ästhetischer Spitzfindigkeiten“*, d. h. Symmetrie, axial-zentrale Anordnung der Gebäude, *„Verhältnißziererei“*, d. h. vorgefasste Proportionierung der Anlagen, bestimmten die altgriechische Stadtbaukunst. Vielmehr wurde *„Natürlichkeit und Zweckmäßigkeit“* durch ein organisches Wachstum angestrebt, das auch im Falle von hippodamisch, also regelmäßig nach dem Schachbrettmuster angelegten Städten nie die Monotonie und Sterilität der modernen – d. h. barocken, aber auch klassizistischen – Stadtanlagen erzeugte: *„Wie ein Jeder nur seine Individualität zu bilden und zu entwickeln trachtete, und der Staat sich wenig darum bekümmerte, wie es ihm damit gelang, so stellten die Architekten des Alterthums, auch wenig bekümmert um höher oder niedriger Drücken oder Heben, ihre Werke in möglichst objektiver Entwicklung und Vollkommenheit hin. Sie waren überzeugt, daß, wenn auch hierdurch das eine dem anderen untergeordnet wurde, dennoch ein Totaleffekt der Gruppen und ganzen Stadtanlagen erreicht ward, welcher gewiß unseren akademisch geregelten, geordneten, meditierten und langweiligen Städten sowohl an Zweckmäßigkeit als an malerischer Natürlichkeit bei weitem vorzuziehen war“*.[29]

Sicher hat Klenze noch nicht die wahrnehmungspsychologische Begründung der altgriechischen Stadtgestaltung klar erkennen und formulieren können; dies war dem 20. Jahrhundert und besonders dem griechischen Architekten Konstantin Doxiadis vorbehalten.[30] Letzterer erkannte den eminent anthropozentrischen, d. h. menschenbezogenen Charakter der antiken Stadtanlagen: Hier ist das Stadtgefüge den potentiellen Bewegungen des Menschen angepasst und bietet einen Erlebnisraum an, der unter steter Berücksichtigung der Schlüsselpositionen und der kritischen Beobachtungszentren, die

28 *Ibidem*, S. 300.
29 *Ibidem*, S. 355 f.
30 Konstantin Doxiadis, *Raumordnung im griechischen Städtebau* (Berlin, 1937).

sich dem Betrachter darbieten, gestaltet wird.

Mit bemerkenswerter Klarsicht nimmt jedoch Klenze die von dem bedeutenden Stadtbauforscher des 20. Jahrhunderts, Armin von Gerkan,[31] aufgezeichneten Aufbauprinzipien der altgriechischen Stadtanlagen vorweg: Das Fehlen der axialen Ausrichtung der Hauptstraßen auf wichtige Gebäude und Plätze, die tagentiale Anordnung der Agoren (wichtiger Versammlungsstätten) zu den Hauptstraßen, deren rein auf den Verkehr und nicht auf die Repräsentation gerichteten Charakter, die Staffelung der Bauvolumina vorzugsweise an einem Südhang, die niedrige Bebauungsweise und die angestrebten Sichtbezüge zur freien Landschaft.

Nun postuliert Klenze, zwei Jahrtausende überbrückend, auf Grund der unveränderten klimatischen und landschaftlichen Gegebenheiten Griechenlands, die Notwendigkeit einer Permanenz im Planungsverhältnis bei der dortigen Anlage von Städten. Die vorerwähnten altgriechischen Prinzipien gelten für ihn schlechthin, sogar für die neuzeitlichen südlichen Anlagen: Unebenes Gelände, frei-additive Schichtung der Bauten, Gestaltung *„nach Lokalverhältnissen und Zufall"*, bleiben für ihn verbindlich. Dies ist der *„malerische"* Stadtgedanke, der, wie wir sehen konnten, von Klenze auch in seinem Plan für Athen als prinzipielle Option propagiert wurde, ohne jedoch zu einem überzeugenden Entwurf in diesem Sinne zu führen.

Nicht nur die Gesamtanlage einer griechischen Stadt, sondern auch die Aufstellung der Bauten und Anlagen eines monumentalen Baukomplexes sollte *„malerisch"* konzipiert werden. Klenze gelingt es mit dem weitgehend durchgearbeiteten Entwurf für die königliche Residenz am Westhang des Nymphenhügels in Athen, die Anwendung des Prinzips der *„malerischen Gruppierung"* überzeugend zu veranschaulichen.

Mit Scharfsinn weist er auf die Gefahren einer vorgetäuschten Zufälligkeit hin, die eine angeblich malerische Zusammenstellung von Gebäuden erzwingen wolle. Es gelte nicht solchen *„manierierten Modekonzeptionen"* zu folgen, sondern die in sich geschlossenen, symmetrisch entworfenen Einzelgebäude in einer freien Gruppierung malerisch aufzustellen. Der klassizistische Formenkanon für die Gestaltung der einzelnen Gebäude bleibt dabei für Klenze nach wie vor der für Griechenland geeignetste.

Über die Natur der Aufgabe, bei der Planung der Residenz, die Wahl der Formensprache, und die angewandten Entwurfsprinzipien gibt Klenze mit seiner gewohnten Beredsamkeit überzeugend Auskunft: *„So wie es (...) die Natur der Sache, der Wille seiner Majestät des Königs und die Erfordernisse selbst erheischen, mußte hier die Architektur kat'exochen, nämlich die griechische, gewählt werden, und es kam nur darauf an, die rechte Art zu finden, wie mit diesen reinen, edlen und einfachen Elementen die Erfordernisse der Aufgabe befriedigt werden sollten. (...) Es mußte mithin gesucht werden, in dem Pallaste seiner Majestät des Königs von Griechenland das jetzige Bedürfnis auf eine Art zu befriedigen, welche, den eigenthümlichen Reiz und die Erfordernisse des griechischen Südens nicht ausschließend, mit dem reinen Style griechischer Architektur vereinbar war. Zum Glück wohnt diesem Prinzip griechischer Architektur aber eine Bildsamkeit inne, welche erlaubt, daßelbe jedem Gegenstande und Bedürfnisse anzupassen, und die Schwierigkeiten, welche von dieser Seite sich vielleicht hätten zeigen können, verliehen der Arbeit des Entwurfs, (...) nur einen neuen Reiz. Indem aber die einzelnen griechischen Formen der Architektur für die Aufgabe vollkommen genügend sich zeigten, entstand die Frage, inwiefern man dieselben zu einem ganz regelmäßigen oder mehr zu einem malerischen Ganzen vereinigen sollte, und wir haben geglaubt, uns dabei an ein Prinzip halten zu müssen, welches wir schon bei den Erörterungen über den Stadtplan von Athen dargelegt haben. Wir glauben nämlich, daß für südliche Anlagen die große geradlinige und steife nordische Point de vue-Theorie durchaus nicht paßt, und hier namentlich bei hügligem Terrain nach Art der Alten verfahren und eine malerische Gruppierung vorgezogen und befolgt werden mußte. Dieser Behandlungsart zur Seite steht jedoch die Gefahr, architektonische Gruppen und Effekte gewaltsam zu suchen, welche nur der Zufall in glücklichen Fällen gewähren kann, und welche, wenn man sie erreichen will, leicht zu den manierirten Modekompositionen der englischen Garten- Cottages führen. Wir glaubten also (und dieser Gedanke entstand in uns, so wie der ganze Entwurf bei dem so oft wiederholten Nachdenken darüber an Ort und Stelle), daß hier das, was Noth war, durch eine malerische Zusammenstellung der einzelnen Gebäude (welche, ein jedes für sich eine symmetrische Masse bilden) erreicht werden würde".*[32]

Sowohl im Residenzentwurf als auch in seinem schriftlichen Kommentar erkennen wir die in Griechenland erfolgte ideelle Neuorientierung des Künstlers; bahnbrechend erscheint dabei die von Klenze anvisierte Kombination der im Sinne des Klassizismus aufrechterhaltene Geschlossenheit und Eigenständigkeit der einzelnen Bauten mit einer malerischen Gruppierung derselben zu einem landschaftsbezogenen Bauensemble.

31 Armin von Gerkan, *Griechische Städteanlagen* (Berlin, 1924), S. 95 f.

32 Klenze, *Aphoristische Bemerkungen*, S. 484-487.

Die Architekturentwürfe

Drei mehr oder weniger ausgereifte Bauentwürfe, die alle unausgeführt blieben, hat Klenze in den 30er Jahren des 19. Jh. für Athen geliefert. Es handelt sich dabei um Bauten unterschiedlicher Größe, Gliederung und Nutzung mit allerdings stark monumentalem Charakter. Sein Glaube an *„malerische Effekte"* führte ihn zum Entwurf von öffentfichen Gebäuden in direktem Kontakt mit dem historisch-archäologischen Gebiet. Akropolismuseum, Residenz und Pantechneion sind durch ihre Standortwahl und Massendisposition unmittefbar auf das antike Erbe und die historischen Landschaftszüge bezogen. Sehr treffend schildert Margarete Kühn die inhärente Zwiespältigkeit und Widersprüchlichkeit, die im Kern des altertumsbezogenen Bauens für Athen zu finden ist: *„So ließ die Verehrung der Antike es einerseits für geboten erscheinen, das neue Leben sich nicht in ihrer weihevollen Nähe entfalten zu lassen, zum anderen rief sie gerade den Wunsch hervor, an sie anzuknüpfen und sich selbst durch sie zu erhöhen."*[33]

Wie im Falle von Schinkels Projekt für einen königlichen Palast auf der Akropolis widerspricht Klenzes Vision von neuen Gebäuden in unmittelbarer Nähe zu historischen Stätten allen Auffassungen heutiger Erhaltungsethik. Die direkte Konfrontation des antiken Kulturerbes mit klassizistischen, d. h. 'modernen' Leistungen weist zwar wenig 'musealen' Respekt für die überlieferten Baukunstwerke auf, entspricht jedoch einem Sinn für bauliche Kontinuität, der heutzutage nicht mehr zu finden ist. Es ist nicht wegzuleugnen, daß Klenze den königlichen Palast und die Ministerien in einem Gebiet ansiedeln wollte, das bereits wegen seines archäologischen Wertes bekannt war (d. h. das Kerameikosgelände des antiken Friedhofs). Sein starkes Interesse an archäologischen Fragen tritt anscheinend in diesem Fall in den Hintergrund. Der Architekt Klenze konnte der Attraktivität des Geländes an den westlichen Hängen des Nymphenhügels nicht widerstehen.

Wir verdanken Klenze – wie übrigens auch Ross, der in dieser Hinsicht genau die gleichen Prinzipien vertrat – den Gedanken der direkten Gegenüberstellung der Akropolisfunde, in einem eigenen dazu zu bauenden Museum und der antiken Baulichkeiten auf der Akropolis. *„Zwei folgende Jahre möchten dann hinreichen, um die Propyläen und die unschätzbaren Trümmer des Erechtheions u.s.w. wiederherzustellen, und auf der westlichen Endseite des Felsens ein niedriges, aus einigen Sälen und Portiken zusammengesetztes Gebäude für ein National-Museum zu errichten. Dieser Theil des Felsens ist viel niedriger als der Boden um den Parthenon, und würde hinreichenden Platz für einen Bau darbieten, welcher an und für sich bedeutend genug, doch nicht so hoch wäre, um den Resten des Alterthums schaden zu können. Ein paar geschlossene Räume wären für Münzen, Gemmen, Bronzen, Vasen und andere Anticaglien bestimmt, während die Schönheit des griechischen Himmels erlaubt die meisten Marmorwerke in offenen Säulenhallen aufzustellen, wo sie zur Erhöhung ihres Reizes in Verbindung mit der schönen Natur gesehen würden. Der Gedanke, hier auf diesen seit mehr als drei Jahrtausenden geheiligten Felsen neben den edelsten Trümmern der hellenischen Baukunst auch die Überreste hellenischer Plastik zu sehen, ist so unabweisbar, daß ich glaube den Vorschlag zu seiner Verwirklichung machen zu müssen."*[34]

Klenze gibt in seinem Text die *„westliche Endseite des Felsens"* als Standort der zu erbauenden Glyptothek an. Diese wurde letztendlich jedoch auf seinem Stadtplane auf der südöstlichen Ecke des Burgplateaus vorgesehen, an der gleichen Stelle übrigens, an der später das heute noch erhaltene alte Akropolismuseum erbaut wurde (Architekt S. Kalkos, Erbauungszeit 1865-1874). Der Bau, auf dem lithographierten Stadtplan mit (F2) angegeben, besteht aus einer zentralen geschlossenen Rotunde und zwei in Form eines offenen V angelegten Seitenflügeln. Wir begegnen schon hier, bei dieser schematischen Baumassendisposition, zwei Elementen, auf die Klenze in seinem ausgereiften Entwurf für das Pantechneion später wieder zurückgreift: Der Form des Zentralbaues für den Ausstellungsraum sowie der lockeren dreiteiligen Gliederung der Baumassen.

Die Vorstellung Klenzes, die Akropolisskulpturen *in situ* aufzustellen, hat sich in der Folgezeit nicht durchgesetzt. Leider wurden diese in geschlossenen Räumen und nie im Offenen ausgestellt. Was die Wirkung dieser Kunstwerke unter freiem Himmel sein könnte, beweisen die meisterhaften Aufnahmen von H. Wagner, der archaische Statuen ins Freie transportieren ließ und sie vor dem Hintergrund der Baulichkeiten photographierte.[35]

Anders als die skizzenhafte Vorstellung für das Akropolismuseum ist der Plan für die königliche Residenz, die Klenze auf verschiedenen Ebenen an den nordwestlichen Hängen des Nymphenhügels ansiedelte, voll ausgereift. Weite Gärten, die sich über das hügelige Terrain erstrecken sollten und das Theseion als authentisches, antikes 'objet trouvé' einbezogen, verliehen dem Entwurf einen besonderen Reiz. Die Grünanlage war als typischer Landschaftsgarten auf unebenem Gelände, mit weitflächigen Rasenflächen und wenigen großen Parterres gedacht. Ein romantischer Hang zur Natur, der Wunsch,

33 Margarete Kühn, "Als die Akropolis authörte Festung zu sein", in: *Festschrift Sperlich* (Berlin, 1979), S. 84.
34 Klenze, *Aphoristische Bemerkungen*, S. 423 f.
35 E. Langlotz und W. Schuchardt, *Archaische Plastik auf der Akropolis* (Frankfurt am Main, 1943).

Abb. 8 Entwurf für das Pantechneion in Athen, perspektivische Ansicht (1839), von Leo von Klenze. Originalgröße 51,7 x 70,4 cm, Bleistift und Tusche. Staatl. Graphische Sammlung, München

in einem malerischen Kontext zu bauen, und der Wille, Kontinuität von antiker und 'moderner' (d.h. klassizistischer) griechischer Architektur zu demonstrieren, stehen hinter Klenzes Palastentwurf. *„Der Platz für dieses Schloß ist, wie es der Stadtplan zeigt, so gewählt, daß dem Gebäude schöne Aussicht und Ansicht von und nach allen Seiten gewährt wird (...). Auch der doppelte Vortheil, daß dem Gebäude von zwei Seiten die Lage der Stadt, von zwei anderen aber die Annehmlichkeit einer Gartenumgebung gewährt ist, möchte nicht günstiger gefunden werden können (...). Dem ausdrücklichen Willen seiner Majestät des Königs von Griechenland gemäß sind die drei Hügelabsätze, über welche sich diese ganze Anlage erstreckt, als Terrassen gestaltet worden, wie dieses auch im Geiste des klassischen Alterthums begründet ist."*[36]

Entscheidend für die Baumassendisposition des Residenzkomplexes wirkte für Klenze als Vorbild zweifelsohne die Akropolis. Er skizziert wiederholt ihren Gesamtaufbau, und dies besonders von der Seite des von ihm geplanten Schlosses. Besonders scheint ihn die freie Anordnung der Gebäude sowie die frontale Gesamtansicht von Westen fasziniert zu haben; er stellt diese in einer zwar noch archäologisch ungenauen, jedoch in hohem Maße suggestiven Linearzeichnung in ihrem wiederhergestellten Zustand dar.

Seinen eigenen Palastentwurf situiert Klenze vor der Kulisse der antiken Burg, die von ihrer Eingangsseite im Hintergrund sichtbar ist. Trotz der grundverschiedenen Bauaufgaben der beiden Monumentalensembles (einmal antikes Staatsheiligtum, zum anderen moderner Palastkomplex), begegnen wir hier zwei in erstaunlicher Weise vergleichbaren Aufstellungen der Baumassen: Relativ kleinere Baukörper unterschiedlichster Form, mit Treppen und Rampen verbunden, schichten sich stufenartig vor dem im Hintergrund sich profilierenden Hauptgebäude auf. Dabei fällt auf, daß bei dieser Aufgabe das Augenmerk des Architekten nicht nur auf das gewählte Formenrepertoire der altgriechischen Architektur, sondern in hohem Maße auch auf die Standortwahl auf hügeligem Terrain, auf die schönen Aussichten und die direkte Verbindung zur Akropolis gerichtet scheint.

Klenze betont besonders, daß er sich bei diesem Entwurf nicht zur Idee einer *„ökonomischen"* Lösung mit hohen Realisierungschancen verleiten ließ, sondern daß er nach seiner Rückkehr nach München und auf besonderen Wunsch König Ottos das in seiner *„Einbildungskraft"* Entstandene in eine Arbeit *„im höheren Sinne der Kunstforderungen"* umgesetzt habe. So erhält der Palastentwurf eine exemplarische Bedeutung: er steht als pars pro toto für den nicht gezeichneten Idealentwurf Klenzes für Athen als Hügelstadt.

Meisterhaft bietet Klenze ein überzeugendes Gesamtbild einer dem *genius loci* höchst einfühlsam angepassten Monumentalanlage an, die allmählich wachsen soll. Der Gedanke einer schrittweisen Ausführung der Residenz war zwar durch finanzielle Notwendigkeiten bedingt, entsprach aber auch der Überzeugung Klenzes, daß bauliche Anlagen, wie Städte, allmählich wachsen sollen: *„Es ist begreiflich, daß diese ganze Anlage, wenn sie von Seiner Majestät dem Könige von Griechenland ge-*

36 Klenze, *Aphoristische Bemerkungen*, S. 481 f.

billigt, und wenn deren Ausführung beschlossen würde, eine Reihe von Jahren, und wenn auch nicht unverhältnißmäßige und unerschwingliche, doch immer bedeutende Summen in Anspruch nehmen würde. Es ist deshalb bei dem ganzen Entwurfe den ausdrücklich mir mitgetheilten Absichten Seiner Majestät des Königs gemäß darauf gesehen worden, daß selbst theilweise Ausführung schon dem jetzigen Bedürfnisse entsprechen würde, und daßelbe, so wie es wächst, durch Hinzufügen eines neuen Theiles des Ganzen stets wieder seine Befriedung erhalten kann."[37]

Der Stadtarchitekt Athens Friedrich Stauffert lobt den letztendlich nicht ausgeführten Entwurf „*als dem griechischen Klima ganz anders* (...) *als das Gärtnersche Palais* (angepaßt)." Auffällig bürgerfern ist jedoch die Grundhaltung Klenzes in der Frage der Standortwahl für die zu erbauende Residenz. Diese will er möglichst nicht in die Nähe von Privatgebäuden gebracht wissen, sondern „*deren architektonische Umgebung und Wirkung so viel als möglich selbständig machen*". Auch hier wird die grundverschiedene Einstellung Klenzes zur gegebenen Aufgabe gegenüber Kleanthes und Schaubert sichtbar, welche die Residenz als Zentrum der ganzen Komposition im Stadtgefüge angesiedelt hatten. Die königliche Macht sollte vom Bürgertum und seinen Behausungen getragen werden. Klenze dagegen sorgt für ihre Absonderung. So kommt er auch zu seiner veränderten Standortwahl für die Residenz (westlicher Hang des Nymphenhügels), um dieser landschaftlichen Reiz, direkten Zugang zur Akropolis und Abschirmung gegen das Treiben in der Stadt zu sichern.

Nachdem Friedrich von Gärtner Klenze bei der Erbauung der Residenz in Athen (1836-1843) ausgestochen hatte, verschließt sich dieser in würdevolles Schweigen über die missglückte Perspektive, den wichtigsten Bau in Neu-Athen nach seinen Plänen entstehen zu sehen. An Ludwig Ross schreibt er indes vertraulich noch im Jahre 1841: „*Ein curiosum unter meinen Papieren wird immer die schriftliche ausdrückliche Versicherung* (des Königs) *bleiben, man würde nie ein anderes als mein Schloßprojekt ausführen, und wenn die Umstände zur Wahl eines anderen Platzes zwängen*".[38]

Auf dem von ihm so bevorzugten Standort der Hlg. Athanasius-Anhöhe am Westhang des Nymphenhügels beharrt jedoch Klenze: Er entwirft im Jahre 1839 einen Plan für das Pantechneion in Athen, einen Bau, der eigentümlicherweise die Funktion eines Antikenmuseums mit derjenigen einer Kunstakademie verbinden sollte, und situiert ihn genau an der vormals für die Residenz vorgesehenen Stelle. Dabei macht er sich keine großen Illusionen über die Verwirklichungschancen auch dieses Baues: „*Ich bin* (...) *veranlaßt gewesen einen früheren Auftrag SM des Königs* (Otto) *ihm Entwurf für ein Museum zu machen durch so einen malerisch behandelten Bauplan zu entsprechen und habe die Arbeit vor einigen Tagen* (nach Athen) *abgeschickt. Mag es damit nun auch eben so schlecht wie mit meinem Schloße gehen, es hat mich unterhalten diese Arbeit zu machen*".[39]

Und doch liegt Klenze enorm viel an der Ausführung dieses Entwurfes. Am 15.6.1840 schreibt er an König Otto: „*Ich wage in dieser Voraussetzung Ew KM die allerunterthänigste Bitte gestatten zu wollen zur Förderung der Ausführung der von mir verlangten und gelieferten Entwürfe im Falle Ew K. Majestät wirklich geruhen sollten denselben die allerhöchste Sanction zu ertheilen die Beihülfe des Kunstliebenden Europas in Anspruch nehmen zu dürfen. Wenn es nicht vermeßen wäre so würde ich sogar die allerunterthänigste Bitte wagen mir selbst gestatten zu wollen zu dem Ende das Subscriptions Commitee bilden zu dürfen und nach meinen geringen Kräften der erste zu werden welcher als Künstler in Teutschland für den schönen Zweck eines atheniensischen Pantechneions einen Beitrag leisten darf*".[40]

Nachdem er vergeblich auf eine Antwort aus Athen lange gewartet, schreibt er resignierend an L. Ross: „*Es scheint eine Verschwörung zu bestehen mich über die Musäum-Angelegenheiten in voller Dunkelheit und Unwissenheit zu belaßen und es ist gewiß in der Kunstgeschichte ohne Beispiel daß ein König von einem Künstler wie ich mündlich und schriftlich Entwürfe verlangt und ihn 13 Monate lang ohne alle Antwort über den Empfang läßt*".[41]

Das Pantechneion kann als der originellste Entwurf Klenzes überhaupt betrachtet werden.[42] Er ist der Versuch, sich völlig von der Konvention der feierlichen axialen Monumentalanlagen der öffentlichen Bauten des Klassizismus zu befreien und ein organisches, mehrgliedrig-assymetrisches Gebäudeensemble zu konzipieren, bei dem der funktionale Zweck bei der Disposition der Baumassen klar abzulesen ist. Die drei aneinandergereihten Bauvolumina sind dementsprechend in sich grundverschieden: Ein zweigeschossiger oktogonaler Zentralbau ist für die Ausstellung der Grabmonumente, Inschriften und Terrakotten vorgesehen; der anschließende dreigeschossige langgestreckte Flügel mit

37 *Ibidem,* S. 496.

38 Brief Klenzes an L. Ross vom 26.4.1841. In: Schleswig-Holsteinische Landesbibliothek/Kiel, Bestand cb 42/55, Nachlass Ross, Heft 53.

39 Brief Klenzes an L. Ross vom 26.11.1839. *Ibidem.*

40 Konzept eines Briefes Klenzes an König Otto; L. Ross mitgeteilt am 15.6.1840. *Ibidem.*

41 Brief Klenzes an L. Ross vom 30.11.1840. *Ibidem.*

42 Klenze selbst schätzte seinen Entwurf des Pantechneion sehr hoch: Am 15.3.1840 schreibt er an L. Ross in Athen: „*Sehr erwünscht wäre es mir wenn sie meinen Entwurf sehen und ich über diese Arbeit welche vielleicht als die freieste und beste ist welche mir je gelungen, ihr gütiges Urtheil hören könnte*".

Giebeldach und Vorhalle ist der Sitz der Kunstakademie; ihm ist auf der Längsseite ein eingeschossiger Flügel um einen Innenhof angegliedert, der die eigentliche Agalmatothek (Skulpturensammlung) beherbergen sollte. Jeder der drei Gebäudeteile besitzt einen eigenen separaten Eingang. Das Projekt war – gemäß der ausdrücklichen Äußerungen Klenzes – in Etappen auszuführen, was den begrenzten finanziellen Möglichkeiten des jungen Staates Rechnung trug.

Durch Hofintrigen oder auch die Unentschiedenheit des jungen Königs wurde auch dieses Projekt nicht ausgeführt. Dies ist besonders bedauerlich und hat Athen eines Baues beraubt, der in seinem syntaktischen Einfallsreichtum – wäre er ausgeführt worden – das überzeugendste Zeugnis einer kreativen Anwendung des klassizistischen Formenrepertoires (ohne die Anwendung des Plagiats der antiken Tempelfront) dargestellt hätte. Der Pantechneion-Entwurf vertritt paradigmatisch eine erneute Sicht des klassizistischen Ideals durch seine begründete Auffassung der Bauaufgabe in Athen.

Der einzige von Klenze für Athen entworfene und auch ausgeführte Bau ist die katholische Bischofskirche des Heiligen Dionysius Areopagita, an prominenter Stelle an der Universitätsstraße neben der Augenklinik von Christian Hansen errichtet. König Otto selbst beauftragte Klenze mit dem Entwurf einer Kirche im herkömmlichen Stil einer christlichen Basilika. Diese Lösung entsprach auch den Überzeugungen Klenzes, der im Sakralbau weder die Übernahme der antiken Tempelform noch diejenige des Zentralbaues als geeignete Alternative betrachtete, in der Basilika dagegen die Weiterentwicklung einer in der Antike schon bewährten Form der öffentlichen Versammlungsstätten sah. Der Entwurf, im Jahre 1851 eingereicht, sah einen dreischiftigen Bau vor mit einer Gesamtlänge von 70 m und einer Breite von 32 m. Das Gebäude war mit zwei Reihen von je sieben Fenstern auf den Seiten

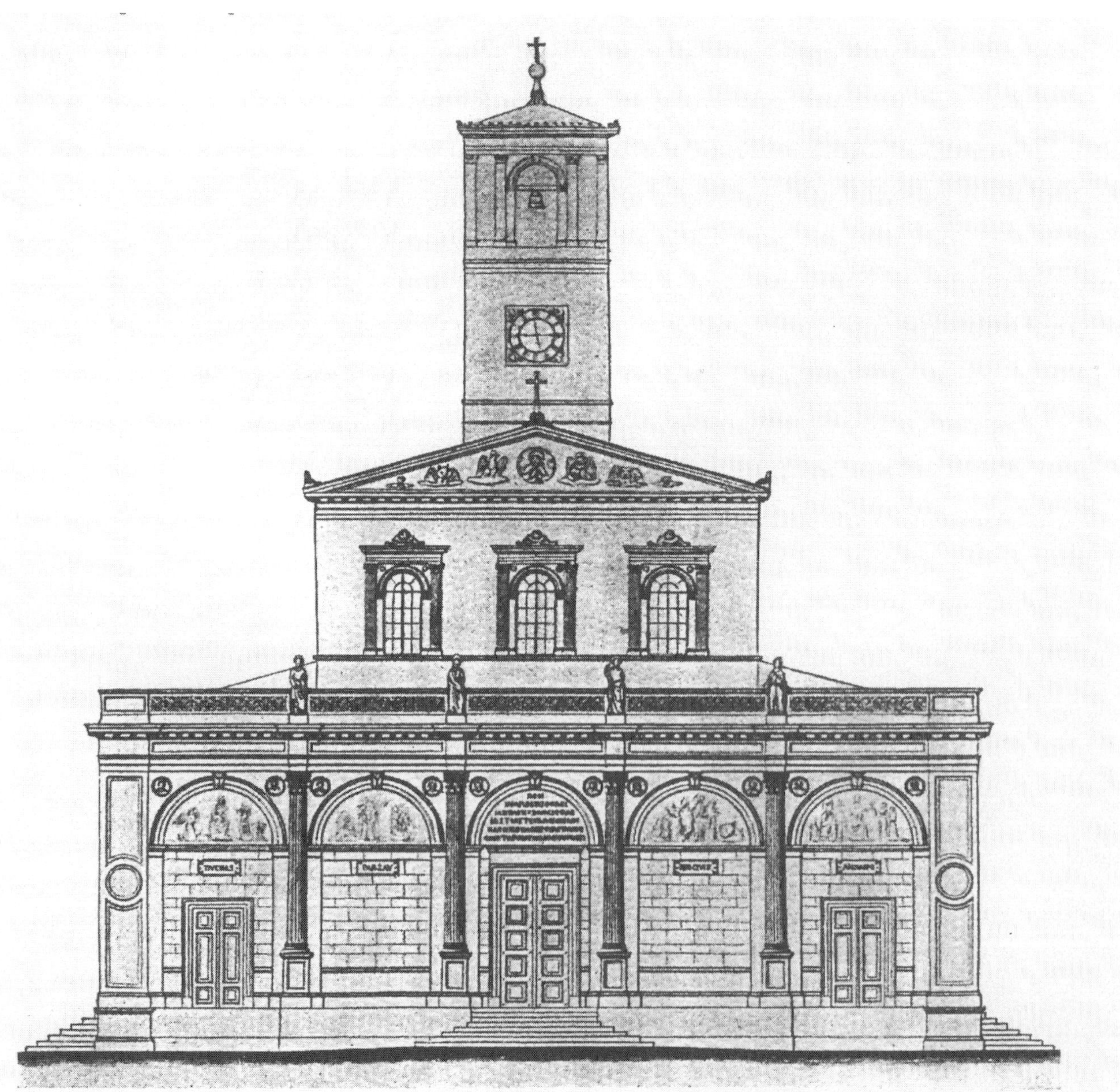

Abb. 9 Entwurf für die Katholische Hagios-Dionysios-Kirche in Athen (1839) von Leo von Klenze. Originalgröße 50,7 x 42,5 cm, Bleistift und Tusche. Staatl. Graphische Sammlung, München

und drei Fenstern an der Front des Mittelschiffes versehen. Alle Fensteröffnungen wiesen Rundbögen auf. Das gleiche galt auch für die fünfjochige offene Vorhalle, die mit Doppelpilastern mit davorgestellten ionischen Säulen bestückt war. Reicher Skulpturenschmuck sollte die Fassade zieren.

Der Grundstein wurde im Jahre 1853 gelegt. Der zu großzügig konzipierte Bau schritt nur zögernd voran. Nach mehrmaligen Veränderungen durch Klenze und den griechischen Architekten Lysandros Kaftanzoglou, der die Aufsicht über die Bauarbeiten hatte, wurde der Hauptraum in den Jahren 1860-1864 ausgeführt und die Kirche nach Erstellung einer vereinfachten Vorhalle (d. h. ohne Pilasterordnung) im Jahre 1887 eingeweiht.

Trotz der beträchtlichen Verarmung an dekorativen Elementen – und eigentlich besonders deshalb – und des Wegfallens des anfangs vorgesehenen hohen und mittig hinter der Apsis plazierten Glockenturms, ist der Bau dem ursprünglichen Gedanken Klenzes treu geblieben und vertritt würdevoll seinen Schöpfer in Athen, in der vielgepriesenen Stadt, in der die Umstände ihm sonst nicht erlaubt haben, baulich sich zu verewigen.

Beziehung zu Land und Menschen

Wer sich mit den Schriften Klenzes vertraut macht, begegnet in seinen Zeilen einem weltoffenen, regen und wissenshungrigen Geist, der besonders durch das breite Spektrum seiner Interessen und die Nachdenklichkeit seiner Fragestellungen gekennzeichnet ist. Neben diesen einnehmenden Zügen seiner Persönlichkeit sind auch weniger angenehme Aspekte des Charakters unübersehbar: Der Machtmensch Klenze besaß nicht nur eine stark ausgeprägte Selbstschätzung; Selbstherrlichkeit, Eitelkeit und das Taktieren mit Menschen und Situationen – die Eigenschatten des Diplomaten und Höflings – verbanden sich bei ihm mit der überheblichen Überzeugung des Künstlers und Intellektuellen Unfehlbarkeit des Urteils zu besitzen.

Abb. 10 Portrait Leo von Klenzes

Im besonderen Falle seiner griechischen Mission betrachtete er sich als den unanfechtbaren deus ex machina, der in einer verworrenen Situation durch seine Geschicklichkeit, seine Sachkenntnisse und seine Autorität den gordischen Knoten sowohl *„in Politicis"* als auch in Kunst- und Planungsfragen souverän lösen würde. Dieses Gefühl erwuchs nicht nur aus seinem Selbstbewusstsein, sondern auch aus den uneingeschränkten Vollmachten, die ihm von König Ludwig übertragen worden waren. Ein höflicher Hochmut kennzeichnet daher seine Haltung sowohl seinen bayerischen als auch seinen griechischen Gesprächspartnern in Athen und Nauplia gegenüber.

Umsomehr beeindruckt nun die Offenheit, Unvoreingenommenheit und wohlwollende, wenn auch oft zu Recht strenge Gerechtigkeit, mit denen er das zeitgenössische, nachrevolutionäre Griechenland, den Reiz und den vergeistigten Zauber seiner Landschaft sowie das kreative Potential seines Volkes zu erkennen und zu schätzen weiß. Die Liberalität seiner Gesinnung und die Parteilosigkeit und Objektivität seiner Urteile sprechen nicht nur von der Begeisterungsfähigkeit eines frühen Philhellenen, sondern vielmehr von der seltenen Fähigkeit – über eines Mitteleuropäers kulturelle und nationale Andersartigkeit hinweg –, die Ursachen der griechischen *„Kalamitäten"*, aber auch die Chancen einer positiven Entwicklung des jungen Staates zu erkennen.

Sicher besaß Klenze, wie vielleicht nur wenige andere, Vorkenntnisse nicht nur über die antike griechische Kunst und Literatur, sondern auch über die im Lande zu seiner Zeit obwaltenden Verhältnisse, die ihm ein einsichtiges Urteil erleichterten. Das Entscheidende aber, was seine Haltung dem Lande gegenüber bestimmte, war seine weitreichende Aufgeschlossenheit und seine geistig wie praktisch uneigennützige Einstellung. Es ist bezeichnend, daß im Falle seines griechischen Abenteuers die Ichbezogenheit des erfolgreichen Künstlers zurücktritt und der Wunsch, einer guten Sache zu dienen, die Oberhand gewinnt. Klenze ist mit viel Begeisterung und edlen Ambitionen nach Hellas gezogen. Verwirklichen konnte er selbst da nur weniges. Dennoch blieb sein Glaube an die Entwick-

Abb. 11 Modell der Stadt Athen im Jahre 1842 von Ioannis Travlos (1979). Teilausschnitt: Die Akropolis und die Altstadt von NW. Museum der Stadt Athen, Athen

lungsfähigkeit Griechenlands ungebrochen. Auch darin war seine ethische Einstellung derjenigen König Ludwigs identisch.

Die einzige politische Handlung, die Klenze in Griechenland unternommen hat, war die schon geschilderte Tätigkeit als Emissair des Königs bei der Abberufung der Regentschaftsmitglieder Abel und Maurer. Er hatte sonst weder den Auftrag noch die Neigung zu weiteren Einmischungen in die lokale Politik. Dieses Nichtbetroffensein von den Wandlungen der Machtverhältnisse in Athen erlaubte Klenze eine selten strenge Beurteilung der bayerischen Präsenz im Lande als auch die Formulierung von eigenen Leitgedanken für die gesellschaftspolitische Entwicklung Griechenlands. Letzteren haftet ein offensichtlicher Hauch von Wunschdenken und theoretischem Moralisieren an, da Klenze meistens die rücksichtslose Einmischung der Schutzmächte in die inneren Angelegenheiten Griechenlands außer Acht lässt; was ihm vorschwebt, ist die freie Entfaltung der schlummernden Kreativität des neugriechischen Wesens unter der väterlichen Obhut der bayerischen Dynastie: eine Utopie.

Und trotzdem ist seine Kritik an der Vorgehensweise der Regentschaft mitreissend in ihrer gewagten Offenheit und bestechend in ihrem praktischen Sinn für die Realitäten im Lande. Schon gleich nach der Landung in Korfu auf seiner Hinreise nach Griechenland schreibt er ohne Umschweife an Ludwig: *„Nebst dem Mangel an Hingebung für eine große schöne Sache, nebst daraus hervorgehenden individuellen Erbärmlichkeiten, ist es, so überzeuge ich mich immer mehr, der Mangel an historischer Auffassung und Begründung der griechischen Neokratie welche bis jetzt alles verdorben hat. Hätten die Herren nur die einzige Nachricht des Pausanias (Attica I, 24) gekannt und beherzigt: daß von den Athenern die Athene vor allen anderen Beziehungen als Ergane, die Beschützerin der positiven Werke verehrt worden sei, und daß neben ihrem Bilde im Parthenon das des Genius Spoudaios des ersten etwas hervorbringenden Eifers gestanden habe, so hätten sie begriffen daß man die Wiedergeburt eines der Verwilderung verfallenen Landes, mit anderen Mitteln als mit Kopien bayerischer Regierungsblätter, und französischer Gesetze, mit Ordensbändern, Titeln, Repräsentations-diners eines Häufchens fremder Söldlinge und kostbaren Gesandtschaften an fremden Höfen bewirken muß. Verzeihen Ew. Majestät meinen Eifer, aber es ist bei mir für Griechenland nicht wie bei so vielen ein neues Hautübel – aber in Mark und Bein und Blut verwachsen, so lange ich denke und fühle“.*[43]

Als *„neues Hautübel“* betrachtete das Land, in das er als neues Regentschaftsmitglied bestellt wurde, offensichtlich Herr von Kobell, *„ein bekannter lustiger Bruder“*, über den Klenze sich keine Illusionen zu machen schien: So notiert er in seinen geheimen Aufzeichnungen *„Memorabilien“* am 11. August in Nauplia: *„Die außerordentliche Unwissenheit des neuen, mit mir reisenden Regentschaftsmitgliedes v. Kobell über Alles, was das alte und neue Griechenland anbetraf, längst kennend und mich täglich mehr davon überzeugend, hatte ich es mir zum Geschäfte gemacht, ihn so viel möglich auf der Reise von Allem, was am nöthigsten war, zu unterrichten und besonders die Lehre und Überzeugung in ihm zu begründen, daß Griechenland nicht bavarisirt werden, sondern griechisch regiert und behandelt werden müßte, daß hier nicht Theorien der Gesetzgebung und rafinirten Staatsorganisation angewendet, sondern dem ungebildeten, aber höchst geistreichen Griechen einfache, ihm verständliche Gesetze und Einrichtungen, besonders aber die sichtbaren und unleugbaren Vortheile guter materieller Einrichtungen und Verbeßerungen gewährt werden müßten. Daß es endlich ein schweres Unternehmen sei, auf den Trümmern einer Revolution einen Thron zu errichten, daß aber dieses nur möglich sei und namentlich in den griechischen Conflikten nur möglich sei, wenn man sich auch der Trümmer und der Männer der Revolution bemächtigt und daß keine andere Macht diese besiegen und beherrschen könne als eine solche“.*[44]

Und die kleinlichen Streitigkeiten zwischen den Mitgliedern der Regentschaft verpönend, wiederholt er seinen Aufschrei (in seinen geheimen Aufzeichnungen) zu sich selbst: *„Nein, wahrlich, so erbaut man keine Throne auf den Trümmern einer Revolution! Da braucht es Einheit und Consequenz im Handeln und volles Vertrauen in die Menschen, welche man zu der schweren Arbeit verwendet. Gottlob aber hat der alte hellenische Boden das Prinzip der Unverwüstlichkeit in sich, und das Reich kann gedeihen, nicht weil sondern obwohl es unter bayrischem Einfluß steht“.*[45]

Was die Motivation König Ludwigs selbst in seinem Engagement für Griechenland betrifft, so zollt Klenze ihm uneingeschränkten Tribut für seinen schöngeistigen Philhellenismus: *„Unser König geht mit den freudigsten Erwartungen und dem größten Eifer für des Landes Wohl nach Hellas“*, schreibt er am 11. November 1835 an Ross, *„Sie werden (...) die Kenntniße und poetische Auffassung dieses Monarchen bewundern lernen ...“*[46]

Zugleich aber ist er sich der machtpolitischen Kalküls seines Herrschers voll bewusst und bedauert – wohlgemerkt im Stillen – die Resultate, die diese gezeitigt haben: *„Der König war aber so glück-*

43 Brief Klenzes an König Ludwig, vom 25.7.1834 aus Korfu.
44 Klenze, *Memorabilien,* II, S. 64 f.
45 *Ibidem,* S. 71.
46 Brief Klenzes an L. Ross, vom 11.11.1835, in: Schleswig-Holsteinische Landesbibliothek/Kiel, Bestand cb 42/55, Nachlass L. Ross, Heft 53.

Abb. 12 Der Aufgang zur Akropolis von Athen (18359 von Wilhelm von Heideck. Originalgröße 72 x 87 cm, Öl auf Leinwand. Museum der Stadt Athen, Athen

lich in dieser Idee (d. h. alle diejenigen nach Griechenland zu entfernen, welche durch ihre liberale Anrüchigkeit ehemals so sehr gefallen hatten), *daß er seiner Freude sich darüber einst während der Tafel in dem bonmot Luft machte: Griechenland sei seine Botani Bay, wohin er alle diejenigen schicke, welche er in seinem Lande nicht brauchen könne. Diese Äußerung ward aber, wie ich sogleich erfuhr, noch am folgenden Tage den kaum in Griechenland angekommenen Regentschaftsmitgliedern und dem jungen König geschrieben und machte auf letzteren einen tiefen Eindruck, indem man ihm vorstellte, welche Art das Thun seines Vaters gegen ihn sei, der ihn jung, unerfahren, ja unmündig in der allerschwierigsten Lage nicht mit Männern, welche seine Achtung genößen, sondern mit von ihm selbst Verworfenen umgäbe, deren er sich gerne entledigen wolle! Allgemein war mir, wie* (ich) *schon früher durch Correspondenz wußte, nun auch in Griechenland gesagt, daß diese Äußerung an der Königlichen Tafel in München der eigentliche Anfangspunkt der Mißverhältniße sei, welche in der Regentschaft eintraten und auf das weiche Gemüth des jungen Königs ein zwischen Bitterkeit gegen seinen Vater und zwischen apathischer Melancholie schwankendes Gefühl erzeugt hatten, welches auf das entschiedenste seiner geistigen Entwicklung entgegen trat. Er betrachtete sich als aufgeopfert und verlaßen".*[47]

Interessantes weiß auch Klenze in seinen *„Memorabilien"* über den Charakter und die Fähigkeiten des jungen Königs Otto zu berichten. Am 15. Juli 1835 notiert er in Engelthal *„wieder einige Muße findend"*, seine Erinnerungen an die Begegnungen mit Otto und liefert in einer langen Passage ein wirkliches Psychogramm über die pathologische Zögerlichkeit des jungen Monarchen, die dieser anlässlich der Beratungen zur Verlegung der Residenz von Nauplia nach Athen an den Tag gelegt hatte. Dabei würdigt er den guten Willen und die Gewissenhaftigkeit, ja die menschliche Güte Ottos, die dieser auch tatsächlich während seiner dreißigjährigen Regierungszeit immer wieder bewiesen hat: *„Da ich stets diese Diskußion mit dem Könige ganz allein führen mußte und kaum von einer gefährlichen Krankheit halb genesen war, wo wurden mir diese stunden- und tagelangen Diskußionen im unglaublichen Grade schwer und lästig. Nur die große Gutmüthigkeit, Freundlichkeit, und das stets durchblikkende Bestreben, nur das Beste beschließen und thun zu wollen, welche stets durch diese unabsehbar langen Hin- und Wiederreden durchblickten, machte es moralisch möglich, sie zu ertragen; aber das hundertmalige Wiederholen ein und derselben Sache, das hundertmalige Zurückweisen längst aufgegebener Bedenken überstieg alle Vorstellungen und Beschreibung".*[48]

47 Klenze, *Memorabilien,* II, S. 69.
48 *Ibidem,* S. 75.

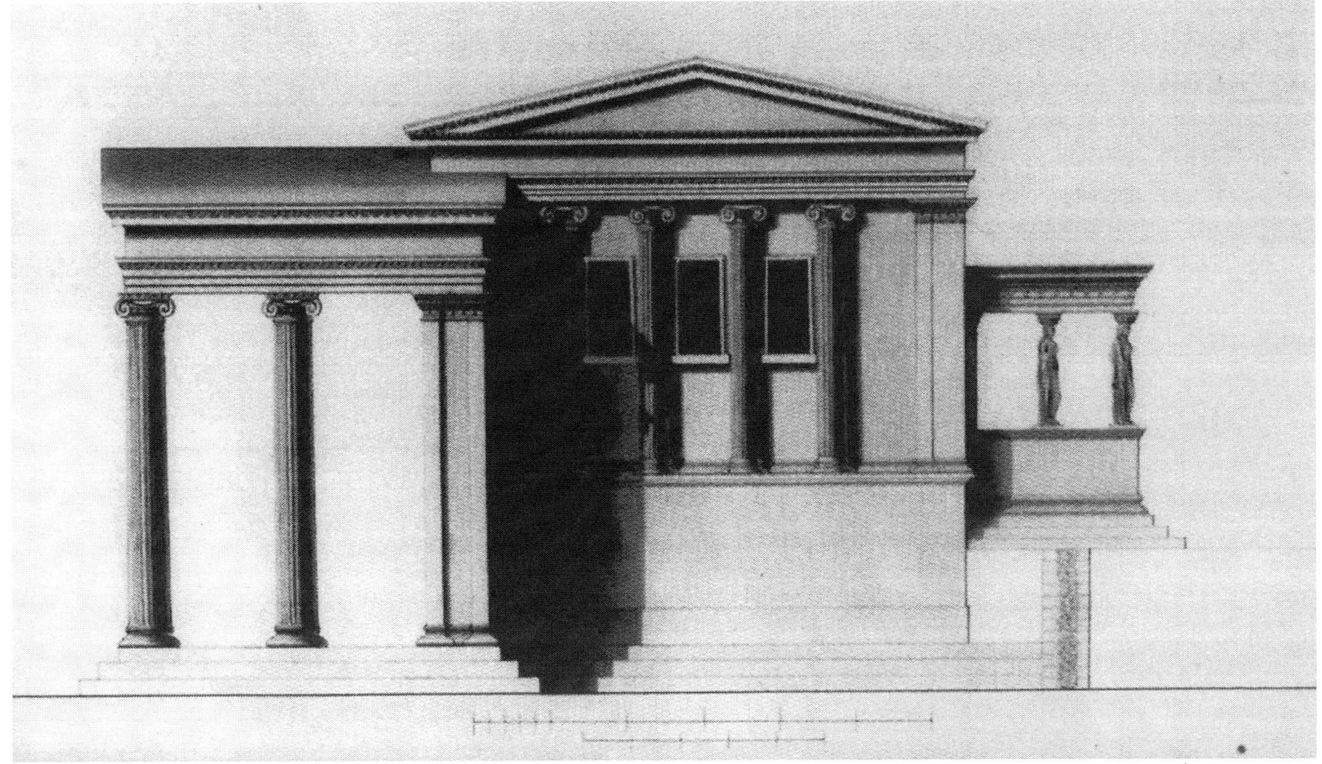

Abb. 13 Ansicht des Erechtheions von W. Versuch einer Wiederherstellung von Leo von Klenze. Tusche laviert. Staatl. Graphische Sammlung, München

Während der kurzen Zeit seiner dreimonatigen Anwesenheit in Griechenland hatte Klenze Gelegenheit, außer mit den Mitgliedern der Regentschaft und etlichen anderen bayerischen Würdenträgern,wie dem Hofmarschall Baron von Asch oder dem Cabinetssekretär des Königs Lehmayer, auch mit griechischen Notablen wie Notaras und Orfanos in Korinth und den Familien der ehemaligen Ospodaren (Fürsten) der Valachei Karadja und Kantakuzeno in Athen Bekanntschaft zu machen. Auch den in Athen ansässigen Schotten George Finlay – den späteren bedeutenden Geschichtsschreiber der neugriechischen Geschichte -, dessen kritische Äusserungen zur griechischen Staatswerdung mit den Überzeugungen Klenzes weitgehend übereinstimmten, lernte er kennen. Dies waren jedoch alles flüchtige Bekanntschaften.

Eine besondere Annäherung bahnte sich indessen mit dem etwa um zwanzig Jahre jüngeren Altphilologen und Generalconservator der Altertümer Griechenlands, dem Holsteiner Ludwig Ross an. Wie die Korrespondenz[49] der zwei Männer aus den Jahren 1835 bis 1854 belegt, entwickelte sich zwischen Klenze und Ross eine wahre Verbundenheit, die auf gegenseitiger Schätzung, aber auch der Begeisterungsfähigkeit beider für alles Griechische und ihrer bedingungslosen Hingabe an das Land und sein Kulturerbe fußte. Auch praktische Zweckmässigkeiten festigten diese Freundschaft: Klenze nahm die Rolle eines Mentors und Protektors für Ross ein, während letzterer seine wichtigste zuverlässige Quelle für die Entwicklungen in Hellas wurde.

Es spricht für Klenze, die Integrität und Begabtheit von Ross gleich erkannt zu haben. Immer wieder stärkt er dem jüngeren den Rücken mit uneingeschränkter Anerkennung seiner Leistungen: *„herzlichen Dank werde ich Ihnen auch für fernere Mittheilungen (...) zollen, auf welche ich Ihre Kenntniß des Landes, des Volkes, wie deßen Geschaefte und Sprache, großen Werth lege. O hätten die Machthaber Griechenlands diese Kenntniße gleich Ihnen, es würden dann gewiß nicht so viele und ungeheure Mißgriffe gemacht werden. Aber diese nordischen Administrationsmaschinen, werden sich nie in das noch immer rein menschliche und deßhalb so lebendige griechische Wesen zu finden lernen".*[50] Und später: *„Griechenland hat unter den vielen Teutschen welche es seit 4 Jahren mit modernen polypragmosynetischen, theoretischen, bürokratischen und abstrusen Hudelein beglücken zu wollen vorgeben, oder sich wirklich einbilden, Sie als einen Mann gefunden welcher seine Aufgabe begriff und ohne Geldsucht zu lösen suchte – ich hoffe also daß es Sie auch behalten wird."*[51]

49 Das Konvolut der 38 Briefe Klenzes an Ross befindet sich in der Schleswig-Holsteinischen Landesbibliothek in Kiel unter dem Zeichen „Bestand cb 42/55, Nachlass Ross, Heft 53". Das Konvolut der 29 Briefe von Ross an Klenze befindet sich dagegen in der Bayerischen Staatsbibliothek in München, Sammlung Klenzeana XV. Der gesammte Briefwechsel wurde im Jahre 2006 durch den Verfasser in einer kommentierten Ausgabe veröffentlicht.

50 Brief Klenzes an L. Ross vom 14. 2. 35 Landesbibliothek Kiel.

51 Brief Klenzes an L. Ross vom 25. 11. 35. *Ibidem.*

Abb. 14 Ideale Ansicht der Stadt Athen mit der Akropolis und dem Areopag (1846) von Leo von Klenze. Originalgröße 101,0 x 176,0 cm, Öl auf Leinwand. Leihgabe der Bundesrepublik Deutschland an die Bayerische Verwaltung der Staatl. Schlösser, Gärten und Seen, München

Beweisen die Urteile Klenzes über manche der in Griechenland damals mitwirkenden und mitgestaltenden Persönlichkeiten im Allgemeinen seinen Scharfsinn und seine Parteilosigkeit, so erweist er sich jedoch in einem Falle als voreingenommen, ja ungerecht: Durch tendenziöse Kolportagen, die ihm zugetragen wurden, entwickelte er eine ungerechtfertigte Antipathie gegen den einen der Entwerfer des Urplanes von Neu-Athen, den Griechen Stamatios Kleanthes. Der unternehmerische Geist und die etwas trotzige Selbstbehauptung[52] des letzteren sind wohl bekannt. Auch standen diese seine Charakterzüge in krassem Gegensatz zur stillen und einnehmenden Art seines Kollegen Eduard Schaubert, der verständlicherweise bei Klenze Gnade fand. Kleanthes dagegen wird zur 'bête noire' Klenzes in Griechenland. So weiß er leichtfertig zu berichten: *„Was den architektonischen Theil meiner Bemühungen anbelangt, so fand ich die heftigsten Intrigen dagegen bei den Bauspeculanten, welche auf den Plan der Neustadt, welchen die Architekten Schaubert und Kleanthes gemacht hatten, Käufe und Wiederverkäufe gegründet hatten, welche die größten finanziellen Resultate in Außicht stellten. Der eine dieser Architekten, Schaubert, ebenso ehrlich als geschickt, war dabei das gutmüthige paßive Werkzeug des 2., Kleanthes, eines verworfenen Betrügers, gewesen, welcher mit allen diesen Speculanten unter einer Decke spielte".*[53] Dies ist eine unhaltbare Verunglimpfung, für die Klenze keine konkreten Beweise erbringt und die leider in der späteren Geschichtsschreibung kritiklos übernommen wurde.[54]

Klenze idealisiert keineswegs die im Lande vorgefundenen Umweltverhältnisse. Über den Wiederaufbau des kriegszerstörten Patras äussert er sich offensichtlich enttäuscht. Bauformen und -techniken findet er kläglich: *„Aber welcher erbärmlicher Styl, welch elende Construction, welcher Mangel an südlichem Charakter und Schönheitssinn zeigen sich in allem! Das schlechteste des Nordens, seine kleinliche Langweiligkeit, hat sich hier mit dem schlechten des Südens, mit dem griechischen Speculations Geiste, verbunden, um eine Bauart aus den türkischen, leider noch nirgends verwischten Traditionen zusammen zu flicken".*[55] Und am Isthmus von Korinth notiert er mit Resignation: *„Das Ufer war so wüst, verdorrt und verlaßen, daß ich den Eindruck nie vergeßen werde, zumal, da diese Wüste eine der großartigsten Gegenden ist, welche Griechenland darbietet und die Erinnerungen von so vieler Pracht, Kunst und Kultur ihr ankleben".*[56]

52 Die streitbare Natur Kleanthes ist z. B. abzulesen an seinem langjährigen Kampf für die Auszahlung der Honorare für den Athener Plan sowie an seiner öffentlich mit Streitschriften ausgetragenen Kontroverse gegen L. Kaftanzoglou über die Planung des Arsakeion-Mädchenseminargebäudes (1845); siehe ausführlich darüber: Olga Fountoulaki, *Stamatios Kleanthes 1802-1862, ein griechischer Architekt aus der Schule Schinkels* (Karlsruhe, 1979), S. 112-116.

53 Klenze, *Memorabilien,* II, S. 81.

54 Die Gerüchte über die angeblichen Spekulationsgeschäfte Kleanthes in Athen wurden von G. Maurer, *Das Griechische Volk* (1836), S. 124, Maehrlen, *Geschichte Griechenlands* (1839), S. 570 und Mendelsohn-Bartholdy, *Geschichte Griechenlands* (1874), S. 499 übernommen.

55 Klenze, *Memorabilien,* II, S. 62.

56 *Ibidem,* S. 63.

Diese unverhohlene Enttäuschung über die Verlassenheit, ja die Primitivität der Verhältnisse im griechischen Lebensraum trübt jedoch keineswegs seinen künstlerisch-ästhetischen Blick bei der Betrachtung der inhärenten Harmonie der Landschaftszüge: Plastizität der Naturformen, Qualität des Lichts, Staffelung der Umrisse der Bergketten im kleinteiligen Naturraum, alle einmaligen Eigenschaften der griechischen Welt berühren ihn auf Anhieb: *„Man muß die griechische Luft, die griechische Sonne und den Charakter der griechischen Landschaft, welcher sich in seinem ganzen Reize nur in der Ferne entwickelt, kennen, um sich einen Begriff von der Schönheit dieses Anblickes machen zu können. Selbst Süditalien, Kalabrien, Apulien und Sicilien geben keinen Begriff von diesen griechischen Fernen, worin die reinsten Gebirgsformen deutlich und plastisch wie Statuen des Pheidias und Praxiteles modelliert und in einem Farbenreichtum erscheinen, welchem sich nichts an Harmonie, Freiheit und Abwechslung der Töne, Übergänge und Lichteffekte vergleichen läßt. Jene Länder haben in landschaftlicher Hinsicht in den Vor- und Mittelgründen über Griechenland den großen Vorteil der Kultur, schöner und üppiger Vegetation und malerischer Architektur. Aber Fernen, Gebirge und Felsengruppen gibt es nur in Griechenland, und der italienische Himmel hat nie den unendlichen Reiz des griechischen, so schön durch das Wort λαμπρότατος Άιθήρ bezeichneten Lichtraums“.*[57] Diese seine Begeisterung über die griechische Landschaft sowie deren Aneignung erkennen wir leicht in seinem nach Skizzen vor Ort, später in Ölfarbe angefertigten Landschafts- und Architekturbild „Ansicht auf der Insel Zante“.[58]

Entscheidend ist der Glaube Klenzes an das alles Menschliche beeinflussende Vermögen dieses Naturraumes. Der *„strahlende Äther“* wird zum Leitthema: *„Jedes Volk, welches sich in Hellas niederließ, müßte zur Thätigkeit, zur belebenden Anwendung seiner Kräfte und zur Entwicklung seiner*

Abb. 15 Athen im Altertum (1862) von Leo von Klenze. Originalgröße 104,5 x 131,5 cm. Öl auf Leinwand. Leihgabe der Bundesrepublik Deutschland an die Bayerische Verwaltung der Staatl. Schlösser, Gärten und Seen, München

57 Klenze, *Aphoristische Bemerkungen*, S. 173 f.

58 *„Ansicht auf der Insel Zante“*, Ölgemälde auf Leinwand. 78 x 114 cm. Links unten bezeichnet Lv Kl 1860. Besitzer: Bernhard Meinecke, Schladen.

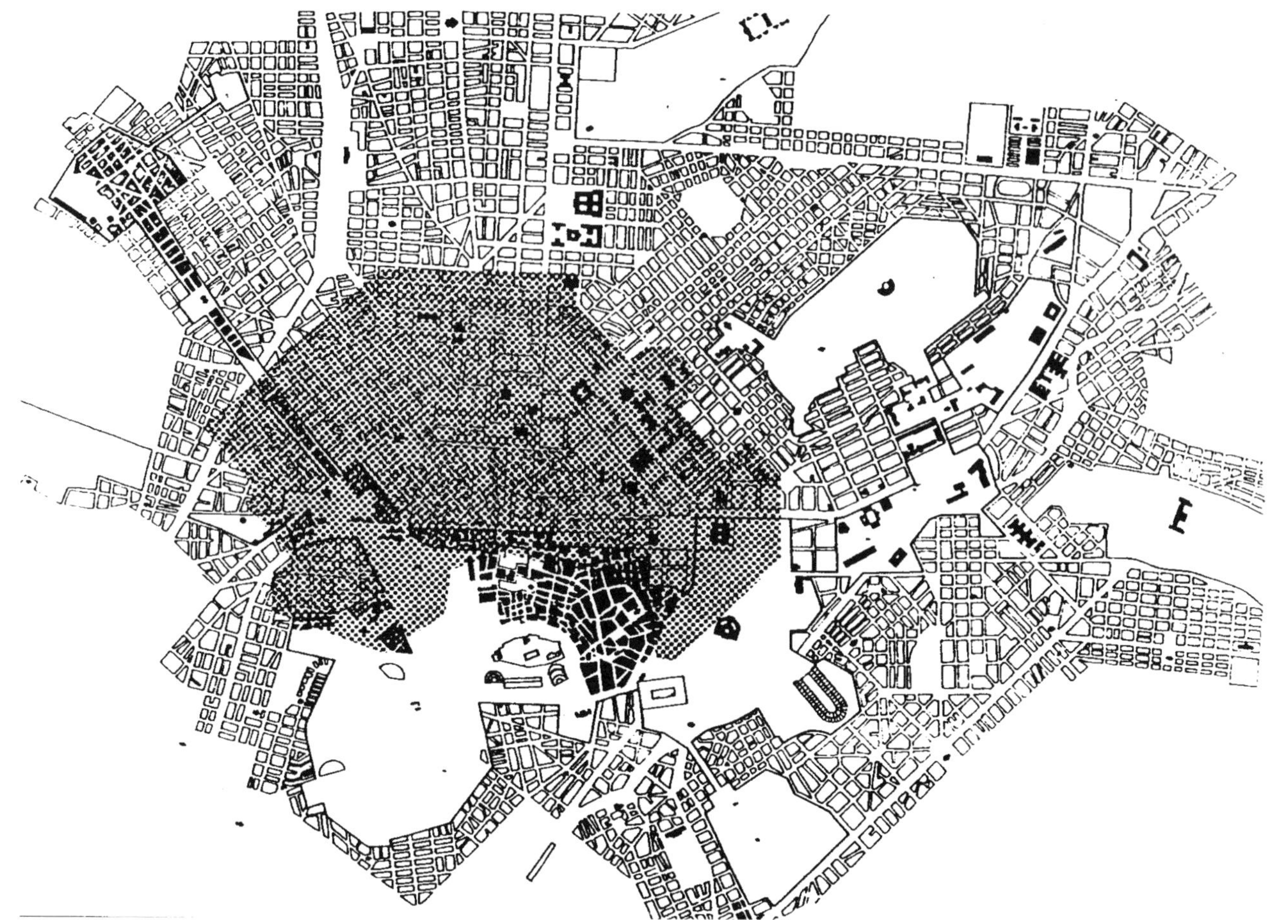

Abb. 16 Strukturplan der Gemeinde Athen, heutiger Zustand. Grau die vom Klenze-Plan eingenommene Fläche. Zeichnung des Verfassers

physischen Eigenschaften geführt werden. Eben so beförderte der stets die Phantasie anregende Anblick ferner Meere, Inseln, Küsten, Häfen, Felsen und schneebedeckter Berggipfel, und der leuchtende Himmel, der λαμπρότατος Ἀιθήρ, welcher sich darüber hindehnte, eine psychische Entwicklung in höheren geistigem Sinne, und die glückliche Mischung der Jahreszeiten, die εὐκρασία τῶν ὡρῶν deren sich Griechenland erfreut, gaben dem Leben die Leichtigkeit und den Reiz, welche zur höchsten Potenzierung geistiger Kräfte erfordert werden. Diese Eigenschaften aber hat Griechenland noch eben so wie in der ältesten Zeit".[59]

Die assimilierenden Kräfte dieses Lebensraumes sind für Klenze übermächtig: Sprache, Wesen und Nationalcharakter der Bewohner des Landes haben über Jahrtausende trotz Invasionen und ethnischen Infiltrationen ihre Identität nicht eingebüßt: Wer Griechenland bewohnt, wird zum Griechen: *„Ueberdem hat sich (ein beispielloses Wunder möchte man es nennen) die alte Sprache ihren Hauptelementen nach durch alle diese Katastrophen erhalten und zu der Unvergänglichkeit griechischer Gesinnung, griechischen Charakters, griechischer Tugenden und griechischer Laster kräftig mitgewirkt* (...). *Die Geschichte Griechenlands aber ist es, welche hier mit der Beschaffenheit des Landes in Wechselwirkung tretend, Licht über das eigentliche innere Wesen der Nation verbreitet und uns hier ein Schauspiel entfaltet, welches in den Annalen der Weltgeschichte vielleicht einzig zu nennen ist. Dieser Verein von Lokal- und geschichtlichen Verhältnissen war es, welcher bewirkte und stets noch bewirken wird, daß, welche Nationen auch auf griechischem Boden sich festsetzen, diese bald wieder selbst zu Griechen wurden und werden mußten. So aber war es, so ist es, und so wird es wohl stets in diesem eigenthümlichen Lande sein".*[60]

Diese über das Ästhetische, rein auf den Menschen bezogene Wirksamkeit des griechischen Naturraumes wurde von Klenze als Erstem erkannt und mit Entschlossenheit verkündet. Seine Überzeugungen in dieser Hinsicht beruhen auf einem spontanen Sich-Einfühlen in die griechische Realität, in die im griechischen Raum obwaltenden Bedingtheiten und Möglichkeiten. Wenn Jakob Philipp Fallmerayer zur gleichen Zeit[61] eine Zäsur in der „Gräzizität" aufgrund historischer Belege (slavische Einwanderungen während des Mittelalters) festzustellen glaubt, so tut er dies mit der Distanziertheit

59 Klenze, *Aphoristische Bemerkungen*, S. 86-87.
60 *Ibidem*, S. 88 f.
61 Jakob Phillipp Fallmerayer, *Welchen Einfluß hatte die Besetzung Griechenlands durch die Slaven auf die Schicksale der Stadt Athen?* (Stuttgart, 1835).

und der Scheinobjektivität des Gelehrten. Klenze spricht aus existenzieller Erfahrung des Landes und intuitiver Erfassung des Griechentums. Daß ein nur dreimonatlicher Aufenthalt in Hellas solche Erkenntnisse zeitigte, ist beachtenswert!

Realitätsnähe, gestrenge Güte und Verständnis für das von den Griechen Erlittene und seine Folgen kennzeichnen Klenzes Charakterisierung des neugriechischen Nationalcharakters: *„(...) Es werden mehrere Generationen vergehen, bevor man aus dem Lande und den Menschen diese schrecklichen Spuren der Türkenherrschaft verwischt. Alle schönen Naturanlagen des Volks, alle seine angeborenen Tugenden wurden und mußten unter diesem furchtbaren türkischen Einflusse zerstört und verkehrt werden. Es ist die Eigentümlichkeit des Despotismus, in den von ihm unterdrückten Völkern alle Keime des Guten und Edlen entweder zu ersticken oder zum Schlechten zu verdrehen. So auch bei den Griechen. Der türkische Druck verwandelte bei ihnen die Frömmigkeit und den Glauben in Aberglauben, die Klugheit in Schlauheit und Hinterlist, den industriellen und Handelsgeist in Raubsucht und Betrügerei, die Tapferkeit in Grausamkeit, das Selbstgefühl in Eitelkeit und Hochmuth, und eine angeborene Neigung zur zuvorkommenden Höflichkeit in Kriecherei.*

Aber wie stark mußten in einer Nation die natürlich guten Anlagen sein, um wie jetzt in den Griechen nach zweitausendjähriger Unterdrückung, wovon die letzten vier Jahrhunderte der stupiden türkischen Zwingherrschaft angehörten, dennoch das Verlangen nach einer Verbesserung ihres moralischen Zustandes und die Kraft erhalten zu haben, sich durch eigene Anstrengungen von ihren Unterdrückern zu befreien? Wo, darf man, durch genaue Kenntnisse der Sache gleich entfernt von falschem Schul-Enthusiasmus und von politischen Skepticismus gestellt, fragen, gibt es in der Geschichte ein schöneres Beispiel eines für seine politische und moralische Existenz kämpfenden unterdrückten Volkes, als die griechische Revolution?“[62]

Souverän stößt Klenze dabei wie kein anderer auf den Kern des griechischen Wesens vor. Er erkennt bewundernd die natürliche Kreativität sowie die angeborene Würde des Menschenschlages, der ihm in Hellas begegnet: *„Ein hoher Grad von geistiger Überlegenheit vielleicht über alle übrigen Völker der Erde, eine ungemeine Bildsamkeit des Charakters, Todesverachtung und Erwerbsucht, großes Selbstgefühl und Nationalstolz, die φιλαυτία ἑλληνική, welche auch den Hirten und Landbauern ein bedeutendes Ansehen verleiht, ja jenen blinden Bettler vor dem Thore von Nauplia zum Patriarchen derArmuth stempelt, müssen dabei als allen Klassen eigenthümliche National-Eigenschaften bezeichnet werden“.*[63]

Die Neugriechen haben sich kaum mit Klenze und seinem Griechenlandverständnis im Laufe der letzten 175 Jahre befasst. Er ist ihnen höchstens als der nicht sehr glückliche Veränderer des ursprünglichen Planes für Neu-Athen vage bekannt. Seine einsichtige griechenlandfreundliche Gesinnung bleibt dagegen ungewürdigt. Vertrat König Ludwig den Typus des enthusiastischen, schöngeistigen Philhellenen und sah man in Friedrich Thiersch den Praeceptor Graeciae. d. h. den wohlwollend belehrenden Freund Griechenlands, so gewann das neuerstandene Hellas in Klenze den pragmatisch erkennenden Philhellenen. Und richtig geschätzt und erkannt zu werden, ist das nützlichste und freundlichste, was einem Volk widerfahren kann. Griechenland ist Klenze die Gegenliebe schuldig geblieben. Mit zunehmender Einsicht ist aber eine angemessene Würdigung seines Wesens und seines Wirkens für Hellas auch im Lande seiner Zuneigung zu erwarten.

Abb. 17 Korinth mit dem Apollotempel (1835) von Ludwig Lange (Ausschnitt). Originalgröße 27,9 x 47,6 cm, Bleistift und Aquarell. Staatl. Graphische Sammlung, München

62 Klenze, *Aphoristische Bemerkungen,* S. 90f.
63 *Ibidem,* S. 92.

6.

The Tourist Flow to Athens and its Implications upon the Monumental Heritage of the City

The visit to Greece, for a long time a place of nostalgic reference in archaeological finds for the European intelligentsia, has become progressively our days a fashionable experience: summer vacations and international conferences are attracting more and more visitors to the country. Under these auspices this paper undertakes a critical retroperspective of the modalities and essence of the 'Greek adventure' during the 19th and 20th century.

1. Social and cultural aspects of tourism in Athens

While during the four centuries of Turkish rule (1452-1828) Greece was as hardly visited by foreigners (with the exception of some rare travellers, mainly diplomats to the Ottoman Court and scholars or art dilettanti in the 17th and 18th centuries), travel contacts developed slowly but constantly during the first fifty years of independent national life.

The establishment of a regular connection by steamship between Triest and Patras/Piraeus in the first years of King Otto's reign and the rapid development of the Greek commercial fleet during the 19th century created the basic preconditions for an opening of the young state to the west. The presence of a 'foreign' court and more then 6.000 Bavarians (military personal and civil administration) during the first decade (1833-1843) in Greece and especially in Athens, gave to this opening a specific dimension of infiltration if not potential 'bavarisation' of the country. In the same period the active involvement of foreign scholars (e.g. L. Ross, C. O. Müller, H. Ulrichs, A. Brandis, G. Finlay, N. L. Fraas, etc.) in the social and scientific life of the young Greek society contributed even more decisively to a rapprochement between Greece and the family of European states.

Due to the lack however of transportation means, road infrastructure and hotel facilities,[1] but also because of unsafe conditions on the countryside[2], a regular flow of interested visitors could not

---

1 Edmont About gives the following gloomy description of Athenian hotels and transportation means in 1852 (in: „*La Grèce contemporaine*“, Paris, 1855, pp. 403-409):
„*Les hôtels d' Athènes sont chers et mauvais, parce qu' ils ont peu de voyageurs. Il leur tombe quelques touristes au printemps et à l' automne: c' est tout leur revenu de l' année. Lorsqu' Athènes deviendra un lieu de passage fréquenté en toute saison, les hoteliers feront leurs affaires et les voyageurs y gagneront. En attentand, les chambres sont à peine meublées, la propreté douteuse, le service mal fait, la nourriture plus que mediocre. (...)*
L' hôtel d' Orient et l' hôtel d' Angleterre sont deux grands établissements situés à trente pas l' un de l' autre, rue d' Eole, en face du hangar aux canons. Le voyageur, en ouvrant sa fenêtre, peut contempler les douze petits canons qui composent l' artillerie du royaume. (....)
Un artiste qui veut demeurer à Athènes plus d' un mois peut être logé et nourri à l' hôtel d'Angleterre moyennant cinq ou six francs par jour, sans le vin. (...)
Les Grecs de condition moyenne voyagent avec leur lit, qui se compose le plus souvent d' une couverture. Ils ne demandent donc aux aubergistes qu' un espace de six pieds de long pour reposer leurs corps. Il y a trente auberges dans Athènes qui peuvent le leur offrir; mais, comme je ne suppose pas que mes lecteurs soient curieux de coucher par terre entre quatre Grecs, il est inutile d' insister d' avantage sur des logis malpropres où ils ne mettront jamais le pied. Hors des quatre hôtels dont j' ai parlé point de salut. (...)
Les voitures ne sont pas rares dans Athènes, et l' on en trouve abondamment pour la ville et la campagne. J' ai dit plus haut que la campagne s' étend a quatre lieues de la ville. Rien n' est plus disgracieux que ces pauvres fiacres d' Athènes, disloqués, malpropres et mal tenus. Ils ont rarement des carreaux, et je ne sais pas s' ils ont toujours quatre roues.
On les trouve tous rassemblés sur une place boueuse, qui s' appelle la place des Voitures. Il n' est pas facile de faire un choix, tant on est tiraillé et envahi par les cochers. On traite de gré à gré avec ces messieurs; la police n' a pas établi de tarif. (...)
On a parlé d' établir des omnibus d'Athènes au Pirée. Les communications sont fréquentes, les fiacres sont chers: l' affaire paraît excellente à première vue. Elle est detestable, et l' on s' y ruinerait. Les omnibus ne pourraient pas faire payer moins de 50 lepta pour une course de deux lieues, or les Grecs trouvent moyen d' aller au Pirée pour 25 lepta. Le premier qui veut partir prend un fiacre, s' y installe et attend; un second arrive, on l' appelle, il prend place; un troisième vient; huit personnes qui ne se connaissent pas s' empilent dans la même voiture, qui devient par le fait un omnibus. Les cheveaux de fiacre sont très laids: mais ils ne quittent jamais le galop.“

2 Thus in 1870 a party of English tourists was kidnapped in Greece by the band of the ominous brigand Davellis, which resulted in much anti-Greek sentiment in western Europe.

Fig. 1 The Acropolis and its western slopes at the end of the 19th century

develop during this first period. We owe the rare reliable informations on the actual conditions in Greece of this time mainly to foreign archaeologists living and working in Athens and deeply acquainted with the local way of life. The works of Ludwig Ross, August Brandis and Edmond About are to be considered as basic reports on the country with strong social biases.

Some rare exclusive visitors, as for example the German writer and landscape designer Fürst Pückler-Muskau (in Athens: 1836), the French romancier Gustave Flaubert (in Athens: 1851) or the French philosopher Ernest Renan (in Athens: 1865) appeared in Athens on a personal initiative, on their way to their lengthly trips to the Middle East. They are to be considered as cultivated travellers with a slow travelling pace and the wish to collect personal artistic experiences enriched by an exotic flavour. Organised tourist visits were still non existent.

At that time some early photographers, mainly architects and draftsmen (e.g. G. M. Bridges 1848, J. Robertson 1850, A. Normand 1851 and F. A. Beato 1857) organised the first photographic campaigns in Athens focussing mainly on the documentation of the antique monuments of the city.

A special kind of group visits in these early days is to be seen in the occasional presence on the Acropolis of a multitude of young midshipmen of foreign fleets anchored in the Phaleric bay, a calamity for the monuments vividly described by Ross in his memoirs.

To this period of individual travelling, during which organized tours were very rare,[3] followed – starting with the last decade of the 19th century – by an era of early group- (not mass-!) tourism. A relative political stabilisation under the leadership of prime minister Charilaos Trikoupis, amelioration of the transportation facilities and important archaeological excavations carried out during the last quarter of the 19th century,[4] made the country appealing for early travel agents and tour operators.

3 Such a memorable exception was the round trip around the Mediterranean sea of the American steamship „Quaker City" in 1867, immortalized by Mark Twain's Best-seller „*The Innocents Abroad*". The author relates in his travel account a curious story of a clandestine nightly visit on the Acropolis with a small group of friends, while the majority of his fellow travellers participating to this early 'organised tour' stayed on board because of severe quarantine regulations.

4 Important archaeological campaigns which yielded spectacular finds were among others: Delos (French excavations from 1872), Olympia (German excavations from 1875), Acropolis of Athens (Greek excavations from 1885) and Delphi (French excavations from 1892).

Fig. 2 The so called 'Beulé'-Gate and the Propylaea. Horse-drawn carriages for the tourists by the turn of the 19th to the 20th century

Gaston Deschamps in his report *„La Grèce d'aujourd'hui"* states already in 1892 that the import of tourists is generating the second important income for Greece after the customs duties! The rather exclusive parties of visitors (mainly English, French and German) were shown in the first place the antiquities of Athens; this visit was followed eventually by a tour of the Argolis (Mycenae, Epidaurus) under the auspices of the international travel agency 'Cook and Son', which was the leading tour operator between 1890 and 1930. The 'Greek adventure' lasted usually from two to four weeks.

In the Baedeker guide for Greece of 1908 we find the following characteristic recommendation in the chapter *„Practical preliminary remarks": „The more you take your time for leisurely enjoyment and study, the better you will find your trip, in consideration of its cost and fatigue."* These hints were meant for visitors who belonged to the upper bourgeois classes of their countries of origin and who undertook the expensive and tiresome trip in search of an aesthetic-cultural adventure. The main informations were offered to them by the indispensable travel guidebooks.

The guidebooks of Joanne, Murray and Baedeker, were the indispensable travel companions. Their high standard amazes us still today, compared to modern equivalents: Next to dense and perfectly practical instructions on accommodation, travel means, climate, local habits and festivities, the main bulk of these voluminous 'companions' was focussing on a minute – almost scientific – presentation of the archaeological, monumental and artistic wealth of the country and especially of Athens. The maps, town-plans and architectural drawings are of high precision and offer still today the best documents on the evolution of the city during the early years of the 20th century.

Trained guides did not exist at that time; self-thought dragomans (interpreters) gave primitive explanations and produced witty remarks during the visit of the archaeological sites.[5] They offered rather practical services for orientation on the site and no scholarly knowledge.

But already in the nineties of the 19th century Mr. Cook in person visited Greece and conceived a vast program of regular tours based on a well equipped hotel chain and direct transportation means connecting the main 'picturesque' sites of the country. This trend created a very early apprehension of what the consequences of mass tourism could be in the future. Deschamps states that one country like Switzerland is enough for Europe and that a tourist invasion would ruin the charm of Greece.[6]

5 This type of 'guides' survived even until the sixties of the last century! Gaston Deschamps mentions ironically (op. cit. p. 188) the kind of services they were providing: *„Quelques-uns vont par escouades, conduits, commandés et instruits par un dragoman d' hôtel, a raison de quinze drachmes par jour. Quand on approche, on entend des bouts de conférence, on saisit d' étranges paroles prononcées avec cet accent grec, qui est du marseillais adouci: 'Approssez-vous pour zouzer Ictinus, il etait pas bête. Vous croyez que c'est droit. Eh bien! Non, c'est courbe!'"*

6 We quote here this passage (op. cit. p. 192-193) in extenso, because of its almost prophetic character: *„D'autre part,*

Fig. 3 The Olympieion, Ardettos Hill and the First Cementery. General view from the Acropolis eastwards, around 1900

Later on – in the twenties of the 20th century – Stefan Zweig in his essay collection „*Die Monotonisierung der Welt*" (1926) depicts in his article „Reisen oder gereist werden" (to travel or to be travelled) all the calamities of the coming era of mass transportation: The loss of the sense of adventure, individuality and personal initiative for the sake of comfort and promiscuity.[7]

In Athens however the tourist flow and travelling patterns evolved slowly. Although the importance of tourism and the potentialities of this sector have been early enough recognized, the rather marginal geographical situation of Greece and the political turmoils from 1912 (Balkan wars) over the first world war (1914-1918) and down to the Asia Minor catastroph in 1922, impeded a spectacular development of the 'travel industry'.

In 1914 a directorate for tourism has been founded, followed in the thirties by a specific ministry for 'Press and Tourism'. Already in the late twenties air connections between Athens and some European towns (e.g. Amsterdam, Budapest, Constantinople, Brindisi) had been established. The first tourist brochures were issued and for the first time ancient sites were 'reanimated': cultural events with an

---

certaines gens, évidemment un peu fous, ont des scrupules, et j'exprime leur opinion sous toute reserve. Ils disent qu'une Suisse suffit en Europe. Ils craignent que cette invasion n'ôte à la Grèce une partie de sa grâce et de son charme. Ils prétendent que le jour où les cache-poussière, les parasols américains. les valises perfectionées et les tubs en caoutchouc, feront leur entrée dans les montagnes d'Arcadie, les hamadryades et les satyres aux yeux verts regarderont curieusement, entre les branches, cette étrange bacchanale, et que l'ironie des dieux éclatera en un large rire. Ils supplient M. Cook d'attendre un peu, de leur accorder un sursis, de laisser quelque temps encore aux artistes, aux rêveurs, à ceux qui ne sont pas pressés, la terre sacrée des montagnes violettes et les oliviers pâles. Ils protestent qu'ils ne tirent pas leur montre dans les solitudes des temps, qu'ils se passent de biftecks sur la cime de Parnasse; l'idée seule d'une voiture partant à heure fixe, gêne leur rêve et déconcerte leur admiration".

7 Here some of Zweig's considerations in detail: „*Ich habe mich bemüht, einmal in einen solchen Menschenschub mich hineinzudenken; die Bequemlichkeit läßt sich nicht leugnen. Man hat alle seine Sinne frei für Schauen und Genießen. man ist nicht abgelenkt durch die liliputanischen, aber doch unablässigen Sorgen um einen Schlafplatz und Mittagstisch, braucht keine Züge nachzuschlagen, nicht durch falsche Gassen stolpern, sich nicht narren und betrügen lassen, nicht mühsam eine fremde Sprache stammeln – alle Sinne bleiben einzig der Aufnahme des Neuen bereit. Und dies Neue wiederum hat schon jetzt jahrzehntelang Erfahrung auf das Sehenswürdige hin ausgesiebt: man sieht wirklich und wahrhaftig nur das Wichtigste auf solcher gemeinsamen Reisetour, an Gesellschaft fehlt es nicht für solche, denen Genuß erst wahrhaft wird, wenn sie ihn mitteilsam mit anderen genießen. Außerdem ist es billig, praktisch und vor allem bequem, sicherlich darum die Methode der Zukunft. Man wird nicht reisen mehr sondern gereist werden. Aber doch: geht nicht gerade das Geheimnisvollste des Reisens durch so zufällige Gemeinschaft verloren? Noch von uralten Zeiten her umwittert das Wort Reise ein leises Aroma von Abenteuer und Gefahr, ein Atem von wetterwendischem Zufall und lockender Unsicherheit. Wenn wir reisen, tun wir's doch nicht nur um der Ferne allein willen, sondern auch um des Fortseins vom Eigenen, von der täglich geordneten ausgezählten Hauswelt, um der Lust willen des Nicht-zu-Hause-seins, und deshalb Nicht-sich-selbst-seins. – Wir wollen das bloße Dahinleben durch Erleben unterbrechen. Jene aber, die so gereist werden, fahren nur an vielem Neuen vorbei und nicht ins Neue hinein, alles Sonderbare und Persönliche eines Landes muß ihnen notwendig entgehen, solange sie geführt werden und nicht der wahre Gott der Wanderer, der Zufall. ihre Schritte lenkt.*"

international resonance took place in Athens (1930 performances of antique drama at the Odeion of Herodes Atticus), in Delphi (1931 Delphic festival) and in Olympia (festivities in the Altis on the occasion of the 1936 Olympic Games).

The elitarian character of the tourist flow to Athens and to Greece persisted however until the second world war. Greece had actually experienced up to this time only the benefits of 'cultural tourism' and non of the harms of mass vacations. Immediately after the war a growing awareness of the inevitable opening of the country to mass tourism was present in Athens. As early as 1946 Professor D. Pikionis (the later landscaping mentor of the Acropolis approaches) has been asked as speaker of a special commission to formulate guidelines for a national tourist policy.

Pikionis stated that tourism had to be considered as an educational experience offering a *„religious contact with nature and the genuine familiarisation with the profound spirit of a country and a people"*. Therefore tourist facilities should be conceived in a simple architectural style, well integrated in the landscape and never in direct contact to the archaelogical sites.

Fig. 4 The entrance gate of 'Athena archegetis' to the Roman Agora in Athens. In the background the old Houses of the 'Plaka' district, around 1900

Fig. 5 The Byzantine Church (12th. century) of Kapnikarea in the Old Town of Athens

These recommendations have been scarcely followed. The actual evolution during the last sixty years got a strong impetus towards an accelerated conversion of Greece into a pole of tourist attraction. Following the example of Italy and Spain, the National Tourist Organisation (E.O.T.) promoted intensively the tourist infrastructure and the international publicity of the country. Starting with 100.000 visitors per year in 1954, the tourist flow has reached over 12.000.000 today!

The dream to achieve a condensed, trivial tourist experience under one's own initiative can hardly be fulfilled today, as this would be difficult and expensive. Only the travel operators can offer the opportunity of experiencing more things together cheaply and more easily. The travel offers are made with the important remark that one should experience as much as he wishes, because it is not the aim of the tourist industry to tax the tourist with excessive mental exertion on his travel back to the so called 'origins of western civilisation'. Times have changed: the humanistic interest is fading away.

Today organised trips promise the tourist, in an absurd way, two days in which to 'do' the whole topography of Athens and all the museums of the city with a 'comprehensive guided tour' and in the evenings still be able to be confronted with 'real life' in the city's central districts. In addition, 'experience' (the word education is strictly avoided) and relaxation should be combined: Therefore the groups are furthered as soon as possible away from Athens.

Up to the late sixties of the 20th century Athens remained the main gate to the country and its most important attraction pole. Although peripheral zones had been equipped for on the beach vacations, the symbolic and cultural radiation of the monumental wealth of Athens persisted. This state of affairs changed dramatically during the last decades to the detriment of Athens.

Today, although Greece still strives for a 'cultural tourism' based on differentiated visit itineraries, the flow has degenerated into a twofold phenomenon: Mass summer vacations on coastal regions and the islands of an average duration of 8 days and a mass inundation of Athens for a ritual and rather unconscious visit of the famous 'antiquities' in the polluted city by people anxious to leave the place as soon as possible.

2. Tourist infrastructure and tourist policy in Greece during the last decades; Tourism in Athens as an economic parameter; The role of the city and of its monumental heritage as a pole of tourist attraction

As already stated the systematic tourist equipment of Greece in order to fulfill the needs and expectations of a great number of visitors oriented towards this 'classical' vacation land started only after World War II. Already at the beginning of the nineteenfifties the Greek authorities became aware of the importance of tourism. The relatively great distance between Greece and Central Europe, the division into small units of its geographical space and a certain primitive way of life in its rural areas, still prevailing 50 years ago – all these facts caused a slower but also more balanced development of tourism than in Spain and Italy, where the rapid development had been detrimental to the historic heritage and the natural environment as well.

In Greece, tourism was not considered up to 1970 as a hasty procedure. The idea of 'cultural tourism' brought about by the promotion of a trip filled with inventive experiences, was right from the beginning perceived as equally important as the development of zones for 'mass vacations'. This idea was first implemented by the creation of a government planned chain of hotels and bungalows, named 'Xenia'. Well managed and situated in the most attractive sites of the country, they promoted tours throughout Greece. These buildings – incidentally some of them the best that Greek post-war architecture has to offer – were also catalysts for the second generation of hotels privately built after 1970. The National Tourist Organisation, equipped with more qualified personnel than most ministeries, set up modern camping sites, public seashore facilities, sports grounds, golf courts and yachting harbors. All this, geographically correctly distributed, represents a well functioning infrastructure for recreation. Attention was also paid to an adequate environmental frame and proper access to the numerous cultural sites of the country dating from either antiquity or medieval times.

An additional success of the tourist planning was the generous expansion of decentral ports and airports ensuring the direct access to the recreation areas, permitting also the simultaneous development of a limited number of beach zones for a large number of vacationists. The Western Peloponnese, the coastal areas of Crete, the islands of Rhodos and Corfu, and also the peninsula Halkidiki in northern Greece – they all represent interesting geographical alternatives and became centres of the 'tourist industry'.

These centres, however, claim not more than one third of the country's 400.000 tourist's beds. Of the second third, half of it belong to the Athens hotels, the other half to the many small hotels scattered throughout Greece. The remaining last third is part of a program that was perceived very early and is rather unique: it is a program involving rooms to let in village houses, and systematically promoted for reasons of the tourist trade. This not only provided additional accommodation but contributed also greatly to the improvement of the housing quality and the implementation of conservation policies in rural areas.

Fig. 6 Omonoia square, around 1900

Fig. 7 The Panathenaic Stadium during reconstruction in 1895

The already mentioned appropriate net of traffic routes, the good ferry connections and the numerous tours, organised by the Greek shipping firms supplement the endeavours to explore Greece thoroughly.

Some large hotel units, built during the dictatorial regime (1967-1974), spoil the Greek scenery by being clumsy, colossal, detached buildings. They are, however, few, compared to what is known of the development of – for instance – the Costa del Sol in Spain. Incidentally, they also gave a warning signal to the Greeks who now are for an environment-oriented tourist policy.

During the last years however this rather equilibrated policy of development of coastal zones for on the beach mass vacations combined with the possibility of a more culture-oriented visit of the country by means of ship cruises and coach tours, has been seriously counteracted by the sad town planning and environmental conditions in Athens. The capital doubled in 30 years in size and population, approaching the four and a half million limit (i.e. 40 % of the country's inhabitants!). The uncoordinated development of the peripheral districts, illegal housing, extreme dwelling densities in the central areas, lack of recreational facilities and green areas, traffic congestion and a heavy environmental pollution gave Athens the ominous reputation of the most problematic metropolis in Europe.

Visitors start to avoid Athens and reach directly their vacation places outside the Metropolis. Already in 1986 from the 7,3 million foreign visitors to Greece at that time, it is estimated that only about 2 millions included Athens into their visit itinerary. If we consider, however, that the total tourist income of the country in the same year was 4.800 million US $, that the average stay of the visitors in Athens is of only two days, that the daily average expenditure of a tourist in Greece is 60 US $ and the total hotel nights spent by foreigners in Athens amounted at 4.4 millions, the total tourist income generated by the tourist flow in Athens was approximately 300 million US $ in 1986.

This is still an impressive amount especially if we consider that except people who visit Athens for business, the genuine tourists who still visit the town are motivated only by the confrontation with its monumental heritage. A neglectable amount of these considerable tourist benefits are reinvested, however, in the Athens monuments care, in the amelioration of their accessibility, the landscaping of their immediate surroundings and the promotion of green spaces in the capital.

The most impressive recent investments are the yearly two million US $ at the disposal of the big restoration campaign for the Acropolis monuments. Next to this the expenditure of the Athens municipality for some elementary landscaping works on the hills of the Lykabettus and on the western hill of Philopappus and also the urban rehabilitation works in the old district 'Plaka' of Athens financed by the Ministry of Housing and the Ministry of Culture are the only signs of a public investment policy in the area of the 'green crescent' i.e. the archeological-cultural area of Athens.

This vast area, however, totalling with about 357 ha about 10% of the surface of the Athens municipality is still not only the unique identification element for the amorphous metropolis but also the

Fig. 8 Main facade of the National Archaeological Museum on Patission Street around 1900

shrine of its monumental wealth. A visual and functional enhancement of its various features is the most important precondition for the rehumanisation of life in the capital and for the safeguard of its historic radiance as a cultural focal place for Europe. Therefore a project of 'unification of the archaeological sites of Athens' is on its way of realisation.

3. The implications of the tourist flow upon the monumental heritage of Athens

Specific living habits and a rather low awareness (by the majority of the Athenian population) of the artistic value of the historic heritage of the city, create a very differentiated pattern of densities of use in the various parts of the archaeological-cultural area in downtown Athens.

Actually the major part of the total 'green crescent' is very poorly visited, while in some areas (i.e. Acropolis plateau and to some extend the Greek Agora by day and the Herodes Atticus theatre during performances in the evenings) a heavy concentration of tourists is to be noticed. Especially on the Acropolis and its narrow access at the Propylaea, almost unbearable conditions of crowding are created during the peak days of the summer season.

Under these conditions not only the possibility of a correct perception and appropriation of the monuments by the visitors is seriously challenged but also a certain threat for the physical state of the antiquities is arising. The wear and tear of the rock surface caused by the footsteps of millions of visitors reached an alarming grade. By 1980 a light, reversible concrete covering was foreseen in situ in order to create a pedestrian pathway on the Acropolis plateau. The visit of the interior of the cella of the Parthenon was prohibited.

Mass tourism does not only cause a problem of overcrowding; the numerous fragments of marble in the area around the monuments, a valuable and integral part of the excavation site and themselves objects of great archaeological value are for the average visitor neither comprehensible nor to be regarded as works of ancient art. They are more often used as seats and thus unintentionally and ignorantly, though sometimes wittingly, exposed to varying degrees of destruction.

The protection of the monuments themselves should be achieved by strict guarding by a great number of personnel. The marble fragments have to be placed together at certain, closely guarded parts of the site. Of course guarding contradicts cultivated peoples ideal of a freely experienced historic space, and yet some strict measures seem unavoidable in particular areas of the historic site.

Some people will complain about the fact that the marble fragments will be removed, not because they are of particular interest to them but because now they will be nowhere able to sit and the visitor is forced to keep moving or to contemplate the monuments while standing.

This brings us to the delicate problem of human behaviour in culturally important public spaces: The visitors hinder each other not only because of the crush of the crowd, but perhaps more so because of their own physical presence which is often so dense that it prevents parts of the buildings or exhibits in the museums of being seen. The qualitative aspect of the phenomenon is in certain circumstances more serious than the quantitative one. The human mass does not assemble together as a visually indifferent entity whereby the monuments are allowed to dominate, but rather forms visually prevailing groups which compete with the aesthetic appearance of the monuments.

The experiential value of the historic setting is thus severely challenged today, especially if one takes into consideration the spontaneous tendency of many visitors to draw attention to themselves by striving the visual and acoustical domination – by movements and cries – of the monumental space. In addition there is a disconcertingly large number of visitors who through completely unsuitable behaviour not only desecrate the Acropolis precinct but also lack any respect for others and are provocative in their careless attitude.

Thus it seems that the ways of combining an open-minded, playful and active experience of the historic site with the security needs and the respect of the monuments are still to be found.

Fig. 9 General view of the ancient Greek Agora with the restored Stoa of Attalos

7.

The Acropolis of Athens. Social meaning and experiential values of a monumental ensemble[1]

It is with the warmest of feelings, with gratitude and with a deep sense of personal gratification that I receive on this day the academic title of doctor honoris causa of the National and Capodistrian University of Athens, which the school of Philosophy of this institution – the oldest in the country – has decided to bestow upon me.

My work has been devoted to the history, town planning and ancient heritage of Athens. The honor which you bestow upon me represents a recognition of this work. For a Greek whose work has not been connected with politics or business but who has dedicated his life exclusively to art and science, this recognition represents the ultimate reward.

According to academic tradition, the recipient of such an honor is to proceed to talk on a subject which is related to his interests and which, if possible, is of paramount importance. Allow me therefore to share with you certain thoughts that concern the Acropolis of Athens and in particular the deeply ingrained experiences with which the monument is rooted in the Greek consciousness.

Our city, Athens, welcomes native Athenians and newcomers alike, everyone of us, our hopes, our extravagances but also our transgressions, offering all along an affectionate but also all-consuming maternal embrace.

Within this embrace, the hustle and bustle of every day life motivates us but also exhausts us. Immersed, as we are, in a constant state of expediency, we are rarely able to lift our eyes above the fray. There is, however, a centre of attraction which endows our daily multifarious activities with a reference point and gives a sense of unity to our fractured lives.

This, of course, is not an allusion to topographical reference points serving orientation in space. The issue is rather: which awesome, glorious and inspiring urban landmark – simultaneously a natural feature and a human artifact – can provide us with existential joy and repose? We look upon the Acropolis through our senses and from within our minds as a topos of identification, self-knowledge and permanent challenge.

A multitude of both historical and experiential bonds connects us to this monumental ensemble. These bonds – which nurture us – are not always of the conscious kind nor are they all of equal strength. Their emphasis and experiential impact varies with historical circumstance but also with the sensitivity of each individual. There are many values of experience associated with this group of monuments. Their simultaneous presence and their interrelated structure endow it with its unique grandeur.

The Acropolis has been first and foremost a functional space of multifarious uses over the centuries: a fortified sanctuary and site of the Mycenaean palace in the early ages; a place of worship of the chthonic gods and of the mythical heroes of this city, of Cecrops and of Erechtheus; a holy precinct, a habitat of the gods but also the thesaurus of the Attic Confederation during the classical era; a sacred place which beckons to be visited and admired – this being the first intimation of the spirit of travelling scholarship, of its use as a tourist attraction as we would say today – during the Hellenistic and Roman periods; an episcopal see during the Byzantine period and a fortified palace of Frankish, Catalan and Florentine rulers during the late medieval period; finally, a fortified elevated town which comprised the residence of the Disdar, the local commander during the time of the Turkish rule.

History has not shown any abstemious disposition out of some abstract form of deference toward a symbolic site. On the contrary, the Acropolis has been enriched, throughout the centuries, with almost all forms of human endeavours apart from that of commercial transaction.

The Acropolis of Athens is therefore primarily a vessel of life and has been so for millennia. This is something which we, as epigones, ought to remember, particularly in view of the fact that a different set of values has shaped our attitude toward this complex of monuments over the past 170 years.

1 Address on the Occasion of the Nomination of the author as Doctor Honoris Causa of the Philosophical Faculty of the University of Athens, 10. November 1998.

After many centuries in which high Periclean art was looked upon with indifference or perhaps with the curiosity of travelling scholars, it comes to a renaissance within the consciousness of the western world in the 18th century. The prints of Stuart and Revett and also of Le Roy largely supported this trend. But it is the abduction of the Acropolis sculptures, of those of the temple of Aphaia in Aegina and that of Epicurean Apollo in Phigalia, which mark the beginning of systematic study of ancient Greek art and thus of the Athenian Acropolis.

The proposal of the great classicist architect Karl Friedrich Schinkel in 1833 for the construction of king Otto's palace in the form of a residence in the Pompeian style to the east of the Parthenon, was the last vain attempt at a revival of an 'active' – if I may use the term – i.e. a functional role for the Acropolis. *„The Acropolis of Athens represents a radiant milestone of world history, which possesses an infinity of connotations which will continue to be important and valuable for the entire human race. This reason suffices to justify the revival of this site, for the sake of future history"*, writes Schinkel. Nevertheless, one of the most ambitious and harmonious architectural visions of the 19th century was to remain just *„a great architect's midsummer night's dream"*, as it was ironically called, by his rival Leo von Klenze who effectively opposed its realisation.

From 1833 on the Acropolis becomes the focal point of international artistic interest. The aesthetic value of this architectural achievement begins gradually to permeate the consciousness of the lovers of fine Art in Western Europe. Leo von Klenze, whilst addressing King Otto in a speech during the inaugural ceremony of the restoration of the Parthenon on the 10th of September, 1834, proclaims: *„The traces of an era of barbarism, these amorphous ruins, will vanish, and everywhere in Greece the remains of the glorious past will rise bathed in a new glory, reliable conveyors of a glorious present and of an equally glorious future"*.

From *„barbarism"* to civilization and renewed glory via resuscitated monuments! An exhortation, a credo, which was also to be heard in the language of Greek officialdom from Alexander Rizos-Rangabes during the annual archaeological society report in 1842: *„And we, in official protestation to the sacrilegious profanation of the Parthenon, revive it today from within its ruins as we revive ancient, liberated Greece from within its relics"*.

Thus, the ultimate value of 'civilization' is identified with exceptional artistic significance, i.e. the spiritual, morphological and aesthetic value of the Acropolis monuments.

Fig. 1 The Acropolis of Athens seen from the West

Fig. 2 The Acropolis and the Old Town 'Plaka' from North-east. Photography by Walter Hege, 1932

Closely related to the admiration of the Acropolis as a work of art is its evaluation from a scientific point of view; the Acropolis of Athens viewed as an outstanding construction. An impressive group of monuments based on a rare concept and unrivalled technical execution, the Acropolis has, over the past two centuries, represented a challenge for the most gifted members of the international architectural community who sought to interpret this early flourishing of technical perfection. It has been the source of many attempts at approaching and interpreting a number of crucial and controversial problems. I should like at this point to remind you of some of the most important ones: the subject matter of coloration of marble architecture in general, which generates, to the bewilderment of the 19th century, a vision of ancient Greek art – and architecture in particular – enriched by a vivid colouring thus throwing overboard the idea of the established aesthetic character of white marble monuments; the discovery and substantiation of a system of visual corrections, the curvature of the stylobate, the entasis of the columns etc. which endow the Doric order with its subtle and ineffable grace; the understanding of the inventive and effective ways of quarrying and transportation; finally, the level of perfection displayed in the process of chiselling and smoothing stone elements weighing up to 12 tons.

We should also not overlook the fact that even today answers are still given to open questions, such as the recently resolved question concerning the technical procedure for the perfect joining of the drums of the columns. On the other hand, questions like the one in what way precisely the huge Temple of Athene was covered, will perhaps remain for ever unanswered.

The conscious aesthetic evaluation and the research into the technical aspects of the Acropolis monuments signify a shift within western art and thought toward an apotheosis of antiquity in the 18th and 19th centuries. Along with the heritage of the classical texts it is now the ruins of Greece which enchant Western Europe.

Their splendour became the motive for the development of the classicist vision of the world, that is to say the attempt to revive the ancient Greek spirit, which, in contrast to the Renaissance ideal inspired by Roman antiquity, had as its essence a faithful, but often sterile, imitation of the achievements of classical Greece.

The reverence for antiquity which, as a fundamental aesthetic and humanist approach of the West, aims at the refinement of life, is imported now as a gift in return to Greece – a country reborn and the new focal point of the interest of the western world.

But while in Germany the love of antiquity was tantamount to a shift toward the ancient Greek conception of life, that is to say toward a liberal civic society, an anthropocentric conception of the cosmos as well as an aesthetic attitude toward life, in liberated Greece it became mainly the vehicle of a belated self knowledge and of an extreme patriotism which manifested itself in the form of exaggerated adoration of the achievements of the ancestors.

Thus we see the emergence of another value with which the monuments of the Acropolis are constantly endowed within the recent and relatively short period of national life: the rock now becomes 'sacred', not in the religious but in an ethnocentric sense of the word. The Acropolis of Athens is liberated (or is it alienated?) from all uses and is transformed into a symbolic site, into a site of national identification and a source of national pride. In brief, into a national ark but also into a kind of motionless stone flagship of the nation, flying the Greek flag. Architectural ruins – albeit of an aesthetic brilliance of international reputation – upon which the flag is proudly hoisted! An absurd gesture which is, however, indicative of the character of this new symbol of patriotic worship.

Thus, the philosophy pertaining to the preservation of the Acropolis monuments from 1833 on is a consequence of this novel content of the patriotic symbol: here we are confronted with the emergence and evolution of an extreme restorative vision, introduced by German and other Western European scholars at the beginning of the 19th century but which the entire Greek society has embraced during its existence as a free nation. During the past century and a half, we see the cultivation of a vision of a 'purified' Acropolis, unencumbered by the accumulated traces of later architectural activities. This vision reflects both the Greek will but also the assent of the international community of experts. The protracted restorative activity which continues to our days is a consequence of this one-sided emphasis on one of the phases of history and of the desire to restore as much as possible of the 'ancient glory', that is of the classical character of the Acropolis monuments.

Alienated from its original function, an object of artistic and scientific admiration, a 'sacred' place for the nation and an inherited treasure for modern Greeks to brag about, the Acropolis of Athens does not emerge, as one would expect, as a timeless symbol, magnificent and awesome over the city, but on the contrary represents an object of curiosity to be visited as a site, by successive generations.

Fig. 3 The Parthenon and the south slope of the Acropolis hill. In the foreground the Odeion of Herodes Atticus and the Stoa of Eumenes, in the background Lycabettus hill.

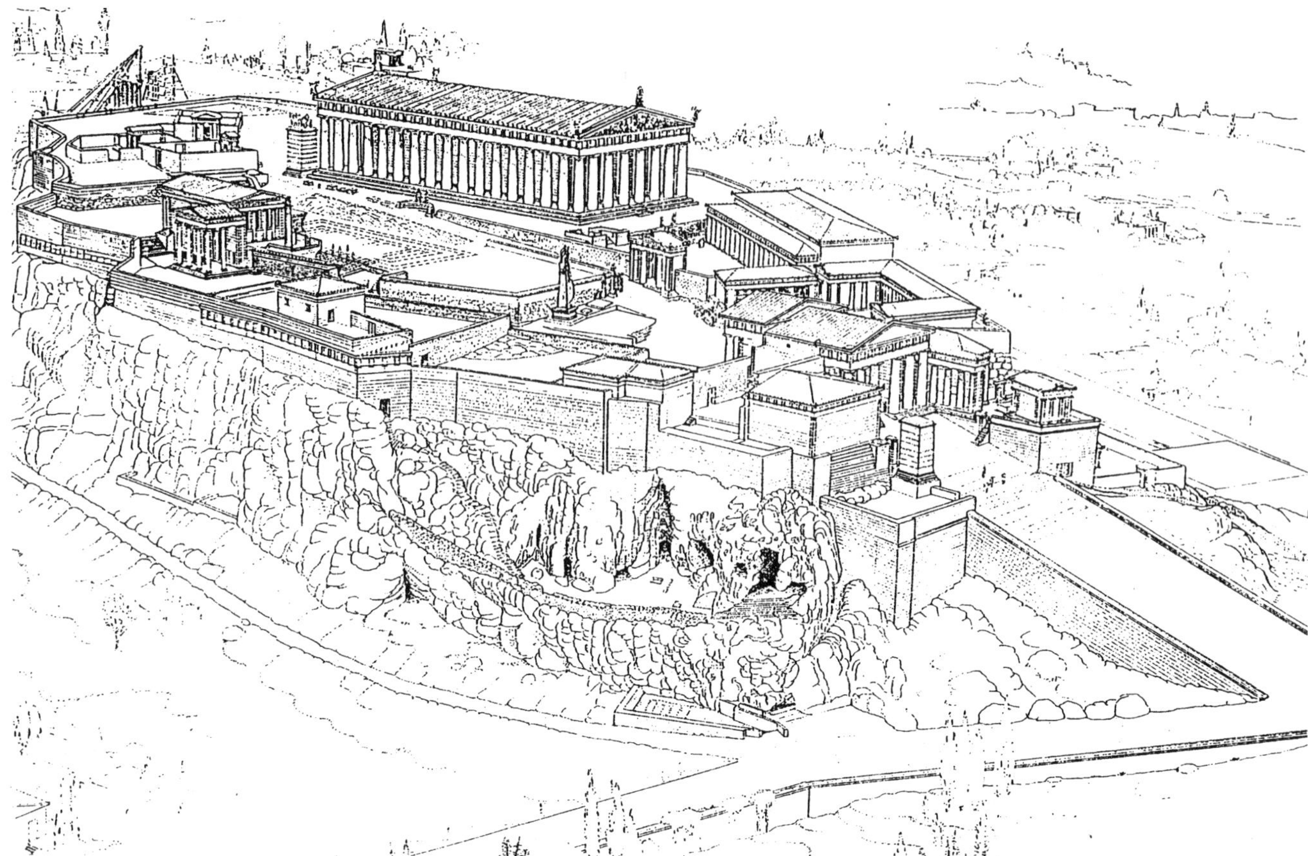

Fig. 4 Perspective view of the Acropolis from north-east. Attempt of a visualization of the setting in roman times. Drawing by M. Korres (1972)

For the relatively few foreign visitors who came during the Turkish occupation, visiting the Acropolis had the character of a rediscovery of a celebrated work of art of the ancient world. For the travelling scholars of the 19th century – antiquaries but also specific members of an educated bourgeoisie – approaching the monuments assumed the character of a cultural, rather than a religious pilgrimage to the assumed roots of western civilization.

During the large seasonal travelling with the aim of recreation – what we call 'tourism' today – 'pilgrimage-visits' have been considerably reduced and concerne only the few dedicated lovers of ancient Greek art.

For the majority of foreign visitors, their brief presence on top of the sacred rock – often under asphyxiatingly crowded conditions and a shortage of time making a contemplative tour and the spatial experience of the site impossible – represents a perfunctory consensus to the conventional cultural edict which decrees that one must see the ancient and the new 'wonders' of the world, at least through photographic lenses.

We are confronted here with the paramount value associated with monuments in today's world, at least for the great number of actual and potential visitors: the highly questionable value of a 'tourist attraction'. I say questionable because this attraction does not spring from functional necessity, religious faith or artistic evaluation but from a superficial curiosity which is satisfied in a most conventional way. Nevertheless, the financial interests and the modus vivendi of the so-called 'open society' support and maintain this questionable 'value' today and will possibly continue to do so in the future.

Here it would be unfair not to mention that in conjunction with the new function of the monument as a tourist attraction, there has been a marked improvement in the methodology of the educational and psychological familiarization of Greek youth with the monuments, mostly through the initiative of a few exceptional scholars and experts. The conventional and vacuous past of school pilgrimages – we all remember these with a sense of melancholy and perhaps even amusement – have been replaced by imaginative educational programmes involving visual and textual instruction, as well as a process of tactile familiarization with ancient art and architecture on the Acropolis.

What has however worsened under the conditions of mass tourism (15000 visitors a day, at a rate of 3000 people per hour during peak hours in August) is the possibility of unimpeded movement of the visitors on the site itself. What has become equally difficult, is the serene contemplation of the monuments and the comprehensive awareness of the historical site. There is little room for spatial improvement within an enclosure of 3 hectares with a single entrance and with a limited number of passages leading to it.

I should like to remind you here that 50 years ago my teacher Demetrios Pikionis would protest to the reservations expressed toward his proposal for an exclusively pedestrian access to the Acropolis by saying in jest: *„If visitors today have become so indolent as to resent having to walk uphill for the final 300 metres, let them be carried on litters as was done in the days of the indolent Roman travellers"*. Of course, this kind of humour is unthinkable today.

Entry to the monuments has been prohibited for safety reasons and for reasons of stone preservation during the past 15 years. Proposals are already being put forward for some plan for an even distribution of visitors on the basis of a specific time table. The idea of an 'Acropolis visit by appointment' seems to be imminent as a way of emphasizing the need for coordination and as a means of dealing with the phenomenon of large numbers of visitors during peak hours.

And what is to follow? Suggestions which seem like the plot of a Utopia seem highly possible. Here is a list of some of the possibilities:

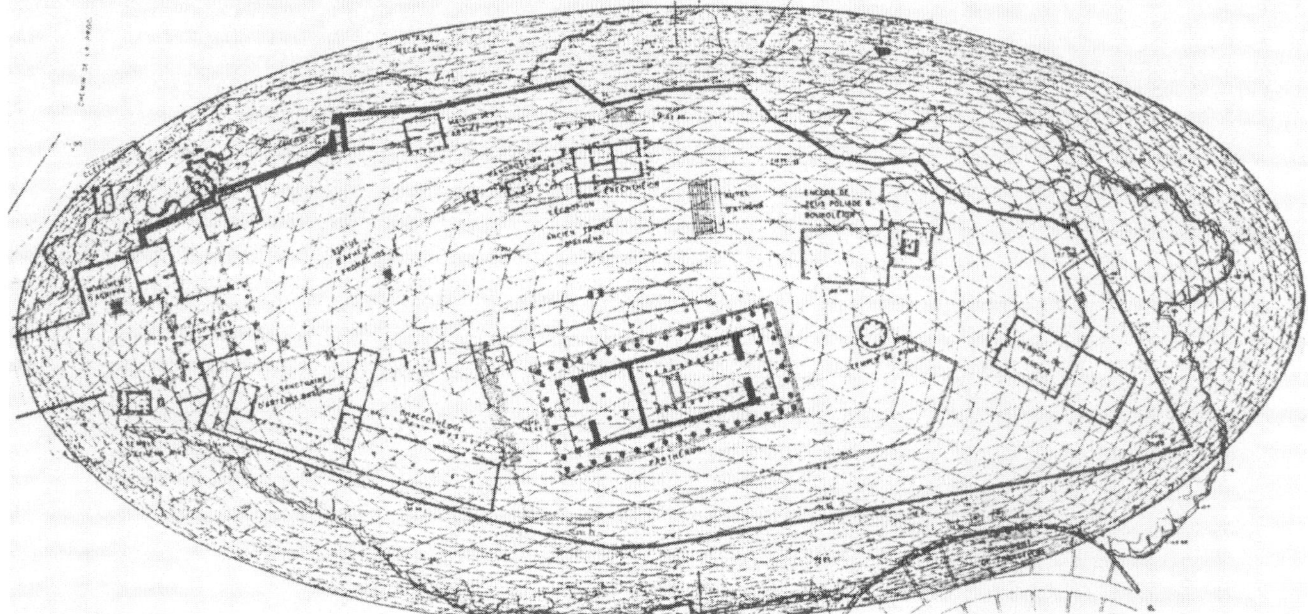

Fig. 5a and b Proposal for a geodetic dome over the Acropolis by a group of Swiss architects: Guillaume, Gentil, Lagier, Ludin, Rossel, Schar (1976).

- The closure of the Acropolis to the general public and its accessibility only to researchers and scholars equipped with a permit.
- The possibility of the public being able to view the Acropolis whilst also listening to educational material from platforms and terraces on the surrounding hills.
- The possibility of viewing the Acropolis by air with the help of hot air balloons and telescopes.
- The construction of holograms which will suggest to a stupefied public three-dimensional immaterial replicas of the Acropolis constructed to scale in the form of architectural ectoplasm.
- As a last resort: the creation in the Greek countryside of an archaeological park with the Acropolis constructed to a scale of 1:1 or 1:2, with plaster-board or even Pentelic marble for recreational and educational purposes!

You may find these suggestions amusing, but two generations ago the idea that one could not visit the nave of the Parthenon under a full moon in the way which Seferis relates this unique experience in *„Six nights on the Acropolis"* would have been unthinkable!

In a world in which the basic goods for the survival of man such as water, the air we breathe and the space in which we move tend to become necessary goods 'but in shortage', it is inevitable that the loftier cultural goods such as the Acropolis of Athens which today are apparently available to all, will become progressively more inaccessible.

Thus the existential and emotional bonds which tie the inhabitants of this city to its greatest landmark and which represent the less spectacular and rarely emphasized value of the monument are in danger of being compromised.

Even if the inhabitant of Attica has very rarely visited the Acropolis in his busy life and may even be unaware of the fundamentals of its history, its existence is nevertheless a condition of his life as are the sea and the mountains which surround him. There is an affection for the landscape of one's homeland, a passion for returning to one's roots. This longing cannot be satiated only from a mere awareness or visual contact with its object but mainly through active experience. It is with deep emotion that I recall the events in 1976 at the beginning of the great restorative work on the Acropolis: young Swiss architects, dazzled by the technocratic euphoria of the time, presented in Athens their plans for a complete 'protection' but also spoliation of the Acropolis. They proposed the construction of a geodetic dome with a diameter of 500 m that would cover the Acropolis – thus resulting in the destruction of all the sanctuaries and historical traces covering the slopes of the rock – and providing the best possible protection for the monuments against pollution at the cost, as it becomes evident, of alienating them from both environment and people.

The late Professor Nikolaos Platon intervened in the discussion with his characteristic decorum reminding all those present that though he had dedicated his entire life to archaeology, he would also go as far as saying that if in the future society does not find a way to curb pollution, the four million inhabitants of the Athens basin must face the threat of gradual extinction. If this grim outlook becomes inevitable, accepting also the death of the Acropolis is preferable to the hybris of its profanation.

I should like, however, to reverse this sad outlook by painting a more hopeful picture: it is true that environmental conditions must improve and that monuments must be preserved and restored with circumspection and soundness of judgment. What however must above all be preserved and guaranteed is the accessibility of the site of the Acropolis, since monuments do not survive solely in virtue of their structural preservation and the protection of the space around them; they live in so far as people bear them in their thoughts and in their hearts.

8.

Georg Seferis: Die Katzen des Sankt Nikolaus. Resignation oder Ernüchterung eines Dichters?

Abb. 1 "Griechische Küste", Ölgemälde von Alexander Papageorgiou-Venetas (1997)

Vorangestellt sei der kurzen Interpretation dieses Gedichtes (vom 5. Februar 1969) von Georg Seferis der neugriechische Text sowie eine Übersetzung ins Deutsche durch den Verfasser dieses Textes.

ΟΙ ΓΑΤΕΣ Τ' ΑΙ-ΝΙΚΟΛΑ

„Τὸν δ' ἄνευ λύρας ὅμως ὑμνῳδεῖ
θρῆνον Ἐρινύος
αὐτοδίδακτος ἔσωθεν
θυμός, οὐ τὸ πᾶν ἔχων
ἐλπίδος φίλον θράσος."
Αἰσχύλος, Ἀγαμέμνων 990 επ.

„Φαίνεται ὁ Κάβο-Γάτα ...", μοῦ εἶπε ὁ καπετάνιος
δείχνοντας ἕνα χαμηλὸ γιαλὸ μέσα στὸ πούσι
τ' ἄδειο ἀκρογιάλι ἀνήμερα Χριστούγεννα,
„... καὶ κατὰ τὸν Πουνέντε ἀλάργα τὸ κῦμα γέννησε
τὴν Ἀφροδίτη·
λένε τὸν τόπο Πέτρα τοῦ Ρωμιοῦ.
Τρία καρτίνια ἀριστερά!"
Εἶχε τὰ μάτια τῆς Σαλώμης ἡ γάτα
πού ἔχασα τὸν ἄλλο χρόνο
κι ὁ Ραμαζὰν πῶς κοίταζε κατάματα τὸν θάνατο,
μέρες ὁλόκληρες μέσα στὸ χιόνι τῆς Ἀνατολῆς
στὸν παγωμένον ἥλιο
κατάματα μέρες ὁλόκληρες ὁ μικρὸς ἐφέστιος
θεός.
Μὴ σταθεῖς ταξιδιώτη.
„Τρία καρτίνια ἀριστερὰ" μουρμούρισε ὁ
τιμονιέρης.

... ἴσως ὁ φίλος μου νὰ κοντοστέκουνταν,
ξέμπαρκος τώρα
κλειστὸς σ' ἕνα μικρὸ σπίτι μὲ εἰκόνες
γυρεύοντας παράθυρα πίσω ἀπ' τὰ κάδρα.
Χτύπησε ἡ καμπάνα τοῦ καραβιοῦ
σὰν τὴ μονέδα πολιτείας ποὺ χάθηκε

DIE KATZEN DES SANKT NIKOLAUS

„Den Klaggesang der Erinyen erhebt
ohne Leierspiel,
selbstbelehrt der innere
Grimm; der teure Mut
der Hoffnung ist ihm jedoch fremd."
Aeschylus, Agamemnon V. 990

„Das Kap der Katzen ist zu sehen, ..." sagte der Kapitän
und zeigte die flache Küste im Nebel
das leere Ufer am Weihnachtstage.
„... und weit, gen Westen, gebar die Welle
Aphrodite;
man nennt den Ort, des Griechen Stein.
Drei Grade links!"
Die Katze, die ich voriges Jahr verlor,
hatte Salomes Augen,
und Ramazan, wie sah er dem Tod in die Augen,
ganze Tage lang im Schnee des Orients
unter der eiskalten Sonne,
ganze Tage lang in die Augen,
der kleine häusliche Gott.
Reisender, halte nicht an.
„Drei Grade links!" ertönte abermals der
Steuermann.

Nun kann es so sein: Mein Freund
auf festem Boden jetzt, zögert,
eingesperrt in einem kleinen Hause mit Ikonen
und sucht nach Fenstern hinter Bilderrahmen.
Die Glocke an Bord erklang,
Geklirr der Münze längst verlorener Stadt,

κι ἦρθε νὰ ζωντανέψη πέφτοντας
ἀλλοτινὲς ἐλεημοσύνες.

der Münze die jetzt ausgezahlt
alte Barmherzigkeit wiederbelebt.

„Παράξενο“, ξανάειπε ὁ καπετάνιος.
„Τούτη ἡ καμπάνα – μέρα ποὺ εἶναι –
μου θύμισε τὴν ἄλλη ἐκείνη, τὴ μοναστηρίσια.
Διηγότανε τὴν ἱστορία ἕνας καλόγερος
ἕνας μισότρελος, ἕνας ὀνειρόπολος.

„Merkwürdig“, sagte noch der Kapitän
„die Glocke – an diesem Weihnachtstage –
erinnert mich an jene andere: die Klosterglocke.
Die Geschichte erzählte ein Mönch,
ein halbverrückter und ein Träumer:

Τὸν καιρὸ τῆς μεγάλης στέγνιας,
- σαράντα χρόνια ἀναβροχιὰ -
ρημάχτηκε ὅλο τὸ νησί
πέθαινε ὁ κόσμος καὶ γεννιοῦνταν φίδια.
Μιλιούνια φίδια τοῦτο τ' ἀκρωτήρι,
χοντρὰ σὰν τὸ ποδάρι ἀνθρώπου
καὶ φαρμακερά.
Τὸ μοναστήρι τ' Ἀι-Νικόλα τό εἶχαν τότε
Ἁγιοβασιλεῖτες καλογέροι
κι οὔτε μποροῦσαν νὰ δουλέψουν τὰ χωράφια
κι οὔτε νὰ βγάλουν τὰ κοπάδια στὴ βοσκή.
Τοὺς ἔσωσαν οἱ γάτες ποὺ ἀναθρέφαν.

Zur Zeit der großen Trockenheit
- vierzig regenlose Jahre -
verwüstete die ganze Insel.
Es starben die Menschen, es erschienen Schlangen
Unzählige Schlangen auf diesem Kap,
so dick wie eines Menschen Bein
und giftig.
Das Kloster des Sankt Nikolaus bewohnten damals
Mönche des Ordens des Basilius.
Die konnten die Felder nicht bebauen
und brachten die Herden nicht mehr auf die Weide.
Die Katzen die sie züchteten, wurden ihnen zur Rettung.

Τὴν κάθε αὐγὴ χτυποῦσε μιὰ καμπάνα
καὶ ξεκινοῦσαν τσοῦρμο γιὰ τὴ μάχη.
Ὅλη μέρα χτυπιοῦνταν ὡς τὴν ὥρα
ποὺ σήμαιναν τὸ βραδινὸ ταγίνι.
Ἀπόδειπνα πάλι ἡ καμπάνα,
καὶ βγαῖναν γιὰ τὸν πόλεμο τῆς νύχτας.
Ἦτανε θαῦμα νὰ τὶς βλέπεις, λένε,
ἄλλη κουτσή, κι ἄλλη στραβή, τὴν ἄλλη
χωρὶς μύτη, χωρὶς αὐτί, προβιὰ κουρέλι.
Ἔτσι μὲ τέσσερεις καμπάνες τὴν ἡμέρα
πέρασαν μῆνες, χρόνια, καιροί κι ἄλλοι καιροί.
Ἄγρια πεισματικὲς καὶ πάντα λαβωμένες
ξολόθρεψαν τὰ φίδια μὰ στὸ τέλος
χαθήκανε· δὲν ἄντεξαν τόσο φαρμάκι.

An jedem Morgengrauen erklang die Glocke,
da zog der Katzen Schwarm zur Schlacht.
Den ganzen Tag lang kämpften sie bis zur Stunde,
bis zum Erklingen einer Abendglocke.
Und später, nach dem Abendmahle,
zogen sie wieder in die Nacht zum Kampfe.
Es war ein Wunder, erzählt man, sie zu sehen
die eine hinkend, die andere blind, die andere
ohne Nase, ohne Ohr, das Fell zerfetzt.
So, mit vier Glockenrufen täglich,
vergingen Monate, Jahre und lange Zeiten.
Mit wildem Trotz und ständig blutend,
vernichteten sie die Schlangen, doch am Ende,
vergingen sie selbst; so vielem Gift war nicht zu widerstehen.

Ὡσὰν καράβι καταποντισμένο
τίποτε δὲν ἀφῆσαν στὸν αφρὸ
μήτε νιαούρισμα, μήτε καμπάνα.
Γραμμή!
Τί νὰ σοῦ κάνουν οἱ ταλαίπωρες
παλεύοντας καὶ πίνοντας μέρα καὶ νύχτα
τὸ αἷμα τὸ φαρμακερὸ τῶν ἑρπετῶν .
Αἰῶνες φαρμάκι· γενιὲς φαρμὰκι“.

Wie ein Schiff vom Meer umschlungen
blieb keine Spur von ihnen auf der Meeresfläche.
Kein Jaulen und kein Glockenton.
Geradeaus!
Wie sollte es anders sein mit den armseligen,
im steten Kampfe, Tag und Nacht,
genährt vom giftigen Blute der Reptilien.
Jahrhunderte bitteres Gift; Generationen Gift.“

„Γραμμή!“, αντιλάλησε ἀδιάφορος ὁ τιμονιέρης.

„Geradeaus!“ erklang der Steuermann, gleichgültig.

Im September 1971 erlosch eine dem Menschen gewidmete, ruhig beharrende Stimme aus Hellas, diejenige des Dichters und Nobelpreisträgers Georg Seferis. Anders als sein der westlichen Leserschaft relativ besser bekannte Landsmann Kavafis, hinterließ Seferis ein Werk, dessen ausgeprägtesten Merkmale die schlichte, volksnahe Sprache sowie die ambivalenten Deutungsmöglichkeiten des Gedankeninhalts sind.

Der Alexandriner Kavafis drang mit Hilfe einer enorm reichen – ja eklektizistischen – Sprache, geradlinig und unzweideutig – jedoch mit ständigen Rückkoppelungszügen – immer weiter ein in den

Abb. 2 Seferis in Delphi, Mai 1971

Kern seiner drei Lieblingsthemen: Eros (Liebeserlebnis), Pepromenon (Schicksalsbewältigung) und als erläuternde Katharsis: Mnemosyne (Erinnerung). Diese Macht der Erinnerung und darüber hinaus der bündige, elliptische Stil ist den beiden Dichtern gemein. Dabei haben der atmosphärische Aufbau und die Art der Gedankenformulierung bei Seferis fast immer das Charakteristikum der Vielschichtigkeit und bei aller Klarheit des Wortes den Hintergrund einer stets vorhandenen symbolischen Bezugsebene.

Man muß diese Grundzüge des Werkes im Auge behalten, wenn man die durch sein spätes Gedicht „Die Katzen des Sankt Nikolaus" ausgestrahlte Botschaft zu erkennen versuchen will.

Den Grundstoff des Geschilderten – also den Mythos – liefert uns eine dem Texte des Gedichtes beigefügte Anmerkung. Da heißt es: *Siehe (über den Inhalt) unter anderen Reiseberichten (1483-1750), das Werk von Étienne de Lusignan 'Description de toute l' isle de Chypre, Paris 1580': „Um nicht zu vergessen auf welche Weise dies giftige Gesindel auf diesem Kap ausgerottet wurde, müßte man sich Folgendes merken. Der erste Herzog von Zypern, ließ ein Kloster für die Mönche des Ordens des heiligen Basilius und zu Ehren des heiligen Nikolaus erbauen und schenkte dabei diese ganze Landeszunge dem Kloster. Dies geschah jedoch unter der Bedingung, daß die Mönche sich dazu verpflichten sollten, ständig mindestens hundert Katzen zu ernähren, denen sie täglich – zu morgendlicher und abendlicher Stunde und beim Ertönen einer kleinen Glocke – etwas Fleisch gönnen sollten, damit die Tiere nicht vom Gift allein ernährt würden, und mit der Absicht, sie Tag und Nacht auf die Jagd der Schlangen einzusetzen. Heute noch züchtet das Kloster mehr als vierzig Katzen. Und so ist es auch erklärbar, daß dieser Ort als das Kap der Katzen bezeichnet wird."*[1]

So viel zum anekdotischen Hintergrund, der zum Verständnis der symbolischen Ebene beiträgt. Und gleich die heikle Frage nach der Deutung. Bei einer flüchtigen Lektüre des Textes könnte man leicht zwei irreführenden, voreiligen Schlußfolgerungen zum Opfer fallen: einerseits daß das geschilderte Lebensschicksal und seine Bewältigung sich ausschließlich auf das Griechentum beziehen, andererseits daß die Grundeinstellung des Dichters, sein schwerwiegendes spätes Wort, doch eine resignierende Absage an jegliches menschliche Streben erteilt.

1 Estienne de Lusignan: Description de toute l' isle de Chypre. Paris 1580, Nachdruck Famagusta 1968: *„Pour n' oublier comment ce bestial vénéneux fut extirpé du susdit Promontoire il faut noter ce qui s'ensuit:... le premier Duc de Chypre, fist bastir un Monastère de Moynes de l' ordre de saint Basile en l' honneur de saint Nicolas, et donna tout ce Promontoire à ce Monastère, à telle condition qu' ils seraient tenus d' y nourrir tous les jours cent chats pour le moins, auxquels ils bailleroient quelque viande de tous les jours au matin et au soir, au son d' une petite cloche, afin qu' ils ne mangeassent pas toujours du venin, et le reste du jour et de la nuit allassent à la chasse de ces serpents. Même de nôtre temps ce Monastère nourrissait encore plus de quarante chats. Et de là vient, qu' on l' appelle encore aujourd' huy le Promontoire des Chats."*

In unserem Sinne kann jedoch die Beharrlichkeit *„zur Zeit der großen Trockenheit"*, der stumme Trotz, die Abwehr gegen die lebensvergiftende Erbitterung, die aus äußeren und inneren Anfechtungen erzeugt wird, nicht auf einen gewissen zeitlichen Abschnitt, ein Land oder ein Individuum bezogen werden. Diese Eigenschaften gehören zu der lebensbejahenden menschlichen Haltung schlechthin, zu den Zeichen eines nüchternen, nicht überschwenglichen Mutes. Die Bestimmtheit jedoch von Sätzen wie: *„man nennt den Ort des Griechen Stein"* erlaubt auch eine spezifische Interpretation. *„Des Griechen Stein"* ist erstens rein geographisch zu verstehen, nämlich als Ort auf Zypern, aber darüber hinaus auch in historischer Dimension: hier wird das bittere Schicksal und das zähe Ausharren des Griechentums durch die Jahrhunderte angedeutet.

Auch die Wendung von Seferis vom *„eingesperrten Freund, der hinter Bilderrahmen nach Fenstern sucht"*, die inhaltlich fremd gegenüber dem Kontext des Gedichtes erscheint und plötzlich wie ein Ausbruch des Gemüts im Texte auftaucht, kann auf das persönliche Empfinden des Dichters in seinem griechischen Lebensraum während der Zeit der Obristendiktatur (1967-1974) zurückgeführt werden.

Von Resignation und Lebensmüdigkeit ist im Gedicht eigentlich keine Spur zu finden. Die Schilderung eines gnadenlosen, unerbittlichen Kampfes gegen die das menschliche Dasein erniedrigenden Kräfte birgt keinen Hauch von Enttäuschung in sich, auch wenn der Kampf in unseren eigenen Untergang münden sollte. Der gute Kampf selbst, das mit unermüdlicher Selbstdisziplin weiterzuführende Lebensspiel, genügt, um unserem Dasein ein bejahendes Momentum zu verleihen. Es gibt keinen äußeren Trost: *„Reisender, halte nicht an"*, heißt es. Die nüchterne, ja heitere Annahme unseres menschlichen Loses ist die einzige Bewährung.

In diesem Sinne betrachtet, wirkt das späte Wort Seferis erlösend in seiner stoischen Kraft. Es überbrückt die Zeiten und ertönt als Widerhall der ruhigen Stimme Marc-Aurels: *„Sollte es aber nur eine große Gesetzlosigkeit ohne jegliche Ordnung geben, dann soll dir der eigene lenkende Geist genügen, im Wirrwarr der Lebensumstände. Und sollte dich der Wirbelstrom in den Abgrund ziehen, so wird er dein Fleisch, deinen Hauch, alles mitreißen, deinen Verstand jedoch nicht."*[2]

2 Mark Aurel, *Selbstbetrachtungen* XII, 14.

9.

Stadt- und Landschaftsbilder aus Griechenland. Die Aquarelle des Architekten Ludwig Lange (1808-1868)

Die Erkundung des griechischen Raumes im 19. Jh.

Innerhalb der Griechenlandrezeption des 19. Jh. kommt der Landschaftserkundung und -Malerei auf klassischem Boden eine besondere Bedeutung zu. Deutsche Künstler haben mit ihrer Arbeit auf diesem Gebiet ein getreues Bild des befreiten Hellas dem mitteleuropäischen Kulturkreis vermittelt.

Im Laufe des Mittelalters und der darauffolgenden Türkenherrschaft wurde in Griechenland ein großer Teil des antiken baulichen Erbes verschüttet oder überbaut und die historische Landschaft durch politische, religiöse und militärische Einwirkungen hart in Mitleidenschaft gezogen. Erst seit der Unabhängigkeit (1828) setzte eine unbehinderte topographische Erkundung des Landes und eine künstlerische Erfassung seines Erscheinungsbildes in enger Verbindung mit der wissenschaftlichen Antikenforschung und der Denkmalpflege ein.

Über den Zustand des Siedlungsgefüges Griechenlands, die Lebenssitten seiner Einwohner und das Erscheinungsbild des griechischen Raumes bestehen relativ wenige, aber wichtige schriftliche Berichte sowie zeichnerische Dokumente von Griechenlandreisenden, Künstlern und Gelehrten aus der ersten Hälfte des 19. Jh. (d. h. den zwei vorrevolutionären Jahrzehnten sowie der darauffolgenden Regierungszeit König Ottos).

Über das vorbildliche zeichnerische Werk (Landschaftsbilder) von Otto Magnus von Stackelberg und Haller von Hallerstein, das diese beiden Künstler im Laufe der ersten zwei Jahrzehnte des 19. Jh. während ihrer langen Griechenlandaufenthalte zustande brachten, sind umfassende Studien veröffentlicht.[1]

Auch die kleinformatigen, jedoch sehr realitätsgetreuen etwa hundert naiven Aquarelle des bayerischen Gefreiten Ludwig Köllnberger (1811-1892), die während seiner Dienstzeit in Griechenland in den Jahren 1834-1838 entstanden sind, stellen eine bedeutende Dokumentation über Land und Leute während der ersten Jahre der Unabhängigkeit des griechischen Staates dar. Sie sind alle in der jüngsten Publikation *„Die erträumte Nation. Griechenlands Wiedergeburt im 19. Jh.“* (Hrsg. R. Heydenreuter, J. Murken, R. Wünsche, München, 1995) in Farbe wiedergegeben.

Eine frühe *„Beschreibung der griechischen Landschaftsgemälde von Carl Rottmann in der neuen Pinakothek zu München“* wurde schon im Jahre 1854 von seinem Gefährten auf der Griechenlandreise Ludwig Lange veröffentlicht. Über Carl Rottmann (1797-1850) und seinen Zyklus 'heroischer' Landschaftsbilder aus Griechenland liegen zwei umfassende Publikationen vor: 1. Erika Bierhaus-Rödiger, *„Carl Rottmann. Monographie und kritischer Werkkatalog“(*München 1978), und 2. Barbara Strieder, *„Carl Rottmann. Kartons, Aquarelle, Zeichnungen“ (Darmstadt 1989).*

Auch wurde im Jahre 1977 das großformatige Foliowerk (zehn Tafeln) des *„Stadt-Panoramas von Athen“* von Ferdinand Stademann aus dem Jahre 1836 (München 1841), das mit detaillierter Beschreibung im Text und genauester lithographischer Wiedergabe der Bilder das ganze Athener Becken (von dem Nymphenhügel betrachtet) präsentiert, wieder als Reprint veröffentlicht.

Aufschlußreiche schriftliche Beschreibungen des griechischen Raumes runden das gezeichnete und gemalte frühe Bild Griechenlands ab und beleuchten kritisch die im Lande zu jener Zeit obwaltenden Verhältnisse. Hierzu gehören u. a. der detaillierte Bericht des Stadtarchitekten von Athen – in den Jahren 1836-1843 – Friedrich Stauffert: „Die Anlage von Athen und der jetzige Zustand der Baukunst in Griechenland“, *in: Allgemeine Bauzeitung* (Wien, 1844), der einen genauen Überblick über die baulichen und lebensweltlichen Umstände in Athen, den Zustand einer großen Zahl von Provinzstädten, die üblichen Baumethoden und den Umgang mit den Altertümern gibt, aber auch die Reiseberichte des ersten Landeskonservators Griechenlands Ludwig Ross, so seine *„Reisen des Königs Otto und der Königin Amalia in Griechenland“* (die sogenannten *„Königsreisen“*), (Halle 1848) und seine *„Erin-*

---

1 So Gerhart Rodenwaldt: *Otto Magnus von Stackelberg (1786-1837), der Entdecker der griechischen Landschaft* (Berlin 1959), sowie Hansgeorg Bankel (Hrsg.): *Carl Haller von Hallerstein (1774-1817) in Griechenland: 1810-1817* (Berlin 1986).

nerungen und Mittheilungen aus Griechenland"(Berlin 1863), die ein einsichtiges und feinfühliges Gesamtpanorama des Landes, der Bräuche der Bevölkerung sowie des antiken Erbes liefern.

In die Tradition der bildlichen Berichterstattung fügt sich auch das Griechenland-Oeuvre des Architekten Ludwig Lange, das bis heute in seiner Gesamtheit weder ausgestellt noch kritisch publiziert wurde. Die etwa 140, in der Mehrzahl großformatigen, Aquarelle befinden sich unverständlicherweise in einem 'Dornröschenschlaf' in vier großen Konvoluten der Staatlichen Graphischen Sammlung in München. Lediglich in einer einzigen griechischen Publikation aus dem Jahre 1977 *„Bilder des griechischen Raumes nach dem Befreiungskrieg"* von M. Kalligas (in griechischer Sprache) wurden neben 30 farbigen Abbildungen von Griechenlandaquarellen Carl Rottmanns und im Rahmen einer Schilderung seiner Griechenlandreise auch 6 farbige Aquarelle von L. Lange einem breiteren Publikum zugänglich gemacht. Über Leben und Werk Langes im allgemeinen und insbesondere in Griechenland liegt bis heute keine Arbeit vor.

Die Wesenszüge der griechischen Landschaft

Die wahrnehmbare Beschaffenheit der griechischen Welt, ihr Erlebniswert und die Qualität ihrer Landschaftsbilder wurden in der Vergangenheit von vielen sachkundigen Reisenden wiederholt gepriesen. Dabei wurde immer auf den unverändert menschengerechten und geistig stimulierenden Charakter dieses Naturraumes hingewiesen, der als 'des Menschen Ort' schlichtweg zu betrachten sei.

So unterstreicht der ältere Zeit- und Fachgenosse Langes, Leo von Klenze, in seinen *„Aphoristischen Bemerkungen gesammelt auf seiner Reise nach Griechenland"* (1838) die Einmaligkeit dieses Natur- und Kulturraumes: *„Es ist gewiss, daß man ein Volk und seine Eigentümlichkeiten nicht richtig zu beurtheilen im Stande ist, ohne dabei die Lage, Gestaltung und Natur des Landes, welches von demselben bewohnt wird, in Anschlag zu bringen (...). Man muß die griechische Luft, die griechische Sonne und den Charakter der griechischen Landschaft, welcher sich in seinem ganzen Reize nur in der Ferne entwickelt, kennen, um sich einen Begriff von der Schönheit dieses Anblickes machen zu können. Selbst Süditalien (...) und Sicilien geben keinen Begriff von diesen griechischen Fernen, worin die reichsten Gebirgsformen deutlich und plastisch wie Statuen des Pheidias und Praxiteles modelliert und in einem Farbenreichthume erscheinen, welchem sich nichts an Harmonie, Freiheit und Abwechslung der Töne, Uebergänge und Lichteffekte vergleichen lässt. Jene Länder haben in landschaftlicher Hinsicht in den Vor- und Mittelgründen über Griechenland den großen Vortheil der Kultur, schöner und üppigerer Vegetation und malerischer Architektur. Aber Fernen, Gebirge und Felsengruppen gibt es nur in Griechenland, und der italienische Himmel hat nie den unendlichen Reiz des griechischen, so schön durch das Wort 'lambrotatos Ethir' bezeichneten Lichtraums."*

Tatsächlich verklärt in Griechenland ein feiner Lichtschleier die Berge im Hintergrund zu Lichterscheinungen und nimmt ihnen alle Schwere. Je weiter die Bergzüge zurücktreten, um so mehr gehen ihre Umrisse im Blau des Himmels auf, das lauter und rein alles überstrahlt. Tiefer und kräftiger leuchtet es im Meer wieder auf vom hellen smaragdenen Grün nahe der Küste, in dem sich die besonnten gelben und ockerbraunen Abstürze in unverminderter Stärke spiegeln, bis zum tiefen Ultramarin weiter draußen, das vom silbrigen Widerschein der Wellen belebt ist. Tief in das Land gehende Buchten und weit in das Meer vorspringende Kaps, die ungemein reiche Gliederung der Küsten schaffen ein einzigartiges Wechselspiel zwischen erstarrten Formen und bewegtem Element. Hier vermählen sich noch einmal die ursprünglichen Farben von Gebirge und Himmel, Geformtes und Bewegliches. Kaum ein Tag gleicht dem anderen und das großartige Schauspiel des Sonnenunterganges ist immer neu, so wie die griechische Landschaft jeden Morgen mit dem ersten Sonnenstrahl, der über das Gebirge dringt, neu geschaffen und frisch wie am Anfang der Zeiten aus der reich bestirnten Nacht vor dem erstaunten Beschauer zu erstehen scheint.

Auch Ferdinand Gregorovius, der große deutsche Geschichtsschreiber, faßt 1880 treffend die Merkmale der attischen Landschaft mit folgenden Betrachtungen zusammen: *„Keine mehr plastischen Formen sind irgend denkbar als diese der Umgebung Athens. Die Natur hat hier Land und Meergestade in der reichsten Fülle der Gestalten wie mit dem Meißel ausgearbeitet und diese Landschaft zur Wohnstätte der bildenden Kunst gemacht. Wie Naturprodukte entsprossen diesem durchgeformten Felsenboden die Kunstwerke Athens. Als perspektivisches Gemälde ist die von Gebirgen prachtvoll umfaßte weite Ebene Roms das großartigste der Welt (...); die athenische ist beschränkter, aber formenreicher und farbenglühender. Die attischen Bergreihen ringsumher, zumal die vielgestaltigen Hügel im Mittelgrunde von bronzenem Ton, werfen eine unbeschreibliche Strahlung zurück, und das ätherische Spiel von Licht und Schatten, welches durch das plastische Relief der Formen und die ausgetieften Flächen hervorgebracht wird, ist so hinreißend, daß hier in Athen eine eigenartige Schwelgerei entstehen könnte, eben diese im Genuß der Lichteffekte. Die Verbindung des tiefblauen, heiter glänzenden inselreichen Meeres und seiner duftigen Küsten mit dem goldbraunen Ton des felsig starrenden Landes vollendet die Schönheit dieses Naturgemäldes, indem es zugleich der Phantasie die Fernen der Mythe und der Geschichte erschließt."*

Abb. 1 Ludwig Lange, Portraitphotographie.

Ludwig Lange und seine Stadt- und Landschaftsbilder aus Griechenland

Ludwig Lange wurde am 22. März 1808 in Darmstadt geboren und starb am 31. März 1868 in München. Er bildete sich zuerst an den humanistischen Anstalten seiner Vaterstadt, dann unter Lerch und Moller zum Architekten und zeichnete die *„Malerischen Ansichten der merkwürdigsten und schönsten Kathedralen, Kirchen und Monumenten der gothischen Baukunst am Rhein, Main und an der Lahn"*, welche lithographiert bei Carl Jügel in Frankfurt erschienen. Bald darauf begann er im Verein mit seinen Brüdern Gustav Georg und Julius die Ausführung der *„Originalansichten der historisch-merkwürdigsten Städte in Deutschland, ihrer Dome, Kirchen und sonstigen Baudenkmale"*, welche von 1832-55 in 6 Bänden mit ca. 1500 prächtigen Stahlstichen erschienen; das treffliche Werk zeigt die ganze Begabung Langes, der stets die Talente des fachmännisch gebildeten Architekten mit denen des Malers vereinigte.

In München befreundete sich Lange mit Carl Rottmann, wendete sich unter dessen Leitung zur Landschaftsmalerei und begleitete den Meister 1834 nach Griechenland. Lange verblieb in Hellas von 1834 bis 1839 und hatte die Professur der zeichnenden Künste am Gymnasium zu Athen inne. Er entwarf Pläne zur Erlöserkirche,[2] wofür er den Titel und Rang eines griechischen Baurats erhielt. Der junge Architekt zeichnete außerdem während seines Aufenthalts in Athen die Pläne zu einem Königlichen Schloß und einer Königlichen Villa[3] und wirkte in der Anfangsphase auch bei der Anlage des Königlichen Gartens mit.[4]

2 Der Entwurf L. Langes für die Erlöserkirche (Metropolitankirche) in Athen wurde durch die königliche Verordnung vom 3/15. Aug. 1838 genehmigt, jedoch als zu großzügig nicht ausgeführt. Die Pläne bleiben bis heute unaufgefunden. Die Erlöserkirche wurde letztendlich nach Plänen von Theophil Hansen und unter späterer Mitwirkung der Architekten François Boulanger, Demetrios Zezos und Panagiotis Kaikos in den Jahren 1842-1862 errichtet.

3 Die Pläne zu diesen beiden unausgeführten Monumentalbauten für König Otto befinden sich in der Staatlichen Graphischen Sammlung in München. Die Pläne „Zu einer königlichen Villa" (am Meer) im Maßstab 1:300 sind mit *„Ludwig Lange"* signiert und haben im einzelnen folgende Titel: Anfahrtseite: Inv.Nr. 25056; Seitenansicht: InvNr. 25057; ohne Titel (Meeresseite): InvNr. 25058; Durchschnitt: InvNr. 25059 und erster Stock und Parterre (Grundrisse): Inv-Nr. 25060. – Die Pläne zu einem „Athener Schloß" im Maßstab 1:250 (an dem von Klenze vorgesehenen Standort am Westhang des Nymphenhügels) sind signiert *„Entworfen und gezeichnet von Ludwig Lange; Athen im Oktober 1835"* und haben im einzelnen folgende Titel: Westliche Ansicht: InvNr. 35769; Östliche und Südliche Ansicht: InvNr. 35770; Grundriß erster Stock und zweiter Stock. Es scheint also, daß Lange, als das Projekt Klenzes als zu kostspielig erkannt wurde, einen Gegenvorschlag (mit oder ohne königlichem Auftrag?) erarbeitet hat, der auch nicht ausgeführt wurde, da bekanntlich im Februar 1836 die endgültige Wahl König Ludwigs I. auf F. Gärtner als Architekten der Residenz fiel.

4 In der Hans Moninger Sammlung (Nachlaß F. Gärtner) im Architekturmuseum der TU München befindet sich ein Brief (InvNr. 2083), den Ludwig Lange aus Athen an Friedrich Gärtner in München im Mai 1831 adressiert hat. Dieser belegt nicht nur die Mitwirkung Langes an der Planung des Königlichen Gartens in seiner frühen Phase, sondern gibt auch beredtes Zeugnis von der künstlerischen Weitsicht des jungen Architekten, dem eine „Grüne Mitte" für Athen vom Lykabettos bis zur Ilissos-Senke vor dem geistigen Auge schwebte. Hier der Wortlaut des Briefes:

„Hochgeehrter Herr und Gönner!
Durch Euer Hochwohlgeboren gütige Empfehlung wurde mir das Vertrauen geschenkt einigen Antheil an den Gartenanlagen des Königs zu haben: wie ich dieselben mit Herrn Hofgarten-Inspektor Dr. Fraaß auffasse lege ich Ihnen hiermit vor und bitte es dafür anzusehen wiesehr solches Gut und Schön mich belebt. Einem Besseren nicht vorgreifend angehe ich mit Freuden Ihren Ansichten die beste Folge zu leisten. Das Palais des Königs Otto mit Gartenanlagen zu

Nach seiner Rückkehr durch Italien (1839) bereiste er für sein schon genanntes Werk ganz Deutschland, zeichnete viele Projekte und Entwürfe, z. B. die Pläne zu einem „Kronprinz-Palais" für München (1845), zur „Nicolaikirche" in Hamburg (1845) und erhielt 1847 die Professur an der Bauschule der königlichen Kunst-Akademie zu München. König Maximilian II. übertrug ihm die Herstellung einer Villa in Berchtesgaden.

In der Folge beteiligte sich Lange bei vielen Wettbewerben, erhielt fast regelmäßig den ersten oder den zweiten Preis, jedoch wurde er erst 1856 mit der Ausführung des Museums in Leipzig beauftragt. Außerdem entwarf und baute er eine russische Kirche in Moskau (1852), eine protestantische Kirche in Hallstadt (1857), ein Ministerialgebäude in London (1858), die Villa Feodora in Liebenstein (im Auftra-

---

umgeben ist ein schöner und lohnender Vorschlag als diese Anlagen einem so lange gefühlten Bedürfnis entsprechen und gewiß der Stadt Athen die größte Annehmlichkeit geben werden. Die erste Frage welche hierbei aufzustellen ist, wäre: inwieweit soll und kann man die Gartenanlagen ausdehnen, denn nach diesem bestimmt sich die besondere Eintheilung, die Absicht, die der Künstler unterlegt. Soll es ein Park, ein öffentlicher Garten, ein ewig grünes Denkmal werden, das der König sich und den Bewohnern Athens setzt, so muß es wohl sich vom Lykabettos bis zum Ilissos erstrecken, denn weder das eine noch das andere kann man entbehren um diese Aufgabe zu lösen. Soll es nur ein Spazier- und Blumengarten seiner Majestät werden, so ist es damit abgethan, wenn die nächsten Umgebungen des Palais hierzu verwendet werden; Letzteres auszuführen hat keine Schwierigkeit, ersteres diese, daß das hierzu nöthige Terrain eine größere Ankaufsumme erheischt.

Des Königs hoher Wille ist es, diese größeren Anlagen zu machen, aber bis jetzt kam es, da der Sache kein Nachdruck gegeben werden konnte zu keiner Entschließung. Möge nun die Anlage werden, wie sie wolle, so ist das wichtigste, was nach dem Ankauf des Landes geschehen müßte, alles nur mögliche aufzubieten dem Terrain es an Wasser nicht fehlen zu lassen.

Einige Quellen sind vorhanden, jedoch nicht reichhaltig genug, das Ganze mit Vortheil heranzubilden. Diesem Mangel an Wasser könnte man nun dadurch begegnen, daß man Zisternen in Menge anbrächte; da aber diese gerade dann, wenn man sie am nöthigsten hat am wenigsten Hilfe leisten, so mußte noch an eine andere Art Wasser zu erhalten, gedacht werden, was meiner Ansicht nach am sichersten geschehen könnte, wenn man artesische Brunnen anbrächte. Ist es ja für Griechenland überhaupt eine so wichtige Sache, Versuche dieser Art von Brunnen zu machen die gewiß hier mehr als in einem anderen Land reüssieren würde. Wie manches Stück Land muß brach liegen aus dem einfachen Grund von Wassermangel, und wie mancher Ort leidet an Krankheit und Seuchen, weil den Menschen und Thieren ein gesunder Trunk fehlt; es ist eben nicht zu beschreiben, welcher Nutzen daraus hervorgehen würde, wenn diese in Deutschland und Frankreich zu schon so vielen gelungenen Resultaten geführten Brunnen hier angewandt würden. Wie ganz natürlich, wenn man hier etwas zur Sprache bringt, so kann man Gegnern und Fürrednern, und Abentheurer die mit einer gewissen Frechheit sich solchen Geschäften unterziehen wollen begegnen. Wenn ich nichts mehr fürchte, so sind es diese Halbmenschen, die zum Voraus auf Schande gefaßt sind, wenn sie nur wieder eine Zeitlang unverdientes Vertrauen gekostet haben. Ein junger Deutscher mit Namen Benkmann, Bruder des Malers in München, ist mir persönlich bekannt geworden als ein in diesem Fache praktisch und theoretisch gebildeter Mann, bei dem es sogar bis zum Steckenpferd geworden ist. Sie könnten vielleicht ein mächtiges Wort in dieser Sache sprechen und zu dem Behuf genauere Erkundigungen einziehen, ob dieser Mann wahrhafter Nutzen für Griechenland ist und vorzuschlagen sei.

Nachdem nun Land und Wasser gewonnen, könnte man nun machen, was man will, vorausgesetzt, daß man nichts unvernünftiges wolle. In Bezug auf Eintheilung wären nun vorerst in Betracht zu ziehen die verschiedenen Wege und Straßen, die den Park durchziehen müssen, die ein ererbtes Recht auf diesen Boden haben, sie können wohl nach einem gewissen Plan Abweichungen erhalten. Sodann wäre das wichtigste die Gränzen der Stadt zu bestimmen, damit die Straßen und Hauptrichtungen derselben mit dem Garten möglichst correspondiren, sodann das Terrain selbst in seinen Abweichungen genau kennen zu lernen, dieses scheinen mir die wesentlichen Theile um das Gerippe zu bestimmen. Was nun die Anlage selbst betrifft, so glaube ich diesen Gedanken vorerst festhalten zu müssen, daß man in Griechenland und nicht in Deutschland ist; hier ein anderer Zauber hervorzubringen ist; jedoch auch hier müssen die nöthigen Bestimmungen gegeben werden, die mir darin zu bestehen scheinen, daß Jedes seinem Platz so angemessen ist, daß man immer eher denkt, es ist so von sich geworden, als es ist so gemacht; die nächsten Umgebungen des Palais als ein Übergang aus der Architektur in die Landschaft, möchte ein geregelter Plan, architektonische Linien als das passendste erscheinen, von denen es dann zu den freieren Bewegungen eines Parks übergeht; die nächsten Umgebungen können auch mehr als der Blumengarten betrachtet werden, der vielleicht durch Laubgänge eine sinnige Abwechslung erhält, springende Wasser dürften nicht fehlen. So wie mir dieses als Einklang zum Palais nothwenig scheint, ebenso möchte es von der Stadt zum Garten einen Übergang verlangen, welcher vielleicht in geregelten Gruppen von Bäumen zu geben sey die unsere Wallplätze ersetzen könnten, wo das junge Volk unter ihren Fürsorgern und Gespielen seine erste Jugend verlebt; nun greife ich links und rechts gleichsam zu den Grenzen: der Lykabethus als thronende Spitze möchte an seinem Fuß mit Wald umgeben sein, der Illisus mit seinem Schilf und Wasserpflanzen, mit seinen Grotten und Wasserspiegel das Trauliche geben, in der Nähe des Jupiter Tempel in einem durch einen Abhang vom Nord und Ost Wind geschützten Boden wären exotische Gewächse wohl geeignet, hier sind Palmen, Aloe, und wie die bunten großblättrichen Blumen, Tulpen tragende Bäume für Namen haben am Ort, als mit ihnen der collosale Tempel im Hintergrund und die schöne Ferne ein zauberisches Bild abgeben. Andere Stellen bieten sich dar zu Limonenhainen usw. sowie zu Großbäumen um das Liebliche mit dem Mächtigen zu vereinen. Zu diesem allen bedarf es ihres Raths, bedarf es Ihrer Unterstützung, was daraus erblüht ist ihr Lohn. Ich lege hier eine Zeichnung des Terrains anbei im Fall Sie es nicht in der Ausdehnung haben sollten; Ich hätte den Grund des Palais darauf scizzirt, aber Hr. Lieutenant Hoch wagte es nicht vorzulegen, jedoch bedarf es dessen auch nicht, wo Sie mit dem Platz so genau bekannt sind.

Herr Graf v. Armansperg hat seine Gedanken zu einem Denkmal insoweit geändert, daß es eine Kapelle werden soll, wo er denn mit dem Plan derselben mich beauftragt hat, ich glaube den Gedanken hierzu gefaßt zu haben und möchte mir mit Ihrem Übereinzustimmen schon schmeicheln.

Meinen innigsten Dank für das große Zutrauen, was Sie in micht setzen, nehmen Sie auch diesmal und genehmigen Sie die Hochachtung mit der

verbleibt der ergebenste L. Lange Athen den 1. Mai 1836

ge des Erbprinzen von Meiningen, 1860), das archäologische Museum in Athen (1860) sowie die Schützenhalle zu Innsbruck (1862). Lange brachte in alle seine Entwürfe, welche er der jeweiligen Natur des Landes und der nächsten Umgebung anzupassen wußte, immer auch ein malerisches Element, welches der Künstler mit den streng architektonischen Formen in wohltuender Weise zu vereinen verstand.

Es erschienen von ihm „*Reiseberichte aus Griechenland*" (Darmstadt 1835), „*Werke der höheren Baukunst*" (Darmstadt und München 1846-1847) und eine Broschüre über „*Die griechischen Landschaftsgemälde von Carl Rottmann in der neuen Pinakothek*" (München 1854).

Durch seinen längeren Griechenlandaufenthalt geprägt, vertritt Lange eine dritte Generation von „Philhellenen": Fern von der Romantik der Wiederentdecker und Freiheitskämpfer, mit größerer Erfahrung und zugleich lebendigerer Beziehung zu Land und Leuten. Anders als seine Vorgänger Stakkelberg und Haller von Hallerstein, die vor dem Befreiungskrieg genaue Stadt- und Landschaftsveduten vor Ort meistens als lineare Zeichnungen ausführten, versucht Lange auf der Unterlage von genauen Bleistiftzeichnungen mit duftigen Aquarelltönen Licht, Textur und Beschaffenheit des griechischen Raumes dokumentarisch festzuhalten.

Seine Aquarelle geben uns ein schlichtes Bild griechischer Wirklichkeit: Harmonie, aber auch Verlassenheit, ja Verwüstung der Landschaften und der Städte. Diese Bilder sind dem heutigen Betrachter durchweg wohl vertrauter als die heroischen, zeitlosen und verklärten griechischen Landschaften Carl Rottmanns.

Der Künstler bereiste das ganze Festland und die Inseln. Dies war zur damaligen Zeit kein leichtes Unterfangen. Ludwig Ross, der erste Landeskonservator Griechenlands, beschreibt lebhaft die mit dem Reisen verbundenen Schwierigkeiten, aber auch die Vorteile von Besichtigungen in Beschaulichkeit und Muße: „*Man miethet ein Pferd oder Maulthier (...) An den hölzernen Lastsattel werden auf beiden Seiten der Mantelsack, ein biegsamer Korb mit Brot, Käse, Oliven, kalter Küche, Kaffee, Zucker und Kaffeegeschirr, eine große, 3-4 Bouteillen fassende hölzerne Flasche mit Wein und, wenn der Zug durch wasserarme Gegenden geht, auch wohl ein hohler Kürbis mit Wasser angehängt. Ueber dieses Alles breitet der Reisende seinen Mantel und vollendet den Bau des ungeheuren Sattels dadurch, daß er sein Bett (eine dünne, aber lange und breite Decke aus gesteppter Baumwolle) (...) darüber legt. Mit Hilfe eines aus einem Stricke gebildeten Steigbügels erklimmt er den Gipfel dieses künstlichen Baus, auf dem es sich gar bequem sitzen lässt, fasst die Halfter (denn einen Zügel führen diese Pferde nie), und vorwärts geht es im langsamen Schritt; der Eigenthümer des Pferdes zu Fuße voraus (...). So roh und unbequem diese Art zu reisen dem verweichlichten Europäer erscheinen mag, so gewährt sie dennoch viele Vortheile. Man genießt der vollkommensten Freiheit, hängt von keinem Schwager, keinem Postreglement, keinem Wirthshause ab; ist die zu durchreisende Gegend nur einigermassen sicher, so schlägt man, wo man eben von der Dämmerung überrascht wird, sein Nachtlager auf man breitet seine Decke auf der Erde aus und wickelt sich hinein, und der Maultiertreiber streckt sich daneben auf die blosse Erde.*"

Programmatisch für die richtige Einstellung des Bildungsreisenden und Künstlers zum Griechenlanderlebnis klingen auch die humorvollen Mahnungen eines anderen illustren Reisenden, der 1836 das Land besuchte. Fürst Pückler-Muskau schreibt in seinem „*Südöstlichen Bildersaal*": „*Wer stark genug konstituiert ist, um täglich zehn bis zwölf Stunden zu Pferde, auf Maultieren oder zu Fuß ohne Unbequemlichkeit zurückzulegen und der glühendsten Hitze, wie den unangenehmsten Wirkungen der Kälte zu widerstehen – denn schon Goethe sagte: »Bei uns sieht man die Kälte nur, in den südlichen Ländern fühlt man sie«; wer ferner weder die Gefahr halsbrecherischer Wege noch gelegentlicher Räuberanfälle scheut; wer unempfindlich gegen den Aufenthalt in Wohnungen ohne Fenster mit durchsichtigem Dache ist und Myriaden von Wanzen, Läusen, Flöhen und Moskitos sich mit philosophischer Geduld hinzugeben vermag; wer zufrieden ist, zuweilen nur Brot und Zwiebeln nebst lauem Wasser und geharztem Wein zur Nahrung und zum Getränk zu erhalten; wer Gestank und Schmutz nur mit chemischem Auge betrachtet, das in diesen Dingen nichts als Naturstoffe gleich anderen sieht; wer allem diesem gewachsen ist und nichts dawider hat, obige Zustände dreimal teurer als europäische Bequemlichkeiten zu bezahlen – dem rate ich mit gutem Gewissen die Reise durch Griechenland an, (...) denn er wird viel Genuß, Unterrichtung und kräftigende Abhärtung hier finden.*"

Zu einer künftigen Veröffentlichung der Griechenlandbilder Ludwig Langes

Es wäre nun ein lohnendes Unterfangen, den wichtigen und bis heute unveröffentlichten und kaum bekannten Bestand an Darstellungen (aquarellierte perspektivische Ansichten) von Stadt- und Landschaftsbildern Griechenlands von Ludwig Lange, die während seines fünfjährigen Aufenthaltes (1834-1839) in diesem klassischen Land entstanden sind, zu erschließen.

Durch photographische Aufnahme, Katalogisierung und kritische Publikation sollte ein sowohl für die Fachwelt aufschlußreiches (und für die Kenntnis der historischen Topographie Griechenlands schmerzlich fehlendes) als auch für die Öffentlichkeit interessantes frühes, geschlossenes Erscheinungsbild des befreiten Griechenland vermittelt werden.

Die Arbeit müßte in Form einer systematisch dokumentierten Monographie konzipiert werden. Diese könnte einerseits den Gesamtbestand der Griechenlandbilder L. Langes, die das Alltagsleben, die Städte und die historisch geprägten Landschaften dokumentieren, vorstellen, andererseits auch die wichtigen historischen, topographischen und stadtplanerischen Informationen, die in den Bildern enthalten sind, kritisch beleuchten.

Selbstverständlich gehört zu einer kritischen Präsentation der Bilder aus dem Nachlaß L. Langes auch ihre kunstgeschichtliche Wertung, d. h. die Beschäftigung mit der Qualität der Wiedergabe des Genius Loci, des Lichtes und der räumlichen Beschaffenheit der griechischen Welt sowie mit der technischen Ausführung der Aquarelle. Vergleiche mit dem Werk anderer Künstler – wie Stackelberg, Rottmann oder E. Lear -, die als Landschaftsmaler im Laufe der ersten Hälfte des 19. Jh. in Griechenland tätig gewesen sind, könnten die kunstgeschichtliche Analyse vertiefen.

Das Hauptgewicht des Forschungsansatzes sollte jedoch auf den dokumentarischen Wert des Bilderbestandes gelegt werden, d. h. auf seine Bedeutung als Versuch einer sachkundigen, getreuen und feinfühligen Erkundung eines geschichtsträchtigen Natur- und Kulturraumes, den es der westlichen Kultur damals wieder zu erschließen galt.

Dabei sind eine große Zahl verschiedenster Aspekte zu berücksichtigen: 1. Erscheinungsqualitäten der Stadtbilder. Herkömmliche Bauformen der Architektur des südosteuropäischen Raumes und Eindringen des neuen, importierten klassizistischen Formenrepertoires; 2. Eingliederung der Siedlungen in die Landschaft. Befestigungswerke und technische Infrastruktur wie Häfen, Brücken, Straßen; 3. das Nutzungsgeflecht der Siedlungen. Stadtleben und Stadtgeschehnisse. Details des Alltagslebens; 4. Andeutungen an die 'Permanenz des Ortes': Die Einbeziehung der Altertümer und ihre Präsenz im Stadtbild der bewohnten Orte; 5. Erhaltungszustand und Erscheinungsbild der antiken und nachantiken Baudenkmäler; 6. Charakteristik des griechischen Landschaftsbildes: Die Kleinräumigkeit des Naturraumes. Die kulissenartige Staffelung der Landschaftskonturen. Die Weite der Horizonte; 7. die Lichteffekte im Raum: Schwinden der Konturen und Farbtöne in der Ferne. Dramatische Schatteneffekte und Farbkontraste in der Nähe. Die Wiedergabe des 'Fluidums' des griechischen Lichts durch spezielle zeichnerische und malerische Kunstgriffe; 8. zuletzt, Dokumentation der Fauna und Flora. Wiedergabe der Naturbeschaffenheit und der materiellen Textur der Naturräume.

Abb. 2 Das Plateau der Athener Akropolis von Nordosten mit Grabungsarbeitern (1835) von Ludwig Lange. Originalgröße 39,3 x 56,2 cm. Bleistift und Aquarell. Staatl. Graphische Sammlung München, Inv.Nr. 35778.

Exemplarische Beschreibung eines Bildes von Ludwig Lange

Abschließend soll hier der Versuch gemacht werden, ein Bild Ludwig Langes, aus dem in der Staatlichen Graphischen Sammlung in München aufbewahrten Nachlaß, genauer zu beschreiben und zu werten. Dies soll als Beispiel für die methodische Vorgehensweise bei einer künftigen kritischen Publikation des Gesamtoeuvres verstanden werden.

Abb. 3 Panoramische Ansicht Athens von NW (1835-1837) von Ludwig Lange. Originalgröße 38,4 x 52,6 cm, aquarellierte Zeichnung mit Tusche. Staatl. Graphische Sammlung München, Inv.Nr. 35773Z

Beschreibung und Daten des Bildes

Thema: Panoramische Ansicht Athens von NW; Akropolis, Altstadt, Theseion
1. Inv. Nr.: 35773 Z
2. Art der Darstellung: Aquarellierte Zeichnung mit Tusche
3. Material der Unterlage: Zeichenpapier (weiß mit leichtem beigem Ton)
4. Maße: 38 x52 cm
5. Eintragungen: Keine
6. Datierung: Keine (aber wohl im Zeitraum 1835-1837)
7. Signatur: Keine

Inhaltliche Aussagen und dokumentarischer Wert

Das Bild ist von der Senke des Eridanos, NW des Hephaisteion (sog. 'Theseion') gezeichnet worden und präsentiert das Stadtpanorama Athens in SO-Richtung. Anders als die Ansichten der Stadt vom Olympieion, dem Lykabettos und der Pnyx ist die Gesamtaufnahme Athens von diesem Standort eher selten (Abb. 3).

Es besteht eine ähnliche Aufnahme aus dem Jahre 1834 und aus der Hand Leo v. Klenzes (Inv. Nr. 27724 der Staatlichen Graphischen Sammlung München). Die feine Bleistiftzeichnung Klenzes ist skizzenhafter und gibt naturgemäß nur die wichtigsten Konturen und Objekte wieder, während sie im übrigen eher unscharf bleibt.

Dagegen bietet das wenige Jahre später an der gleichen Stelle ausgeführte Bild von L. Lange eine Fülle von topographischen, baulichen und lebensweltlichen Informationen. Der Standort, den der Maler gewählt hat, ist die kleine Anhöhe der Kirche Hagia Triada im Gebiet des heutigen Ausgrabungsareals des antiken Friedhofs, des Kerameikos. Im Vordergrund haben wir eine selten genaue Darstellung des öden und sumpfigen Geländes der Senke des Baches Eridanos, die im Laufe der Jahrhunderte der Türkenherrschaft für die Ablagerung von großen Mengen von Asche (Nebenprodukt der Herstellung von Seife) benutzt wurde. So wurde das Gelände des Kerameikos und das wichtigste antike Tor der Stadt (Dipylon) unter diesem Schutthaufen begraben und erst im Laufe der zweiten Hälfte des 19. Jh. durch die Ausgrabungen der Archäologischen Gesellschaft zu Athen wieder aufgedeckt.

Einfache Pfade – pistenähnlich und ungeschottert – durchziehen dieses Gelände und fuhren in Richtung Westen zur Heiligen Straße nach Eleusis und zu der zu jener Zeit (um 1836) neu chaussierten Straße nach Piraeus. Es sind Reiter und zu Fuß Wandernde (jedoch keine Fuhrwerke, diese waren in Athen zur damaligen Zeit noch nicht eingeführt!) zu sehen. Der Lastentransport wird noch mit Kamelen getätigt. Diese nicht einheimischen Lasttiere waren während der Jahrhunderte der Türkenherrschaft aus Kleinasien eingeführt worden. Während der ersten Jahre der Regierungszeit König Ottos verschwanden allerdings die in der attischen Landschaft exotisch anmutenden Tiere allmählich aus dem Verkehr.

Hinter einer großen Wasserlache in der Mitte des Vordergrunds des Bildes erkennt man die querverlaufenden Ruinen der im Jahre 1778 schlecht gebauten jüngsten Verteidigungsmauer Athens, die auf Befehl des damaligen türkischen Statthalters Hadschi-Ali Hasseki-Bey erbaut wurde (s. hierzu L. Roß, *„Erinnerungen und Mitteilungen aus Griechenland"* Berlin, 1863, S. 29-30) und im Laufe der 30er Jahre des 19. Jh. von der Gemeinde abgetragen wurde. Eine Öffnung in der Mauer zeichnet sich in der Mitte des Bildes nördlich des sog. Theseion an der Stelle des Verlaufes der neuen Hermes-Straße ab.

Im Mittelgrund des Bildes entwickelt sich das Panorama des südlichen Teils der Athener Altstadt, am Nordhang der Akropolis gelegen. Die dokumentarische Genauigkeit, mit der die einzelnen Bauten aufgenommen sind, ist verblüffend. Hier haben wir es nicht mit einem einfachen atmosphärischen Stimmungsbild, sondern mit der genauen Sicht eines geschulten Architekten, der zugleich ein begabter Landschaftsmaler war, zu tun.

Links auf dem Bilde erkennen wir: im Mittelgrund die kleine byzantinische Kirche der Hagioi Asomatoi aus dem 12. Jh., die heute noch an der Hermes-Straße, allerdings auf einem etwa um 1,5 m unter der Straße liegenden Niveau erhalten ist. Im Hintergrund von links nach rechts: den von der Gemeinde im Jahre 1814 errichteten Turm, an dem die Stadtuhr, von Lord Elgin gestiftet, angebracht war; das langgestreckte Gebäude des Woiwodalik (Sitz des türkischen Statthalters) im Bereich der Hadrians-Bibliothek; den antiken Turm der Winde (hydraulische Uhr des Andronikos Kyrristos); die große Fetiche-Moschee mit ihren zahlreichen Kuppeln; in der Mitte der Häusermasse den Giebel des Tores der römischen Agora (Athena Archegetis) und am oberen Stadtrand, dicht unter dem Akropolisabhang das stattliche Haus der Architekten und Schinkelschüler Kleanthes und Schaubert, in dem sie den Plan für die neue Stadt Athen in den Jahren 1832-33 entworfen haben. Alle diese Details – nur dem Kennerblick zugänglich – sind an ihrem richtigen Standort, miniaturhaft eingetragen.

In der Mitte des Bildes zeichnet sich der westliche Teil der Altstadt, das Stadtviertel „Vlasarou" ab, das in den 30er Jahren des 20. Jh. zum Zweck der Ausgrabungen der antiken Agora abgetragen wurde. Zwischen den Häusern ragt hier die zierliche Kuppel der byzantinischen Kirche Hagioi Apostoloi, die im Jahre 1955 vom Architekten J. Travlos restauriert wurde und heute isoliert im Ausgrabungsareal der Agora erhalten steht, empor.

Am rechten Rand des Mittelfeldes ist das sog. 'Theseion' festgehalten. Es handelt sich um den besterhaltenen griechischen Tempel auf griechischem Boden, der inzwischen als Hephaisteion identifiziert wurde. Hier wurde das Tedeum zum feierlichen Empfang König Ottos in Athen am 01.12.1834 zelebriert. Lange als christliche Kirche, dem Hl. Georg gewidmet, verwendet, wurde es am 13.11.1834 als erstes 'zentrales archäologisches Museum' erklärt und diente ein Jahrhundert lang (auch nach Errichtung des neuen archäologischen Museums) zur Aufbewahrung von Antiken. Hinter dem Theseion profiliert sich der kahle Rücken des Areopaghügels, auf dem der Apostel Paulus seine Bekehrungsrede an die Athener hielt.

Im Hintergrund des Bildes ragt krönend die Akropolis empor. Sie ist in kaum noch verändertem Zustand in ihrem spätmittelalterlichen Erscheinungsbild dargestellt. Man erkennt: Zwischen Stadt und Burg, die mittelalterliche Befestigungsmauer, den sog. „Serpentze"; die Propylaien mit den Aufbauten der Frankenherrschaft; im Parthenon die erst im Jahre 1842 abgetragene kleine Moschee; den später im Jahre 1875 abgerissenen „Frankenturm" noch unversehrt und zu seiner Rechten den in den Jahren 1835-1837 im Wiederaufbau befindlichen kleinen ionischen Tempel der Nike Apteros (s. hierzu L. Roß, E. Schaubert und Chr. Hansen, *„Der Tempel der Nike Apteros"* (Berlin 1839). Mit dokumentarischer Genauigkeit zeichnet Lange den Bau nur halb wiedererrichtet, wie er ihn vor Augen hatte. An solchen Details ist die Unverfälschtheit und Zuverlässigkeit des visuellen Zeugnisses von Lange zu erkennen; sie ist nicht hoch genug zu schätzen. Den räumlichen Abschluß des Panoramas bildet der Hymettos-Rücken, der plastisch hervorgehoben wird.

Vermittelt das Bild dem versierten Athenforscher all diese genauen Angaben über Topographie und Stadtbild zur Zeit seiner Entstehung, so bleibt es auch für den nicht mit Athen und seiner Geschichte Vertrauten ein beredtes Zeugnis des Zustandes der Stadt während des ersten Jahrzehnts nach ihrer Befreiung, eines Zustandes, der als *„Zwitterding einer türkischen und europäischen Stadt"* von F. Stauffert, dem damaligen Stadtarchitekten Athens und als *„ein elender Trümmerhaufen (....) eine gestaltlose, einförmig graubraune Masse von Schutt und Staub"* vom ersten Landeskonservator L. Roß, übertrieben streng, beschrieben wurde.

Bildliche Qualitäten und künstlerische Wertung

Auf dem Bild herrscht die nachmittägliche Beleuchtung an einem sommerlichen Tage. Davon geben unwidersprechlich Zeugnis: das von SW einfallende Licht (dementsprechend die NO gerichteten beschatteten Flächen), das Fehlen jeglichen Bewuchses (Grasflächen und Wildblüten) auf dem verdorrten Land, sowie die Klarheit des Himmels, der in seinen fahlen gelblich-blauen Schattierungen die Sommerhitze andeutet.

L. Lange wendet auf diesem Bild die bewährte Technik des Aquarellierens an: Farben werden wäßrig, transparent und großzügig aufgetragen; weiße Flächen werden erst gar nicht bemalt (direkte Wirkung der Papierunterlage); Schatten haben genaue Umrisse und werden getönt (grau-bläulich, grau-ocker).

Meisterhaft werden Naturgegebenheiten angedeutet: der Wind, der zur Klarheit der Atmosphäre beiträgt, durch die typischen kleinen Cumuluswolken und die örtlich auftretenden Schatten der Wolken auf dem Gelände; das Sumpfige der Eridanos-Senke durch die fahlen bläulichen Schimmer, die auf dem öden Gelände des Vorfeldes angebracht sind; das Steinig-überhitzte der Stadt durch die vielen weißen und ockerfarbigen Wandflächen der Häuser; das Felsige des Urgesteins der Akropolis durch die rötlich-tiefockerne Färbung der Burgwände.

Durch die Leere des Raumes und das spärliche Auftreten von Mensch und Tier wird das Erhabene und Zeitlose der Ruinen unterstrichen. Die bewohnten Stadtteile befinden sich in einem 'Mittagsschlaf' – der Äonen andauert – unter der Burg. Es herrschen Verlassenheit und Frieden, in denen die Zukunft noch schlummert.

Das Bild weist keine Mischtechnik auf. Weder Temperabeimischungen noch zusätzlich mit Tusche aufgetragene, gezeichnete Partien (beides oft praktizierte Methoden zur 'Intensivierung' der Darstellung) sind hier angewandt worden.

Vielmehr handelt es sich um ein reines Aquarell, das sogar mit sparsamster Auftragung der Farbtöne (kaum Mischung von Pinselstrichen) hergestellt wurde. Allerdings muß ein spezifisches Charakteristikum hervorgehoben werden: Das Bild wurde zuerst minutiös mit einer verwässerten sepiafarbenen Tusche gezeichnet und bekommt so genau umrissene räumliche Konturen. Die Wasserfarben werden dann aufgetragen. Hier erkennen wir den architektonischen Blick Langes, der jegliche Ungenauigkeit und das Zerfließen der Konturen konsequent meidet. So kann man wohl bei diesem Bilde von einer aquarellierten perspektivischen Architekturzeichnung reden.

Im Ganzen ist die Anschauung Langes keine idealtypisch-heroisierende – wie z. B. die C. Rottmanns –, sondern der Versuch einer realitätsbezogenen, einfühlsamen Wiedergabe von Leben, Stadtbild und Denkmälern in ihrer engen Verflechtung und Ausgewogenheit.

10.

Safeguarding the Ancient Architectural Heritage. The Case of the Parthenon at Athens

During the first international meeting on the restoration of the Parthenon in 1983 held in Athens the participating scholars and practitioners were able to reach easily a unanimous agreement on the desirability of the implementation of the two first Parthenon programs i.e. those concerning the partial dismantling and reconstruction of the two eastern corners of the colonnade of the temple; this work had a pure character of conservation and structural consolidation and thus its necessity but also its justification were unchallenged from the very beginning.

If however conservation work on a monument of art is self-evident as a technique securing and prolonging its life, the same can not be said about restoration, or if you prefer the Greek term 'anastylosis' more adequate for monuments of ancient Greek art. The extensive anastylosis programme for both the eastern Pronaos and the lateral cella walls of the Parthenon is such a restoration venture and there is a fundamental question to be elucidated in advance and a consensus – if possible – to be reached, on the desirability and the ethical validity of such a step.

The most important features of historic buildings are their original form and substance. Unfortunately, these cannot be preserved unchanged forever and, in point of fact, we find that they are affected by many factors:

a) Natural aging due to unavoidable wear and tear brought about by variations of temperature, biochemical changes, weathering, air pollution, corrosion;
b) Mechanical forces, which disrupt the static equilibrium of a building and may lead to its partial or complete destruction. The principal causes of this kind of damage are earthquakes, floods, fires, and acts of war;
c) Human activities over the course of the centuries, leading to alterations in the functional arrangement of a building (the organization and use of its internal space) and in its morphological character (the style of the facades and the interior decoration).

In order to counter these perennial dangers, in order to protect the original form and substance of important works of architecture and so prolong their lease on life, we have to intervene, we have to protect and preserve them.

The legal and administrative measures which have been developed are intended to protect buildings against alteration and destruction as a result of human initiative. But these protective measures, important though they are, do not help with the problems posed by interventions, and do not define guidelines for action.

On the other hand, the natural aging of buildings and the damage done to them by mechanical forces are being countered by contemporary techniques of preservation (i.e. conservation, restoration and reconstruction). But the ethical and aesthetic questions raised by these techniques – a particular technique and a particular method of intervention has to be decided on in almost every individual case – are still controversial.

Today problems of preservation are undoubtedly approached in a scientific manner and the greatest care is taken to ensure that the original form and substance of architectural monuments are preserved as far as is humanly possible. Over the last eighty years, a wide consensus on the scientific doctrine of the discipline has been reached, proclaimed in the Athens (1931) and by the Venice Charter (1964). Following this modern understanding of the task, conservation and restoration are needed rather than reconstruction which should be undertaken only in exceptional cases of grate symbolic importance of the building concerned; new additions should be limited to a minimum, new material must be clearly distinguished from the ancient fabric; every phase of a preservation campaign should be recorded; minute measured drawings and a scholarly publication should document the work; the reversibility of the intervention should be guaranteed.

And yet conservationists, architects, archaeologists and art historians are as divided as ever over the basic philosophy of essential interventions. This divergence of opinion is chiefly due to the fact

Fig. 1 The original sculpture of a maiden of the Erechteion on her transport to the old Acropolis Museum in 1979

that specialists tend to lay the main emphasis on one or other of the two fundamental aims of architectural preservation. The majority gives first priority to the conservation of the original (or the accumulated) substance of buildings, while a minority considers that the real importance of architectural monuments lies in theirs function as urban and historic symbols. This second group is even prepared to some extent to accept reconstructions, which are really no more than copies or falsifications of original structures.

There is a further conflict between the purist approach, requiring that the monument be restored to its supposed initial form, and the historical approach with its awareness that the successive alterations to a monument document its historical development.

The monuments of Athens have been the object of a great number of various interventions in the course of the last 180 years; demolitions of parts of the old town fabric, elimination of medieval churches, conservation and restoration measures for the ancient and to some extent also for the medieval remnants, even reconstruction of ancient monuments have been undertaken.

The question as to what extent the living old town of Athens (i.e. the Plaka district) ought to be sacrificed for archaeological excavations has remained a controversial issue for quite a long time; in the meanwhile it seems that a kind of constructive compromise has been reached during the last twenty years allowing the ancient remains and the traditional town fabric to coexist in the lower town. Thus on a general town-planning level, the principle of assigning equal importance to the documents of all historic periods in the city has been widely accepted.

In the specific case of the Acropolis of Athens and its monuments we are confronted however with an extreme case of a restorative vision initiated at the beginning of the 19th century by West European and especially German scholars and taken over by the Greek authorities and the Greek society as a whole from the very beginning of independent national life. For the last one and a half century a vision of a 'purified' Acropolis, cleaned by all traces of later accumulated fabric and forms has been observed, and this attitude has been reflecting not only the Greek state of mind but also the consensus of a majority of the international family of scholars. As a corollary of such an extreme negation of history and of the will to reestablish as far as possible the 'classical' character of the antique monumental ensemble, an almost permanent restoration activity has been carried through in many consecutive steps.

It is not the appropriate place to scrutinize in this paper in depth the social and ideological motivations of such an attitude. Suffice it to say – in a colloquial way – that the Acropolis has been and is still considered by the Greeks as a national ark or flagship on which from the very moment of national independence the Greek flag has been hoisted. (Think of any other ruined ancient monument in the world on which a flag waves...!)

Opinions and attitudes on this fundamental problem have not been, however, unanimous from the beginning: For K. F. Schinkel (1834) the sacred character of the Acropolis did not involve the restoration of the monuments. On the contrary, although giving the visual primacy to the ruin of the Parthenon and preserving all the ancient features on the plateau, he dared to confront the ancient monuments with the contemporary classicist architecture of his time and proposed a genial scheme of historic continuity with his project for a royal palace on the Acropolis.

The initiators of the plan for the new city of Athens, S. Kleanthes and E. Schaubert, omitted any recommendation in respect to the future of the Acropolis. This has been criticized by Leo von Klenze, who in the same year (1834) was categorical in his admonitions to free the Acropolis immediately *„of all ruinous and ugly buildings of the barbaric ages"* and to proceed to conservation and restoration

Abb. 2 General aerial view of the Akropolis and her southern slope. In the background the ancient agora

works to the benefit of the classical remains. But although Klenze has to be considered as the spiritual father of the puristic restoration plans for the Acropolis, his purism did not go so far as to propose an elimination of all medieval structures on it. The picturesque part of more recent fortifications such as the Tower of the Acciajuoli and the Venetian Bastion next to the Propylaia should have been preserved according to his opinion.

A very early critic of the purist approach to preservation was General Heydeck, a member of the regency council, a gifted painter, who complained to the first conservationist Ludwig Ross about the large-scale demolitions on the Acropolis during the 1830s and stated that *„archaeologists in their zeal to uncover and restore the ancient monuments would destroy the picturesque additions of the medieval times, as happened already in Rome"*.[1]

Characteristically enough, a royal decree of King Otto issued on the 7th of December, 1837, called for safeguarding the medieval antiquities during the implementation of the town-plan for the new capital. The area of the Acropolis, however, seems not to have fallen under this jurisdiction!

The systematic clearing of the Acropolis was pursued during the entire nineteenth century. It started with the demolition of all 'modern' dwellings on the plateau and continued with the elimination of the Frankish and Turkish batteries at the entrance, and the remains of the medieval palace at the Propylaia, in the 1830s and 1840s.

The last remaining medieval monument, the Watch-Tower in the southwest wing of the Propylaia, was demolished in 1875 with funds made available by Heinrich Schliemann. Scholars of high competence, e.g. the Director of the French Archaeological School at Athens, Emil Burnouf, or the great German historian Ferdinand Gregorovius expressed strong reservations toward such an arbitrary treatment of monuments furnishing evidence for later historical periods,[2] it was, however, too late.

1 *„Den Restaurationsarbeiten auf der Akropolis war der General (Heydeck) nicht hold; die Archäologen meinte er, würden in ihrem Eifer, die alten Monumente wieder bloßzulegen und rein hinzustellen versuchen, alle malerischen Zuthaten des Mittelalters zerstören wie in Rom. Und darin hatte er gewiss vom künstlerischen Standpunkte nicht Unrecht; aber was war vorzuziehen?"* L. Ross, *„Erinnerungen und Mittheilungen ..."*, 1863, 84.

2 For Burnouf, there seemed to be a consensus in Greek society to eliminate 'all the structures on the Acropolis not originating from Greek times'; he considered the later additions as 'having no artistic interest' (sic!), but he deplored the loss of the historic testimonia. He writes as follows: *„Enfin la tour des Acciajuoli vient de tomber sous le marteau des démolisseurs. C'est la Société archéologique d'Athènes qui exécute cette oeuvre avec des fonds que M. le docteur Schliemann a fournis. A mésure que les années s'écoulent, les chances de subsister vont en diminuant pour toutes*

As a working tool for this one-sided preservation philosophy,[3] based in favour of ancient monuments, a quite sophisticated and clearly formulated body of knowledge has been built up in Greece in order to handle the practical implementation measures concerning conservation and restoration works on ancient monuments.

This practice developed gradually in the Greek Archaeological Service, mainly on the initiative of field archaeologists and in some extent of specialized architect-conservationists during the 20th century. The restoration works of N. Balanos on the Acropolis (1898-1938) and later on those of A. Orlandos at the Propylaia, in Sounion and at the temple of Aphaia in Aigina, played a decisive role in this context.

The prevailing preservation attitude in Greece has always considered ancient monuments as archaeological documents. Consequently, additions have been, with rare exceptions, systematically avoided unless necessary for consolidating buildings in a precarious condition. In some special cases, a sufficient quantity of available *disiecta membra* allow for a well thought out restoration, a so-called 'anastylosis' (the literal sense of the word in Greek being 'raising fallen columns'). In fact, anastylosis, in the specifically Greek meaning of the word, is appropriate for monuments which consist in part or in whole, of independent and self-sustained architectural members, fully carved in marble or other stone and built without use of mortar. These architectural members precisely reveal the aesthetic and historical value of the monument, whether they are still in situ on the monument itself, or scatted on the ground. Anastylosis therefore is desirable for ancient Greek buildings, if a considerable amount of original material is available on the ground and as long as a large-scale use of new material is excluded.

After the large-scale excavations on the Acropolis plateau, carried out between 1885 and 1890, had been concluded, P. Cavvadias, the excavation director, made an emotional statement formulating the ultima ratio of this venture: „*Thus Hellas renders to the civilized world the Acropolis, as a noble monument of Greek genius, cleansed of every barbaric*[4] *addition, as a venerable and unique treasure-house of the sublime creations of ancient art.*“ The prejudiced purist preservation approach was at this time established as the rule and has prevailed ever since.

---

les constructions qui ne sont pas helléniques, car (...) un nombre de plus en plus grand de personnes s' intéressent en ce genre de travaux et sont prêtes à y contribuer de leur argent (...) On peut donc estimer, que dans un petit nombre d' années toutes les constructions de l' Acropole autres que les constructions helléniques auront disparu et que l' on en cherchera vainement la trace. Au point de vue de l' art elles n' offrent certainement aucun intérêt: tout invite à les démolir. Mais les historiens auront da la peine à comprendre les récits des guerres qui en eu lieu depuis Sylla jusqu' à nos jours, quant il ne restera plus dans Athènes et notamment sur sa citadalle et autour d' elle que les monuments antérieurs à Sylla.“ E. Burnouf, 1877, 75.

In his classical work *Geschichte der Stadt Athen im Mittelalter,* Gregorovius refers to a 'crude tower-colossus', but recognizes, however, its landmark role for the Acropolis. He shows understanding for the 'modern purism of Athenians', but is also worried by the loss of historic continuity caused by these interventions: „*Der plumpe Turmcoloß, von dessen Plattform der Blick des Wächters das Meer und die Straßen Attikas umfassen konnte, blieb Jahrhunderte lang das fernhin sichtbare Wahrzeichen der mittelalterlichen Stadt Athen, deren barbarisches Zeitalter er darstellte, wie ehedem der eherne Athenacoloß des Phidias die classische Zeit dargestellt hatte. Er wurde im Jahre 1874 abgetragen und fiel so als Opfer des modernen Purismus der Athener, wie im Jahre 1887 der schöne Turm Pauls III auf dem Capitole Roms gefallen ist, um dem Nationaldenkmal des Gründers der italienischen Einheit Platz zu machen. Wenn jenes Prinzip der Reinigung von den als barbarisch angesehenen Zutaten des Mittelalters, welches in unseren Augen auch in Rom zur Anwendung kommt, irgendwo entschuldigt werden kann, so darf dies in Hinsicht auf die Akropolis Athens der Fall sein. Freilich ist ein solches Verfahren an sich stets mit Verlusten für die historische Kenntnis verbunden; denn die Denkmäler einer geschichtlichen Epoche werden dadurch zu Gunsten einer anderen vernichtet und die Verbindung der Zeiten und Schicksale, welche Städte ehrwürdig macht, die Geschichte aber erst zum Bewußtsein des Weltzusammenhanges erhebt, wird für immer zerstört.*“

3 This one-sided, purist preservationist approach is still condoned today by the majority of the archeologists, who argue that classical monuments have a unique aesthetic value. This is also the opinion of scholars such as T. Tanoulas, who in his paper „*The Propylaia of the Acropolis at Athens since the seventeenth century; their decay and restoration*“, *Jahrbuch 102 (1987)* regrets only the lack of documentation for later additions demolished during the last 150 years: „*(...) Could one expect a nation, just liberated from a slavery that lasted four centuries, to respect the reminders of this slavery which enveloped what seemed to be the symbols of his glorious past and of a promising future? In the minutes of the first sessions of the Archaeological Society we can see the fervent veneration of these symbols and the contempt for the later constructions that altered their form. But the Greeks were not alone in this way of confronting the remains of antiquity. The Europeans shared the same point of view; we have only to read Beulé's thoughts on the future of the monuments of the Acropolis. Also it is significant that the French architects of the École des Beaux-Arts made drawings of the Propylaea ignoring the later additions. Boitte was the first to depict the Propylaea with all the remains of later structures, and this fact corresponds with a changing taste in Europe where, by his time, neo-classicism had given place to various and more picturesque styles.*
Having in mind the significance of the Acropolis for the history of human culture, one cannot blame the demolition of the later roughly built masonry, in order to reconstitute as much as possible of its original dignity; what one regrets and criticizes is the lack of regular official documentation which could permit the definition of the history of the buildings themselves and of Athens during the obscure long period of the Middle Ages and the Turkish occupation. Even the last Excavators of the Acropolis were not particularly concerned with the documentation of what they were demolishing.“

4 Not here again the key word 'barbaric' in its double sense of 'not Greek' and 'uncivilized'. Quotation taken from P. Cavvadias and G. Kawerau, 1906.

During recent years, however, a totally different approach to the cultural heritage has developed on an international scale – expressed in the articles of the Venice Charter for Conservation (1964) – which insists on the equal value of all historic periods represented in any given monument and calls for all the various architectural forms subsequently added over the centuries to be the objects of equal consideration. It is therefore questionable if the demolition of the Frankish tower on the Acropolis would have been easily accepted today.

Unlike conservation, which is primarily concerned with the protection of existing buildings whose authentic form and substance are both largely intact, restoration is devoted to the reerection of buildings which have been partly or completely destroyed but whose original members have been saved to some extent.

The legitimacy and desirability of conservation are axiomatic. But this is not the case with restoration. Indeed, the aesthetic quality of much of the restoration work carried out during the past two hundred years is extremely doubtful. It is all the more necessary therefore to establish precise, objective criteria for interventions of this kind.

The first attempts at restoration were prompted by archaeological monuments. In the course of excavations, important, original architectural members were discovered next to ancient ruins. The wish to reconstruct parts of the buildings, using the original fabric (so far as this was available) is a legitimate one. This idea has remained the basis of all restoration projects. It follows, therefore, that restoration should be restricted to the re-erection on their original site of original parts of historic monuments. New building materials may be introduced if absolutely essential, in other words, if they are needed to ensure structural stability. Where they are introduced, however, techniques similar to those used in conservation work must be adopted in order to distinguish between the old and new parts of the structure.

Because of their great age, archaeological monuments are highly evocative, even when they are in ruins. Consequently, it is not necessary to reconstitute a whole building in order to bring out its symbolic and historical significance. The theory that the symbolic power and psychological appeal of archaeological ruins would be enhanced by comprehensive restoration is misleading and merely testifies to a dearth of historical awareness. This kind of approach inevitably leads to the reconstruction of pseudo-antiquities, a practice which is totally unacceptable since it constitutes a conscious falsification of the archaeological remains. It could, of course, be countered that there is no such thing as complete authenticity in respect of the material composition of a monument. But this argument is essentially specious for, although it is unavoidable that some part of the original substance of a building should be lost as a result of the conservation and renovation of 'living' architectural monuments, this loss is fully justified by the obvious need to prolong the life of such monuments. This does not apply, however, to the large scale restoration of archaeological ruins, which is based on a purely arbitrary decision.

In certain instances, the symbolic importance of a 'living' monument may be so great that after being destroyed, it is immediately reconstructed, even though only a small percentage of the original architectural members have survived. A striking example of such restoration or, to be more precise, reconstruction is afforded by the Campanile of St. Mark's in Venice which was totally destroyed in the early years of the 20th century and immediately rebuilt in its present form. But even in such special cases, it would be preferable to find other more genuine ways of preserving the historical and symbolic value of a destroyed building by just consolidating, for example, the ruined parts of it. For reconstruction is, after all, a falsification.

If an ancient monument is completely destroyed, it happens often – provided the foundations have been preserved – that the original building is replaced by an exact copy, a counterfeit. Such reconstruction projects serve no purpose. The reproductive processes employed in other spheres of the fine arts – namely painting and sculpture - may appear dubious when considered in ethical terms, but they do at least serve a positive purpose by providing wider access to works of art and thus educating the general public. This is not the case with 'architectural reproductions'. Consequently there is no justification for a counterfeit ancient building, which can only possibly appeal to people who have no real understanding of art and for the meaning of history.

At the very end Restoration – let us face the fact – is always a negation of history, an attempt to reverse the results of historical events which altered a monument by eliminating to a certain extent alterations or damages suffered by the building. Restoration bears in its very essence the desire to invalidate history and as an arbitrary violation of the historically accumulated alterations on a monument is not acceptable to those minds which consider historical truthfulness as a paramount priority.

Although being firmly convinced that historical truth should never be put aside and sacrificed to other purposes – as legitimate as they may be – I am obliged to underline the fact that this approach has been not always the prevalent one in western thought and also in conservation practice: Again and again emotional identification of the population with a monument and the desire of scholars and friends of the visual arts to enjoy the architectural monument in a formal state as intact as possible, have created a large majority in public opinion favorable for restoration works.

For the intellectual and artistic elite in Greece the 'purist' approach in favour of a far reaching restoration of the Acropolis monuments has been even more radical. Far from cherishing in their minds a perceptual image of an allegedly 'familiar' state of the ruined monuments (this has been often presented lately as an argument against further restoration activities) 'cultivated' people kept in mind the idealized vision of an intact Acropolis in its ancient glory thus being very receptive to a so called 'amelioration' of its formal state by the means of a work – in this case a restoration work – in perpetual progress.

Although the set of priorities – as described above – appears more than questionable in its invalidating implications upon historical authenticity, we have to live with the fact that social consensus in Greece has imposed these priorities in a definite and irreversible way. I insist on the term irreversible. A 180 years old pursuit of a comprehensive restorative venture can not be invalidated. And last but not least, historical authenticity of the state of the monuments (after their centuries – long alteration) as it was to be found at the end of the Greek war of independence (in 1828) can not be reestablished any more.

This is why it would not be wise to embark in a unnecessary and unfruitful discussion about the desirability of the continuation of a restorative tradition definitely rooted in Athenian practice. Invalidation of historical continuity with the implicit aim of immortalizing a single historic period of culmination of art is an option which apparently can not be challenged on greek soil. And this for better or for worse.

But if invalidation of history can be accepted in extreme cases as the one at stake, practices falsifying both history and the testimony represented by the monuments should be strictly denounced and ruled out in advance. Preventing falsifying impulses and tendencies during restoration works should be our main concern.

Important ancient ruins in Athens like the Panathenaic Stadium or the Stoa of Attalos have been reerected while less then 5% of their original fabric was available. These reconstructions are by no means restoration attempts but simple copies in natural scale of the original structures. Following the later proclaimed principles of the Venice Charter, such undertakings are in their very essence, and viewed in the perspective of conservationist ethics, falsifications.

It would however be absurd to compare the planned reerection of the east Portico of the Parthenon with such previous undertakings. Compared to the total built volume of the Parthenon ruin the eastern inner colonnade represents less than 4% of the surviving authentic fabric. It is therefore (viewed under the perspective of the ratio: new material added / original material available) irrelevant if only a small percentage of the authentic fabric of the prostasis is available. In any case the new material to be added for the restoration of the east prostasis is an almost negligible quantity compared to the entire monument. It is therefore absurd to speak in this case of a reconstruction going beyond the accepted practice of restoration, all the more as samples of the original forms of all parts of the Prostasis are at hand. The criterium for the extent of the restoration should therefore be the formal and structural coherence of the restored structure.

For the same reasons the proposal of a partial reerection of the cella walls in order to reestablish the visual entity of the Parthenon should be accepted under the condition that the infill material is kept at an acceptable level. The argument that the considerable amount of original material of the east prostasis and the cella walls (available and at last identified) has been dispersed all over the plateau during the excavation works of the last two centuries, was not lying in its original position 'after destruction', and thus will be best preserved if reinstalled on the monument, is quite convincing and should be taken seriously into consideration.

The most fragile part of all monuments is their sculptural décor. This frequently requires renovation, which can be carried out in accordance with one of three tested methods:

a) Replacement of a damaged or missing part by an exact copy executed in a different material (example: the cement casts of the Caryatids on the Erechtheion, which replaced the marble originals).
b) Introduction of a new sculptural composition executed in the same format and materials and illustrating a similar theme as the missing original but conceived as a contemporary work of art.
c) The replacement of a damaged or missing part by a work executed in the same material as the original, but which merely indicates the general outlines of the sculpture.

The first method – in which the choice of a different material differentiates the replica from the original – is fairly suitable for ancient sculptural works, while the other two – in which the material is the same, but the design is different – are usually applied for the sculptural décor of 'living' monuments. The replacement, however, of missing sculptures by replicas executed in the same material – a solution often tried in the nineteenth century – is quite unacceptable since it aims to create a false impression.

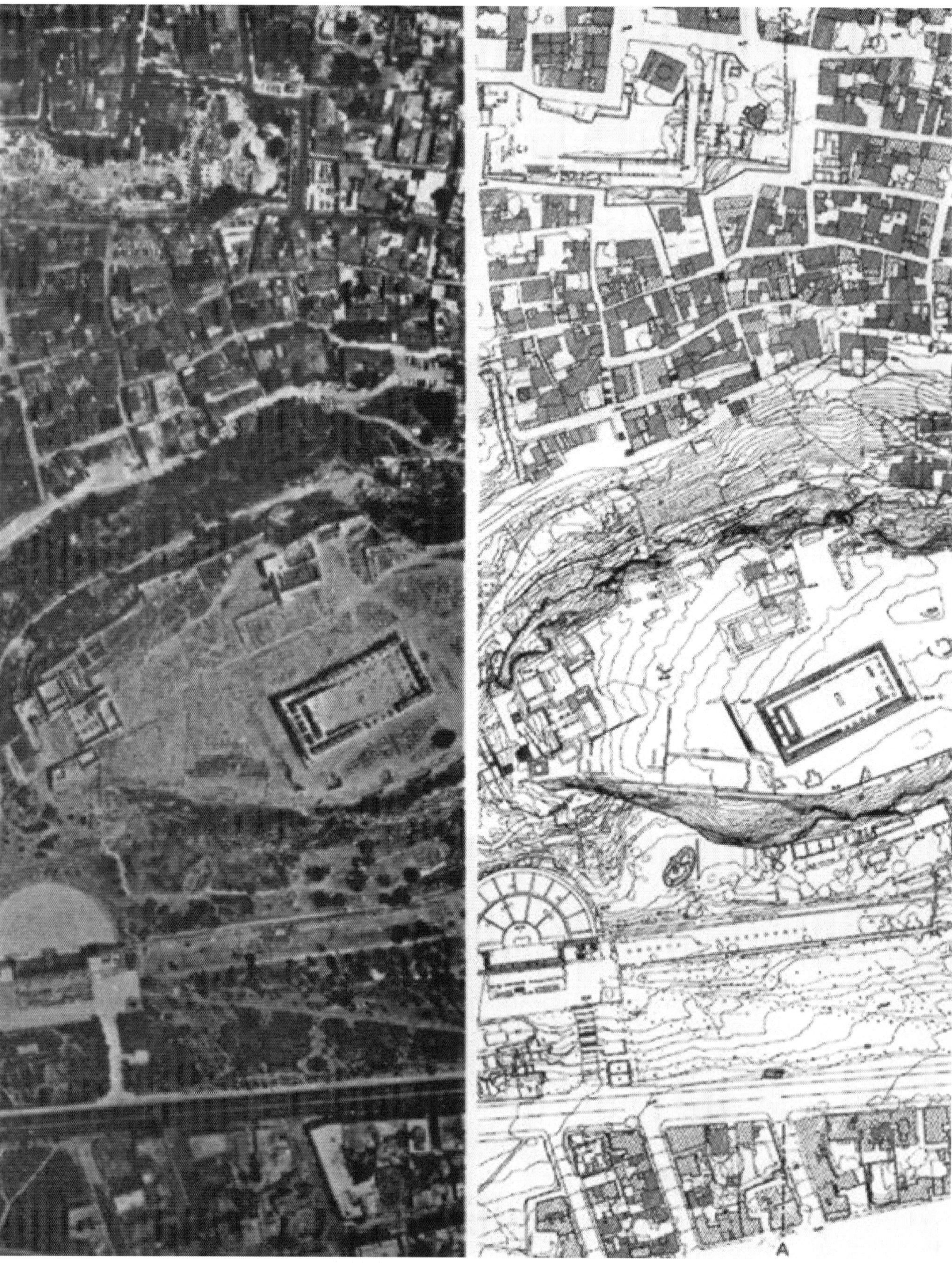

Abb. 3 Aerial view of the Acropolis, the Odeion of Herodes Atticus and Part of 'Plaka', Athens old town, and the corresponding photogrammetric survey

Abb. 4 Part of the Peristasis of the Parthenon

If an eventual maximalist restorative intervention on the Pronaos of the Parthenon is by no means – for the reasons mentioned already – to be rejected, the incorporation of replicas of the original sculptured decor into the temple is an attempt on the edge of the permissible. In the case of the corae of the Erechtheion not only the removal of the original sculptures has been accepted as the unique way of protecting them from environmental polution but also their replacement by cast copies displayed in situ has been exceptionally tolerated because the statues play in this case also a decisive – not only decorative – role for the formal and structural integrity of the building.

But to install on the Parthenon just for the sake of aesthetic pleasure casts of the dispersed sculptured parts of the eastern ionic frieze, would be an arbitrary act of scenic display, a stage decor willingly superimposed to the ruin in order to appeal to naive minds. Let us not forget that there is a great difference between pentelic marmor infills indispensable in order to complete architectural forms during restoration works and the display of sculptural decor casts of a different material as a pastiche of ancient art, to be mistakenly considered by the average spectator as genuine. Let us not give in into the temptation of scenographic solutions degrading the monument to an experimentation object for aesthetic happenings.

Next to scenic displays there are other dubious practices to be avoided: The idea of a so called 'diachronic restoration' is a contradictio in se: If a purist restorative practice aiming at the reestablishment of a state of the monument as near as possible to its original form can be accepted in exceptional cases – as the one at stake – and for specific psychological and social reasons, the idea of displaying restored structures of several historic periods and of different origins on the building is an arbitrary act imposed upon the monument for allegedly 'educational reasons'.

There are no limits to the arbitrary measures if we imbark in this direction! If we are to reinstall *in situ* some stones of the christian apsis and of the late Roman inner collonade (N.B. not originally belonging to the Parthenon) why not repaint with encaustic painting a part of the entablature or install a symbolic wire netting in order to suggest the contours of the destroyed late turkish mosque? Educational displays can and should never occur on the monument itself. Let us use for this purpose models – even in a natural scale if desired – perspective drawings, computer simulations and descriptions; but let us keep away from the profanation of the monument itself!

It is widely assumed that conservation work, which is the first step to be taken in prolonging the life of a building, is not only necessary but also legitimate. But this first intervention also constitutes the first attack on the original substance of the building. Consequently, even if the formal identity of the building is preserved by careful planning and workmanship – and unfortunately this is not something that has always been guaranteed – this loss of substance is a serious matter.

During the nineteenth and the beginning of the twentieth century, arbitrary alterations were made while conserving historic buildings. This regrettable practice was extended from the decorative to the structural sphere, where it led to the use of metal constructions as supports for stone vaults and of concrete for the repair of stone columns (as for example in the Parthenon). Entirely new elements, such as retaining walls and buttresses, radically altered the original appearance of the monuments. But, even if conservationists are completely conscientious in their approach, we are still left with the problem of how to introduce new components into a structure, where they clash with the older patinated members and so create a disturbing visual contrast.

A danger is so to be seen in a lately developing tendency to proceed to an artificial aging or coloring of the marmor infills in order to adjust their appearance to the patina of the authentic parts of the monument. For years we have been pleading (and have declared solemnly in the Venice Charter) for aesthetic sincerity and for the establishment of a practice of clear differentiation of the original material form later infills. We are now confronted again with nostalgic attitudes of formal disguise. Do we wish again to conceal our interventions? Are we falling back into a 19th Century mentality?

The process of 'artificial aging' in which new members used for the renovation of buildings are specially treated to make them look old, is quite absurd, for it is diametrically opposed to the whole purpose of conservation, which is to 'renovate' or replace defective parts of a monument. Conservation work is able to achieve maximum fidelity of form; although the new members are not strictly authentic, their texture and fabric are identical with those of the original parts. Having established this essential similarity, however, it is imperative that a distinction is made between the new and the original elements of the building in order to preclude all possibility of confusion as to the origin of its different components. This can be done in a variety of ways. For example, by giving the new blocks sharp edges we can create an effective contrast to the original stone blocks, whose edges will have been worn away by the weather and rebuilt sections or members are provided with an inscription giving the dates of the replacement.

To sum up we can only admire the scientists and craftsmen entrusted with the unique rescue venture of the Parthenon for their remarkable devotion and the high standard of their work and endorse the historically embedded practice of extensive restoration – but not reconstruction – as a special well established attitude when dealing with the Acropolis monuments. At the same time it would be wise to refrain from any scenic displays or educational adventures degrading this unique monument.

11.

The ‘Athenian Walk’. A new pedestrian approach to the Acropolis of Athens

A lasting asset to the city

With the advent of the new century and during the years 2000-2002 the construction of the new ‘Athenian Walk’ was accomplished, that is, a real achievement given the peculiar nature of the project and the relatively short time of its realization. This project consisted in the conversion of the streets of Apostolou Pavlou and Dionysiou Areopagitou next to the Acropolis into a unified pedestrianized public precinct of major cultural significance.

A high-minded planning concept – the vision of inspired town-planners and other intellectuals and friends of the city – was finally realized after a long series of considerations, proposals and counter-proposals in the course of a whole century. The resulting improvement of the urban image throughout the historic area of the city is evident: after several decades of decline of the living standards in Athens, the ‘Athenian Walk’ constitutes the first decisive step towards the rehabilitation of the urban core in all respects, visual, functional and historical. The ‘Athenian Walk’ is a lasting asset to the city.

The Athenian citizen gradually becomes aware of this new adornment of public life. A new urban space has been offered to him as a space of life. What is yet to come is the more difficult phase of slow adaptation of the public’s living habits to this space, its appropriation by the visitors, the development of new – but in fact very old – patterns of behaviour and movement through the historic setting by means of a direct pedestrian deambulation.

Modern people, and city dwellers in particular, are used to comforts and conveniences that make them indolent; motor transportation is one of them. At the same time, they suffer from the intolerable conditions of life in the city: the heavy traffic, the overcrowding of public space, the excess of visual and acoustic stimuli, the redundant, and often misleading, advertising. People today seek more and more quiet spaces – spaces conductive to contemplation, self-containment, and a ‘return to one’s roots’.

Certain spatial arrangements, as the one of the ‘Athenian Walk’, respond well to this innate human need. It is the state’s duty to provide substantial information on the nature and the significance of this particular project; also, on how to be fruitfully used and integrated to everyday life, and on the aesthetic gain thereof.

The creation of the ‘Athenian Walk’ serves various purposes, all of which are geared toward the improvement of the quality of city life and mainly toward the strengthening of its cultural identity. Thus the ‘Athenian Walk’:

- offers a new monumental pedestrian access from the city to the Acropolis.
- creates a new – the most extensive – public space in the centre of the city.
- is the first brave step toward the visual and functional unification of the archaeological sites of Athens.
- contributes to an unexpected rehabilitation of the historic landscape of the Acropolis and the hills of the Mouseion, the Pnyx, the Nymphs, and the Areopagus, thus contributing to the preservation of an inviolable microcosm of Attic landscape loaded with historic memories, right at the heart of the metropolis.

A new monumental access to the Acropolis

The aesthetic and symbolic radiance of a monumental ensemble is not only due to its formal perfection; it also depends upon its integration to the natural and the man-made environment. Each monument is supported by its unprecedented *genius loci.* Buildings and their surroundings are experienced together as an indivisible entity.

Under these circumstances, the experience of spotting the monument from a distance, of approaching it gradually on foot, of viewing it from a constantly shifting angle along the route, and finally of

Fig. 1 The Acropolis and the south slope with the Odeion of Herodes Atticus around 1960

being startled in awe of its sudden appearance from nearby, is equivalent to and as decisive as the appreciation of its architectural qualities.

The rock of the Acropolis crowns the city of Athens, despite its relatively average height. Its peculiarly elongated shape topped by the plateau on which the monuments sit, its commanding position, the remote yet familiar character of its monumental site – at the heart of the city and far above it at the same time – all contribute to its organic connection with the city. The Acropolis is the diadem, the crown of Athens.

How could one approach a monumental space that is in the core of the city and outside of its hustle and bustle at the same time? In the old days there was some talk about visiting the Acropolis as a kind of a meditative journey around its surrounding historic hills, its slopes, and its plateau. Later on, intellectuals and lovers of Athens (Renan, Buschor, Pikionis) stressed the notion of the spiritual pilgrimage to the Acropolis and identified such a visit with a tenacious exercise in self-knowledge.

Taking a stroll (i.e., walking about aimlessly and in solitude) or being on a cultural pilgrimage are almost impossible undertakings under the contemporary conditions of life in the metropolis. The moments of concentration and introspection are rare. How could we conceive and experience this approach to the Acropolis today? How could we achieve the transition from the realm of our prosaic everyday life to that of the living and ever present history?

For this approach to yield the feeling of joy and uplift to the visitor, it must become an 'anhivasia' (*ἀγχιβασία*), that is, a term which Herakleitos used in order to express the multi-faceted nature of such an undertaking and whose etymology (i.e., *ἄγχι* and *βαίνω*) refers to this act of approaching the monument from the city on foot. This term carries many meanings: the physical getting close (the embrace with the place, thanks to one's actual presence), the intellectual reaching (the familiarization with one's history), and the existential nearing (the recognition of an identity with a world of one's own). By getting near the monument consciously, we share in the *genius loci* and become open to our encounter with it.

Concerning the actual track of this approach and the design of the 'Athenian Walk', two alternative solutions were available: on the one hand, the preservation of the basic route of the old 'country boulevard' (i.e., the axis of the streets of Dionysiou Areopagitou and Apostolou Pavlou) and, on the other hand, the restoration of the ancient access ways from the Agora (westward) and the Olympieion (eastward) to the Acropolis. Both options present advantages and disadvantages.

The old (as well as the new) track of the 'country boulevard' exhibits the somewhat emphatic character of a processional route owing to its strong axiality and relative rigidity. Today, in its remodeled state, it ensures the easy and comfortable moving of the crowds of visitors on foot toward the Odeion of Herodes Atticus and the Acropolis. Thus, any further planning actions within the archaeological zone proper, on the northern and the southern slopes are evaded, while the way for a future archaeological excavation under the remodeled axis of Dionysiou Areopagitou and Apostolou Pavlou streets is open as a possibility. However, this route scarcely echoes the natural contours, being in fact an incision into the landscape which does not follow the ancient access ways.

The alternative option would be the combined reestablishment of the ancient access ways including the entire course of the Panathenaic Way (from Dipylon through the Agora to the Propylaea), of the ancient Peripatos (a ring-like street around the foot of the Acropolis), and the stepped route from the theatre of Dionysos to the Asklepieion and the Propylaea (on the south slope). Such a decision would greatly promote the archaeological research, would clarify issues concerning the ancient topography, and would be fully integrated into the historic landscape. After all, this solution would be the most genuine and faithful to the site's history.

Finally, the prohibitive cost of such a long-term excavation project, and the uncertainty of what a radical transformation of the archaeological site could have brought about after the rehabilitation of the ancient access ways, were obviously the concerns that led the authorities to the remodeling of the extant track of the route to the Acropolis. The important task of digging and researching the underground of the Athenian Walk (i.e., an area of 5 hectares) was however neglected probably for the same obvious reasons for which it was ignored fifty years before, when Pikionis realized his landscape proposal on virtually non-excavated ground; that is, for lack of planning coordination and haste for the immediate execution of the project.

The preservation of the preexistent track of the 'Athenian Walk' (with small changes only) finally expedited the execution of the project in the relatively short time-span of two years. At the same time, it offers to a large number of visitors an unprecedented walkway in its length and width in a serene environment at the heart of the metropolis, while it does not exclude the future restoration of the ancient access ways (i.e., the Panathenaic Way, the Peripatos, and the south access from the Theatre of Dionysos). The complementarity and possible coexistence of the two routes in the future (one, wide and axial, like the 'Athenian Walk', and the other, the most inventive, like the ancient access ways) will be proven an ideal concept of alternative and diverse approaches to the Acropolis.

The 'Athenian Walk' – Main Issues

The 'Athenian Walk' is linear and presents three changes in direction along its route (the first in the area of 'Makryianni', the second at the beginning of the final ascent to the Acropolis, and the third at the garden of the Theseion). Its total length measures 1700 m and its width varies from 14 to 20 m. Its total area, including all the adjoining road-widenings, reaches up to 50.000 sq m, thus exceeding the total area of the largest square of the city, i.e., Syntagma square, which measures 40.000 sq m (upper and lower square and adjacent streets).

The 'Athenian Walk', being the main pedestrian path from the centre of the city to the Acropolis, has been so formed as to match both with the urban environment and the historic landscape that it traverses: the pavements are simple not only in terms of the materials used (e.g., gneiss-cubes, large rectangular slabs of off- white marble, and sandgravel mixed with cement), but also in terms of their appearance which is continuous and uniform, purposefully kept bare of accents and ornaments. Small walls, scattered megaliths and low concrete parapets serve as seating furnishings. The intention of introducing as few as possible industrially produced artifacts to the historic space is evident on the part of the architects. An exception to this are the tasteful and very austere 5 m high posts of public lighting, as well as the unavoidable, yet sensitively designed, iron rail of the adjacent archaeological sites.

The planning of the new walk was based in principle on the track of the preexisting routes; hence, there was no room for experimenting with inventive spatial solutions which would have run the risk of being either eccentric or arbitrary. The realized project is in harmony with the older arrangement of the final access ways to the Propylaea and Mouseion hill (Pikionis's project, 1954-1957), especially as far as the texture of the materials is concerned. However, it does not borrow any of the casual character of the progressions, nor the variety of the unprecedented formal solutions of the great architect. Had it done so, the result would have been nothing but inept forgery. The new design is discreet, low-keyed and independent. The architects in charge of this difficult task pointedly characterize their solution as 'minimalist', that is to say, a solution driven by simple and unambiguous choices.

Being a public space within and, at the same time, at the edge of the city centre, the 'Athenian Walk' is first and foremost the main access route to the Acropolis, the Areopagus, the Pnyx, and the hill of the Mouseion; it is well integrated in a unique historic landscape which offers recreation, contemplation and uplift. It is also available as a simple walkway and as a receptacle of various cultural activities (e.g., exhibitions, art-shows, etc.) These however have to be carefully selected in terms of their nature and kind so that they do not bring about the progressive degradation of this new public space.

The character of the walkway should not only be preserved by all means, but it should also be secured by the authorities through pertinent measures. These measures should not be limited to police control and public education only. The problem of motor traffic and parking with regard to both public and private transportation should be given a final and viable solution, something which has not yet happened. In fact, the venerable and unviolable character of the historic site has not been definitely protected yet from motor vehicles. If public transportation is finally considered indispensable, a 'light' version of it in the form of horse-carriages or electric mini-busses would certainly be more preferable than a proper tramway installation.

The formal reserve and the simplicity of the treatment should not in the least be read as a sign of an unresolved design proposition on the part of the planners. These were, on the contrary, very acute in demonstrating the need for the access route to be connected to the nearby monuments and the excavation sites as a way of attracting the visitor's attention to them and of creating a semantically more complex historic site.

The 'Athenian Walk' – An Itinerary

All the technical details concerning the planning and the realization of the project can hardly be of interest to the reader who lacks architectural training, yet is interested in the historic landscape of Athens in the prospect of becoming a visitor, and possibly a 'pilgrim', of the Acropolis. Therefore, we do not proceed to an analytic description of these details. On the contrary, the whole event of visiting the site and the ways of experiencing it are of primary interest to the reader. It is essential that the description of the journey is given in full as it helps familiarize all people – either Athenians or not – with the new 'Athenian Walk'.

The pedestrian's progression through the site may first assume the character of a mere promenade through the historic hills. However, accessing the Acropolis, the Philopappus monument and the Pnyx constitutes its primary function. There is a nodal point that articulates all the alternative routes: this is the crossing of the 'Athenian Walk' with the access ways to the Acropolis and Philopappus hill, at the saddle of the hills by 'Dionysos' restaurant, that is, by the so called 'Pikionis' islets', which were formed by the architect fifty years ago.

The touring choices vary greatly in length and thematic content. One should consider the simple strolls first:

- From the Olympieion to the east up to the square of the Theseion to the west (or this route in the reverse direction) i.e. the total stretch of the 'Athenian Walk' of 1700 m, which takes a half-hour relaxed walk.
- Half of the total route with a starting point either at the Olympieion (to the east) or at the Theseion (to the west) and ending somewhere near the restaurant 'Dionysos' whence one could return to the city centre by car, or the reverse (i.e., arrive at the area of 'Dionysos' by car and take either section of the 'Athenian Walk', eastward to the Olympieion or westward to the Theseion). Each section is about 800 m long, that is, a quarter of an hour walk.

Then come the itineraries accessing the monuments: these are the newly created walks of the main axis, as they have been already described, in combination with the final ascents to the monuments from Pikionis's walkways. The total length of the route from the Olympieion, or from the Theseion, up to the Propylaea of the Acropolis is 1100 m which equals to 25 minutes of very easy walk. The total route from the Olympieion, or from the Theseion, to the viewing terrace of Philopappus hill is estimated to 1300 m in length and half-an-hour walk.

The varied and spectacular vistas to the Acropolis, the Areopagus, the site of the ancient Agora and the monument of Philopappus are not the only noteworthy events during the visitor's progression along these routes. The fact that for a good course of 500 m, halfway through the 'Athenian Walk' (i.e., from the entrance to the Odeion of Herodes Atticus to the crossing of Aeginitou street underneath the Pnyx), the visitor finds himself surrounded exclusively by the fully forested historic landscape is

Fig. 2 Central part of the 'Athenian Walk'

an unprecedented experience; moreover, during one's approaching the saddle between the hills (i.e., 'Pikionis' islets') the modern city is out of sight. In the midst of a metropolis of four million people, we find ourselves virtually isolated from the modern environment, suspended in a timeless space. This is a very unusual achievement: an invitation to contemplation and a spiritual return to the sources.

But let us now follow the journey through the 'Athenian Walk' taking alternatively the route from either end toward the nodal point before the final ascent (i.e., 'Pikionis' islets'). We stand to the north of the Olympieion, at Hadrian's Gate. A wide underpass a few meters below the street level – i.e., a non- demanding project to which we look forward – would ensure the pedestrian's direct access to the central section of the archaeological park (Acropolis and historic hills) from the eastern section of it (Olympieion and Ilissus banks). As of today the eastern entrance to the 'Athenian Walk' appears awkward as it is located at the crossing with Amalias avenue, that is, a very noisy thoroughfare which receives the largest volume of traffic toward the city centre all day long.

The large road-widening which marks the starting point of the walkway is today paved with large rectangular marble slabs. This should be given extra prominence with the addition of two groups of tall trees – plane or silver-leaf poplar-trees – which in a few years would grow and form an impressive 'gate', fitted for an entrance to the historic site. In its stead we encounter today a certain setting alien to the current planning of the archaeological park and totally unsuitable to it; it consists in an extensive parterre laid by the municipality with a flower-bed, in the middle of which an ill-proportioned and out-of- scale bust of memorable Melina Merkouri has been put up. The replanning of this area is certainly advisable as it now serves badly both the memory of the departed actress and the particular site.

The first, short and level section of the route of 150 m long, between Hadrian's Gate and the corner of the so-called 'Makryiannis' residence', is lined up on both sides with the architecturally unimpressive fronts of modern apartment blocks. This section, which leads not only to the Acropolis and the historic hills but also to the historically significant old Military Hospital (architect Wilhelm von Weiler, 1834) and the new Acropolis museum, assumes the transitional role of an urban boulevard lined on both sides with rhythmic rows of plane-trees and wide stone-paved sidewalks. The central lane is 6 m wide and laid with a stone-cube pavement; it could possibly serve in the future as the channel of a light kind of public motor transportation, although this is a non-wishful prospect.

The feeling of space changes dramatically at the crossing with Makryiannis's street. The field of vision widens up all of a sudden; one's channeled perception by the continuous building fronts is freed at once in the view of the Acropolis's southern slope. The horizon opens at a 180° angle to the west in front of the walker's eyes. At the foreground stands the finely preserved Military Hospital preceded by the so-called 'Makryiannis' residence'. The handsome and harmonious architecture of these two buildings creates an interesting western front on the one side of the route. These buildings will continue to form a fine curtain screening the voluminous new Acropolis museum.

On the right, recent expropriations have provided the grounds for the development of a small garden with the statue of General Makryiannis; moreover, they enabled the opening of a new entrance toward the theatre of Dionysos from the east. This entrance is placed frontally, in the direction of the road; thus the axis of the route to the theatre is now parallel – as opposed to the former perpendicular one – to the 'Athenian Walk'.

Here, from the southeastern corner of the southern slope of the Acropolis, a grandiose view to the monuments opens up: at the foreground is the cavea of the theatre of Dionysos, backed by the formidable Kimon's walls of the Acropolis and the choragic monument of Thrassylos high up the cliff. The silhouette of the Parthenon's entablature is discernible at the background, acting both as a harbinger and a promise of its presence for the open- minded and learned visitor. From this lower level, the grand temple does not betray its actual three-dimensional scale; its entablature only bespeaks its presence as a simple visual allusion.

The middle section of the new walkway develops smoothly having an average width of 20 m and a slightly ascending incline, which obstructs any direct visual contact with the end of this part of the route to the west. This end, which coincides with the crossing of the Athenian walkway with Pikionis's paths to the Acropolis and Philopappus hill, comes into the pedestrian's view after a journey of approximately 350 m, by the entrance to the Odeion of Herodes Atticus.

This first, quite extensive section of the route develops parallel to the sacred rock of the Acropolis at a distance of about 150 m from its southern walls. On the opposite side of the route (i.e., on the left), a row of three-storey private houses form a continuous street front. The moderate height of these buildings, their simple and unaffected architecture, and the extant row of high plane-trees, which follows the building line and adds to the environment, create a graceful, yet neutral, front which directs one's attention exclusively northward to the monuments of the southern slope.

Not too far from and opposite to this front a sequence of significant monuments develops: the theatre of Dionysos, the Asklepieion, the Stoa of Eumenes, and the Odeion of Herodes Atticus. At the foreground, the dense pine-grove of the archaeological site visually unifies the field, whereas at the background the steep cliffs of the Acropolis form a quiet and imposing screen 300 m long.

Already at this early point of the route we are faced with a still unsolved problem, despite all the official declarations about the desirable unification and the direct accessibility of the archaeological sites. This has to do with the rigid fencing of the proper excavation sites by order of the archaeological service. In fact, fencing increases as the works of the intended 'unification' and beautification progress, instead of decreasing as a result of better lighting and policing of the historic sites. This is a true contradiction which explicitly brings forth the ironic coexistence of opposing theories and practices in reference to the management of the historic-archaeological landscape. This controversial issue has never been given a critical consideration by the state in order to allow for the pertinent solution to be given depending on the case, i.e., free access or strict guarding of the archaeological sites.

In this context the state rejected the proposal of the 'Athenian Walk's' planners of creating a diagonal walkway from the Makryiannis's location through the pine-grove of the southern slope up to the terrace in front of the Odeion of Herodes Atticus (i.e., a not-yet excavated area) by slightly moving northward its fencing. Thus any effort at integrating the main route into the experience of the adjacent areas is seriously prohibited. As a result, the old setup returns as an unyielding rule: all the monuments and finds within, the spectacle-loving public without. Access is allowed only with a ticket. Alongside the new walkway we get a glimpse of the new railings: iron-fencing, high, elegant, and prohibitive at the same time.

In the middle of the distance between Weiler's old military hospital and the entrance to the Odeion of Herodes Atticus the road splits into two parallel branches arching slightly to the right. On the higher level, northward and to the right, a dirt path is formed (2 m wide) with steps of old curbed marble. This path at the edge of the archaeological site is shadowed by the pine-trees and creates the experience of promenading through a natural landscape.

At the same time, the principal stone-paved walkway follows the direction of this path at a short distance to the south and forms a gentle curve of approximately 100 m long while it softly rises upward by 1.5 m. A simple, low, and slightly bending retaining wall of rough-hewn concrete rises to the left (south) side of this progression. The layout of this curvilinear path is not arbitrary. Its aim is to create a fairly wide open space which conceals the ancient remains of the so-called 'Proklos' school' which an earlier excavation of 1955 has brought to light. The planners of the project initially proposed the expropriation of the grounds of the adjacent building block to the south; thus a fairly wide archaeological sector would have been shaped in immediate relation to the course of the 'Athenian Walk'. Another aim of this particular solution was, on the one hand, to break the strict linearity and monotony of the walkway and, on the other hand, to integrate the ancient remains into the southern edge of the walkway for both their didactic and their aesthetic value.

The intended expropriation and the uncovering of the antiquities – for unknown reasons – have not come through. Today, at that spot, an ungainly dirt terrace intrudes into the walkway and appears alien to the entire plan. It is essential that a planning decision soon comes into effect for this site.

We are already approaching the entrance of the Odeion of Herodes Atticus. To the right of the progression the precinct of the Nymph's sanctuary comes into view preceded by a comfortable and monumental ascending road, perpendicular to the main path, which leads to the upper terrace of the Odeion of Herodes Atticus and measures 6-8 m in width. With a great deal of respect to the incremental older design and realization of this site, the architects of the new pedestrian road preserved not only Dimitris Pikionis's architectural project (i.e., the stepped access way to the Odeion, 1957), but also the design treatment of the hillside in front of the Odeion (i.e., by architects Ch. Lembesis and A. Papageorgiou-Venetas, 1960), which encompasses the ruins of the Nymph's sanctuary, of some hellenistic houses, and of the rain-water cisterns of the Odeion's cavea. This site merges smoothly with the new 'Athenian Walk' and exhibits a double function: the easy accessing to the ancient remains and the ascent to the entrance of the Odeion through a picturesque path. This area, despite its original well-looked-after design and its accessibility, has remained desolate and out of use for 40 years, that is, a clear sign of a failed planning policy with regard to the pedestrian traffic. However, this has been the only example of an archaeological site in close connection to the main route to the Acropolis, which the pedestrian can visit by slightly diverting his itinerary from the main course.

Similar propositions were originally put forward by the architects of the new walkway not only for the area of 'Proklos' school', but also for the area to the south of the main route, opposite to the Nymph's sanctuary. Here, the architects proposed the extension of the present small excavation site with the construction of a light-weight exedra and a pedestrian bridge over the antiquities. However, they have not been heard.

Between the entrance to the Odeion of Herodes Atticus and the so-called 'Pikionis' islets', to the left (south) of the Walk, a long triangular space opens up, that is, the former site of 'Parthenis' residence' (until 1964). This space was once hastily planted (on no landscape plan) with densely rooted wild olive-trees which, within a 40-year span and despite the shortage of water, have grown into a small dense olive grove. The gently sloping site has been ideally integrated into the planning of the new Walk and constitutes a key point in the entire composition. The area is very crucial in reference to the overall plan because it marks the crossing of two itineraries: on the one hand, of the track of the Walk and, on the other hand, of the path which the visitors' groups to the Acropolis take on foot from the point of their getting off the tourist busses (i.e., at the parking terrace in front of 'Dionysos' restaurant) to the stone-paved path to the Propylaea by perpendicularly crossing the new 'Athenian Walk'. The direct way to the Propylaea was formed ten years after the completion of Pikionis's works in order to provide a short-cut to the Acropolis. It is pitiful that Pikionis' wisely planned ascending stone-paved path, which brings the Acropolis into view slowly and in successive stages, was neglected and is rarely used today. This is another sign of the times!

Fig. 3 The Acropolis from South-west (1836) by Ludwig Lange, water colour

Thus at this point of the 'Athenian Walk', we have a conflicting junction of two different routes, something which had to be moderated in the best possible way. A certain showy and artless solution would have been that of creating a large stone- paved terrace as a stopping point on the axis of the Walk, which would have also functioned as a starting point for the ascent to the Acropolis.

Fortunately, this solution has been avoided. The planners of the project perceptively managed to transform the small wooded area (olive-grove) of the site of the former 'Parthenis' residence' into a discreet 'introductory space' to the Acropolis's archaeological area on which various tracks of stone-paved roads lead the visitors through shaded areas from the spot of 'Dionysos' restaurant to the starting point of the ascent to the Acropolis. Thus, the small wooded area becomes a meeting and resting place with its stone benches and small terraces in-between trees, which serves to control and redirect the crowds of visitors.

We are now approaching the end of the first rectilinear track along the axis of the former Dionysiou Areopagitou street; it lies approximately in the middle of the whole itinerary from the Olympieion to Theseion square. This nodal point, where five major arteries intersect (i.e., Rovertou Galli street, former Areopagitou street, former Apostolou Pavlou street, the access way to the Acropolis, and the access way to Philopappus hill), lies precisely at the saddle between the hills of the Acropolis, the Pnyx, and the Mouseion (Philopappus). This point was stressed in Pikionis's plan through the interjection of three small traffic islets which barely controlled at the time the motor-traffic at the intersection for their main purpose was different: to strongly mark this particular site as a strategically unique point of overall circumspection of the historic area. Pikionis adorned these islets with numerous marble members and stone paving, which accentuated the exceptionally significant character of the spot, although they were almost inessential to the functional, i.e., traffic-related, role of the islets.

It was this particular role of the islets that the architects of the 'Athenian Walk' discerned and sought to enhance by integrating "Pikionis' islets" unchanged into the overall plan; hence, they shifted their rather ambiguous character as traffic controlling devices into a more positive one as landmarks discreetly marking a stopping-point in the middle of the walk. This stop at the saddle, which not only offers an unobstructed view to every direction, but also functions as a controlling point of pedestrian movement toward the various archaeological sites, actually becomes for the visitor a pause and a reference point; therefore, it should be further enhanced with the addition of groups of tall trees in close proximity to the islets.

Between the Odeion of Herodes Atticus and 'Pikionis' islets' we encounter very successful punctual landscape interventions on the right side of the walk at the foot of the south slope of the Acropolis. Specifically, a low retaining wall has been built of raw, rough-hewn limestone blocks, jointed with no plaster. This wall matches well with the surface of the Walk which, in this particular section, presents alternating zones of paving marble slabs and pressed sand-rubble. Simple marble benches and scattered young plane-trees create an adjacent resting area for the pedestrians.

Through the entire course of the 'Athenian Walk' the observant visitor detects a great number of fine details in the overall design. These details stress and discreetly enhance the serene and majestic character of the historic landscape without resorting to any incongruous forms driven by presumptuous 'inventiveness'. The detection and rightful assessment of these details by the perceptive walker adds extra joy to the promenading experience.

Our progression to this point of the walk, that is, a distance of approximately 800 m, followed a slightly uphill and then level course. After passing the saddle ('Pikionis' islets') followed by an explicit right turn, the walk becomes linear again and takes a downhill course toward the square to the south of the temple of Hephaestus (Theseion) and thence up to Hermou street. We will presently proceed to the description of this second half of the 'Athenian Walk', as we have done with the first half, yet by taking the reverse course, in other words, by starting at the west end, at the square of Haghioi Asomatoi, and moving uphill toward the Acropolis.

Compared to the still incomplete planning state of the eastern end of the Walk by Hadrian's Gate, which – as we have already noted – has not yet reached its final and most desired form, the western end of it, by the broad area of 'Theseion' railway station, is relatively formless to this date. This is the area where the pedestrianization works of the western section of Hermou street have been concluded, whereas the related traffic measures are still unspecified. The small and elegant Byzantine church of Haghioi Asomatoi, along with the fronts of some neoclassical buildings, are the only visually distinct points of reference within the otherwise rather formless appearance of the double square (extending on both sides of Hermou street).

The plan of diagonally connecting the archaeological sectors of the ancient Agora with the Kerameikos through the ancient Panathenaic Way (a part of which still remains unexcavated between the Pompeion and the Stoa Poikile) persists as a perspective of high priority for the archaeological re-

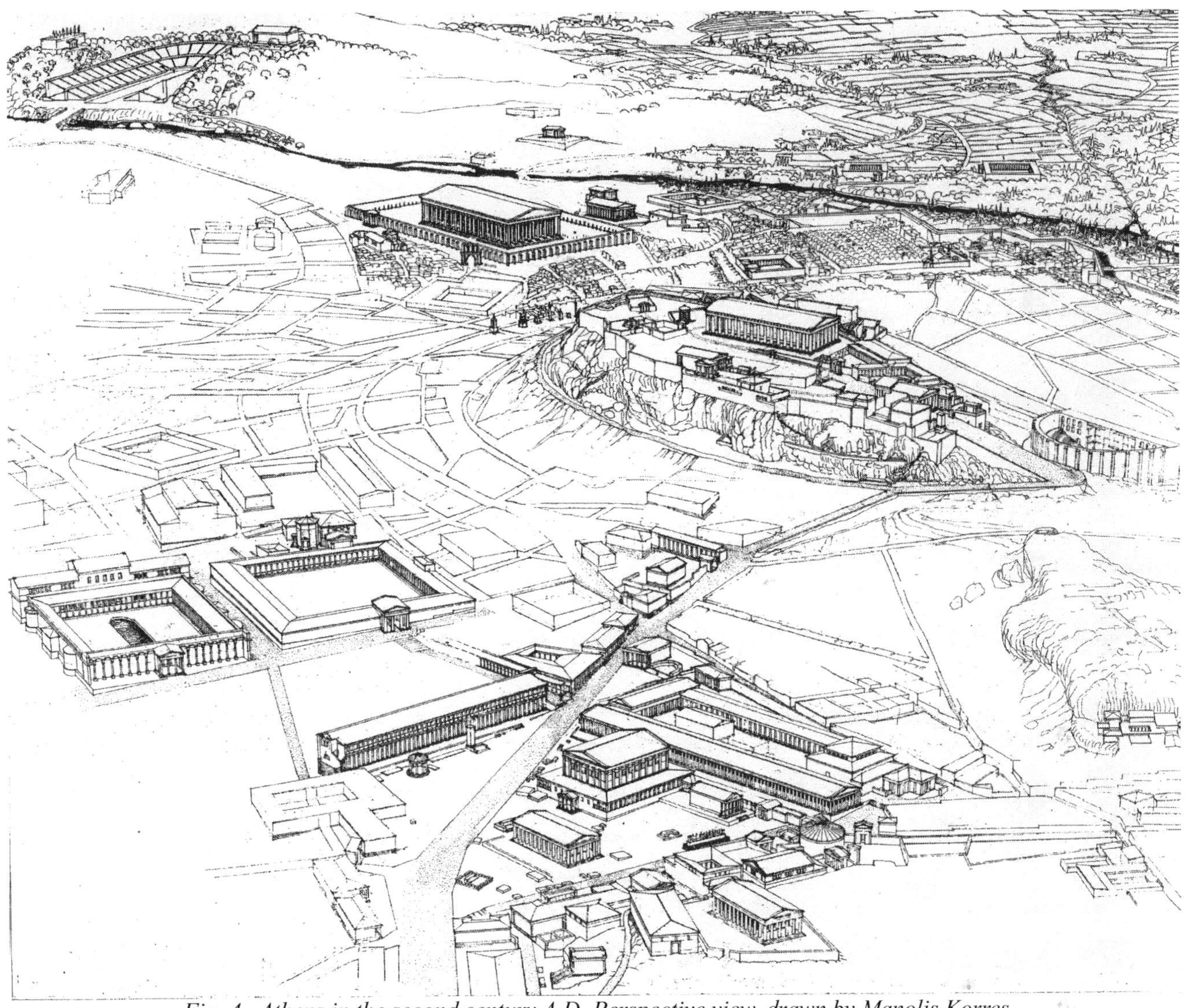

Fig. 4 Athens in the second century A.D. Perspective view, drawn by Manolis Korres

search in Athens in the future, even though it has not been put into effect to this date. In the future, the western end of the 'Athenian Walk' is expected to radically have its form changed. What is however feasible in the meanwhile is the removal of all the bus- and taxi-stops from the 'Theseion' station, the redesigning of the square, and the installation of a tourist information booth for the visitors of all the nearby antiquities and the 'Athenian Walk'.

At the starting point of our ascending course southward and toward the area of the so-called 'Theseion' (temple of Hephaestus), our field of vision is almost entirely blocked by a tall and wide screen of urban green. This is the small park of the 'Theseion', the second oldest urban park of the city (after the National Garden), which was planted in 1869 and whose landscape planning was finalized in 1890. The park contains handsome and varied flora, as well as perennial trees (mainly pine-trees and eucalyptuses). After the planning of the new end of the former Apostolou Pavlou street in the 1960s, the park has been divided into two sections. This end presents a S-curve (first to the right and then to the left), has a total length of c. 200 m (from the square of Haghioi Asomatoi to the entrance to the former Apostolou Pavlou street) and the notable width of 20 m.

The eastern and largest section of the park of the Theseion (4 ha) remains fenced-in in reference not only to the archaeological site of the ancient Agora (to the east), but also to the 'Athenian Walk' (to the west) for no apparent reason. Evidently, this section being a public green space at the interstice between the ancient Agora site and the axis of the Walk resisted its integration into the total plan of the monumental public space of the Acropolis access way. On the other hand, however, the western and smaller section of the park (an area of 1.5 ha) was successfully developed into an open (not fenced-in), immediately accessible transitional area which relaxes the pedestrian from the exhausting tour in the city centre and prepares him to visit the historic site. With full respect for the existing flora, the planners created a 'green forecourt' not only for the visitors of the 'Athenian Walk', but also for the inhabitants of the district.

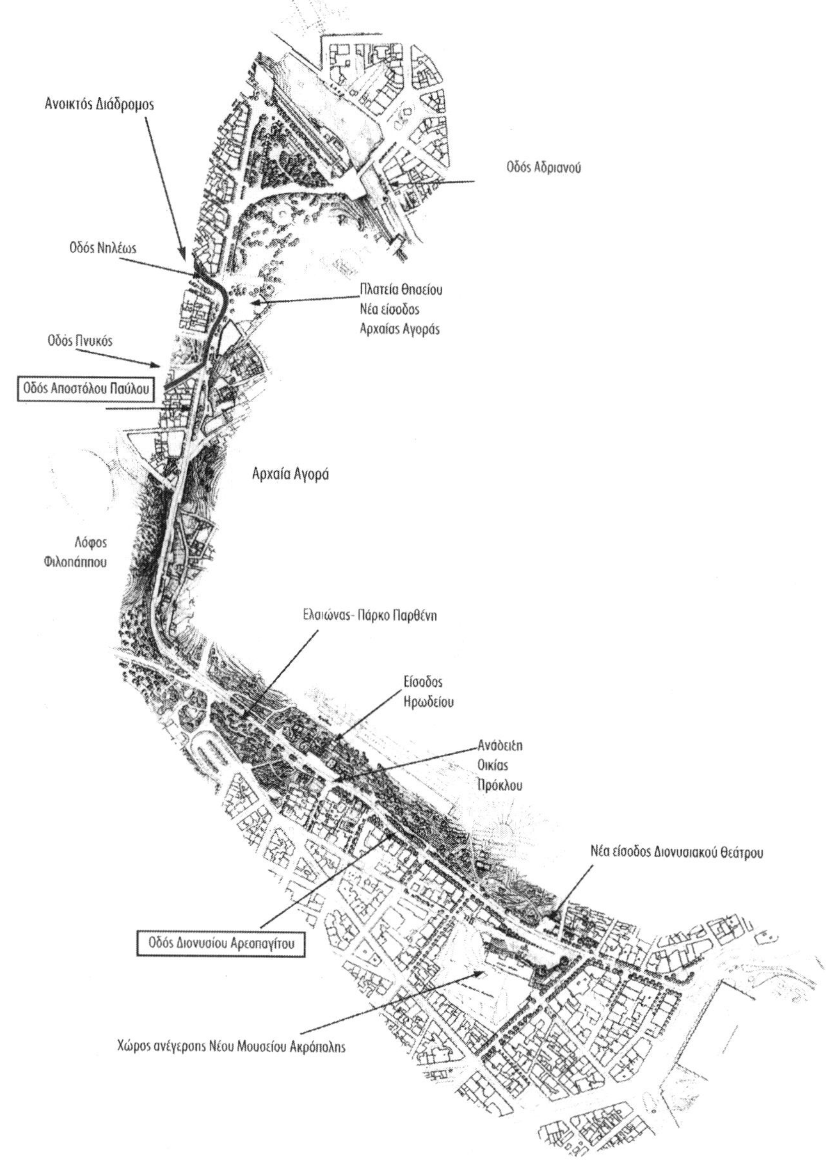

Fig. 5 The 'Athenian Walk'. General layout (2000)

In this early section of the Walk up to the triangular terrace to the south of the Theseion, a new element was successfully introduced to the project as a part of the road pavement: a wide strip (4-5 m) with a special kind of sand-gravel (reinforced with a small quantity of cement) which exhibits a durable surface with the look of a natural earth bottoming. This strip has widely spaced steps with marble curbs and offers an exceptionally successful visual transition from the soft foliage of the park to the rough stone-pavement of the main walkway, thus accentuating the 'naturalness' of the historic landscape.

There is however a risk to this solution. The wear and deformation of the surface of this section of the Walk is imminent if no proper measures are taken for the routine maintenance of its sensitive paving material (through periodic pressuring and repair).

The first 200 m of the straight slightly uphill course of the Walk (up to the intersection with Herakleidon street) assumes the character of a transition from the urban environment of the city to the historic landscape, similar to that of the first part of the former Dionysiou Areopagitou street: the pedestrian has on his right (to the west) a row of neoclassical two-storey houses whose street front is finely preserved; therefore, they form an ideal last segment of the town's fabric in direct confrontation with the free open space of the historic area to the east. On the left (to the east), the course of the walk is bordered by the tall green belt of the park of the Theseion.

We are already approaching the nodal point of the triangular square (100 m x 60 m) to the south of the 'Theseion' that extends eastward to the Walk and dominates the excavation site of the ancient Agora, which it overlooks from a rise of 5-8 m high. The manifold character of this location is further stressed by the intersection of the three streets (i.e., Herakleidon, Nileos, and Akamandos streets) which all converge from the west at this point of the Walk. Right at the crossing, a new and rather peculiar square is formed on two levels which are separated by a well-formed old retaining wall, 3-4 m high, built of rectangular sandstone blocks. This area, which is marked by a number of interesting classicist buildings with old cafés, has been well integrated into the overall composition of the Walk as a recreation and gathering urban space of the local population and the visitors alike.

Here, we have an interesting planning treatment by contrast, as the built environment (of a humble scale) to the west of the Walk is opposed to the open area of the triangular square to the east. The initial proposal of the planners appositely envisioned a double function in this area. On the one hand, at its eastern edge, a semicircular terrace for the viewing of the antiquities was planned, by 2.5 m lower to the level of the main square, equipped with a light- weigh curvilinear canopy and seating benches. This arrangement would have ensured for the passers-by on the Walk not only the convenient circumspection of the archaeological site, but also the unobstructed viewing of the Agora, owing to the lower level of this terrace. On the other hand, the western section of the square would have developed into a shaded widening of the Walk, planted with scattered trees. Unfortunately, the central archaeological council has not approved this proposal which would have provided a splendid general view to the

Agora, thus securing what is most missing today to no detriment of the excavation site: the perceptual integration of the remains of the ancient world into contemporary urban life.

The square to the south of the 'Theseion' was finally developed into an area of outdoor activity and rest, overrun as it is by the tables and chairs of the nearby cafés. Visitors, passers-by, and idlers all enjoy the beautiful environment by turning their backs – both literally and metaphorically – to the ancient Agora and the Theseion. The square has been planted with rows of freestanding trees; it has been paved and furnished with a low bench- parapet to the east; however, it remains a neutral space. Unfortunately, this nodal point of the whole itinerary has not been functionally used, nor has it been properly marked as a reference point of the Walk.

Across the square, to the south-west of the 'Theseion', a longitudinal, sloping and wedge-shaped mass of the rocky base of Pnyx hill ends by the Walk where it forms a continuous front of 60 m long. This is the bare and exceptionally plastic site of Haghia Marina's rocks which opens a visual channel to the hill of the Nymphs crowned by the elegant Observatory building designed by the Danish architect Theophil Hansen (1842).

Continuing the ascending path, we have on the right two low- rise (two-storey high) housing blocks, which intrude as alien built areas into the historic landscape at this crucial point of the itinerary and hide the terrace of the Pnyx, that is, the assembly place of the Athenians (i.e., Ecclesia tou Demou) in ancient times. The private ownership of these buildings, which were erected in the nineteenth century, is indisputable, and it seems highly unlikely that their premises will ever be expropriated. Their dysfunctional presence in reference to the visual unification of the excavation site of the Agora with the historic hills to the west is noticeable. Its negative effects are also evident upon the aesthetic and functional character of the 'Athenian Walk'.

Walking uphill, at the corner of Aeginitou street which leads to the Observatory, the reforested east hillside of the Pnyx appears on the right side (to the west) of the itinerary, having a front of 250 meters long and extending up to the saddle of the hills, to the so-called 'Pikionis' islets'. The face of the hill alongside the road-bed of the Walk is rocky and rather steep, since Apostolou Pavlou street was originally constructed with a steady incline, which necessitated the slashing of the natural rock of the hill. The resulting cutting which rises from 2 to 5 m high beside the Walk creates an unpleasant feeling of visual closure to the pedestrian; therefore, it is highly desirable that this feeling is ameliorated in the future through proper design measures.

For this purpose holes should be dug in the soft rock and planted with bushes that will improve the sight of the hillside. Another important measure to be taken is the moving of the iron- fencing of the archaeological site by a few meters to the west, so that it stays out of sight behind the trees and frees the Walk from its overpowering and cage-like presence. It is also essential that a direct path is opened from the 'Athenian Walk' to the Pnyx (at the corner of Aeginitou street), where ancient steps carved on the natural rock can be viewed, marking the entrance to the ancient on foot access way from the Agora to the grand staircase of the rise of the Pnyx, which leads up to the northern side of the terrace.

On the left (east) of this last section of the ascent and at the bottom of the valley between the Areopagus and the Pnyx, Dörpfeld's excavation (1892-1897) stretches for a distance of approximately 200 m. This excavation is particularly important for the instructive material it has provided on the pattern of the residential districts of ancient (classical) Athens. However, for over a century, its site has suffered the effects of abandonment and neglect. Recently, some works of cleaning, preservation, and removal of wild vegetation took place in order to facilitate the accessibility of the principal road of the ancient district of Meliti. Thus, a more direct contact with and reading of the foundations of the ancient houses by the visitors has been achieved.

The eastern edge of the rock-cut along Apostolou Pavlou street was planned to be formed in two levels comprising a pathway parallel to the street and two small viewing terraces of the antiquities in Meliti's valley. The architects concentrated their efforts, first, at amending the displeasing effect produced by the sense of having cut into the natural relief to make Apostolou Pavlou street, and second, at enabling the immediate circumspection and accessibility of the antiquities.

These plans have not come through and the former condition has persisted the same to this date. Even the old retaining wall of the street front facing the valley (of 3-4 m high) has stayed intact, along with its massive parapet of bare masonry of 90 cm. high. It would have been easy however to have at least this parapet removed and replaced with a continuous low parapet-bench that would have allowed a more direct visual contact with the antiquities.

This last section of the ascent of 250 m long presents a steady and considerable incline of 6%. Being encased between the iron- fencing on the west and the solid parapet on the east, its austere character of a channel for pedestrians, i.e., a processional route to the monuments, becomes especially emphatic. Here, one should note the special possibility that this ascent provides to the visitor of maintaining a continuous and panoramic vista towards the western side of the Acropolis, which rises in full majesty at the background.

The pedestrian does not gain sight of the end of the ascent ('Pikionis' islets') before a last sharp turn to the left. Here, a number of alternative possibilities are open to the pedestrian: the further exploration of the historic landscape of the hills, the continuation of promenading through the Athenian Walk, or the ascent to the Acropolis.

Thus we have concluded a synoptic critical description of the on foot itinerary from the centre of the city to the kernel of the historic landscape of Athens by following the new 'Athenian Walk'. Let us conclude now with a more general statement.

It is certain that environmental conditions in Athens must improve and that the Athenian monuments must be preserved and restored with circumspection and soundness of judgment. However, what must above all be preserved and guaranteed is the accessibility of the site of the Acropolis, since monuments do not survive solely in virtue of their structural preservation and the protection of their site; they live in so far as people are acquainted with them and bear them in their thoughts and in their hearts. The recently created 'Athenian Walk' opens a new approach to the Acropolis of Athens and offers a monumental link between the city and its most distinguished landmark.

12.

The Architect Demetrios Pikionis (1887-1968) and the Experience of his Teaching at the Technical University of Athens[1]

Fig. 1 Demetrios Pikionis (1967)

This is an hommage to the late Demetrios Pikionis, Greek architect and aesthete, a man of excellence. I intend to speak about our teacher's virtue, his human and artistic ethos and his unprecedented teaching activity as both a polytechnic professor and a mentor who strongly promoted the notion of interpersonal relationship – a mentor whom I would call a soul-leader.

At the same time I would like to provide a picture of the scholastic atmosphere at the Athens Polytechnicum in the fifties of the last century, thus inducing today's students to make useful comparisons, to the benefit of our current self-knowledge.

In a picture (Fig. 1) I took in 1967, a year before his death, Pikionis is observing us with his watchful gaze. In that, one discerns both the austerity and the indulgence of a cognizant man – a man who probes into the human nature, into its manyfold possibilities along with its weaknesses. His face radiates what he called the 'pain-smile'. The artist, as any creator – he explained – has mixed feelings of joy and sorrow. Joy is born by the fact that he produces creative work; attrition is generated by his limitations: he can never fully approach his ideal. The photograph is deeply representative of this latent inner contradiction. He speaks to us through his expression, as he does through the following brief text of his. I read: *Every learning requires the living presence of a teacher, for there are certain things which emanate straight from the teacher, not from any book; this is a sort of suggestion and infusion of knowledge.* I think we should dwell on this statement for it succintly portrays the effort to establish a genuine exchange between teacher and pupil.

In the mid-fifties, the School of Architecture in Athens was an academic institution with a strong professional orientation. Its entry examinations were very strict. Only 25 students were admitted per year of a total of 150 candidates, while nowadays we have 300 students in each class! We graduated at the age of 23 after five years of study, and after having passed promotion tests at the end of each year. A routine eight-hour qualifying exam was often set up in which a small design project had to be carried

1 Memorial lecture given by the author at the Architectural School of the National Technical University of Athens, March 13th, 2002.

out successfully. The range of class subjects was very broad: art, history, design, technology, aesthetics. The Humanities covered a wide spectrum then, not only in Greece, but in all other architecture schools of Europe, too. We passed those five years as inmates, spending twelve hours a day in school, on the upper floor of this very building where the airy big drafting rooms are located. Altogether we were 100-120 students, all very dedicated to the work. The requirements were very demanding. There was a workshop atmosphere; that is, we mainly worked in class, not at home as much.

Greece at that time was worn out from the civil war; living was rather hard at that time. We had a point of reference though, an architectural school in full blooming with a high educational level. Let me say some words about the professors of that period of whom you have already heard much.

Panaghiotis Michelis was an authority on the aesthetics of visual arts, the only Greek professor who enjoyed an international recognition as an aesthetician and who insisted on an unprecedented idea: the famous student lectures, that is, a tradition still in effect in this School. That was a real breakthrough on the part of a program strictly focusing upon visual education; that is, assigning very young people to a specific topic which they had to thoroughly study and articulate in the form of a lecture at the end of their studies.

We practiced architectural surveying and measured drawing under Demetrios Konstantinidis, Michelis's delegate. This class included very intensive and advanced exercises. Anastasios Orlandos, a master of Greek archaeology, taught us the class of architectural history. Despite the fact that slide projecting was already around at that time, he would rather fill three boards with chalk drawings in a two-hour class. We, as young pupils, saw in awe all those forms coming to life before our eyes, which we then copied for an exercise. We thus received a great benefit, as all those architectural forms were registered permanently in our minds. I mention details of this sort in order to give you a feeling of the atmosphere of that time.

There were two chairs of architectural design in the School. One belonged to Konstantinos Kitsikis, the other to Evangelos Roussopoulos. Kitsikis was a cosmopolitan and an affable person. He was a dynamic and prolific architect, a manager of a big private architectural firm. Although he had no teaching skills, he had a specially powerful personality. Thanks to him, in 1955 the architectural degree of the Athens Polytechnicum was officially recognized as equivalent abroad. He was the one who initiated the first exhibitions of students' work. In going around the classrooms in company of his five delegates, his usual comment was: *„This is in the spirit"* or *„That is not in the spirit"*. The spirit, dovelike, was flying over; yet, no one knew what the 'spirit' realy was. Regardless of all this, he was an industrious man who managed to teach us a great deal about the practical side of the profession.

We also had the painter Nikos Engonopoulos, Pikionis's assistant, as a teacher. He was unique both in his general education and in his technical knowledge of color. He was a great help to us. Antonis Kriezis, an erudite person and a scholar, was the first to teach urban planning in post-war Greece. The painter Nikolis Hatzikyriakos-Ghikas and the sculptor Antonis Sochos deservingly represented the artistic classes having their workshops on either side of the ceremonial hall.

This was the state of our studies in the fifties; but what was the spirit of the age then? As I said, we spent our youth in a country lying at the edge of Europe, severely tested by the War. Our special concern was to reconnect ourselves with the architectural vision of the Bauhaus – that is, the modern movement of the pre-war period – which had come to an unglorified end upon the establishment of the Nazi regime in Germany. Bauhaus spirit brought about a real architectural renaissance to the entire Europe, despite the fact that it ultimately degenerated into the amorphous International Style. At that time, our idols were architects, such as Ludwig Mies van der Rohe and Richard Neutra. The principle 'form follows function' was our common belief; Mies's aphorism 'less is more' was a motto in everybody's mouth. Of course, the latter was later ridiculed and parodied as 'less is a bore'. We were particularly fascinated by the building of the new capital city of Brazilia and by Oscar Niemeyer's daring architectural plans, in general.

Let me now come to Pikionis, his ideas and his personality. We should place the phenomenon 'Pikionis' in the context which I have just sketched. Demetrios Pikionis had the chair of Decorative Arts and Design, also called the chair of 'Interiors' Architecture'. He was one of the first professors in the School having joined the faculty as an adjunct member in 1925. Konstantinos Kitsikis, who was very gentle and who admired Pikionis as a person, even though he never understood his teaching, used to lovingly call his colleague's section 'the chair of sensibility'. Regardless to say, Pikionis never spoke a word about decoration or interior design of fashionable modern buildings. His interests lay elsewhere! In reference to prevailing architecture at that time, Pikionis's orientation certainly struck us all as a kind of groundless anachronism. Here I shall pass criticism on some of my teacher's points, yet with much affection and respect for his memory. His ideas seemed to be reflecting an obsessive Hellenocentrism. His continuous references to a desired 'Greekness' of forms cast us back to all the features of our immediate environment which – as I said – no matter how familiar it was, did not cease to be limiting, not to say, depressing back then.

Because of his preferences, Pikionis was much criticized for formalism and romantic localism. To be fair, we should say that he was a very early regionalist much before the term was even coined in Western Europe; in other words, he believed in the universal principles of functionalism, while, at the same time, he claimed that architectural forms be suitable to their natural and cultural context. On this claim alone he was a pioneer, much ahead of his time. Of course, whether formal referencing to the Greek vernacular architecture should be the only way to take, remains an open question. In any event, the formal quality of his drawings is admittedly superb; so is the craftsmanship and quality of execution of all the projects he supervised on the construction site. His work is recognized as both sensitive and perfect.

We never saw Pikionis deliver a lecture *ex cathedra.* Konstantinos Kitsikis had no skill in public speaking. Conversely, Pikionis, who had such a skill, did not believe in *ex cathedra* teaching. He followed the Socratic method of teaching; that is, the very ancient maieutic approach. In the absence of any assigned reading material, usual exams in his class were inconceivable. He was pleased with the mere students' presence, their receptivity, and their good design work. His influence consisted in discrete hinting and prompting. I would compare his statements with Apollo's oracular sentences at Delphi who, according to Heraclitus, neither uttered nor hid his thought, but provided pertinent signs. Pikionis functioned like a catalyst. He had his own believers in every class for certain; only a few, about one fifth of the class. Those were students who had figured out the personality of the man. Being only 20 years of age, we were not yet able to pass judgment on him; but some of us approached him by intuition.

He was a teacher-initiator, not the ordinary scholar and university professor, nor the successful professional and part-time teacher. Those, who joined him teaching, were fully aware of his particular properties and willingly surrendered to his influence. Among them there were certainly some who tried to imitate him, ending up in ridicule. They did not only try to imitate his design mannerisms – something almost inevitable when you are very young faced with an exceptionally gifted designer and artist – but also his expression, his gestures, even the tone of his voice. All this certainly created a quarrelsome atmosphere since the rest of the students mocked his faithful followers, no matter how unfair this was. Most of those, however, who at first openly declared themselves his followers and slavishly imitated him, abandoned him later; but those who made no attempt to imitate him, received his stimulating influence and his assistance both in their lives and in their careers.

The content of his teaching: he never favored the idea of extensive architectural projects, either in conception or in design execution. Pikionis was more interested in small scale design projects of an artistic nature, which he would rather pursue in greater depth. He gave himself up to the eternal pursuit of what he termed a 'pertinent' solution. 'Pertinent': this was a dear word to him, also meaning acknowledged, valid and acceptable.

He was then in the habit of assigning us, to begin with, to small design problems. That was the time when he was in charge of the construction of a private residence in Philothei. He presented us with his plans for the garden of the house and asked us to design the access situation, that is, the layout between the garden gate and the main entrance door. This was to include a few meters long pavement, a fountain, and a fence. We asked him for more details and instructions, in order to proceed to the design part. He responded gently, yet without committing himself to any explicit suggestions. He used to say: *„Look into it, you'll get it, you'll get it better by yourself, you have your own way"* or *„I cannot provide you with the solution, you have it yourself, you'll get it"*. He relied on a powerful kind of subliminal suggestion while, at the same time, he discretely defined the direction.

He assigned us another exercise in the third or fourth year of our studies; The theme was a highly unspecified kind of a stage design. Would that be the backdrop for a Karaghiozis (shadow theatre) show? for a medieval play, such as Erotocritos? That was not clear either. He looked for an architectural setup whereby the student would practice the art of placing buildings together into a harmonious composition, so that the spatial effect – solely based on the skillful manipulation of the third dimension – would be perceivable frontally without any perspectival distortions.

He also introduced us to the theory of the harmonic subdivision of space; that is, an almost unknown subject to today's architects, yet very decisive in architectural training from the nineteenth century up to the 1960s. I remind you of Le Corbusier; I remind you of Doxiadis. In brief, this is usually a method of architectural synthesis; but also – and in Pikionis's case, in particular – it is a way of testing the aptness of a certain solution to an architectural problem: the checking of harmonious tracing lines both on the drawing and on the construction field on the basis of either simple proportions or dynamic proportions stemming from the mathematical properties of numerical roots or of the golden section.

He certainly discussed with us such issues as the uniqueness of the Greek landscape and the forms of modern Greek architecture as he envisioned it for the times to come. He touched upon subjects of preservation both of the environment and of vernacular architecture. He stigmatized the destructive deformation of the landscape of Attica caused by the quarries. Moreover, he put out specific design proposals for the proper management of archaeological sites, that is, a matter he faced with some scepticism mainly due to the changes that archaeological excavations bring about to the natural landscape.

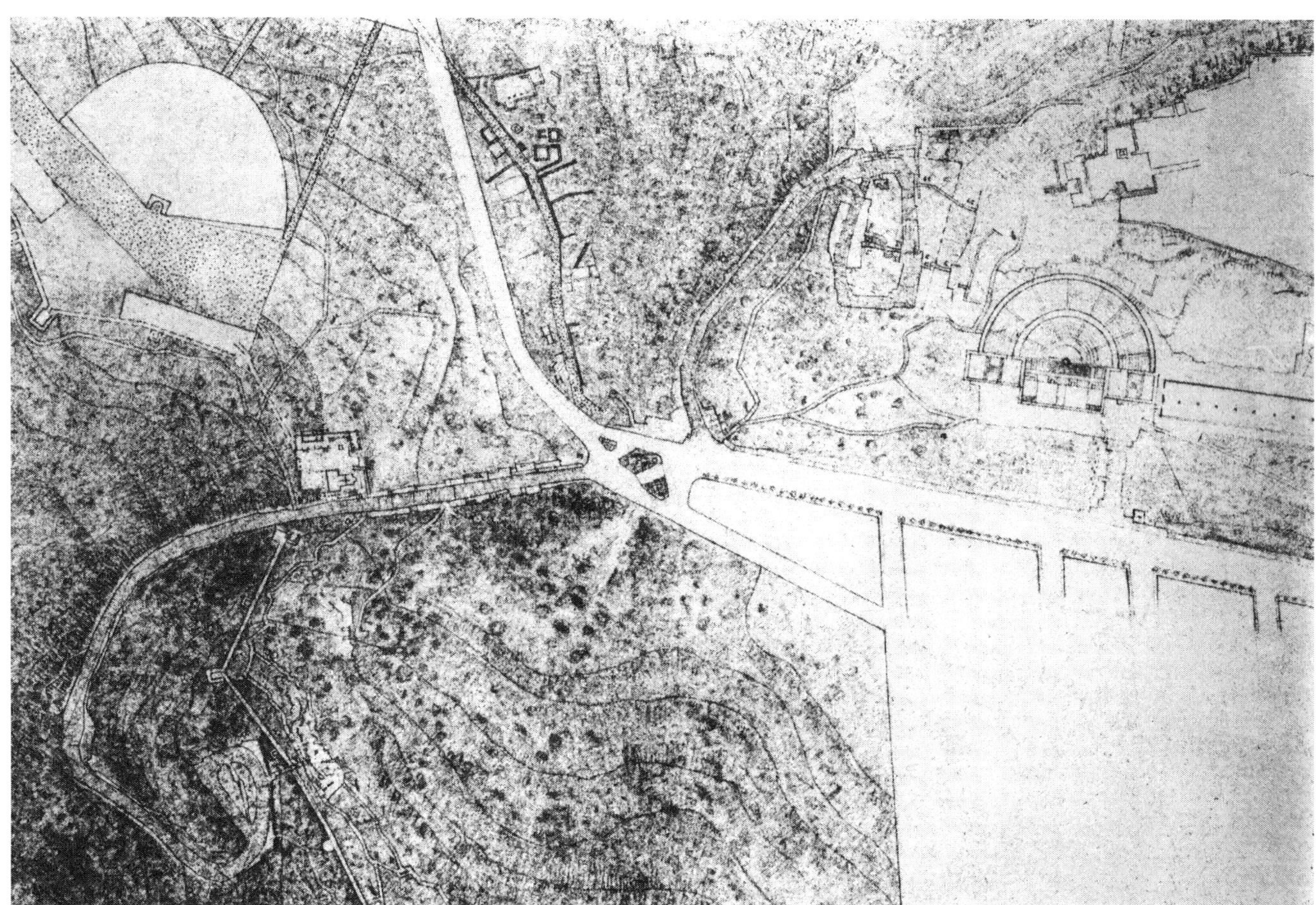

Fig. 2 General layout of the pedestrian approaches to the Acropolis and the Mouseion, drawn by D. Pikionis in 1954.

There are some open questions about his teaching: what induced Pikionis gradually to that one-sided and exclusive affection for the East which surfaced through his classes? I refer to the East in its two possible meanings: the near East, that is, the Eastern Mediterranean region, and the broader East, that is, Asia as a whole. Did he foresee – I wonder – the voracious and expansionist menace of the West, that is, the Protestant Anglo-Saxon West, which has been heading the world for the past five centuries? Did he prophetically sense the self-destructive course of a world that abuses mother earth through exploiting her resources in order to enjoy only short-term benefits – all that at a time of unrelenting development still to be felt in our days? Or, was that preference for the East the mere upshot of an aesthetic perception of the world built on some specific artistic qualities of that tradition, such as directness and symbolism, which guided his thought, his feeling, and his creativity? Maybe both. And the next question: what was that 'Greekness' which our teacher embraced and aimed at through his entire life? Was the womb that nourished him purely Greek? Did he know his own roots better than anyone of us, or was he taken up by an artistic fixation? This is a tough word to use: fixation. By that I mean an obsessive personal preference. I loved my teacher and I honor his memory. However, questions such as these are still waiting for an answer.

Definitely, there was no such a thing as an academic lecture by Pikionis. At certain times though, he did make his views public, especially during moments of crisis calling for his militant intervention. He spoke in a very low voice, almost by mumbling his words, yet without ever cutting the meaning short. The meaning was crystal clear to those who were open to it. The tone of his voice was very discreet. We were all tacitly under the same impression – and rightly so, I believe: this suggestive manner of expressing himself, plus his pauses and sharp glances, ensured him the attention of the small groups that surrounded him; this is how he aroused their interest in his work and in his choices, not in his person *per se*.

Only very few students had him as an advisor for their final thesis. That would have been a precarious decision to make as the teacher's real wishes were unfathomable. Those who dared to take their thesis with him ended up with a presentation layout on coarse paper or hardboard of two or two-and-a-half meters long. That was a painting composition, normally based on an architectural theme, which could be also taken for a rough drawing for a mural painting. The subject often was a conjectural landscape, beyond space and time, mixing scattered visual memories of Pompeian fresco, Byzantine iconography, and the folk tradition. The product was a non-specific architectural composition: an architecturally worked out landscape, more like an artistic vision than a plan drawn for execution. Hence, we had only one, two, or three design theses per year supervised by Pikionis.

His design tactics, his work on the drafting-table: he started with a very concrete problem, preferably a subject related to his current design undertaking. He solicited our opinions on it in the form of a drawn, not a verbal, response to his own drawings which he presented to us in class. This method of getting your students actively involved in design I consider very creative. Through it a sort of a stimulating dialogue comes forth which brings both parties to critical thinking. This is what I would call a living class.

How did we work through such a drawing exercise? Exeptionaly we did work at home and showed up once or twice a week for a review of our drawings. He had two delegates, Engonopoulos and Liapis. His review always consisted in his counter-proposal. The drawings were small, only 30 or 40 centimeters long. At first, he insisted that we should draw with a pencil. Some of us picked this up. Thanks to his great talent for painting, he had a very distinctive way of sketching with a pencil, either by pulling it sideways, thus producing the effect of atmospheric mist with its full range of tones and half-tones, or by moving the point forward to draw a sharp outline. We promptly copied this manner for its novelty.

One should be reminded that the customary way of drawing at that time was the exact opposite: simple and minimalist drawings with harsh cast shadows. Naturally, Pikionis's technique was completely foreign to this trend. Together with Engonopoulos, he introduced us to color techniques, what I would call 'color cooking'. He showed us collage and painting works by Cezanne, by Klee, and by Kandinsky, in particular. On that he sought Engonopoulos's active involvement. We became very interested in all this, especially because it enriched our training in freehand drawing, that is, a very strict class taught by Nikolis Hatzikyriakos-Ghikas whose emphasis was on seeing right and sternly. We encountered issues of color only as late as in our last year of study when both Pikionis and Hatzikyriakos assigned us collage exercises. Our teachers were sceptical in regard to the so called 'freedom of inspiration' and the freedom of splashes; I put it in somewhat daring terms.

A story comes up to my mind, a very revealing one of his ways on the drafting table. We used to gather in small groups. In a class of 25, those groups included 5 or 6 students for the review. The group gathered around a table on which Pikionis threw his tracing paper over a student's study drawing which he criticized while he was drawing his own counter-proposal. The subject at hand was a small

Fig. 3 The paved road to the Mouseion hill

guard-house for an archaeological site. He started by sketching a small tormented pine-tree which seemed as though it emerged from a Japanese woodcut. This lasted for ten minutes. One of the group, the least patient, was prompted to sarcasm and said: *„Professor, this is a very charming and beautiful small tree that you draw, but it is going to grow and then...“.* He did not complete his phrase, but what he was aiming at was evident, that is: teacher, what you are doing is mere formalism; we, on our part, do architectural design and you, on your part, try to embellish it with a small tree which will not stay the same. In other words, design-wise the tree is not bound to the building for good for it will grow and have its form changed.

Of course, no word of the above was spoken out, only hinted at. That was my first time I saw Pikionis in despair. He, who was always very calm and sweet despite his austerity, angrily threw his pencils on the table and uttered this unforgettable phrase: *„Either we follow or not; we are not allowed to trivialize everything here“.* If such words were pronounced today by a faculty member of an academic institution, the professor would be considered arrogant, bad-tempered, and condescending. Pikionis was none of these. He only wanted to stress that either there is receptiveness which we have developed after certain years of study, or there is not; that we should not force interpretations upon everything, or explain every word, or play the smarties with our ploys. The thing what I perceived as central to his thinking was not architectural design *per se,* but a complementary dimension of it, that is, the pervading spatial ambiance which he sought to represent.

I would like to add some considerations now about his work in the construction field and make a special mention of his students in this context, that is, their role and participation in the landscaping project by the Acropolis in the years 1953 to 1957. I am not referring here to his personal partners of work, namely his friend and son-in-law, professor Alexis Papageorgiou, and all the other architects and colleagues. I just speak about the very few of us who, still students, had the chance to modestly provide our assistance in the last phase of the so called 'Acropolis project'. He never urged us to go and work on the construction site; nor did he take such a service as a prerequisite for our graduation. Some of us sensed the opportunity ahead and volunteered our work.

He had an ingenious way of improvising in the field. Pikionis laid out his ideas as to how this project could be carried through in his famous work reports to Karamanlis.[2] He improvised in the design process through his incremental and repetitive method, as much as he did in the field. His design aim was never fully specified. The project was set only in rough outlines and in terms of a general intention. What he held for himself was the possibility of constant adaptations in the field. Notorious are his confrontations with Karamanlis, a politician difficult to get along with, who put him under severe time pressure. Pikionis, on the other hand, managed to impose his own will through his dedication to the project and through convincing him that this could be completed only by small construction teams under his own supervision.

How did he work with the craftsmen? He had selected some fifty of them, both old and young, who worked in small teams in the traditional way. He was in a constant dialogue with the craftsmen while he tried to guide them through specific suggestions and examples; that is, a way similar and parallel to his method of teaching students. In 1956 nearing his seventies, with a straw hat on his head under the burning sun, he almost held their hands during the work. Then resting on a small stool, he let them free. He initiated an intensive process of exchange of views. Of course, he was the one who always had control over the basic choices, the guiding construction lines. He praised the craftsman's inventiveness by saying: *you know it better yourself, do it in your own mode.* Here, once more we encounter the maieutic method, by which he was promoting the identification of the workman with his project. This was his charisma: the strengthening of his collaborators' creativity. He always said the same thing: *Try it as you know; you have your own way. I only gave you an idea. I am certain that you can set it up better.* All this happened while he was in control. This was his way of provoking the craftsmen's input to the project.

Which was our contribution as students to the field work? Only few of us were entrusted with the honorable mission of 'holding threads'. This means to hold the guiding aids for the construction of the paved paths and the outlines of the terraced parts. In the field Pikionis employed the harmonic tracing lines to his service. To mark the paths, he selected a series of crucial points related to orientation, shift of course, and views. He selected them by intuition, I believe, in his effort at producing a sequence of psychological experiences to the walker-visitor – in fact, to the 'pilgrim', to use his own terminology – such as surprise, admiration, curiosity; also at strengthening the joy of discovery and providing room for aesthetic contemplation. There were promising solutions which he eventually gave up after testing them in the field through the aforementioned process of creative improvisation. Our contribution had to do precisely with this process in situ.

Let me now come to a crucial issue, not directly related to his teaching, yet important in the context

2 Minister for Public Works in the period 1952-1955, and then Prime Minister (1956-63).

of his work: his views on history and the historic topography of a place. In his interventions to the historical landscape of Athens, Pikionis was guided solely by his artistic sensibility, not by any strict and credible historical methodology. To his design proposal he discreetly introduced mnemonic references to familiar and cherished forms of the long-standing Greek architectural tradition. His hellenocentrism was diachronic in nature. Both his writings and his built works are demonstrative of this point. This was the basis of his philosophy which he stressed through all possible means. I think that he was not concerned at all with the purposefulness, or even the necessity, of the systematic archaeological research that normally precedes any architectural and landscaping intervention. The times, of course, were unpropitious. Karamanlis urged the exploitation of ancient monuments for tourist attraction. Carrying the project on for four to four-and-a-half years – that is, not too long a time for such a work – was already a miraculous feat on Pikionis's part. No issue was unfortunately raised about a methodical procedure that would include a gradual stripping of the forested hills from their greenery hectare by hectare to be followed by archaeological research, redesigning, and replanting. Such procedures require at least a thirty-year time-span for realisation, plus a strong will to go all along with the project. Still today, the presuppositions for such procedures are absent.

Pikionis definitely had no intent to assume the role of a new Ictinos. He very discreetly tried to offer us a spatial access to the ancient heritage. Yet his attitude to antiquity was not awe-stricken. He was familiar with archeological research and its rigorous methodology, yet not personally interested in it. This is my personal assessment. In one of his articles, my friend and colleague, Professor Charalambos Bouras, made this succinct comment: *Pikionis approaches the ancients by deviating from history. He is to establish his personal relationship with the object.* I fully agree with this opinion. Thus, still today, Pikionis's approach remains inconceivable, not to say scandalous, to an archaeologist. This does not take away of the artistic quality of Pikionis's creative work. However, if the progressive archaeological research of the hills carries on, we will be inevitably faced with questions of compatibility of the future finds with Pikionis's design.

Now I turn to the question whether there was indeed a 'School of Pikionis', that is, a design mode brought under the label of 'Pikionism'. For Pikionis, the nature of Greece – of Attica, in particular – was unique and sanctified in all of its aspects: climate, light, flora, ground relief. He had a firm belief in the inalienable nature of Greece, something we should not confuse with the nationalistic propaganda of those days that zealously centered on such trendy notions as 'eternal Greece' and the 'glorious past'. His affection for the Byzantine, post-Byzantine and folk art and tradition is well known. I think that this interpretative approach, involving elements of imitation and conforming to the forms of the Greek tradition, seemed to be lacking in viability. However, Pikionis himself would have never accepted the term 'imitation' applied to his work. Instead he would call it the only legitimate and compliant approach.

I immensely admired him for a number of things: the aesthetic quality and the compositional novelty of his design solutions; the beautiful, the engaging, and the unique style of his drawing. I was also fascinated by his artful and inventive way of carrying out the design problem in the field. However, if you asked me whether he truly contributed a new way to the formation of a modern Greek architecture, or whether he paved a practicable way to it, my answer would be unreservedly 'no'. In my view, Pikionis never succeeded to show a certain and clear way either to the making of new manageable housing forms or to the development of Greek settlements.

Unfortunately, any opportunities for developing such propositions came to him quite late. As we know, his concepts did not bear any fruits. But even if his working conditions were more propitious and he were given the means to carry a whole housing project to completion, still the short-sighted, utilitarian, and profit-driven modern Greek social reality would have never accepted his elitist approach to architectural ethics, the one based on high moral and aesthetic standards. This is my opinion which I think I share with all who are familiar with his work.

I come to another aspect of his design which goes beyond its mere qualitative level. It relates to such issues as the selective appropriation of forms, the mixing of various influences, and – most importantly – the inventive, yet inconsistent, non-methodical, and repetitious manner of Pikionis both in his design process and in his field work. It is rather impossible to picture the ekistic development of any modern metropolis, such as Athens, or of any other greek city, as being dependent upon Pikionis' visions and pace of work as far as design and realization are concerned. To put it firmly, his way was discordant with modern Greek building practice.

He was certainly inclined to eclecticism; that was an offensive term at the peak of the modern movement some 50 years ago. This is why he was not understood and had so many enemies. Only 15-20 years later, with the advent of postmodernism and deconstructivism, that is, two trends whose visions are based on local tradition and comparative study of forms, Pikionis was suddently recognized as a regionalist. In my view, an eclecticist is whoever openly accepts influences from different traditions. However, Pikionis was strict and selective in his formal preferences. His ways were completely foreign to

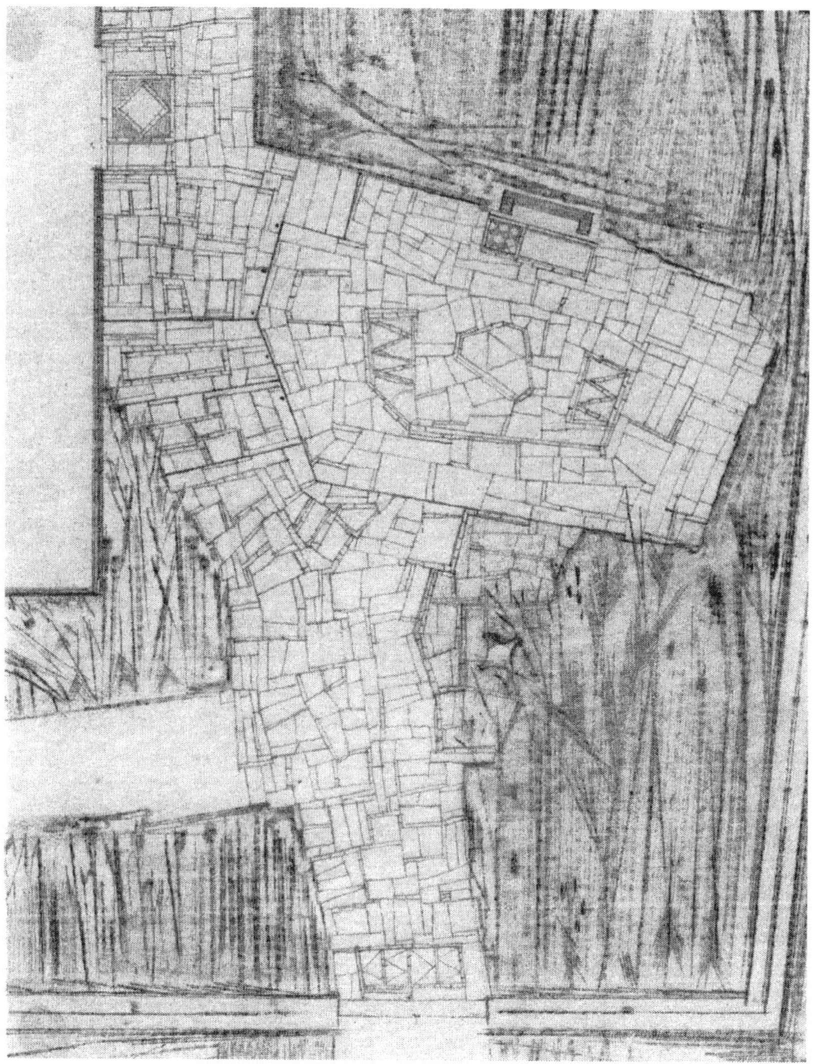

Fig. 4 Pavement of a courtyard. Pensil drawing by the author. Student project under the guidance of D. Pikionis (1953).

such postmodernist procedures as arbitrary eclecticism and slavish mimicry. Yet – I must repeat – Pikionis' vision was incongruous with modern Greek reality: a visionary, on the one hand, and a whole people, on the other, moving on two divergent paths.

Pikionis did not hand down to us any school of thought, nor any school of architecture. By that I mean a commonly accepted approach to architectural practice. A school of thought is recognized by its capacity for passing on its fans and followers a certain attitude to both life and art. A school's impact becomes evident in two ways: on the one hand, in its propounding of certain principles of thinking and acting, and on the other hand, in the radiance of its master's personality. A 'Pikionic' school never existed. There have been certainly colleagues and disciples of his who did receive his message. Due to his scholarship, his sensitivity, and his creativity, he offered a very distinctive and multifold perspective on things. The most artistically inclined of his students knew well that his solutions were personal and unique; also that any attempt at imitating them would end up in forgery. However, the cases of unfruitful mimicry of his style were quite frequent, leading to what is trendily called 'Pikionism'.

A few more words about his virtue, his moral example, and my debt to him. Although Pikionis left no school – as I dared to say – his influence left a permanent impression on the minds and on the hearts of those students who were determined to understand and follow him. His most precious gift to us was his example of introspective inquiry, that is, a form of self-knowing. We learned how to pose questions and search for the answers. On those of us who did not imitate him slavishly, he had a catalytic influence by showing ways which led each one to a different direction. This is the most priceless gift you might receive from a teacher. The repetitious approach to his dear subjects, combined with the endless scrutiny of his formal choices, constituted his very personal method that could not have been otherwise. This is how he enhanced his disciples' creativity.

How did he contribute to my career and to my personal life? I feel like a faithful disciple of his although I never imitated either his manners or his artistic orientation. I never drew as he did, I never painted as he did, I was never fascinated by folk art. Nevertheless, through his catalytic method, he aroused my interest in certain subjects that had been lying latent in me. There were two of these: first, the natural attributes and the landscape of Attica, that is, the place in which I was born and raised to manhood; and second, the urban development of modern Athens. I devoted myself to the study of both. I feel that my entire research endeavor was the product of this special inclination that my teacher helped me develop. I am indebted to him for having opened new directions for me, for having solidified my emotional ties with my place of origin despite my thirty years of living abroad. As a result, he definitively sustained both my career and my life. He is present for me.

There is one more thing that I discerned in Pikionis: a warm human radiation. Several of those who loved and respected him thought that there was a theatrical side of his. I never sensed that. He was immensely truthful to me. A human's conduct may vary. Each one has his/her own particularities and personality traits. But Pikionis, in particular, had a deeply good disposition, a benevolence, a true sensibility and fondness for both the natural and the man-made environment, that is, men, animals, and plants. He had the big charisma of empathy and sympathy. I received the radiation of his goodness, which I considered very important. He was fully devoted to his task. His personality traits were life-giving and inspiring, bearing to life that deep relationship between a teacher and a pupil, something so difficult to find. There is a certain phrase that comes to my mind, a quote of Menandros: *'Ως χαρίεν ἐστ' ἄνθρωπος, ἄν ἄνϑρωπος ῆ;* that is, „*how dear it is for a human to be a real human*". I feel that this fully applies to Pikionis.

Today I have a clear view of what my criteria are of developing a value system. Pikionis has a share in that. I dare to say that for those of us who knew him, our human contact with him weighs probably more than his work. For us, who apprenticed near him, a certain dictum by Epictetus holds true – a dictum that he also loved dearly: *Χάριν ἔχω ὧν ἔδωκας· ἐφ' ὅσον ἐχρησάμην τοῖς σοῖς ἀρκεῖ μοι;* that is, „*I am indebted to you for all that you offered me, and to the extent that I managed to put your gifts to use I am content and happy*".

Fig. 5 Portico of the forecourt of Haghios Demetrios Loumbardiaris

As my present tribute to Pikionis is coming to an end, I would like to stress some points for today's students. I am fully aware that today's conditions of your study and work are completely different. The change that happened within the last 50 years, that is, a time of two generations, is much bigger than the one of the preceding 150 years.

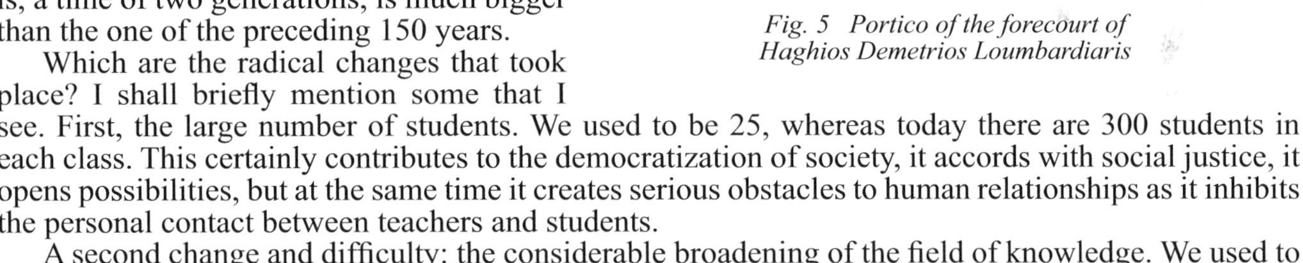

Which are the radical changes that took place? I shall briefly mention some that I see. First, the large number of students. We used to be 25, whereas today there are 300 students in each class. This certainly contributes to the democratization of society, it accords with social justice, it opens possibilities, but at the same time it creates serious obstacles to human relationships as it inhibits the personal contact between teachers and students.

A second change and difficulty: the considerable broadening of the field of knowledge. We used to have 20 courses. I took a glance in the course catalogue to count 50 classes which are offered through a flexible program of study today. Flexibility is a good thing, of course; but flexibility, combined with much fewer class-hours in the Polytechnic and the storm of uncritical side information, is problematic. This, therefore, produces difficulties to the students' orientation. Which are going to be their personal choices and preferences? How are they going to uncover their personal inclinations?

A third difficulty: the technical dependence upon computer aided design. Ten years ago its applicability was under question; in five years from now drawing by hand will be probably outdated, if we do not act promptly. Computers are a great help, but a great risk, too. The risk lies not only in the loss of joy of the artistic creation – the architectural drawing by hand being one form of artistic creation in itself – but in the loss of the mental familiarity with the three-dimensional space. For two years we attended very rigorous classes in descriptive geometry, sciagraphy, and perspective drawing, through which we succeeded in mentally capturing three-dimensional reality. Of course, we researched various alternative solutions through sketching on layers of tracing paper; something similar is what the computer does more easily nowadays by scanning the entire range of possible alternatives. However, I seriously doubt whether these technical facilities are of any help to one's training for the three-dimensional conceptualization of the architectural work, which I consider the main prerequisite of an architect's skill. Because, whereas detailed solutions come through sketching, a spatial order is conceivable only through the mind.

All these are the big risks and the big promises of the future at the same time. Here is my suggestion – I dare to say – to my younger colleagues, who are still running their course of study but soon are going to be graduate architects: First, look for your personal talents and choices; do not abandon yourself to misinformation through the internet; make this medium your slave, not your master. Second, develop your ability to express yourself artistically through your hand along with the help you receive from technology; discover your personal language in drawing; this gives you a great joy. And last: keep up your dialogue with nature, your environment, and your fellows. Therefore, ignore those preachings about age gaps: *„Don't trust anybody beyond thirty"*, and such stupidities. Keep contact with people of all ages, younger, elder, and coeval with you. We have things to learn from all of them so that the human dialogue, which our teacher, Demetrios Pikionis, envisioned, won't dry up.

Fig. 6 The belvedere terrace on Mouseion Hill designed by D. Pikionis in 1956.

13.

Der Großraum Athen. Ansätze und Initiativen zur Landschaftsgestaltung im Rahmen der Stadtentwicklung

Griechenlands Hauptstadt Athen, heute zu einer Fünf-Millionen-Stadt gewachsen, leidet zunehmend unter den Folgen eines ungezügelten Wachstums und der planlosen Niederlassung eines großen Teiles der Industrie des Landes in den beiden von Bergen umschlossenen, benachbarten Becken von Mesogeia und Eleusis. Unannehmbar hohe Bebauungsdichten (bis zum dreifachen der in Deutschland zulässigen), unzureichende Ausstattung an öffentlichen Verkehrsmitteln und Mangel an städtischen Grünflächen schaffen nicht nur eine städtebauliche, sondern auch eine ökologische Notlage: Rapider Zerfall der Lebensqualität in dieser selten schön gelegenen Stadt und bedrohliche Umweltverschmutzung belasten das Leben ihrer Bewohner und verschleiern sogar allmählich den Nimbus seiner Historie.

1. Der historische Hintergrund

In der heutigen Großstadt mit einem Siedlungsgebiet von etwa 40.000 ha, das sich auf das gesamte Athener Becken ausdehnt, nimmt das historische Athen einen zwar zentral gelegenen, aber auffallend kleinen Raum ein. Die klassische – Theseische – Stadt entwickelte sich im Altertum um die Agora, am nördlichen Akropolishang, war kaum 200 ha groß und hatte etwa 50.000 Einwohner, nicht gerechnet diejenigen, die in den zahlreichen ländlichen Demen Attikas wohnten. Die Stadt wurde erst nach den Perserkriegen im 5. Jh. vor Christus befestigt. Zu der kreisförmigen Befestigung, die teilweise im Flachland, aber auch über die Hügel verlief, kamen noch die sich über 8 km erstreckenden 'Langen Mauern' hinzu, die Athen mit der Hafenstadt Piräeus verbanden.

Zu römischen Zeiten, unter den Kaisern Hadrian und Antoninus Pius, blühte die Stadt abermals auf. Sie bekam ein neues Zentrum des öffentlichen Lebens, die 'Römische Agora', und wurde mit wichtigen Bauwerken wie dem Stadion, dem Odeion der Regilla und dem nunmehr vollendeten Olympieion – dem größten Tempel auf griechischem Boden – geschmückt. Eine wichtige Stadterweiterung nach Osten, die sogenannte 'Hadrianstadt', brachte die Gesamtfläche der Stadt, auf 250 ha, ihre größte Ausdehnung, die sie erst im 19. Jhdt. nach 1860 übertreffen sollte. Im Laufe der altgriechischen und römischen Phase der Stadt waren die Hügel westlich der Akropolis Bestandteile des Stadtgebietes. Das hügelige Gelände war mit privaten Häusern des gehobenen Bürgertums bedeckt. Dies ist auch verständlich, da dieser Standort sowohl die schönsten Aussichten als auch die besten klimatischen Verhältnisse bot.

Dramatisch schrumpfte die Stadt im Mittelalter unter byzantinischer und später unter fränkischer Herrschaft. Unter dem französischen Geschlecht der De la Roche und dem florentinischen der Acciaiuoli im 13. und 14. Jahrhundert wurden die Propyläen zum Herrschersitz umgebaut und das Plateau der Akropolis als befestigte Oberstadt besiedelt. Die Unterstadt schrumpfte auf ein winziges Areal von etwa 10 ha am Nordhang der Burg. In den darauf folgenden vier Jahrhunderten türkischer Herrschaft entwickelte sich die Siedlung wieder zu einer kleinen Provinzstadt: 12.000 Einwohner, Griechen, Albaner und Türken in getrennten Wohnbezirken, etwa 100 ha Stadtgebiet mit einer späten Befestigung (aus dem 18. Jh.) aus Rohziegeln und Spolien. Ein Provinznest, das am Rande der Geschichte vegetierte.

Man muß sich darüber im Klaren sein, daß diese Stadt 14 Jahrhunderte lang, seit der Schließung der philosophischen Schulen im 6. Jh. n. Ch. sowohl unter byzantinischer und fränkischer, als auch unter türkischer Herrschaft ein Schattendasein fristete und städtebaulich wie kulturell in Unscheinbarkeit versank. Durch Kriegseinwirkungen und mehr noch durch Vernachlässigung und Unkenntnis verfiel das bauliche Erbe. Das Schrumpfen des Stadtgebietes hatte jedoch auch seine positiven Folgen für die spätere Stadtentwicklung: Das gesamte hügelige Gelände westlich und südlich der Akropolis blieb seit der Spätantike unbebaut, ein Umstand, der die spätere Entstehung des Kulturparks der Stadt Neu-Athen erst ermöglichte.

Während der vierhundertjährigen türkischen Herrschaft konnte sich im spätmittelalterlichen Griechenland keine bürgerliche Stadtbautradition entwickeln und dementsprechend auch nicht das spezifi-

Abb. 1 Das 'Konaki' (Landsitz) des Voivoden von Athen Hatzi Ali Haseki im Kephisostal. Ausschnitt eines Aquarells von Gandy (1818)

sche Verhältnis von Landschaft und Architektur, wie es die Stadtentwicklung im Westen schon ab dem 15. Jahrhundert kennenlernte.

Ab etwa der zweiten Hälfte des 18. Jahrhunderts begeisterte Athen wieder Reisende, Dichter, Literaten und Architekten. Außer den antiken Ruinen entdeckten diese allmählich neben der damals noch türkisch besetzten und dahinsiechenden Stadt auch die plastischen Qualitäten der attischen Landschaft, sowie die Klarheit ihrer Atmosphäre und die nuancierten Tonabstufungen ihrer Farben. In Textzeugnissen aus dieser Zeit findet sich emphatisch geäußerte Bewunderung für die Umrisse und kulissenartige Staffelung der Bergketten am Horizont, aber auch Enttäuschung über die Kargheit des Bodens und das Fehlen von Vegetation: *„Bäume sind leider, außer dem sich weit hinziehenden fahlgrauen Olivenwald und dem mageren Inhalt verschiedener Obstgärten, keine von irgend einer Bedeutung vorhanden, mit Ausnahme weniger Pappeln in der Ferne und drei kümmerlichen Palmen mit einigen Zypressen in der Stadt, die dem ungeachtet in ihrer Gesamtheit noch viel zu der malerischen Wirkung der Landschaft beitragen. Der Frische entbehren diese Gegenden leider überall.“*[1]

2. Stadt und Umland in der klassizistischen Ära: 1830-1920

Pflege der historischen Landschaft und Schutz der erhabenen Altertümer waren wesentliche Ziele bei der Neuplanung der Stadt im 19. Jh. Die Schinkel-Schüler, Eduard Schaubert (1804-1860) aus Breslau und Stamatios Kleanthes (1802-1862) aus Thessalien, Absolventen der Bauakademie zu Berlin, hatten schon 1830 auf eigene Initiative mit der genauen Vermessung des gesamten Stadtgebietes des während des Unabhängigkeitskrieges arg zerstörten Athen begonnen und einen Plan für die Neugründung der Stadt entworfen. Der Plan, der 1833 von der Regierung genehmigt wurde, richtete sich auf eine Stadterweiterung im Sinne des spätabsolutistischen Klassizismus. Die formalen Merkmale der Stadtanlage entsprechen dem achsial-radialen Straßenmuster der Vorbilder Versailles, Karlsruhe, St. Petersburg. In symbolischer Geste strahlt vom Herrschersitz das Bündel der Hauptstraßen aus. Wohlausgewogene Grundgedanken kennzeichnen den Entwurf der zwei sehr jungen Architekten:

- Bauen nicht auf, sondern neben dem antiken Stadtzentrum, nach Norden in der Ebene. Kontinuität in der Entfaltung des Stadtkörpers;

1 Hermann Fürst Pückler-Muskau, *„Südöstlicher Bildersaal, Griechische Leiden“*, Stuttgart 1840. Auszugsweise Neuauflage: A.R. Meyer´(Hrsg.), *„Fürst Pückler-Muskau in Athen“*, Berlin 1944, S. 35.

- Sicherung wichtiger Sichtbezüge vom Kulminationspunkt des neuen Stadtkörpers (königliches Schloß), frontal zu den Propyläen, seitlich zu dem Stadion und der Hafenstadt Piräus;
- Übereinstimmung der Richtungen der Hauptstraßen – im rechtwinkeligen Dreieckmuster entworfen – mit den Hauptverbindungs-Korridoren zwischen den zentral gelegenen Hügeln des Athener Beckens.

Die Stadterweiterung nach Norden erwies sich insofern als nachteilig, als die Entwicklung der Neustadt schon sehr bald einen Anreiz zur Neubebauung der Altstadt am Nordhang der Akropolis ausübte, das als Standort der antiken Stadt zur Ausgrabung hätte freigehalten werden müssen. Zwar setzten sich nicht nur die zwei Urheber des Planes, sondern auch der Obergutachter der Stadtplanung Leo von Klenze für die Freilegung dieses Areals ein, aber die überstürzte Entwicklung der Stadt und die Bodenspekulation vereitelten vorerst diese Absichten.

Dennoch muß die Weitsicht von Kleanthes und Schaubert gewürdigt werden. Ihre Absichten wurden erst ein Jahrhundert später teilweise verwirklicht, blieben jedoch ständig als Leitgedanken gültig. So lesen wir in ihrer Denkschrift an die Regentschaft, die den städtebaulichen Entwurf erläutert: *„Endlich gewährt auch die Verlegung der Stadt in die Ebene nordwärts den Vorteil, daß der Boden der alten Städte des Theseus und Hadrians unbebaut bleibt und hier zu Nachgrabungen Raum gelassen wird. Wenn die gegenwärtige Lage Griechenlands es nicht erlauben sollte, dieselben unmittelbar vorzunehmen, so dürfte doch ein späteres Geschlecht den jetzt Lebenden Mangel an Voraussicht vorwerfen, wenn hierauf nicht gleich Bedacht genommen wird. Vorzüglich wünschenswert wäre es, daß der nördliche Abhang der Akropolis mit seinen Altertümern nach und nach von dem Schutt befreit würde, den Jahrtausende darauf angehäuft haben."*

Zu der Freiraumgestaltung und Bepflanzung nehmen die beiden die Entscheidung, die Demetrios Pikionis viel später treffen sollte, vorweg: *„Der südliche Teil der Stadt wäre, wenn er nach beendigten Ausgrabungen mit Bäumen bepflanzt, verbunden mit Alleen rings um den Abhang der Akropolis, als Spazierweg zu benutzen. Zu den Alleen um die Burg wären solche Bäume zu benutzen, welche auch ohne Wasser fortkommen, so daß die schönen braunen Felsen der Akropolis aus einem grünen Kranze hervorblicken würden."*

Klenze, der als geschickter Taktiker den ursprünglichen Plan den realen Umständen zwar anpaßte, dabei aber dessen Großzügigkeit opfern mußte, spielte eine entscheidende Rolle als Initiator der Denkmalpflege im Lande. So wurde auf seine Anweisung die Akropolis als militärische Festung aufgegeben, und die Räumungsarbeiten zur Beseitigung der neueren Bauten und zur Öffnung der Propyläen wurden in Angriff genommen. Weniger glücklich für die historische Landschaft hätte sich die Durchführung seines Entwurfes zur Errichtung des Königlichen Schloßes auf dem Westhang des Nymphenhügels erwiesen. Diese wurde jedoch bekanntlich durch die Einschaltung Gärtners und die Wahl des endgültigen Standortes für das Schloß am östlichen Rande der Neustadt vereitelt. Die Entwicklung der Stadt nach Norden hatte jedoch auch ihre positiven Folgen: Die unmittelbare hügelige Umgebung der Akropolis nach Süden und Westen blieb weiterhin frei von jeglicher Bebauung.

Das historisch bedingte Fehlen einer Tradition der Gartengestaltung, der Pflege öffentlicher Parkanlagen, aber auch der Stadtplanung in Griechenland im Allgemeinen, erklärt, warum die ersten Initiativen zur Landschaftsgestaltung nicht von Griechen stammen. Ob Königlicher Garten (erste Parkanlage Neu-Athens), Königliches Landgut 'Tour La Reine' bei Acharnai, Alleen, diverse Gärten der Stadt, darunter auch der Garten am Syntagma-Platz (1850), alles entstand auf Initiative der ersten griechischen Könige mit Hilfe ausländischer Architekten und Berater.[2] Dabei wurden nicht nur Pflanzen,[3] sondern auch die Gestaltungsvorbilder importiert.

Lange vor der Begrünung des Vorfeldes der Akropolis, wurde auf Initiative von Königin Amalia schon in den Jahren 1837-1862 der königliche Garten östlich der Altstadt als erster Stadtpark (16 ha) der neuen Hauptstadt angelegt. Er wurde in den 80er Jahren des 19. Jh. durch die Parkanlage des Zappion-Ausstellungsgebäudes und des Olympieion um das Doppelte vergrößert. Für den Königlichen Garten mußte der englische Landschaftsgarten als Vorbild herhalten, die Gärten des benachbarten Zappeion-Ausstellungsgeländes dagegen folgten dem streng geometrischen Muster französischer Prägung.

2 Der Königliche Garten – zunächst (1838) von Schmarat angelegt – wurde bis 1862 auf seine heutige Ausdehnung erweitert (Planung und Bepflanzung: der französische Meistergärtner Bareaud, unter Assistenz von Friedrich Schmidt, einem von Schmarat gärtnerisch ausgebildeten Ex-Offizier der Bayerischen Garde). Schmidt war durch ganz Griechenland gereist und daher ein guter Kenner griechischer Flora. Ebenfalls einen Ausländer, den Deutschen Heldreich, hatte Amalia für die Anlage ihres Landgutes 'Turm der Königin' (Tour la Reine) zum Berater und sein Landsmann Ruf führte die Bohrungen für die Wasserversorgung durch. Siehe Kostas Biris, *„Athen vom 19. ins 20. Jahrhundert"* (in griechischer Sprache), Athen 1966, S. 103-104.

3 Ein Großteil der Bäume wurde aus Genua importiert. Siehe: Kostas Biris, *„Athen vom 19. ins 20. Jahrhundert"*,1966, S. 104.

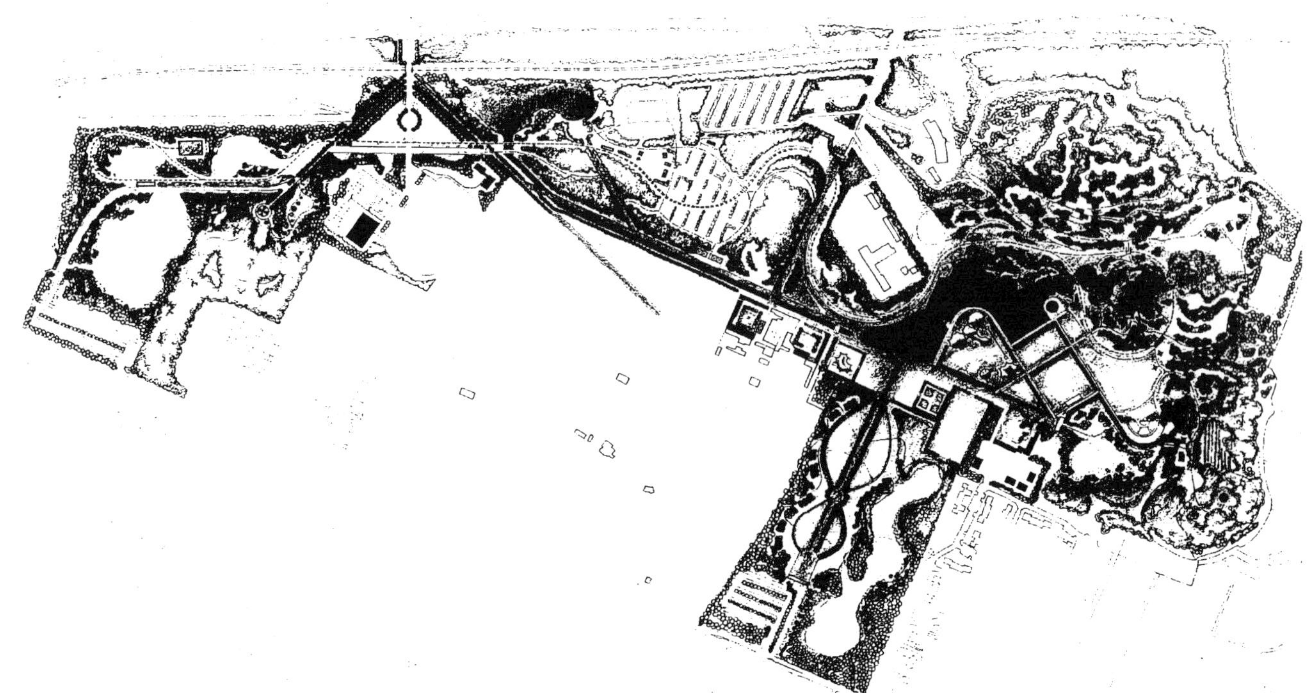

Abb. 2 Die Anlage des ersten Regionalparks (1998) des Großraums Athen, Teilbereich des Landgutes der Königin Amalia 'Eptalophos' oder 'Tour la reine' (1838-1862)

Als weitere wichtige Initiative der Landschaftsgestaltung – wenn auch nicht ausgeführt – muß hier der Entwurf E. Zillers für die Umgestaltung der Hänge des Lykabettoshügels in einen ausgedehnten Landschaftspark in den 70er Jahren des 19. Jhs. erwähnt werden. Hier zeigen die lockeren Baumgruppierungen in Kombination mit einer leichten Pavillonarchitektur, diversen Treppenanlagen und Aussichtsterrassen, gewisse Gemeinsamkeiten in den freien Gestaltungsmustern mit der Landschaftsauffassung Pikionis' bei der Gestaltung des Akropolis-Umfeldes in den 50er Jahren des 20. Jhs.

Als eine Geißel der attischen Landschaft und besonders der empfindlichen Umrisse der Hügel und benachbarten Berge erwies sich die Anlage von Steinbrüchen auf ihren Hängen. Die rege Bautätigkeit in der neugegründeten Stadt erhöhte den Bedarf an Stein, Kies und Sand, der zunächst von den existierenden Ruinen und den Abbruchresten der alten Befestigungsmauer gedeckt wurde. Der weiterhin zunehmende Bedarf an Baumaterial, aber auch die ungeklärten Eigentumsverhältnisse in Bezug auf die innerstädtischen Anhöhen, führten zu einer unkontrollierten Steinbruchtätigkeit, die die empfindlichen Konturen der attischen Landschaft traf. Tiefe, bis heute noch sichtbare Wunden erfaßten zunächst (1835) den Norden des Nymphenhügels, später aber auch den Lykabettos sowie den (südlichen) Museionhügel.

Das Problem wurde rasch von der Regierung erkannt, doch Zögerlichkeit aufgrund der befürchteten Enteignungen bzw. Entschädigungen und eine ineffiziente Gesetzgebung verhinderten eine schnelle Lösung.[4] Das erste Denkmalschutzgesetz (1834) verbot nämlich die Errichtung von Kalköfen in einem Umkreis von 2,5 km von Altertümern, nicht aber den Steinabbau. Trotz des Verbotes durch das Gesetz von 1842, das die Anhöhen zu öffentlichen Räumen und somit zu Staatsbesitz erklärte, setzte sich nach kurzer Pause die illegale Steinbruchtätigkeit bis etwa zum Ende des 19. Jh. am Nymphenhügel und an der Pnyx fort. Dazu trug auch das ebenfalls unglückliche Gesetz über die Steinbrüche von 1861 bei, das den Steinabbau außerhalb der Ansiedlungsgrenzen des Stadtplanes erlaubte. Da dies bei vielen Hügeln der Fall war, ging eine systematische Landschaftszerstörung durch Steinbrüche fort.

Es ist auffallend, daß die Neugriechen im Laufe der letzten zwei Jahrhunderte ein eher beschränktes Landschaftsverständnis entwickelten. Beide Aspekte der Einstellung der ausländischen Besucher der attischen Landschaft gegenüber, nämlich Bewunderung und Enttäuschung sind der mediterranen Selbstverständlichkeit im Umgang mit der Natur fremd. Anders als in Zentraleuropa ist die Landschaft in Griechenland weder künstlerisch-literarische Inspirationsquelle noch Gegenstand ästhetischer Betrachtungen, sondern bedingt nur als Erholungsraum geschätzt.

Insbesondere war aber das Verhältnis der Athener zum Kulturerbe, zur historischen Topographie und zur Begrünung ihrer Stadt immer ambivalent, und bleibt in einer gewissen Hinsicht auch heute unverän-

4 Ob ein Zusammenhang besteht zwischen dem Steinbruchverbot (1836) auf der Süd-Seite des Lykabettos und dem gleichzeitigen Bau des Königlichen Schloßes, für den der Hügel den landschaftlichen Hintergrund bildet? Tatsache ist, dass hier etwa 15 ha im Besitz von Stamatios Kleanthes durch den Staat enteignet wurden.

dert das gleiche: Einerseits sind der nationale Ehrgeiz, die 'antike Größe' zu voller Geltung zu bringen, sowie die Sehnsucht nach einer Verschönerung der Stadt durch gezielte Begrünung, wichtige Beweggründe, die sich positiv auf die Entfaltung eines archäologischen Kulturparks auswirkten. Diese positiven Tendenzen sind jedoch immer wieder vom eigennützigen Denken und der Knappheit an städtischem Boden durchkreuzt und vereitelt worden; so blieb es über 180 Jahre oft nur bei Lippenbekenntnissen.

Athen wuchs im Laufe des 19. Jh. sehr langsam, um erst um die Jahrhundertwende die Hunderttausend-Einwohner-Grenze zu überschreiten. Auf dem ersten topographisch genau vermessenen Plan Athens, im Auftrag des Deutschen Archäologischen Institut von Kaupert 1875 ausgeführt, erstreckt sich die Bebauung geringfügig über die Grenzen des ursprünglichen Stadtentwurfs hinaus. Er zeigt die vollständige Wiederbebauung des oberen Nordhanges der Akropolis, aber auch das völlig freigehaltene Gelände im Süden und Westen der Burg. Frühe photographische Aufnahmen dokumentieren um diese Zeit die Öde und Verlassenheit des Geländes, die Schutthaufen der Räumungsarbeiten auf dem Südhang der Burg und ihre das Stadtbild bestimmende Konturen.

Die von Klenze angeordnete Räumung des Akropolis-Plateaus (1834) initiierte das Zeitalter der systematischen archäologischen Forschung. Sie erfaßte in der zweiten Hälfte des 19. Jahrhunderts die unmittelbare Umgebung der Burg (das Odeion der Regilla und das Dionysos-Theater im Süden), aber auch die Bereiche der antiken Agora, der Pnyx und des Kerameikos und gegen Ende des Jahrhunderts die Nordseite der Burg, den Areopag (W-Seite) und den antiken Stadtteil Meliti, sowie die römische Agora und die Hadrianische Bibliothek.

Die Aufdeckung der antiken Topographie warf aber zugleich die Frage nach der angemessenen Behandlung der Ausgrabungsfelder und der markanten Elemente der historischen Landschaft auf. Sehr früh schon wird die Idee eines Kulturparks formuliert, d.h. der Vorschlag der Begrünung der historischen Freiflächen und deren anschließenden Umwandlung in öffentliche Erholungsräume. Die Vorstellung der Verbindung von Antike und Natur, von didaktischen und ästhetischen Absichten, formulierte schon Ludwig Ross: *„Athen wird einen Park besitzen, lehrreich und ehrwürdig zugleich durch die Ruinen der Vorzeit wie kein anderer, und reich an Naturschönheiten wie wenig andere.“*[5]

Obwohl weit davon entfernt, eine eigentliche Theorie der Gestaltung der historisch besetzten Orte zu bilden, kristallisieren sich hier schon zu dieser frühen Zeit Grundsätze, die Orientierungspunkte für die spätere Praxis der Gestaltung historischer Areale bilden sollten, nämlich:

- Der Wunsch, Ausgrabungsfelder nach Beendigung der Ausgrabungen nicht ihrem Schicksal zu überlassen, sondern grünplanerisch zu gestalten und der Öffentlichkeit zugänglich zu machen,
- der Einsatz von Pflanzen, die den klimatischen Anforderungen angepaßt sind, und
- das gezielte Gruppieren und Verteilen von Pflanzen, anstatt einer flächig-dichten Begrünung, um die Ablesbarkeit der antiken Topographie zu gewährleisten.

Die Praxis folgte nicht immer diesen theoretisch formulierten Zielvorstellungen. Die spätere intensive Aufforstung der historischen Hügel – ihrem Wesen nach undifferenziert und planlos durchgeführt – ermöglichte nicht eine maßvolle Begrünung – wie es auch Ross früh empfohlen hatte – damit *„die wiedererstandene alte Stadt weder eine zu nackte Fläche zeige, noch auch sich in einen Wald verwandele.“* Es wurden zwar einheimische Pflanzen eingesetzt, doch die Intensität der Aufforstung verhinderte die Aufdeckung großer Teile der historischen Topographie (westliche und südliche Abhänge der Akropolis, die Umgebung der Pnyx und die antike Koile) und steht heute auch künftigen Ausgrabungen im Wege.

Die Sensibilisierung für Fragen des Landschaftsbildes im historischen Bereich der Stadt war von früh an Sache einer gebildeten Minderheit. Historiker, Archäologen und Architekten entwickelten das Bewußtsein von der Bedeutung der landschaftlichen und historischen Merkmale der Athener Topographie und wirkten in Eigeninitiative zu deren Bewahrung. Ein früher Vorbote der von Pikionis später ausgeübten Kritik an der Landschaftsverunstaltung durch die Steinbrüche war der Archäologe Konstantin Kontopoulos. Mit Pressekampagnen, persönlichem Einsatz und Memoranden an die Regierung rief er zur *„Rettung der von der Zerstörung bedrohten historischen, mythologischen und ästhetischen Anhöhen Athens“*[6] auf und forderte einen Gesetzesbeschluß zum Verbot von Steinbrüchen und Besiedlung der Anhöhen, Hügel und Berghänge.

5 L. Ross: *„Erinnerungen und Mitteilungen aus Griechenland“*, Berlin 1863, S. 156.

6 So der Titel seines 1887 an den Ministerpräsidenten Charilaos Trikoupis gerichteten Memorandums. Duktus und Inhalt sind quasi die Vorwegnahme entsprechender Pikionischer Texte: *„Wo (sonst) in Europa zerfällt solch ein reizvoller Hügel (der Lykabettos) inmitten der Stadt? Wo auf der Welt ist so eine geschichtsträchtige und ästhetische Landschaft, wie die Athens, mit häßlichen Steinbrüchen und Kalköfen verunstaltet worden? Wo haben Menschen, die den Ruf der Zivilisierten beanspruchen und sich mit der glanzvollen Geschichte ihrer Vorfahren rühmen, dermaßen den Verstand verloren, daß sie sich mit solch einer Besessenheit wie die unseren an den Monumenten der Geschichte und der Kunst ihrer Vorfahren und an der seltenen Schönheit der Natur ihrer Heimat vergehen?“* Hier zitiert nach K. Biris, *„Athen vom 19. ins 20. Jahrhundert“*, 1966, S. 192.

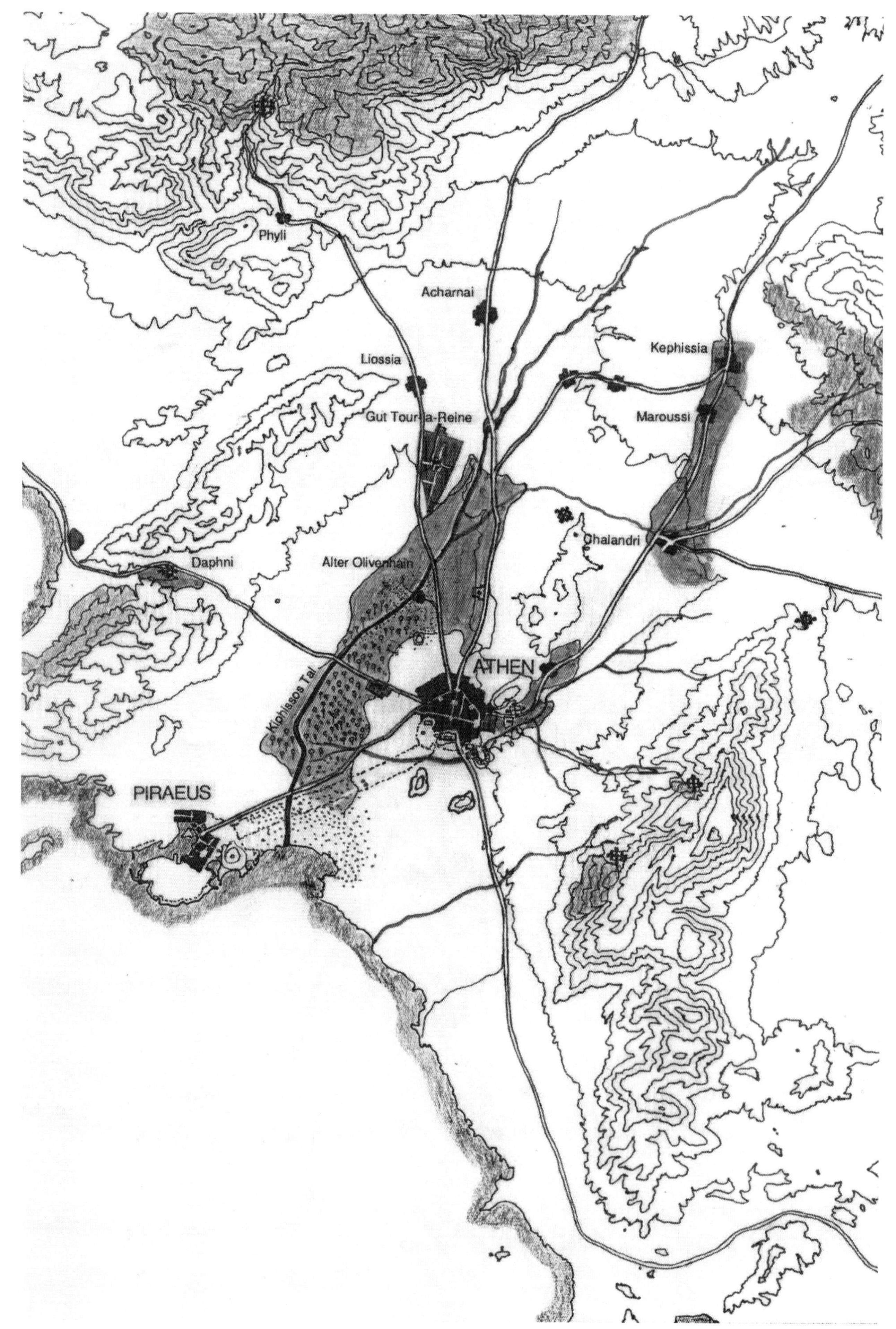

Abb. 3 Das Athener Becken um 1850. Schwarz: Siedlungsgebiet Athens, des Piraieus und der benachbarten Dörfer; grau: Grünflächen. Maßstab 1:165.000

Die Aufforstung der innerstädtischen Hügel ging ebenfalls auf die Initiative von Einzelpersonen[7] zurück, die zur Gründung (1898) eines gemeinnützigen Vereins führte, der 'Filodasiki Enosis' (Vereinigung der Forstfreunde). Unter der aktiven Schirmherrschaft der Prinzessin und späteren Königin Sophie sicherte sich der Verein die Mitgliedschaft, Mitwirkung und finanzielle Unterstützung breiter Kreise der Bevölkerung. Innerhalb des ersten Jahrzehnts seines Bestehens entstand eine Baumschule im Stadtteil Pangrati (der spätere Pangrati-Hain) und an die 300.000 Bäume, meist Pinien, wurden gepflanzt. Die rechtliche Verankerung der Aufforstung staatlicher oder enteigneter Flächen im Athener Becken bot aber erst das 1899 verabschiedete Gesetz. Mit Pinien und vereinzelt mit Zypressen wurden u.a. der Lykabettos, der Museionhügel, der Anchesmos, der Nymphenhügel, die Pnyx und die Abhänge der Akropolis bepflanzt.

Bezeichnenderweise lieferten rein pragmatische Gründe die Hauptmotivation für die Aufforstung, nämlich die zunehmende Trockenheit und Staubigkeit in der Stadt, verursacht durch das fehlende Grün[8] und die dadurch verminderte Fähigkeit des Bodens, das Wasser aufzunehmen und zu halten. Angestrebt wurde weniger eine bewußte Freiraumgestaltung als vielmehr die Begrünung der innerstädtischen Hügel mit den klimatischen Anforderungen angepaßten Pflanzen: Pinien, Zypressen, wilden Olivenbäumen und Agaven. Trotz der Zufälligkeit der Bepflanzungsmuster kann allerdings der Wiederbegrünung der Hügel auch eine reparative Wirkung im Sinne von einer partiellen 'Heilung' der von den Steinbrüchen hinterlassenen Landschaftswunden nicht abgesprochen werden.

In den ersten 20 Jahren des 20. Jahrhunderts verdoppelt sich die Einwohnerzahl Athens auf 250.000, um dann durch den Zustrom der Vertriebenen aus Kleinasien Mitte der zwanziger Jahre die Millionengrenze zu überschreiten. Bis zum ersten Weltkrieg dehnte sich Athen ungefähr auf die Fläche der heutigen Gemeinde Athen aus (ca. 3500 ha). Periphär zum historischen Zentrum mit seiner bewegten hügeligen Konfiguration entwickelten sich die Stadtteile Sepolia, Patissia und Kypseli nach Norden, Neapolis und Kolonaki nach Nordosten, Pangrati nach Osten sowie Veikou und Petralona nach Süden. Diese Stadtteile, die die ursprüngliche Stadtfläche verzehnfachten, besaßen rechtwinkelige Straßengitter, die bezeichnenderweise die drei Hauptrichtungen des dreieckigen Grundschemas des Straßennetzes der Innenstadt übernahmen und so ein Geflecht von unterschiedlich orientierten Stadtbezirken darstellen.

Diese allmählich ohne Gesamtleitplan durchgeführten Stadterweiterungen entstanden unter dem wachsenden Bevölkerungsdruck und unter Nutzbarmachung des privaten Bodens. Da der in städtischem Besitz befindliche Boden einen sehr geringen Anteil der Erweiterungsfläche ausmachte, hatte die Stadtplanung Athens immer wieder einen selbstregulierenden Charakter und hinkte den realen Entwicklungen nach.

Unter diesen Umständen ist es verständlich, daß die Gestaltung der öffentlichen Räume, die Stadtverschönerung sowie die Pflege des städtischen Grüns benachteiligt wurden. Außer dem schon erwähnten Pangrati-Hain, dem kleinen öffentlichen Garten westlich des Theseions und der Begrünung der Hauptplätze der Stadt im Zentrum (d.h. Verfassungs-, Omonoia-, Ludwigs- und Klaftmonosplatz) ist kein weiteres kleinflächiges Stadtgrün, das im nun erweiterten Stadtkörper verteilt wäre, zu vermerken. Eine straßenbegleitende Begrünung in Form von Alleen wurde zaghaft mit der Anpflanzung der Hauptstraßen der Innenstadt sowie der neuen Achsen der Syngroustraße und Alexandraavenue unternommen und zwar mit Pfefferbäumen, die wegen ihres immergrünen Laubes bevorzugt wurden.

Die Schaffung einer ausgedehnten zusammenhängenden Grünzone durch Zusammenfügung der historisch geprägten innerstädtischen Freiräume wurde erstmals von Thomas Mawson in seinem Gutachten zur Stadtentwicklung Athens im Jahre 1914/1919 ins Auge gefaßt. Er schlug die Einrichtung eines großzügigen Bündels von in Richtung Ost-West verlaufenden begrünten Boulevards und neuer Parkanlagen im Süden der Stadt vor, die – wenn verwirklicht – das Kernareal eines ausgedehnten Grüngürtels dargestellt hätten: *„The internal life of the city needs consideration,* schreibt er. *An obvious necessity is a boulevard, park and playground system, which shall add dignity to the Metropolis and match its requirements. Without this utility, the noblest architecture oftentimes looks commonplace ... "* – ein überzeugendes Plädoyer, das noch heute gültig ist: „Ohne diese Einrichtungen wird auch die vornehmste Architektur abgedroschen erscheinen ..." Der Plan wurde zwar nicht konsequent durchgeführt, sein Hauptanliegen hat jedoch die Jahrzehnte überdauert und liegt auch der heute in Verwirklichung befindlichen Leitidee des 'Kulturparks' zugrunde.

Außerhalb der kompakten Stadtareale Athens und der Hafenstadt Piräus bestanden vor 1915 nur drei eigentliche Vorstadtgemeinden: Die ältere Sommerkolonie Kephissia am SW-Hang des Pentelikon etwa 15 km von der Akropolis in Richtung Norden entfernt, die sich früh mit stattlichen Villen

7 Der Ingenieur Andreas Kordelas, der Finanzminister Fokion Negris und der Forstexperte K. Samios. Der Gründung der 'Vereinigung der Forstfreunde' war ein (ergebnisloser) zwanzigjähriger persönlicher Kampf Kordelas für die Aufforstung vorausgegangen. Siehe Biris, *„Athen vom 19. ins 20. Jh."*, o.e., S. 191-192.

8 Weitere Gründe für die gänzliche Zerstörung von Grünflächen waren die Abholzung (von Büschen) für die Feuerung der Kalköfen und das Grasen von Schafsherden.

Abb. 4 Der Museion-Hügel mit dem Denkmal des Philopappos vor der Aufforstung (um 1890)

Abb. 5 Palmengruppe und Denkmal des 'Kyberneten' (Präsidenten) Griechenlands, Johannes Capodistria, im königlichen Garten zu Athen (Entstehungszeit 1838-1862)

und hochwachsendem Grün als die eigentliche Sommerfrische Athens entwickelte; und in südlicher Richtung die Vorstädte Kallithea und Alt-Phaliron, letzteres an der östlichen Spitze der Phaliron-Bucht gelegen.

Im flacheren und größeren westlichen Halbteil des Athener-Beckens und tangential zur Grenze der Stadt verlaufend erstreckte sich, noch immer intakt, der imponierende Olivenhain über eine Fläche von mehr als 2.000 ha und mit einer Gesamtlänge von ca. 10 km. Kleine Dörfer, mit Hofhäusern eher kompakt bebaut, waren nur nördlich von Athen angesiedelt: Von W nach O waren es: Liossia, Menidi (Acharnai), Heraklion (als deutsche Kolonie gegründet), Maroussi, der Kern von Alt-Kephissia und Chalandri. Während die nördliche Hälfte des Beckens landwirtschaftlich genutzt und reichlich begrünt war durch Obstgärten, Weinanbau und Gemüsefeldern, die von den charakteristischen Zypressenzäunen umrahmt wurden, war der südliche Teil in Richtung Meer eher karg und verlassen. Die zwei wichtigen Wasserläufe des Kephissos und des Ilissos versickerten in dem ausgedehnten sumpfigen Gelände der Phaleron Bucht. Das Küstengelände von Phaleron bis Vouliagmeni, etwa 20 km weiter südlich gelegen, war Brachland.

Etliche private landwirtschaftliche Güter (darunter: Gut Syngros, Gut Varkiza, Gut Trachones, Gut der Familie Fix in Herakleion, Gut Tour la Reine usw.) – die bezeichnenderweise alle noch bis zum heutigen Tag, wenn auch wenig zugänglich, bestehen geblieben sind – waren schon früh im Umfeld der Stadt in unterschiedlichen Entfernungen angesiedelt. Sie waren unterschiedlich groß (kleinstes das sogenannte 'Hasseki-Gut' des ehemaligen türkischen Voivoden, das zur ersten staatlichen Baumschule umfunktioniert wurde, etwa 4 ha groß, größtes das Gut der Königin Amalia und später der Familie Serpieri, bekannt als 'Tour la Reine' mit einer ehemaligen Ausdehnung von 250 ha, heute nur 120 ha), besaßen Landhäuser und Stallungen, einen Kern von Pinien- bzw. Zypressenwäldern sowie Flächen mit Wein-, Oliven- und Pistazienanbau. Sie stellten stadtunabhängige 'Oasen' in der eher kargen attischen Landschaft dar.

Da die stadtnahen Hänge des Aigaleos im Westen und des Hymettos im Osten nur spärlich mit Macchia bedeckt waren und keine Grünzüge – außer dem großen Olivenhain und dem begrünten Kephissostal – das Becken durchkreuzten, die Stadt aber nur etwa ein Zwanzigstel der Gesamtfläche des Athener Raumes einnahm, war der vorherrschende stadtlandschaftliche Charakter der einer kompakten und wenig begrünten Mittelstadt in offenem Kontrast zu einem unterschiedlich intensiv landwirtschaftlich genutzten und punktuell durch Güter, Dörfer und Gärten belebten Umland.

3. Auf dem Weg zur Großstadt: 1920 -1945

Starke Besiedelungstätigkeit nach der Zuwanderung der Flüchtlinge aus Kleinasien (1922) sowie die verheerende spätere Abholzung während der Notjahre des zweiten Weltkrieges, sind als Hauptursache des Schwindens der Grünflächen im Athener Becken im Laufe der ersten Hälfte des 20. Jahrhunderts zu betrachten. Dazu kommt die permanente Knappheit der Bewässerungsmöglichkeiten,[9] die erst seitdem im Jahre 1965 der gewaltige Erdstaudamm Mornos (mit einer Kapazität von 700.000.000 m^3) westlich von Delphi erbaut wurde, als überwunden gelten kann.

Der Erfolg von wichtigen frühen staatlich geförderten Wiederaufforstungskampagnen (so z.B. an den Hymettos-Hängen und im Tatoi-Wald nördlich von Athen) wurde im Laufe des 20. Jahrhunderts von kriminell angelegten Großbränden, zur illegalen Gewinnung von Bauland, immer wieder vereitelt.

Im Zentrum der Agglomeration, also auf dem Gebiet der Gemeinde Athen, veränderten die großangelegten Aufforstungsbemühungen zur Begrünung einer Anzahl von innerstädtischen Hügel aber auch die archäologische Grabungstätigkeit auf allmählich enteigneten Flächen, nachhaltig das Erscheinungsbild der historischen Freiräume Athens. Anfängliche planerische Zielsetzungen bei der Neustadtgründung, aber auch Zufälle in der späteren städtebaulichen Entwicklung sicherten das Ausbleiben größerer baulicher Eingriffe und somit auch den Freiraumcharakter der unverkennbar historisch geprägten Athener Topographie.

Und in der Tat: Begrünung der historischen Areale, archäologische Spatenforschung und Sicherung der Unbebaubarkeit dieser Gebiete, waren Faktoren, die in gegenseitiger Wechselwirkung das Schicksal des Raumes in Athen prägten. Dabei garantierte einerseits die Aufforstung den Status *non aedificandi* der historischen Areale und verhinderte endgültig die weitere Landschaftszerstörung im Stadtgebiet durch Steinbrüche, stand aber auch andererseits oft künftigen Ausgrabungen im Wege (so z.B. auf den West- und Südabhängen der Akropolis, auf Teilen des Museionhügels usw.).

Im Laufe der dreißiger Jahre schritt man zu den ersten großangelegten Unternehmen der Erkundung des antiken Erbes außerhalb der Akropolis. Zwar hatte die archäologische Forschung schon mit dem Bereich des Dionysos-Theaters, des Odeion der Regilla, der Pnyxterrasse, der klassischen Wohnbebauung am Westhang des Areopags, Teilen der Römischen Agora und dem Kerameikos-Friedhof im

9 Erst in den letzten Jahrzehnten des 20. Jahrhunderts ist die Anpflanzung mit einem Bewässerungsnetz systematisch unterstützt worden.

Abb. 6 Der nördliche Hang des felsigen Gipfels des Lykabettos-Hügels, in seinen niedrigeren Partien durch Aufforstung begrünt

19 Jh. eingesetzt; nunmehr galt es aber, das Gesamtareal der griechischen Agora, des von Pausanias genau beschriebenen Zentrums antiken öffentlichen Lebens, auszugraben. Dies unternahm nach einem abgeschlossenen Staatsvertrag die 'American School of Classical Studies', die im Laufe von 25 Jahren, mit einer Unterbrechung während des zweiten Weltkrieges, die etwa 10 ha der klassischen Agora freilegte und dadurch entscheidend zu unseren Kenntnissen nicht nur der Athener Topographie und Stadtgeschichte, sondern auch der politischen Struktur der antiken Polis beitrug.

Auch das etwa 1 km nordwestlich des Kerameikos gelegene Gelände der antiken Akademie und ihrer Gärten wurde von der altehrwürdigen 'Archäologischen Gesellschaft zu Athen' teilweise enteignet und erforscht. Die Freilegung durch Enteignung der etwa 900 m langen linearen Achse des antiken Grabweges, des 'Demosion Sema', der das Dipylon und den Kerameikos mit der Akademie verband, konnte leider damals (aber auch bis heute) nicht durchgesetzt werden. Dies ist um so bedauerlicher, da durch die Schaffung dieses 100 m breiten begrünten Korridors nicht nur eines der wichtigsten antiken Gelände der Stadt freigelegt, sondern auch die westliche, niedrig gelegene und unterentwickelte Peripherie der Innenstadt durch einen monumentalen Grünstreifen aufgewertet worden wäre.

Während so durch die planerische Sicherstellung wichtiger innerstädtischer 'kulturell besetzter' Freiflächen das historische Stadtbild geschützt und die Lebensqualität in der Stadt Athen verbessert wurde, wuchs zu gleicher Zeit der Druck auf die zentral gelegenen Stadtviertel durch eine tiefgreifende Tendenz zur Umstrukturierung ihrer Bebauungsart und ihres Wohnumfeldes.

Die herkömmlichen klassizistischen Wohn- und Geschäftsviertel von Athen und Piraeus, aber auch Teile der städtischen Peripherie, die früher mit zwei- bis dreigeschossigen, oft von Gärten umgebenen Ein- oder Mehrfamilienhäuser bebaut waren, erlebten schrittweise ab 1925 eine radikale Veränderung: An ihrer Stelle trat allmählich eine maßlose Verdichtung durch Mehrfamilienhäuser und Bürobauten ein. Die neue Bebauung gestaltete sich auf Miteigentumbasis, ohne angemessene Freiräume (d.h. ohne Sicherung von entsprechend dimensionierten Straßen und Plätzen) und ohne Aussparung von Freiflächen zur Erholung und zur Reduktion übermäßiger Besiedlungsdichte.

Es ist schwierig zu beschreiben, was der alles beherrschende neugriechische Begriff der 'Polikatoikia' (d.h. Mehrfamilienhaus), der in der Zwischenkriegszeit institutionalisiert und eingeführt wurde und heute das Stadtbild der griechischen Städte bestimmt, tatsächlich bedeutet: Auf Grundstükken die vormals mit bescheidenen Einfamilienhäusern bebaut waren, wuchsen sechs- bis zehngeschossige kompakte Gebäude, ohne Hof, mit einer Geschoßflächenzahl bis 7,0 und einer Grundstücksüberbauung von bis 87,5% hastig empor. So erscheint die Wohnqualität und besonders das Wohnumfeld einer Berliner Mietskaserne aus dem 19. Jh. als eine Segnung im Vergleich zu dieser berüchtigten neugriechischen städtischen Realität.

Um die sich schon relativ früh abzeichnende völlige Unzulänglichkeit dieses neuentstehenden städtischen Umfeldes etwas zu verbessern, entwickelte die Stadt Athen in der zweiten Hälfte der dreißiger Jahre (und unter der Leitung eines Generalgouverneurs für die Hauptstadt) ein Programm punktueller Stadtteilverbesserungen in Form von Errichtung von Lebensmittelmärkten, Kinderspielplätzen und kleineren Grünanlagen oder Platzbegrünungen in den Wohnvierteln. Den steinernen Charakter der Stadtgestalt konnten diese Maßnahmen jedoch kaum verbessern.

Aus dieser Zeit stammen zwei wichtige städtische Grünanlagen, beide zur Auflockerung der Bebauung und zu Erholungszwecken im Bereich der intensiv sich entwickelnden peripheren, nördlich gelegenen Innenstadtvierteln Patissia und Kypseli entworfen.

Es handelt sich dabei an erster Stelle um die Anlage des Marsfeldes (Pedion tou Areos) das noch heute mit einer Fläche von 22 ha die größte Parkanlage im Athener Stadtgebiet darstellt. Der Park ist eine formalistische Grünplanung, typisch für die Zwischenkriegszeit, stark von den öffentlichen Parkanlagen von Ausstellungsarealen beeinflusst und nach französischem Vorbild konzipiert. Die Alleen sind asphaltiert, lineare Achsen und geschwungene Nebentrassen gliedern das Ganze auf monumentale Art. Büsten der Freiheitskämpfer sowie das Reiterstandbild König Konstantins betonen den erwünschten Volksparkcharakter. Die Anlage wird nach Osten durch die letzte großzügige Schöpfung des Athener Klassizismus, die ehemalige Kadettenschule (1900, Architekt Ernst Ziller) heute Justizgebäudekomplex, mit ihren umfangreichen Gärten und durch den angrenzenden Pinienhain eines niedrigen Hügels (Gesamtfläche zusätzliche 16 ha) ergänzt.

Auch der Grünzug der Phokionos-Negri-Straße, auf einer leicht geschwungenen Trasse eines zugeschütteten Stadtbaches entstanden, ist für die Athener Verhältnisse eine seltene positive Ausnahme: Hier entstand mitten in einem dicht besiedelten Stadtviertel (Kypseli) eine etwa 600 m lange und 80 m breite Achse mit hochgewachsenen Grünanlagen, die mit Kinderspielplätzen, Gartenrestaurants und Erholungsterrassen ausgestattet, inzwischen völlig verkehrsberuhigt, das Wohnviertel auflockert und belebt.

Einem beträchtlichen Teil der neuen Stadtbevölkerung, hauptsächlich aus Flüchtlingen aus Kleinasien bestehend, wurde zur gleichen Zeit durch ein beeindruckendes Programm eines staatlichen bzw. kooperativ initiierten sozialen Wohnungsbaues geholfen. So entstand zwischen den beiden Weltkriegen in Athen eine beachtliche Zahl neuer vorstädtischer Wohnviertel, und zwar an der Peripherie der Innenstadt in einem Radius von 3 bis 5 km vom Zentrum entfernt. Sie sind die ersten Beispiele geplanter Nachbarschaftseinheiten mit zwei- bis dreigeschossigen Miet- bzw. Eigentumswohnhäusern. Diese neuen Quartiere wurden später oft durch privat finanzierte unkoordinierte Aufstockung leider teilweise verunstaltet. Andere blieben bis heute relativ unversehrt und bieten noch immer menschengerechte Wohnverhältnisse im Gefüge der Großstadt an.

Die neuen Stadtteile wurden sowohl auf schachbrettartigem Grundmuster (Kaissariani, Nea Smyrni) als auch – und dies zum ersten Mal in der neueren Stadtgeschichte Athens – auf kurvenreichem – freigeschwungenem Straßennetz (Nea Philadelphia, Nea Ionia, Ilioupolis) errichtet. Letztere Option war ein oberflächiger Versuch, den neuen Ansiedlungen partout den Charakter einer begrünten Vorstadt zu geben. Tatsächlich bestanden diese Stadtteile aus freistehenden Einzel- oder Reihenhäusern mit kleinen Vorgärten versehen, die um eine meist stark begrünte Hauptachse und etliche gewöhnlich runde Hauptplätze gruppiert waren. Trotz der inzwischen oft erfolgten Verdichtung auch dieser Wohngebiete, stellen sie eine ausgleichende Alternative zur Unwirtlichkeit der innerstädtischen Bebauung dar.

Ein noch besseres Ergebnis wurde durch den genossenschaftlichen Wohnungsbau – hauptsächlich von Vereinen der Bankangestellten (Vorstädte Ekali, Psychiko, Philothei) oder später in den 60er Jahren der Berufsoffiziere (Papagou) – erreicht. Bei diesen Planungen von ausgedehnten Wohnvierteln, die alle in der östlichen, klimatisch vorteilhafteren Hälfte des Athener Beckens angesiedelt wurden, wurde zum ersten Male in Griechenland – und dies bleibt bis heute eine positive Ausnahme – durch Ortsatzung eine Festlegung der zugelassenen Nutzungen (d.h. Wohnen, Ausbildung, Erholung, Nahversorgung) unter Ausschluß gewerblicher Niederlassungen, durchgesetzt.

Auch ist es gelungen, den größeren Zuschnitt der Grundstücke (1.000-2.000 m^2), die offene Bauweise, die zwei- bis dreigeschossige villenartige Bebauung und die starke Begrünung dieser Wohnvororte bis in die Gegenwart aufrecht zu erhalten, da der gesellschaftliche Konsens der Bewohner (gehobenes Bürgertum) die Sicherung der Wohnqualität anstrebte und sich gegen die Bodenspekulation durchsetzte.

So ist z.B. Ekali eine vorbildlich geplante, stark begrünte Villenkolonie, die in einem seit altersher bestehenden Pinienwald am westlichen Abhang des Pentelikon-Gebirges 20 km nördlich von Athen errichtet wurde. Die großzügig schleifenförmigen Straßenzüge, die beträchtliche Größe der Grundstücke sowie die Tatsache, daß die Ansiedlung nicht wie üblich nachträglich begrünt, sondern im wahren Sinne des Wortes in einen Waldbestand, ohne diesen zu verschandeln, hineingebaut wurde, verleihen dem Vorort eine für Griechenland einmalige Wohnqualität.

In den vorerwähnten neuen peripheren Vorstadtvierteln wurden mittelgroße Grünzüge (z.B. in Philothei) oder auch ausgedehnte Parks (z.B. in Nea Philadelphia) eingeplant. Auch systematisch angepflanzte straßenbegleitende Alleen prägen das Stadtbild dieser Vororte. Zuletzt schufen auch neue Friedhöfe (heute 36 an der Zahl im Athener Becken), die zur Entlastung des ersten (zentralen) Athener Friedhofs angelegt wurden, durch ihre gezielte Begrünung neue, über das ganze Siedlungsgebiet gestreute Grünflächen, die jedoch der öffentlichen Nutzung als Erholungsparks vorenthalten blieben.

Am östlichen Rande der Phaleron-Bucht, sechs km südlich vom Athener Stadtzentrum, wurden in der Zwischenkriegszeit auch zwei größere Freiflächen speziellen Nutzungen gewidmet, die bis heute

Abb. 7 Generalplan der Gartenstadt Philothei, 5 km nördlich der Athener Innenstadt, in den 30er Jahren des 20. Jh. angelegt

den nicht-bebaubaren Status dieser Areale sicherten. Es ist die Rede hier von dem Areal der ehemaligen Athener Pferderennbahn sowie dem ehemaligen Gelände der Luftwaffe (Landungshafen für die Wasserflugzeuge), beide beträchtliche, mit hohem Baumbestand teilweise versehene Areale, jeweils etwa 15 ha groß, die heute ihrer baldigen Umgestaltung (nach Verlegung der alten Nutzungen) zu wesentlichen Teilen des sich in der Realisierungsphase befindlichen großen Wasserfrontparkes harren.

4. Freiraumgestaltung im Ballungsraum: 1945-1980

Die Vision von einer 'Grünen Mitte' für Athen erwies sich als zählebig: Gleich nach dem zweiten Weltkrieg, im Jahre 1946, tauchte der alte Vorschlag in erweiterter Form abermals auf. Dieses Mal ist es der Stadtbaurat Athens und profunde Athen-Forscher Konstantin Biris, der sich für ihn einsetzt. Ein wesentlicher Unterschied besteht allerdings zwischen dem älteren Vorschlag T. Mawsons und Biris' Konzept bezüglich der Rolle der historisch geprägten Gebiete innerhalb des innerstädtischen Grünzuges. Mawson wollte darin die antiken Ruinen als authentische 'Objets trouvés', als dekorativen Blickfang, umgeben von Stadtpromenaden, kleinen Hainen und einigen erhaltenen klassizistischen Häusern, aufnehmen. Weniger die repräsentative Funktion der Antiquitäten als die wahren archäologischen Belange und die Steigerung der Lebensqualität in der Stadt hatte dagegen Biris im Sinn. Der in der Zwischenzeit erhebliche Zuwachs der innerstädtischen Freiräume, durch die Ausgrabungen der Agora, des Kerameikos und der Akademie, ließen bei ihm den Gedanken eines ausgedehnten Monumentalparkes entstehen. Seine Hauptziele waren die Fortsetzung der Ausgrabungen in großem Maßstab und – nach deren Beendigung – die Einfügung von kulturellen und Sporteinrichtungen (großes Stadion, Freilichttheater, Museen usw.) in diesen Bereich. Diese neuen Nutzungen schienen ihm mit dem 'Avaton' (dem unbetretbaren Charakter) des historischen Raumes nicht unvereinbar – erstaunlich, wenn man bedenkt, wie vehement er sich wenig später der 'Invasion' (so nannte er Pikionis' Werk im Vorfeld der Akropolis) in denselben Raum widersetzte. Auch Biris' Vorschlag blieb auf dem Papier.

Im Laufe der fünfziger Jahre zeichnete sich der Abschluß der Ausgrabungen im südlichen, größeren Teilgebiet der klassischen Agora ab. Zum ersten Mal sah man sich nun – 120 Jahre nach der Gründung Neu-Athens – mit der Aufgabe der Gestaltung und Einbeziehung eines ausgedehnten Ausgrabungsfeldes in das lebendige Gefüge der Stadt konfrontiert.

Erste Vorstellungen der Planungsbehörden zur Freiraumgestaltung im Umfeld der Akropolis stammen auch aus dieser Zeit. Der Leitplan für den zentralen historischen Bereich (1954) – aufgestellt von der Stadtplanungsabteilung des Ministeriums für öffentliche Werke – schlägt eine räumliche Vereinheitlichung der historischen Freibereiche vor und zwar durch die Schaffung eines Erschließungsringes, der die Gebiete der Agora, des Areopags, der Akropolis, der antiken Theater am Südhang, der westlichen Hügel und der Altstadt 'Plaka' zusammenfassen soll.[10] Allerdings wird das Weiterbestehen der schmerzhaften Zäsur der Apostel-Paulus-Straße durch das archäologische Gebiet – wie übrigens auch bei allen späteren Konzepten – verkannt.

Angedeutet ist auch auf diesem Plan die Absicht der Verbindung der Agora mit der Akropolis durch die Wiederbelebung des antiken Weges der Panathenäen – eine unentbehrliche Erschließungsmaßnahme des antiken Geländes, die bis zum heutigen Tag leider unausgeführt geblieben ist. Gegenwärtig sind nur Teilbereiche des geschichtsträchtigen Areals zusammenhängend begehbar, und meistens mit unbefriedigenden Anbindungen untereinander. Wichtige Randbereiche, wie das Olympieion und das Ilissosgebiet im Südosten der Akropolis sind vom Zentralbereich durch stark befahrene Straßenachsen abgeschnitten.

Zu dieser Zeit schritt man also unter dem Druck des anwachsenden Fremdenverkehrs zu einer konsequenten Gestaltung wichtiger historischer Freiräume. Die antike Agora wurde in einen archäologischen Park umgestaltet, die Senke des Eridanos-Baches im Kerameikos mit Sumpfpflanzen bepflanzt und die antiken Grabhügel begrünt, der Vorbereich des Odeion der Regilla zugänglich gemacht und nach den Ausgrabungen daselbst in einen kleinen Park umgestaltet; auch der nördliche Ausgrabungsbereich des Olympieions wurde mit Grasflächen und Akanthus-Pflanzen versehen.

In dieser Reihe gartengestalterischer Eingriffe der 50er Jahre stellt der Beitrag von Dimitris Pikionis, der die Zugangswege zur Akropolis und zum Museionhügel neu gestaltete, eine spezielle Leistung dar, da seine Neuordnungsmaßnahmen zwar aufgeforstetes, aber noch nicht archäologisch gründlich durch Ausgrabungen untersuchtes Gelände betrafen.

Die Lösungsansätze waren bei diesen Freiraumgestaltungen sehr unterschiedlich: Strebte der amerikanische Gartenarchitekt Ralph Griswold in der Agora an erster Stelle die Ablesbarkeit der antiken Ruinen an und ließ daher das Areal sehr zurückhaltend neu bepflanzen, so wagte Pikionis eine "Interpretation" der historischen Landschaft durch gekonntes Dazufügen von neuen gepflasterten Wegen, Kleinbauten und Aussichtsterrassen. Die Gestaltung des Geländes vor dem Odeion der Regilla (Architekten Ch. Lembessis und A. Papageorgiou-Venetas) lehnt sich eher an die Gestaltung des Agorageländes unter Anwendung eines dichteren Bepflanzungsmusters an.

Was die Gestaltung der historisch geprägten Stadtlandschaft im Zentrum des Athener Beckens betrifft, so bleibt seit dem 19. Jh. eine weiter aufgeworfene Frage nach wie vor kontrovers: Sollen archäologische Stätten, geschichtsträchtige Orte und insbesondere das Umfeld der Felsformationen der historischen Hügel überhaupt bepflanzt werden, oder bringt im Gegenteil das Bewahren ihrer ursprünglichen Kargheit ihre plastischen Qualitäten besser zur Geltung und kommt auch der Ablesbarkeit der archäologischen Funden *in situ* zugute? Als Vertreter dieser zweiten Auffassung hat der Maler und Ästhet Jannis Tsarouchis, bekannt für seine Spitzzüngigkeit, im Jahre 1975 – nicht ohne Übertreibungen – seine Einwände in einem Essai unter dem Titel „*Die Hysterie des Grüns*" zum Ausdruck gebracht. Er soll hier kurz zitiert werden: „*So verständlich es auch sein mag, daß man das Seltene und Andersartige begehrt, so müssen wir zugeben, daß die Art, in der der Grieche vom Westen träumt (...) einem speziellen Nationalkomplex gleichkommt, in dem Genialität, Furcht, Aberglaube, edle Phantasie und unerträgliche Trivialität (...) anzutreffen sind. Das große Symbol dieser Neurose ist das 'Grün' (...). Sicherlich eine achtbare Neurose, diese Manie für das Grün, jedoch nicht für die Gegenden ge-*

10 Später sprach sich auch Johannes Travlos, der Architekt der Agora-Ausgrabungen, für die Schaffung einer zusammenhängenden archäologischen Zone um die Akropolis innerhalb der Straßen Apostolou Pavlou, Hermou, Pandrosou, Byronos und Dionysiou Areopagitou, aus. In diesem freigelegten Areal sollten nicht nur die antiken Monumente, sondern auch punktuell mittelalterliche und türkische Bauten, sowie früh- und spätklassizistische Häuser im Sinne einer baugeschichtlichen Dokumentation erhalten werden. Siehe: Johannes Travlos, 'Der freizulegende archäologische Raum Athens. Ein grundlegendes Thema seiner Stadtplanung', in: Zeitschrift „*Architektoniki*", Nr. 38, 1963, S. 49.

Abb. 8 Die Akropolis und die Athener Innenstadt von NO. Im Vordergrund die begrünten Südhänge des Lykabettos. Links in der Mitte der königliche Garten und das ehemalige königliche Schloß (heute Parlamentsgebäude)

Abb. 9 Das Monument des Staatsmannes Elephtherios Venizelos im gleichnamigen Park im Osten der Athener Innenstadt

dacht, in denen naturgemäß der große Herrscher der griechischen Landschaft regiert: der Fels. Die griechischen Wälder sind die griechischen Felsen. Das Grün sollte dort gepflanzt werden, wo es die Felsen nicht stört. Diese sind die unsterblichen plastischen Werke der Natur die ewig unserer Landschaft ihre Eigenart verleihen. Das Grün gehört woanders hin. Neben den Felsen oder antiken Ruinen sollte kein Grün gepflanzt werden.“

Tsarouchis einseitiges Bekenntnis beweist offensichtlich eins: nicht einmal über den Wunsch nach Begrünung herrscht in Athen bei den ästhetisch Sachkundigen Übereinstimmung! Diese war jedoch in der Athener Öffentlichkeit – und zwar zugunsten des Stadtgrüns – seit je vorhanden.

Bis in die siebziger Jahre des 20. Jahrhunderts war das Problem der die Stadtsilhouette beeinträchtigenden Steinbrüche nicht gelöst. Der Steinabbau verlagerte sich auf die Peripherie, d.h. auf die die Stadt umgebenden Berge den Vrilissos, den Hymettos, den Aegaleos und das Pentelikon, die inzwischen durch die beträchtliche Ausdehnung Athens für den Siedlungsraum optisch wirksame Bezugselemente darstellen. Vor diesem Hintergrund überrascht der rein verbale Charakter der Protesthaltungen in der Öffentlichkeit, und die begrenzte Wirkung der Ermahnungen Pikionis zu jener Zeit wird verständlich.

So ist die Resignation unüberhörbar, wenn Pikionis in seiner Rede mit dem bezeichnenden Titel *„Schändung der Erde“* die erschütternde Bilanz neugriechischer Landschaftszerstörung zieht: *„Die Steinbruchtätigkeit setzt ihr verhängisvolles Werk fort. Wenn sie nicht vollkommen zerstört, bewirkt sie etwas schlimmeres: sie verstümmelt die Formen, verunstaltet den Charakter der Landschaftskonturen (...). Diese Erde (d.h. die attische) liegt nun da, wie der bis vor kurzem noch schöne Körper eines göttlichen Wesens, dessen Gewebe die Krankheit zerfrißt. Und wenn sie eine Stimme besäße – und sie besitzt eine, aber wir hören sie nicht – würde sie sagen: Ihr Feigen und Ignoranten und Barbaren, was tut ihr? Was zerstört ihr? Wißt ihr nicht, daß ich Mutter und Ernährende bin, die Wiege, die Herkunfts- und Geburtsstätte des vergangenen und des künftigen Ruhms?“*[11]

Im Laufe der 50er und 60er Jahre zeichnen sich aber auch die ersten zielstrebigen Versuche einer großflächigen Landschaftsreparatur an landschaftlich besonders reizvollen Orten, wie den Hängen des Hymettos und des Aigaleosgebirges, ab. Die Neubepflanzung der Umgebung zweier byzantinischer Klöster am Westhang des Hymettos, wird von der ‘Vereinigung der Forstfreunde’ und mit massiver Unterstützung des Staates in Angriff genommen. Es sind dies der Bereich um das Kloster des Hlg. Johannes des Jägers auf der niedrigen Nordspitze des Berges sowie das schattige Tal des Kaisariani-Klosters, 5 km östlich des Stadtzentrums gelegen (Gesamtfläche etwa 225 ha). Die historischen Klosteranlagen werden restauriert, ein Bewässerungssystem angelegt, eine Baumschule organisiert und mehr als 2.000.000 Bäume im Laufe von 30 Jahren gepflanzt. Die Verschönerung dieser Gegenden wird zur Zivilpflicht der Athenischen Jugend: Gymnasiasten, Sportvereine, Pfadfinder pflanzen eifrig mit.

Auf dem diametral gegenüberliegenden Hange des Aegaleosgebirges, 7 km westlich vom Athener Stadtzentrum entfernt, liegt in der Talmulde zwischen dem Athener Becken und der Ebene von Eleusis das wichtigste Byzantinische Monument Attikas, das Daphni-Kloster aus dem 12. Jahrhundert. Diese Gegend erfährt zur gleichen Zeit eine ähnliche Aufwertung wie das Kaisariani-Tal. Das Daphni-Kloster war von alters her von einem ausgedehnten, hochgewachsenen Pinienwalde umgeben (Gesamtfläche etwa 200 ha). Er wird nun umzäunt, Waldwege werden angelegt und das Areal wird teilweise bewässert. Später, in den siebziger Jahren entsteht hier der neue Botanische Garten der Universität Athen (Diomedes-Stiftung), von der deutschen namhaften Gartenarchitektin Herta Hammerbacher/Berlin entworfen.

Die vorerwähnten Aufforstungsgebiete, von einer Gesamtfläche von etwa 400 ha, waren die ersten regional wirksamen begrünten Erholungsflächen außerhalb des Stadtgebietes, in relativer Nähe zur Innenstadt gelegen und für die Stadtbevölkerung gut zugänglich. Zusammen mit dem Wald des Kareas-Klosters auf der Südwestflanke des Hymettos gelegen (Ausdehnung etwa 160 ha), der der früheren Abholzung Stand gehalten hatte, waren dies bis Mitte der siebziger Jahre die einzigen Waldflächen auf den östlich bzw. westlich der Stadt gelegenen Berghängen.

Zwischen 1960 und 1980 entstand auch durch Zusammenfügen älterer bewaldeter Kleinflächen und durch den Ausbau des neuen Universitäts-Kampus im Osten der Stadt der erste überörtliche Grünkeil, der sich auf einer Gesamtlänge von 3,5 km erstreckend (bei einer Durchschnittsbreite von 400 m) das Kaisariani-Tal an den Hymettoshängen mit dem Syngros-Hain unmittelbar am östlichen Rande der Innenstadt verbindet. Dieser Grünzug lieferte auch das Vorbild für die weitere Planung eines Grünkeilsystems, das den Athener Grüngürtel (suburbanes Grün der bepflanzten Berghänge) mit den innerstädtischen Grün- und Erholungsflächen verbinden soll.

Zur gleichen Zeit wird an der Phaleron-Bucht durch Aufschüttungen der seichten Küstengewässer eine künstliche Freifläche geschaffen. Dieser etwa 3 km lange und 200-250 m breite Landesstreifen steht nun seit mehr als dreißig Jahren den Planern zur Disposition, nachdem die frühe Gefahr einer falschverstandenen ‘Inwertsetzung’ durch die Errichtung von fünf dreißiggeschoßigen Hoteltürmen

11 D. Pikionis: ‘Die Schändung der Erde’, in: *„Texte“*, 1985, S. 131.

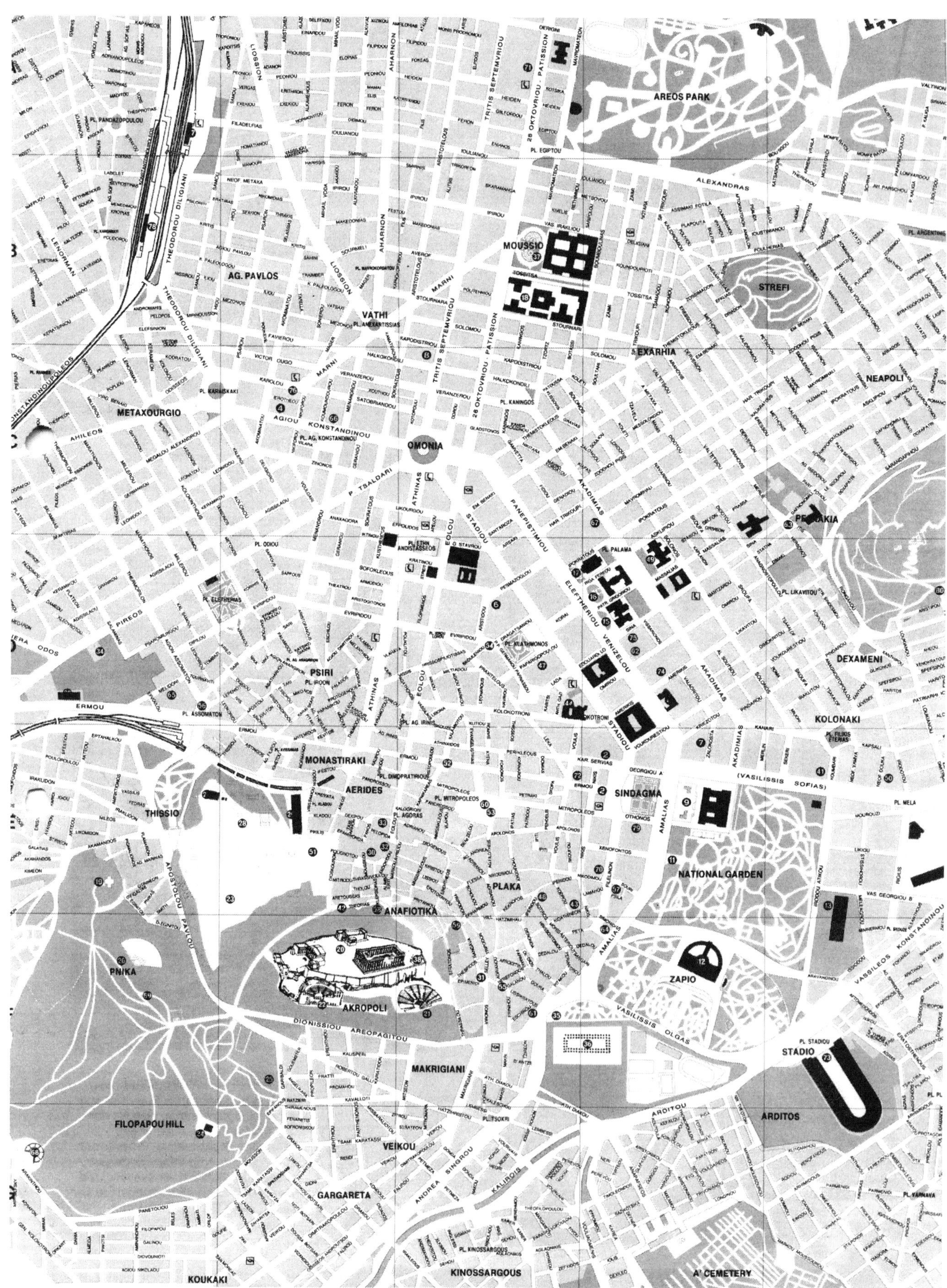

Abb. 10 Stadtplan Athens (Zentrum). Schwarz: öffentliche Bauten; dunkelgrau: Grünflächen. Maßstab 1:15.000

gebannt wurde. Inzwischen sind ansatzweise am westlichen bzw. östlichen Rande dieser Wasserfront frei zugängliche Volksparks entstanden. Auch ein Jachthafen und ein gewaltiger Sportpalast kamen dazu. Der ausgedehntere mittlere Teil des Zuschüttungsgeländes, der das visuelle Vorfeld der Athener Ebene für den vom Meere sich der Stadt annähernden darstellt, bleibt jedoch noch bis zum heutigen Tage vernachlässigtes Brachland.

5. Jüngste Initiativen zur Umweltverbesserung: 1980-2010

Wir schreiben nun das Jahr 1980. Der Ballungsraum Athen hat sich inzwischen zu einer von der Umweltverschmutzung schwer belasteten Millionenstadt entwickelt. Besonders die Innenstadt leidet unter der Unwirtlichkeit der planlosen Verdichtung und dem ausufernden Individualverkehr. Die in den vergangenen Jahrzehnten den innerstädtischen Grünflächen geschenkte Aufmerksamkeit der Behörden bleibt weiter wirksam. Zum dritten Mal im Laufe des Jahrhunderts formuliert eine Gruppe von Fachleuten auf eigene Initiative und unter der Leitung des Architekten Alexander Photiadis erneut den alten Gedanken der Schaffung eines vereinheitlichten innerstädtischen Grüngürtels zur Aufwertung und Entlastung der Innenstadt. Die alt-neue Zielvorstellung erhält nun die etwas unscharfe Bezeichnung 'Athener Kulturpark'.

Der Akzent wird jetzt auf die notwendigen unterirdischen Abstellflächen und die verkehrstechnischen Lösungen (d.h. die Über- bzw. Unterführung wichtiger Abschnitte der das Gesamtareal der Freiflächen durchkreuzenden Hauptverkehrsachsen zur direkten räumlichen Verbindung der verschiedenen Teilbereiche) gelegt. Der Vorschlag wird dieses Mal sowohl von der Öffentlichkeit als auch von den staatlichen Stellen begrüßt. Das Kultusministerium vergibt in den Jahren 1989 bzw. 1995 wichtige vorbereitende Studien, die Dokumentation über Infrastruktur, Nutzungsgefüge, denkmalpflegerische Belange usw. ermitteln sollen. Die politische Absicht ist so zwar klar artikuliert, die konkreten Schritte zu einer Verwirklichung zeichnen sich allmählich ab. Als erste erfolgreich durchgeführte Maßnahme soll hier die Gestaltung des 'Athener Spazierweges', d.h. des neuen, monumentalen Zugangs zur Akropolis in den Jahren 2000-2002 erwähnt werden.

Wichtige Freiflächen, wie der Lykabettos, der Ardettos und ein beträchtlicher Teil des Museionhügels werden mit einem Bewässerungsnetz ausgestattet, ergänzend bepflanzt und mit einem Geflecht von Pfaden versehen. Historisch einmalige Orte, wie die Gegend um die Kallirohequelle, die Olympieionterrasse, die antike Akademie und der Hügel des Kolonos Hippios, harren jedoch noch immer ihrer Gestaltung.

Während die Altstadt 'Plaka' – inzwischen weitgehend saniert – dem Fußgänger wieder vorbehalten bleibt, bleibt die Frage nach der Freilegung des 900 m langen Korridors der antiken Gräberstraße zwischen Dipylon und Akademie weiter ungelöst. Am östlichen Rande der Athener Innenstadt ist die Gestaltung des langgestreckten Areals des begrünten Kulturzentrums der Stadt nach einer dreißigjährigen zögerlichen Entwicklung noch immer nicht abgeschlossen.

Auch die gezielte Bepflanzung der Berghänge (besonders am Hymettos und am Aegaleos), die stark durch früheren Steinabbau verunstaltet waren, blieb bis zu dieser Zeit noch aus. Im Laufe der letzten 25 Jahre konnte endlich die Stillegung aller Steinbrüche im Athener Becken durchgesetzt werden. Ein beträchtlicher Teil der hinterlassenen Kraterlandschaft wurde mit den beim Aushub der neuen U-Bahnstrecken gewonnenen Erdmassen zugeschüttet.

Inzwischen haben jedoch die betroffenen Randgemeinden des Athener Beckens einen beträchtlichen Teil der etwa 50 stillgelegten Steinbruchareale, oft ohne genaue Klärung der Besitzverhältnisse, neuen Nutzungen zugeführt. So entstanden durch Nutzbarmachung der Bodenmulden der Steinbruchkrater fünf große Freilichtbühnen, in denen im Laufe des Sommers mit Erfolg Theatervorstellungen stattfinden: Sogar Peter Stein führte im Theater Petras (Bühne zu den Steinen) an den Osthängen des Poikillon Oros (Aegaleos) gelegen, im Jahre 1982 seine Orestie auf!

Der beträchtliche Mangel an Frei- und Erholungsflächen in diesen mit sozialer Infrastruktur schlecht ausgestatteten und sehr dicht bebauten peripharen Wohngebieten führte auch oft zur Einrichtung von Sportflächen und Fußballspielplätzen in den besagten Arealen. Auch wenn diese Lokalinitiative im Prinzip zu begrüßen ist, so darf man jedoch die Tatsache nicht übersehen, daß die hier stattgefundenen Investitionen der Gemeinden vollendete Tatsachen schaffen, die einer späteren differenzierteren Nutzung und der Bepflanzung dieser Brachflächen im Wege stehen könnten.

Ein erster – wenn auch räumlich begrenzter – großmaßstäblicher Versuch einer Aufforstung im Zentrum des Athener Beckens fand auch um 1980 statt und zwar durch die Zuschüttung und Bepflanzung der südlichen Ausläufer der Hügelkette des Vrylissos (der sogenannten 'Tourkovounia'). Hier wurde einerseits mit der Anlage einer Ringstraße und der Bepflanzung der Südhänge des Hügels die Gefahr einer weiteren Besiedelung dieser sehr günstig gelegenen Hügelflanke (mit panoramischer Aussicht zum Stadtzentrum und zum Meer in südlicher Richtung) gebannt, andererseits aber auch auf einer Bergkuppe und im benachbarten großen Krater eines stillgelegten Steinbruches das 'Attikon Alsos' (d.h. der Attische Hain) mit einer Fläche von erstmals 12 ha angelegt.

Abb. 11 Freilichttheater und Sportfeld in der Mulde eines aufgelassenen Steinbruches an der Westflanke des Hymettos

Abb. 12 Der nördliche Teil des archäologischen Parks der antiken Agora. Im Hintergrund die wiederaufgebaute antike Attalos-Stoa

Am entgegengesetzten Rande der gleichen von Norden nach Süden verlaufenden 4 km langen Hügelkette entstand auf dem sanft abfallenden westlichen Hang und in der Nähe der Byzantinischen Kirche Omorphoekklissia und der 10 ha großen begrünten Fläche des städtischen Wasserwerkes ein neuer Erholungs- und Spielpark mit Volksparkcharakter von einer Gesamtfläche von 22 ha. Dies ist der erste Versuch, die mit großen bewässerten Spielwiesen versehenen Parks, in denen Spiele und spontane athletische Betätigung nicht nur geduldet, sondern sogar eingeplant sind, in die Athener Agglomeration einzuführen.

Die vorerwähnten Anlagen an den Tourkovounia sind ein erster positiver Ansatz zur Begrünung dieser glücklicherweise bis heute von der Bebauung verschont gebliebenen Hügelkette, die mit einer Gesamtfläche von etwa 200 ha als einer der wichtigsten zu gestaltenden Grünzüge zur Gliederung der gesamten Siedlungsfläche des Beckens zu betrachten ist.

Anfang der 90er Jahre schritt die Planungsbehörde für den Großraum Athen (Organisation for Planning and Environmental Protection of Athens) zur Vergabe zweier wichtiger Pilotstudien, die das als wünschenswert betrachtete Konzept der Schaffung eines Systems von Regionalparks für den Athener Raum in Gang bringen sollen.

Es handelt sich hier zum einen um die Umwidmung des Privatgutes 'Tour la Reine' (ehemaliger Besitz der Königin Amalia, ursprüngliche Gesamtfläche 250 ha, heute etwa die Hälfte, im Norden des Beckens in der Nähe der Gemeinde Acharnai gelegen) in einen didaktischen Volkspark zur Sensibilisierung der Bevölkerung für Fragen des Umweltschutzes und der natürlichen Ökosysteme.

Zum ersten Mal wird in Griechenland hier ein eindrucksvoller, etwa 3 ha großer künstlicher See in der Mulde zwischen den mit altem Baumbestand bewachsenen niedrigen Hügeln auf versiegeltem Boden angelegt. Botanischer Garten, Ausstellungsflächen für landwirtschaftliche Produkte, Windmühlen und Blumenschauen werden hier errichtet. Das heute in Privatbesitz befindliche 150 Jahre alte Landschlößchen und die Stallungen des 'Tour la Reine' sollen als denkmalgeschütztes Ensemble zur Besichtigung freigegeben werden und sogar eine kleine elektrische Bummelbahn soll den Besuch des Parkes erleichtern. Die Arbeiten, die inzwischen abgeschlossen sind, wurden erst möglich, nachdem eine Teilfläche von 4 ha dem Gutsbesitzer (Familie Serpieri) zur Bebauung freigegeben und im Gegenzug der größte Teil des Gutes zur Schaffung des öffentlichen Parkes zur Verfügung gestellt wurde.

Ein zweiter Regionalpark ist im Südwesten des Athener Beckens in Planung und zwar auf der Fläche des durch Steinabbau arg verunstalteten Hügels Selepitsari im Grenzbereich der Gemeinden Nikaia und Keratsini, in einer mit Grün besonders schlecht ausgestatteten Wohngegend in der sich hauptsächlich Flüchtlinge aus Kleinasien angesiedelt haben. Der Hügel, vergleichbar in Größe mit dem Lykabettos, jedoch niedriger, ist an seiner Nordspitze mit einem jungen Pinienhain (10 ha) bewaldet. Auf der restlichen Hauptfläche (53 ha) soll ein öffentlicher Vergnügungspark (mit Ausnutzung der spektakulären felsigen Hänge, die durch den Steinabbau entstanden sind, zur Schaffung von Kletter- und Wanderwegen) mit einem Aussichtsrestaurant, das durch eine Aufzugsplattform zu erreichen sein wird, mit Sportflächen und Gartenanlagen ausgestattet, entstehen.

In diesen zwei Projekten kommt auch eine Tendenz zur nutzungsbezogenen Differenzierung der Hauptwidmung der neuen Regionalparks im Athener Becken zum Ausdruck. Dabei bestehen weitere Möglichkeiten zum Ausbau dieses Regionalparksystems, dessen Teile sich entweder als selbständige großflächige begrünte Areale oder als Komponenten der zu entwickelnden Grünkeile in das Geflecht der Grünflächen eingliedern lassen. Die Planung, geschweige denn die Verwirklichung weiterer Glieder dieses Grünflächensystems steht noch aus, sie werden jedoch in der Öffentlichkeit und bei den Behörden inzwischen als ein klares Ziel erkannt. Als geeignete Areale für eine solche künftige Entwicklung des Freiflächensystems im Großraum Athen sind folgende zu betrachten:

- Der mittlere Teil des Aufschüttungsgeländes an der Phalironbucht (30 ha)
- Etwa zwei Drittel des alten (jedoch heute noch in Betrieb befindlichen) Flughafengeländes bei 'Hellenikon' (340 ha)
- Die bewaldete Hügellandschaft bei den Gemeinden Voula-Vouliagmeni-Varkiza-Vari (280 ha)
- Das ehemalige Panzerexerziergelände Goudi, nördlich des Universitätscampus im Stadtteil Zografou gelegen (65 ha)
- Das große Militärgelände Haidari an den östlichen Hängen des Poikillon Oros gelegen (bestehender Pinienhain 35 ha, zu bepflanzendes Kasernenareal 170 ha).

Auch das Grünkeilsystem der übergeordneten Grünzüge, die das Athener Becken durchqueren, kann im Laufe der nächsten Jahrzehnte um zwei weitere bereichert werden und zwar:

- Könnte durch großflächige Bepflanzung der westlich und unmittelbar am Verlauf des Kephissos liegenden landwirtschaflichen Flächen (550 ha) sowie durch Schutz der mit altem Baumbestand bedeckten Hänge des Kephisos-Tales (410 ha), ein Nord-Süd Korridor – die größte

Abb. 13 *Der königliche Garten und der Zappeion-Garten um das gleichnamige klassizistische Ausstellungsgebäude*

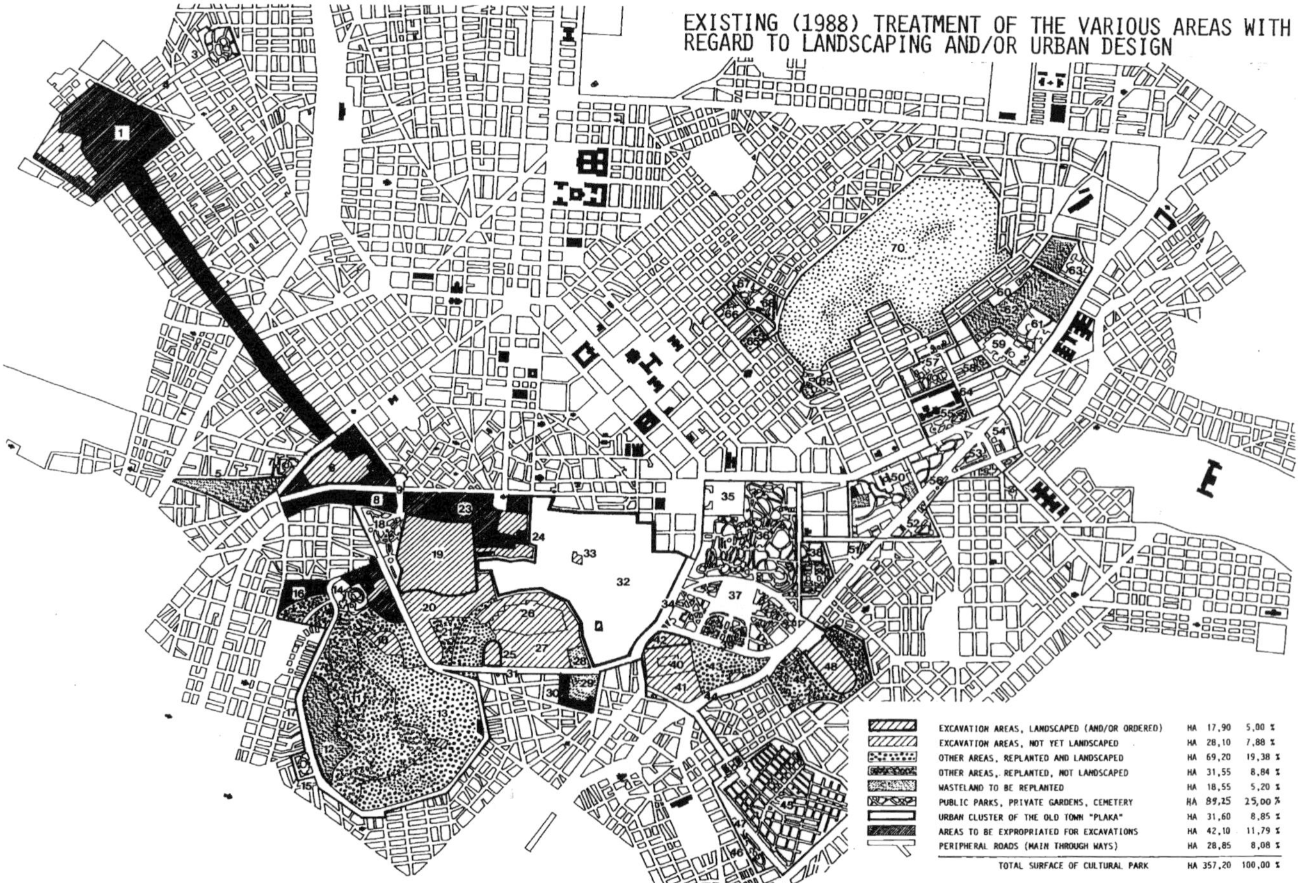

Abb. 14 *Der archäologische Kulturpark im Zentrum Athens. Schraffiert:Ausgrabungsareale; punktiert: Grünflächen; schwarz: Areale geeignet für künftige Ausgrabungen; weiß umrandet: die Altstadt "Plaka"*

kompakte Grünfläche im Athener Becken – geschaffen werden, der die Frischluft vom nördlich gelegenen Tatoi-Wald und der Senke zwischen Parnes und Pentelikon, bis in das Zentrum der Agglomeration leiten könnte.

- Auch der Daphni-Hain (210 ha) am westlichen Rand des Beckens und am Aigaleospass an der Straße nach Eleusis gelegen, könnte mit dem Gut Hasseki und der Landwirtschaftlichen Hochschule am westlichen Tor zur Innenstadt durch die Schaffung eines Grünzuges 'An der Heiligen Straße', der diese historische Achse neu gestalten und betonen würde, verbunden werden.

Im Laufe der letzten Jahre wurden durch massive Investitionen des Landwirtschaftsministeriums (Forstverwaltung) etwa zwei Drittel der kahlen, der Stadt zugewandten Hänge des Poikillon Oros (nördliche Aegaleos-Kette), d.h. eine Gesamtfläche von etwa 500 ha, systematisch aufgeforstet. Die Jungbäume (Pinien, Akazien, Eukalyptusse usw.) werden während der ersten vier Jahre bewässert, der Erfolg der Maßnahme ist jedoch noch nicht absolut gesichert.

Ein letztes wichtiges, aber auch stark bedrohtes Potential an Grünflächen befindet sich im Zentralbereich des Athener Beckens. Es handelt sich um die westlich der Innenstadt, im südlichen Abschnitt des Kephisos-Verlaufes befindlichen Restbestände des vormals prächtigen Athener Olivenhains. In einem Areal von etwa 850 ha, beiderseits des inzwischen durch die Nationalstraße nach Nordgriechenland bedeckten Kephisosbettes, erstreckt sich eine schier unübersichtliche Gemengelage von Lagerflächen, Großmärkten, stark zersiedelten landwirtschaftlichen Flächen, Industrieniederlassungen und öffentlichen Einrichtungen (Schul- und Hochschulbauten). Das Trockenbett eines Nebenbaches des Kephissos durchläuft ein Mosaik von etwa 25 Teilflächen (Reste des Olivenhains) mit einer Gesamtausdehnung von 90 ha.

Das Planungs- und Umweltministerium hat einen inzwischen rechtskräftigen Flächennutzungsplan für dieses für die Aufwertung der arg vernachlässigten westlichen Stadtgebiete so wichtigen Areals erarbeitet und bemüht sich um dessen stufenweise Durchsetzung. Das Hauptziel dieser Planung besteht in der Verwertung von Brachflächen der Industrie zur Schaffung von Wohn- und Freiflächen sowie im Schutz und der lockeren Verbindung zu einem Grünzug der vorhandenen Restbestände des alten Olivenhains.

Offensichtlich beschleunigt sich in jüngster Vergangenheit sowohl die Planung als auch die Durchführung wichtiger Projekte der Freiraumgestaltung und Umweltpflege im Athener Großraum. Auch die künftigen einzelnen Großaufgaben in diesem Bereich zeichnen sich, wie wir sehen konnten, klar ab. Und dennoch sind wir mit einer eigenartigen Sachlage konfrontiert: Es fehlt nach wie vor an strategischen Gesamtkonzepten für die Freiraumgestaltung sowohl der Athener Innenstadt als auch des ganzen Athener Beckens. Dabei ist das Stadtgebiet topographisch klar abgegrenzt und, trotz seiner beträchtlichen Ausdehnung von 60.000 ha innerhalb der Wasserscheide der angrenzenden Berge, überschaubar. Gemessen in Kilometern ist in Athen die Entfernung zwischen Zentrum und Peripherie in keiner Richtung besonders groß. Natürliche Hindernisse – die Berge und die Meeresküste – haben das städtische Wachstum im Wesentlichen auf die Athener Ebene beschränkt. Diese ist etwa 30 km lang und maximal 15 km breit und mit einem sich verlängernden Küstenstreifen von einer Länge von 20 km nach Südosten versehen. Der Stadtkern Athens liegt ungefähr in der Mitte des Stadtgebietes. Aus dieser geographischen Lage folgt, daß der letzte Ring peripherer Gemeinden auf den unteren Hanglagen der Berge und an der Küste angesiedelt ist.

Während sich die Siedlungsstruktur ursprünglich um die zwei überlieferten Stadtzentren, d.h. den historischen Kern von Athen zu Füßen der Akropolis und den Hafen Piraeus entwickelte, hat sich Groß-Athen inzwischen zu einer planlosen Ansammlung einer Vielzahl von älteren vorstädtischen bzw. dörflichen Ansiedlungen und neueren peripheren Stadtteilen ausgedehnt. Hier wohnen und arbeiten heute fast 5 Millionen Menschen, angesiedelt auf einer Fläche von etwa 300 km^2, was eine vertretbare durchschnittliche Besiedlungsdichte von etwa 166 E/ha ergibt.

Dabei ist die gesamte Baumasse des Siedlungskörpers kaum durch Planung räumlich gegliedert. Das hügelige Bodenrelief in der Mitte des Beckens sowie die vorbestehenden älteren Dorfkerne sichern allerdings dem Ballungsraum eine gewisse topologische Differenzierung. Durch eine sinnvolle Gesamtplanung der Freiflächen kann sowohl ein städtebaulich notwendiges Gliederungsprinzip als auch eine menschenfreundliche Umweltplanung in den Athener Raum eingeführt werden. Dazu gehört der Ausbau durch großangelegte Aufforstung einerseits des peripheren Athener Grüngürtels an den Berghängen des Beckens und die Vereinheitlichung der innerstädtischen Grünflächen und archäologischen Ausgrabungsareale zu einer monumentalen "Grünen Mitte", aber auch die weitere Entwicklung des Grünkeilsystems, das auf den bestehenden Hügel- und Bachzügen aufbauend den Siedlungskörper gliedern soll.

Die bestehenden Freiflächen im Großraum Athen gliedern sich heute wie folgt: Das städtische Grün erstreckt sich über etwa 3.200 ha (darunter Parkanlagen, Haine, Ausgrabungsareale, wiederbegrünte Hügel) und stellt etwa 8% der besiedelten Fläche des Beckens dar (vergleichbare Richtwerte aus west-

Abb. 15 Das Athener Becken. Grünflächen unterhalb der 500m-Höhengrenze. Planziel: Begrünung durch Aufforstung der Berghänge, Schaffung von Grünkeilen und Regionalparks im Flachland. Maßstab 1:165.000

Abb. 16 Das Athener Becken: Grünflächen (Bestand und Planung) unterhalb der 200m-Höhengrenze und Untergrundbahnen (schwarze Linien: bestehende Strecken; punktierte Linie: geplante Strecken). Maßstab 1:165.000

Abb. 17 Die Akropolis von Osten. Aquarell von Friedrich Gärtner (1836)

europäischen Ländern: 15%-20%). Dazu kommen etwa 9.000 ha Waldfläche auf den benachbarten Berghängen (dem an Vegetation relativ armen Hymettos, dem bewaldeten Parnes und dem wegen der Steinbrüche arg in Mitleidenschaft geratenen Pentelikon) sowie in den Vorstadtgemeinden Kiphissia, Ekali, Penteli, Daphni usw.

Durch Bepflanzung der bestehenden etwa 4.100 ha Brachflächen (hauptsächlich auf den nicht aufgeforsteten innerstädtischen Hügeln, dem bestehenden Flughafengelände, vormals militärisch genützten Flächen usw.) könnte die Begrünungsquote im Siedlungsgebiet erheblich erhöht und das städtische Grün um mindestens 10% der besiedelten Fläche vermehrt werden.

Auch das periphere Grün unterhalb der 500 m-Höhenlinie könnte mit der allmählichen Aufforstung von etwa 6.200 ha (Ödland und Maccia) verdreifacht und diese stadtnahe Zone der Berghänge zu einem 'Athener Grüngürtel' gestaltet werden.

Systematische Begrünung wichtiger Straßenachsen und verunstalteter Bachsenken, Landschaftsreparatur und Neugestaltung der verlassenen Steinbrüche, aber auch grünplanerische Gestaltung der Aufschüttungsareale an der Saronischen Küste sind weitere dringend notwendige Maßnahmen zur Umweltgestaltung im Athener Raum.

Die Austragung der Olympischen Spiele im Jahr 2004 veranlaßte die Errichtung zahlreicher neuer Sportstätten und fungierte als Initialzündung für den großzügigen Ausbau der technischen Infrastruktur und den Verkehrssystemen der Stadt. Wesentliche Maßnahmen zur Förderung der öffentlichen Freiflächen wurden leider nicht getroffen.

Das unkoordinierte, kleinteilig-schubartige Siedlungswachstum der Athener Agglomeration, das sich unter dem Diktat der Befriedigung drückender Wohnbedürfnisse, aber auch der Maximierung des privaten Profits vollzog, hat auf unvermeidliche Weise schwere strukturelle Mängel auf der Ebene der metropolitanen Organisation als Folgen gehabt. Dabei hat sich als besonders verhängnisvoll erwiesen, daß als Anreiz zur Beseitigung der Wohndefizite in den 50er und 60er Jahren gedankenlos eine unerträglich hohe Ausnutzung des städtischen Bodens im Zentrum erlaubt worden ist. So kann heute das Land mit Stolz auf eine durchschnittliche Belegungsziffer von 1 Person/Raum hinweisen, aber zu welchem Preis! Die Zerstörung des klassizistischen Architekturerbes und die unwirtlichen Lebensbedingungen, besonders in der Innenstadt Athens, sind die traurigen Folgen.

Ein weiteres Ergebnis dieser Politik des 'Laissez-faire' beim Wachstum der Stadt ist auch die Zersiedelung der Peripherie, die wilde Spekulation auf unerschlossenem, bis vor kurzem landwirtschaftlich genutztem Boden zur illegalen Ansiedlung von Zuzüglern und letzten Endes das Entstehen nicht genehmigter, jedoch geduldeter neuer 'spontaner' Quartiere, denen es selbstverständlich während einer langen Anlaufphase an technischer, aber auch sozialer Infrastruktur mangelt.

Hinzu kommen schwer zu meisternde Verkehrsprobleme, die seit Jahren zur abwechselnden Schließung der Innenstadt für die Hälfte des PKW-Parks geführt haben. Mit der unerträglich hohen Bebauungsdichte im Zentrum paaren sich als weitere Übel die permanenten Verkehrsstaus und die daraus resultierende katastrophale Luftverschmutzung.

Auch die extreme Zersplitterung der Erholungsflächen und der Mangel an einem zusammenhängenden städtischen Grünflächensystem macht sich schmerzlich bemerkbar. Was schließlich das Erscheinungsbild Athens betrifft, so sollten ein verspäteter und falsch verstandener Klassizismus, gelegentlich aber auch die dürftige Nachahmung eines angeblichen 'Internationalen Stils' der Stadt ein respektables Image verleihen. Dafür herrscht heute eine gesichtslose Architektur im Athener Stadtbild: Sie ist uniform, jedoch angenehm unauffällig in ihrer einfachen Formensprache.

Gegenwärtig hat die Region Groß-Athen mit 45% der griechischen Gesamtbevölkerung – bei einer stagnierenden nationalen Bevölkerungsentwicklung – den Gipfel eines erträglichen Wachstums erreicht. Eine Phase der Stabilisierung und Restrukturierung bahnt sich an, in der sowohl eine allmähliche Beruhigung des innerstädtischen Verkehrsaufkommens wie auch eine Herabsetzung der Dichte im Zentrum bei gleichzeitiger Aufwertung der Peripherie erreicht werden kann.

In dieser zu erwartenden städtischen Konsolidierungsphase könnten vorhandene Gegebenheiten Voraussetzungen für eine heilsame Entwicklung schaffen: Die Vielfalt der topographischen Konfiguration des Athener Beckens (mit mehreren Hügeln im Zentrum, 50 km Küstenstreifen und den umgebenden Bergketten) hat stets eine deutliche Differenzierung der einzelnen Gemeinden erlaubt: heute sind es etwa 60 eigenständige Kommunen und mehr als 250 Nachbarschaften mit einer klar ablesbaren Selbständigkeit sowohl in ihrer physischen Gestalt als auch in ihrer sozialen Zusammensetzung. Trotz der weitgehenden architektonischen Gleichförmigkeit ist die Eigenart des Lebensmilieus in den verschiedenen Stadtteilen stark ausgeprägt. Diese Merkmale sind gute Voraussetzungen für eine polyzentrische Stadtstruktur, die bei der heutigen Ausdehnung des Ballungsraumes wünschenswert ist.

Die visuelle aber auch die ideelle Identität Athens ist noch immer vorhanden. Auch wenn das Stadtbild sich dramatisch verändert hat, ist der menschliche Maßstab noch nicht grundsätzlich verletzt. Es sind keine baulichen Megastrukturen entstanden; Hochhäuser sind seltene Ausnahmen. Die Denkmäler der Akropolis, die Altstadt, die wiederbepflanzten innerstädtischen Hügel sowie die städtischen Parkanlagen im Zentrum bieten ein starkes Element der Identifikation an und bilden zu gleicher Zeit den Kern des schon erwähnten Keilsystems von Grünzonen, die ausgebaut werden sollten, sowohl um das Stadtgebiet neu zu ordnen, als auch um seine Umweltverhältnisse zu verbessern.

Immer mehr ist an der Peripherie die ausgewogene Koexistenz der gut ausgestatteten, mittelständischen Vororte und der spontan entstandenen, aber inzwischen voll in die Stadt aufgenommenen illegalen Stadtviertel zu verzeichnen. Was Planungsbehörden immer wieder als ein erstrebenswertes Ziel gesetzt, aber bisher nicht erreicht haben, bringt nun die selbstregulierende Kraft der Gesellschaft und der Marktwirtschaft zustande: Subzentren entwickeln sich im Ballungsraum, unterstützt sowohl durch die Verlagerung von Verwaltungsgebäuden als auch durch die Entstehung von örtlichen Dienstleistungszentren des Handels.

So scheint griechischer Pragmatismus weitgehend Planung durch Selbstregelung zu ergänzen und damit auf ein sinnvolles Ziel hinzusteuern: Auf die Transformation, die Umgestaltung des ungegliederten Ballungsraumes in einen Verbund von 'Städten in der Stadt', die in einer klar umrissenen topographischen Lage physisch eingebettet und historisch aufgehoben sind.

Selected Bibliography
Ausgewählte Literatur

Abbot, J.N., Sketches of Modern Athens. London 1849.

Abele, J.A.G, Griechische Denkwürdigkeiten und die Königliche baierische Expedition nach Hellas. Mannheim 1836.

About, Edmond, La Grèce contemporaine. Paris 1855.

Ampelas, Al., Ὀλίγαι λέξεις περὶ σταδίων καὶ δὴ τοῦ παναθηναϊκοῦ. Athens 1906.

Angelomati-Tsoungaraki, E. and Tsouklidou-Penna, Desp., Μητρῶον Α΄ νεκροταφείου Αθηνῶν. Α΄ Ζώνη. Ιον Τμῆμα, Δῆμος Αθηναίων. Athens 1972.

Antoniadis, Ioannis, Περὶ διαμορφώσεως τοῦ κήπου τοῦ Κλαυθμῶνος καὶ Προεκτάσεως τῆς οδοῦ Κοραῆ. Athens 1953.

Averoff, Michelle, La Duchesse de Plaisance. Paris 1961.

Balanos, A., Μελέτη σχεδίου πόλεως Αθηνῶν. Τμῆμα συνοικιῶν Κολωνοῦ – Σεπολίων – Κολοκυνθοῦς – Ιερᾶς Ὁδοῦ. Athens 1917.

Bechtle, R., Wege nach Hellas. Studien zum Griechenlandbild deutscher Reisender. (Diss. München. 1959). Esslingen. 1959.

Beck, H., Vues d'Athènes et des ses monuments, Berlin 1868.

Belle, Henri, Trois années en Grèce. Paris 1881.

Beulé, E., Athènes et les grecs modernes. Paris 1855.

Biris, Kostas, Τὰ Πρῶτα σχέδια τῶν Ἀθηνῶν. Ἰστορία καὶ ἀνάλυσις των. Athens 1933.

Biris, Kostas, Ἀθηναϊκαὶ Μελέται Α, Β καὶ Γ. Athens 1938-1939.

Biris, Kostas, "Φρειδερίκος Σμίτ, ὁ δημιουργὸς τοῦ Βασιλικοῦ Κήπου", Ἀθηναϊκαὶ Μελέται, vol. 2, 36-38, Athens 1939.

Biris, Kostas, Τοπωνυμικὰ τῶν Ἀθηνῶν. Athens 1945.

Biris, Kostas, The rehabilitation of Athens and its suburbs (bilingual edition in Greek and English), Athens 1946.

Biris, Kostas, Γιὰ τὴν σύγχρονη Ἀθήνα. Μελέτες καὶ ἀγῶνες, 2 vols. Athens 1958.

Biris, Kostas, Αἱ Ἀθῆναι ἀπὸ τοῦ 19ου εἰς τὸν 20ὸν Αἰῶνα, 2 vols. Athens 1966.

Biris, Kostas, Αἱ Τοπωνυμίαι τῆς πόλεως καὶ τῶν περιχώρων τῶν Ἀθηνῶν. Athens 1971.

Brandis, Christian-August, Mitteilungen aus Griechenland. 3 vols. Leipzig 1842.

Breton, E., Athènes décrite et dessinée. Paris 1862.

Britsch, Amadée, La jeune Athènes. Paris 1919.

Carter, Rand, "Karl Friedrich Schinkel's Project For a Royal Palace on the Acropolis", Journal of the Society of Architectural Historians (1980), 34-46.

Cockerell, C.R., W. Kinnard, and T.L. Donaldson, 1830 Antiquities of Athens and Other Places in Greece. London.

Curtius, E. and Kaupert, J.A., Atlas von Athen. Berlin 1878.

Curtius, E. and Kaupert, J.A., Karten von Attika. Berlin 1881-1903.

Demosthenopoulou, Elpiniki, Öffentliche Bauten unter König Otto in Athen. Begegnung mit Griechenland. Auffassungen – Auseinandersetzungen. (Diss. München) München 1970.

Déschamps, G., La Grèce d'aujourdhui. Paris 1892.

Déschamps, G., Un séjours à Athènes. Revue des Deux Mondes, March, 1892.

Dodwell, E., Views in Greece. London 1821.

Doxiadis, Konstantinos, "Der Städtebau von Athen". Monatshefte für Baukunst und Städtebau, vol. 25, fasc. 12, Dec. 1941,313-316; vol. 26, fasc. L, Jan. 1942, 1-4.

Doxiadis, Konstantinos, Our Capital and its Future. Athens 1960.

Eleftheroudakis, ed., Athens and the Environs. Athens 1908.

Falteitz, K., Οἱ ἐχθροί τοῦ ἀθηναϊκοῦ δένδρου καὶ τῆς ἀθηναϊκῆς ἐξοχῆς. Athens 1929.

Falteitz, K. et al., "Athens", (in Greek), encyclopedia article in Μεγάλη ἑλληνική ἐγκυκλοπαιδεία, Πυρσός. Athens 1927.

Fessa-Emanouil, Helen, "The Athens Cultural Centre", Design and Art in Greece, 1981. Athens 1981.

Fiandra, Enrica, "Atene: nascita di una capitale". Urbanistica 41 (Aug., 1964), 65-90.

Forchhammer, Peter Wilhelm, Topographie von Athen. Kiel 1841.

Forchhammer, Peter Wilhelm und Karl Ottfried Müller, Zur Topographie Athens. Ein Brief aus Athen und ein Brief nach Athen. Göttingen 1833.

Fougères, Georges, Athènes. Collection: Les villes d'art célèbres. Paris 1914.

Goecke, Theodor, "Ludwig Hoffmans Bebauungsplan fur Athen". Der Städtebau 8 (1911) 109-113.

Hamdorf, H.W., "Klenzes archäogische Studien und Reisen, seine Mission in Griechenland". Ein griechischer Traum. L. v. Klenze, Der Archäologe. Catalogue of an exhibition in the Glyptothek München, 1985.

Hatzimichalis, N., "The Athens Cultural Centre, the designer's point of view", Design and Art in Greece, 1981.

Himmelmann, Nikolaus, Utopische Vergangenheit. Gebr. Mann, Berlin 1976.

Hirschberg, Julius, Hellasfahrten. Leipzig 1910.

Jessen, H.B., "Deutsche Betrachter griechischer Landschaft, Ross – Pückler – Stackelberg", Antike und Abendland 6 (1957) 119.

Johannes, H. and Biris, K., Αἱ Ἀθῆναι τοῦ κλασσικισμοῦ. 1939.

Judeich, Walter, Topographie von Athen, 2nd ed. Munich, 1931.

Kalligas, Petros, Σχέδιον τῶν Ἀθηνῶν. Athens 1919.

Kaftanzoglou, Lysandros, Περὶ μεταρρυθμίσεως τῆς πόλεως Ἀθηνῶν, γνῶμαι. Athens 1858.

Kambouroglou, Dimitrios, Αἱ παλαιαὶ Ἀθῆναι. Athens 1922.

Kambouroglou, Dimitrios, Αἱ παλαιαὶ ἀπαλλοτριώσεις χάριν ἀνασκαφῆς τῶν ἀρχαίων Ἀθηνῶν. Athens 1929.

Keramopoulos, Ant., Νεώτεραι τύχαι τοῦ Κεραμεικοῦ. Athens 1916.

Klenze, Leo von, Aphoristische Bemerkungen, gesammelt auf seiner Reise nach Griechenland. Berlin 1838.

Klenze, Leo von, Sechs Lithographien zu Leo von Klenzes Griechischer Reise. Berlin 1838.

Kokkou, Angeliki, Ἡ Μέριμνα γιὰ τὶς ἀρχαιότητες στὴν Ἑλλάδα καὶ τα πρῶτα Μουσεῖα. Athens 1977.

Kougeas, S., Ἔγγραφα τῆς ἐθνικῆς βιβλιοθήκης ἀφορῶντα εἰς τὴν ἀπαλλοτρίωσιν τῶν ἐν Ἀθήναις ἀνασκαπτέων ἀρχαιολογικῶν χώρων. Athens 1932.

Kourouniotis, K., Ἡ Ἀνασκαφὴ τῶν Ἀρχαίων Ἀθηνῶν. Athens 1926.

Kribas, Elias and Wagner, Martin and Biris, K., Τὸ σχέδιον τῆς πόλεως τῶν Ἀθηνῶν. Athens 1935.
I. Ἡ ἐξέλιξις τοῦ σχεδίου πόλεως Ἀθηνῶν καὶ ἡ σημερινὴ προσπάθεια τοῦ Δήμου; ὑπὸ Ἡλ. Κριμπᾶ.
II. Ἡ Πολεοδομικὴ ἀναδιοργάνωσις τῆς πόλεως Ἀθηνῶν; ὑπὸ Martin Wagner.
III. Περὶ τὸ πολεοδομικὸν πρόβλημα τῶν Ἀθηνῶν; ὑπὸ Κ. Μπίρη.

Kriezis, Andreas, Ο ἐξωραϊσμὸς τῆς πόλεως Ἀθηνῶν. Athens 1916.

Kron, Uta, Demos, Pnyx und Nymphenhügel, AM 94 (1979).

Kuehn, Margarete, "Schinkel und der Entwurf seiner Schüler Schaubert und Kleanthes für die Neustadt Athen". Berlin und die Antike. ed. Arenhövel and Ch. Schreiber, Berlin 1979.

Kuehn, Margarete, 1980, "Als die Akropolis aufhörte, Festung zu sein. Stimmen der Zeit zur Frage der Errichtung neuer Bauten auf der Akropolis und zur Erhaltung ihrer nachantiken Monumente". Schlösser und Gärten Berlin. Festschrift für Martin Sperlich zum 60. Geburtstag 1979. Tübingen, 83-106.

Lambros, Spyridon, Τὸ Παναθηναϊκὸν Στάδιον καὶ αἱ ἐν αὐτῷ ἀνασκαφαί. Athens 1870.
Laskaris, Kimon, Ἰλισσός. Athens 1950.
Leake, William Martin, Topography of Athens with Some Remarks on its Antiquities. London.
Leloudas, Stylianos, Ἀθῆναι-Πειραιεύς. Μελέτη νέου σχεδίου διὰ τὴν πόλιν τῶν Ἀθηνῶν, τὸ ἐπίνειον καὶ τὰ ἄλλα ἐξαρτήματα αὐτῆς. Athens 1918.
Leloudas, Stylianos, Ζητήματα ἐπὶ τῶν Σχεδίων Ἀθηνῶν- ἐπινείου. Athens 1921.
Leloudas, Stylianos, Ἀθῆναι αἱ εὐρύτεραι. Athens 1930.
Lheritier, Michel, 1921 "La nouvelle Athènes. Étude d'Urbanisme". La vie urbaine 10 (1921).
Lolling, H.G., "Topographie von Athen". Handbuch der Archäologie, vol. 5 in Handbuch der Altertumswissenschaften III.2.2, Munich 1882.
Lorent, A., Ruinen Athens, Mannheim 1875.
Machatschek, A. "Der Parthenon von Athen. Schicksal und Denkmalpflege". Österreichische Zeitung 23 (1967).
Mahaffy, J.P., Rambles and Studies in Grecce, London 1876.
Matton, Raymond and Lya, Athènes et ses monuments; du XVII siècle à nous jours. Collection de l'Institut Francais d'Athenes. Athens 1963.
Mawson, Thomas, "The replanning of Athens", Architectural Review. March 1919, 48-54.
Melas, Evi., Athen, Köln (2nd ed. 1977).
Meletopoulos, Ioannis, Ἀθῆναι 1650-1870. Λεύκωμα χαρακτικῶν ἔργων μὲ ἀπόψεις τῶν Ἀθηνῶν. Athens 1979.
Merlier, Octave, Athènes moderne. Paris 1930.
Michael, Johannes, Entwicklungsüberlegungen und -initiativen zur Stadtplanung von Athen nach dessen Erhebung zur Hauptstadt Griechenlands. (Diss. Aachen) Athens 1969.
Miller, William, The Early Years of Modern Athens, London 1926.
Pane, Robert, "Le pendici dell'acropoli di Atene". Urbanistica 13 (1953), 10 ff.
Papageorgiou-Venetas, Alexander, La sauvegarde et la rehabilitation de Plaka, la vielle ville d'Athènes 1965.
Papageorgiou-Venetas, Alexander, Athènes majeure. Paris 1970.
Papageorgiou-Venetas, Alexander, Hauptstadt Athen; ein Stadtgedanke des Klassizismus. München 1994.
Papageorgiou-Venetas, Alexander, Athens; The Ancient Heritage and the historic Cityscape in a modern Metropolis. Athens 1994.
Papageorgiou-Venetas, Alexander, The Athenian Walk and the Historic Site of Athens. Athens 2004.
Papageorgiou-Venetas, Alexander, Städte und Landshaften in Griechenland zur Zeit König Ottos. Mainz 2008.
Papagiannopoulos-Palaios, A., Ἀρχαιολογία καὶ πολεοδομία τῶν Ἀθηνῶν. Athens 1959.
Papagiannopoulos-Palaios, A., Λυκαβηττός. Athens 1962.
Papagiannopoulos-Palaios, A., Επὶ τοῦ ἀρχαιολογικοῦ καὶ πολεοδομικοῦ προβλήματος τοῦ Δημόσιου Σήματος. Athens 1969.
Philadelpheus, A., Monuments of Athens (9th edition). Athens 1973.
Pikionis, D., 1946, "Εἰσήγησις τῆς αἰσθητικῆς ἐπιτροπῆς τῆς Γενικῆς Γραμματείας Τουρισμοῦ". Κείμενα. Athens 1985, 127ff.
Pückler-Muskau, Hermann, "Griechische Leiden", Südöstlicher Bildersaal, vols. 2 and 3. Stuttgart 1840.
Pyrros, D., Περιγραφὴ τῆς πόλεως τῶν Ἀθηνῶν. Athens 1848.
Quast, Ferdinand von, Mitteilungen über Alt-und Neuathen. Berlin 1834.
Rave, Paul Ortwin, "Schinkels Traum von einem Königspalast auf der Akropolis zu Athen". Atlantis 6 (1934), 129-141.
Reisinger, E., ed., Griechenland. Landschaften und Bauten. Schilderungen Deutscher Reisender. Leipzig 1916. 2nd. ed., 1922.
Roque, Nicolas, Athènes d'après le Colonel Leake. Paris 1876.

Ross, Ludwig, Erinnerungen und Mitteilungen aus Griechenland. Berlin 1863.
Russack, Hans Hermann, Deutsche bauen in Athen. Berlin 1942.
Schinkel, Karl-Friedrich, Entwurf zu einem Königspalast auf der Akropolis zu Athen. Berlin 1840.
Schinkel, Karl-Friedrich, Werke der Höheren Baukunst, für die Ausfühung bestimmt. Berlin 1840-1843.
Schmidt, Hartwig, "Das 'wilhelminische' Athen. Ludwig Hoffmans Generalbebauungsplan fur Athen". Architectura, 1979, 30-44.
Scully, Vincent, "The Athens Hilton: A Study in Vandalism", Architectural Forum 1963.
Scully, Vincent, „Kleanthes and the Duchess of Piacenza", Journal of the Society of Architectural Historians, 22 (1963).
Sinos, Stefan, "Die Gründung der neuen Stadt Athen". Architectura, 1974, 41-52.
Sisilianos, Dimitrios, Παλαιαὶ καὶ νέαι Ἀθῆναι, 2 vols. Athens 1953.
Stademann, Ferdinand, Panorama von Athen. Munich 1841.
Stauffert, Friedrich, "Die Anlage von Athen und der jetzige Zustand der Baukunst in Griechenland". Allgemeine Bauzeitung, 1844 Beilage. Vienna, nos. 1-4.
Struck, Adolf, Griechenland. 2 vols. Vienna and Leipzig 1911.
Stuart, J. and Revett, N., The Antiquities of Athens, London 1762-1830.
Svoronos, J.N., Das Athener Nationalmuseum. Vol. 2. 1911.
Tambakis, Nik.,"Ὁ Ἐθνικὸς Κῆπος". Νέα ἑλληνική ἐγκυκλοπαίδεια Athens 1967, Vol. 23, 644-647.
Travlos, J., Πολεοδομικὴ ἐξέλιξις τῶν Ἀθηνῶν, ἀπὸ τῶν προϊστορικῶν χρόνων μέχρι τῶν ἀρχῶν τοῦ 19ου αἰῶνος. Athens 1960.
Travlos, J., Pictorial Dictionary of Ancient Athens. London 1971.
Travlos, J., Athènes au fil du temps. Atlas historique d'urbanisme et d'architecture. Boulogne 1972.
Vakas, Pavlos, Μελέται καὶ σχέδια διὰ τὴν συγκοινωνίαν, τὸν ἐξωραϊσμὸν καὶ τὴν ἐξυγίανσιν τῶν Ἀθηνῶν. Athens 1898.
Vasileiadis, Dimitrios, "Μία Δημιουργία ὑψηλοῦ αἰσθητικοῦ ἤθους: Ἡ διαμόρφωσις τῶν λόφων γύρω ἀπὸ τὴν Ἀκρόπολη". Ἀρχιτεκτονικὴ 6 (1962), 31-41.
Velmos, N., Παληὰ Ἀθήνα. Athens 1931.
Verveniotis, A., Ἡ Ἀθήνα τοῦ 1900. Athens 1963.
Vosyniotis, N., Τὸ ἄλσος τῶν Ἀθηνῶν. Athens 1949.
Vretos, Marinos, Αἱ Νέαι Ἀθῆναι. Συλλογὴ εἰκονογραφιῶν τῶν νεωτέρων μνημείων τῆς πρωτευούσης τῆς Ελλάδος μετὰ τῆς περιγραφῆς αὐτῶν. Paris 1861.
Wegner, Max, Land der Griechen. Reiseschilderungen aus sieben Jahrhunderten, Berlin 1942.
Welcker, Friedrich Gottlieb, Tagebuch einer griechischen Reise. Berlin 1865.
Wordsworth, C., Athens and Attica. London 1837.
Zerlentis, C., Ἡ Χλωρὶς τοῦ Λυκαβηττοῦ. Athens 1959.
Ziller, Ernst, "Ausgrabungen am Panathenaischen Stadion". Zeitschrift fur Bauwesen 20 (1870).
Ziller, Ernst, "Untersuchungen über die antiken Wasserleitungen Athens". AM 2 (1877) 107-131.
Zivas, Dionysios, Plaka, the old town of Athens. A study of its present state and its future survival. Athens 1977.

PELEUS

Studien zur Archäologie und Geschichte Griechenlands und Zyperns
Herausgegeben von Heinz A. Richter und Reinhard Stupperich

1 **Ingrid Krauskopf:** ***Heroen, Götter und Dämonen auf etruskischen Skarabäen.*** (1995) 145 S., 4 Taf., € 14,90
2 **Heinz A. Richter:** ***Griechenland im Zweiten Weltkrieg 1939-1941.*** (2. Auflage 2011) 530 S., 44 Abb., € 49
3 **Volker H. Heenes:** ***Die griechischen Vasen der Sammlung Erbach.*** (1998) 90 S., 41 Taf., € 25,50
4 **E. Chrysos, D. Letsios u.a. (eds.):** ***Griechenland und das Meer. Ein Symposion.*** (1999) 222 S. 94 Abb., € 24,50
5 **Joachim G. Joachim:** ***Ioannis Metaxas. The Formative Years 1871-1922.*** (2000) 367 S., 17 Abb., € 32,20
6 **Michael Wedde:** ***Towards a Hermeneutics of Aegean Bronze Age Ship Imagery.*** (2000) 356S., 58 Taf.,€ 46,00
7 **Özdemir A. Özgür:** ***Cyprus in my Life: Testimony of a Turkish-Cypriot Diplomat.***(2001)176 S.,29 Abb., € 24,50
8 **Karl Giebeler, Reinhard Stupperich, Heinz A. Richter (eds.):** ***Versöhnung ohne Wahrheit? Deutsche Kriegsverbrechen in Griechenland im 2. Weltkrieg. Tagung in Bad Boll.*** (2001) 98 S.,€ 19,90
9 **Claude Nicolet:** ***United States Policy Towards Cyprus 1954-1974.*** (2001) 500 S. mit Abb.,€ 42,90
10 **Ingeborg Huber:** ***Die Ikonographie der Trauer in der griechischen Kunst.*** (2001) 271 S., 24 Abb.,€ 34,80
11 **Alexander Papageorgiou-Venetas:** ***Eduard Schaubert 1804-1860. Der städtebaul. Nachlaß zur Planung der Städte Athen und Piräus.*** 192 S., 85Abb., € 39,90
12 **Hermann Frank Meyer:** ***Von Wien nach Kalavryta. Die blutige Spur der 117. Jäger-Division durch Serbien und Griechenland.*** (2002) 556 S., 193 Abb., 44 Karten, € 49
13 **Andreas Stergiou:** ***Im Spagat zwischen Solidarität und Realpolitik: Die Beziehungen zwischen der DDR und Griechenland und das Verhältnis der SED zur KKE.*** (2001) 200 S., 27 Abb.,€ 32,70
14 **John Charalambous u.a. (eds.):** ***40 Years on from Independence. Conference in London*** (2002) 200S., € 29
15 **Ioanna Spiliopoulou-Donderer:** ***Kaiserzeitl. Grabaltäre Niedermakedoniens. Untersuch. zur Sepulkralskulptur einer Kunstlandschaft im Spannungsfeld zwischen Ost und West.*** (2002) 277 S., 62 Abb.,€ 37,50
16 **Emanuel Turczynski:** ***Sozial- und Kulturgeschichte Griechenlands im 19. Jahrhundert. Von der Hinwendung zu Europa bis zu den ersten Olymp. Spielen der Neuzeit.*** (2003). 586 S., 3 Karten, 70 Abb.,€ 45,90
18 **Michael Attalides:** ***Cyprus. Nationalism and International Politics*** (1979, Reprint 2003). 226 S., € 35
19 **Hubert Faustmann - Nicos Peristianis (eds.):** ***Britain and Cyprus. Colonialism and Post-Colonialism 1878-2006.*** 656 S., € 49
20 **Robert Stupperich:** ***Die griechisch-orthodoxe Kirche und ihr Verhältnis zu den Kirchen in Rußland und in Westeuropa.*** (2003) 256 S., 70 Abb.,€ 32,50
21 **Alexander Papageorgiou-Venetas:** ***Friedrich Stauffert. Städte und Landschaften in Griechenland zur Zeit König Ottos.*** (2008) 280 S., über 70 Abb., € 42,00
22 **Vassilis K. Fouskas - Heinz A. Richter (eds.):** ***Cyprus and Europe. The long way back.*** (2003) 212 S.,€ 32,50
23 **Elena Pogiatzi:** ***Die Grabreliefs auf Zypern von der archai. bis zur röm. Zeit.*** (2003) 322 S., 70 Taf.,€ 44.50
24 **Nicolas D. Macris (ed.):** ***The 1960 Treaties on Cyprus and Selected Subsequent Acts.*** (2003). 212 S., € 32.50
26 **Peter Loizos:** ***The Greek Gift: Politics in a Cypriot Village.*** (1975, reprint 2004). 344 S.,€ 36.50
27 **James Ker-Lindsay:** ***Britain and the Cyprus Crisis 1963-1964*** (2004). 143 S., € 24.50
28 **Reinhard Stupperich (ed.):** ***NOVA GRAECIA. Festschrift für Heinz Richter*** (2004). 260 S., € 32
29 **Heinz A. Richter:** ***Geschichte der Insel Zypern* Band 1: *1878-1949*** (2004) 560 S.,6 Karten, 95 Abb., € 42.50
30 **Moshe Ha-Elion:** ***The Straits of Hell. The Chronicle of a Salonikan Jew in the Nazi Extermination Camps Auschwitz, Mauthausen, Melk, Ebensee*** (2005) 120 S., € 21.50
31 **Sevgül Uludağ:** ***Cyprus: The Untold Stories*** (2005) 120 S., € 21.50
32 **Makarios Drousiotis:** ***Cyprus 1974: Greek Coup and Turkish Invasion*** (2006) 274 S., 61 Abb., 38 €
33 **Alexander Jossifidis:** ***Die Slawophonen Griechen Makedoniens*** (2006) 290 S., € 38,00
34 **Sozos-Christos Theodoulou:** ***Bases militaires en droit international: le cas de Chypre*** (2006) 146 S., € 28,00
35 **Heinz A. Richter:** ***Geschichte der Insel Zypern 1950-1959*** (2006) 665 S., 100 Abb., farb. Faltkarte, € 49,00
36 **Ina M. Minner:** ***Ewig ein Fremder im fremden Lande. Luwig Ross (1806-1859) und Griechenland*** (2006) 436 S., € 42,50
37 **Heinz A. Richter:** ***Geschichte der Insel Zypern 1959-1965*** (2007) 644 S., über 100 Abb., Faltkarte, € 49,00
38 **Tim Potier:** ***A functional Cyprus settlement: the constitutional dimension*** (2007) 765 S., € 49,00
39 **Vaios Kalogrias:** ***Makedonien 1941-1944: Okkupation, Widerstand und Kollaboration*** (2008) 383 S., 4 Taf., 42 €
40 **Maria Xagorari-Gleißner:** ***Meter Theon. Die Göttermutter bei den Griechen*** (2008) 175 S., 14 Taf., € 32
41 **Heinz Richter:** ***Geschichte der Insel Zypern 1965-1977.*** (2009) 808 S., über 110 Abb., 8 sw Karten, € 65
42 **Wolfgang Decker:** ***Die Wiederbelebung der Olympischen Spiele*** (2008) 200 S., 43 Abb., € 30
43 **Glafkos Clerides:** ***Negotiating for Cyprus 1993-2003*** (2008) 192 S., 39 Abb., € 30
44 **Alfons Kitzinger:** Διχως σπαθια και βολια. ***Josef Schwind: Bilder aus Griechenland 1942-1944*** (2009) 140S.160 Abb. € 32
45 **Mihailo St. Popovic:** ***Mara Brankovic: Eine Frau zwischen dem christlichen und dem islamischen Kulturkreis im 15. Jahrh.*** (2010) 238 S., 20 Abb.,€ 32.-
46 **Hans-Martin Kirchner:** ***Friedrich Thiersch. Ein liberaler Kulturpolitiker u.Philhellene in Bayern*** (2010) 289S.,€ 35
47 **Mustafa Bulba:** ***Geometrische Keramik Kariens.*** (2010) 222 S., 370 Abb., € 35.-
48 **Lucie Bonato et Maryse Emery:** ***Louis Dumesnil de Maricourt. Un consul pour la France (1805-1865).*** (2010) 308 S., 10 Abb.,€ 35.-
49 **Heinz A. Richter:** ***Kurze Geschichte des modernen Zypern 1878-2009.*** (2010) 272 S., 100 Abb., 1 Karte, € 35
50 **Heinz A. Richter:** ***A Concise History of Modern Cyprus 1878-2009.*** (2010) 232 S., 100 fig., 1 folded map, € 35.-
51 **Maria Deoudi:** ***Die thrakische Jägerin. Römische Steindenkmäler aus Macedonia und Thracia.*** (2010) 165 S., 36 Taf., € 35
52 **Gerhard Weber:** ***Hellmuth Felmy. Stationen einer militärischen Karriere.*** (2010) 338 S., 41 Abb., € 45.-
53 **G. R. Wright:** ***Cypriot Connections: An Archaeological Chronicle.*** (2010) 219 S., 122 Abb., € 39.90
54 **Heinz A. Richter:** ***Operation Merkur. Die Eroberung der Insel Kreta im Mai 1941.*** (2011) 320 S., 80 Taf., 22 Karten, 1 Faltkarte, € 49.-